普通高等教育"十一五"国家级规划教材
北京高等教育精品教材
北京大学素质教育通选课教材

民俗学概论

(第二版)

王 娟 著

图书在版编目(CIP)数据

民俗学概论/王娟著. —2 版. —北京:北京大学出版社,2011.6
(博雅大学堂·中国语言文学)
ISBN 978-7-301-18140-9

Ⅰ.民… Ⅱ.王… Ⅲ.民俗学-高等学校-教材 Ⅳ.K890

中国版本图书馆 CIP 数据核字(2010)第 234725 号

书　　　名：民俗学概论(第二版)
著作责任者：王　娟　著
责 任 编 辑：吕幼筠
标 准 书 号：ISBN 978-7-301-18140-9
出 版 发 行：北京大学出版社
地　　　址：北京市海淀区成府路 205 号　100871
网　　　址：http://www.pup.cn
电 子 邮 箱：zpup@pup.cn
电　　　话：邮购部 62752015　发行部 62750672　编辑部 62752028
　　　　　　出版部 62754962
印 刷 者：三河市北燕印装有限公司
经 销 者：新华书店
　　　　　　650 毫米×980 毫米　16 开本　21 印张　320 千字
　　　　　　2002 年 9 月第 1 版
　　　　　　2011 年 6 月第 2 版　2025 年 4 月第 16 次印刷
定　　　价：38.00 元

未经许可,不得以任何方式复制或抄袭本书之部分或全部内容。
版权所有,侵权必究　举报电话:010—62752024
　　　　　　　　　　电子邮箱: fd@pup.cn

目 录

序	1
再版前言	3
第一章　概论	1
一、文化	1
二、文化的特点	3
三、传统	4
第一节　什么是民俗学	8
一、关于"民"的概念	8
二、关于"俗"的概念	12
第二节　民俗学的产生与发展	14
第三节　民俗的特点	18
一、传统性是民俗的一个重要特征	18
二、民俗事项都有异文	18
三、民俗事项具有强烈的地方性	20
四、匿名性	21
第四节　民俗的功能	23
一、娱乐性	24
二、教育功能	24
三、心理功能	25
第五节　民俗事项的产生和传播	26
一、民俗事项的产生	27
二、民俗事项的传播	28
第六节　民俗学的分类	30
一、口头民俗学	31
二、风俗民俗学	31
三、物质民俗学	31
第七节　中国民俗与中国传统文化	32

1

一、文化与交流 …………………………………… 32
　　二、文化的多层性 ………………………………… 33
　第八节　中国古代民俗调查与记录 ………………… 34
　第九节　民俗与中国传统的儒释道思想 …………… 37
　　一、淡漠的宗教观念 ……………………………… 39
　　二、强烈的生命意识 ……………………………… 40
　　三、混乱的多神崇拜 ……………………………… 42
　　四、神的人性化倾向 ……………………………… 43

第二章　口头民俗学 …………………………………… 45
　第一节　神话 ………………………………………… 46
　　一、什么是神话 …………………………………… 46
　　二、神话的特点 …………………………………… 47
　　三、神话的起源 …………………………………… 52
　　四、神话的分类 …………………………………… 55
　　五、《民间文学母题索引》 ………………………… 57
　　六、中国神话问题 ………………………………… 60
　第二节　传说 ………………………………………… 61
　　一、什么是传说 …………………………………… 61
　　二、传说的特点 …………………………………… 62
　　三、传说的分类 …………………………………… 68
　　四、传说的功能 …………………………………… 72
　第三节　民间故事 …………………………………… 72
　　一、民间故事及其特点 …………………………… 72
　　二、《民间故事类型索引》 ………………………… 75
　　三、民间故事的分类 ……………………………… 77
　　四、民间故事的研究 ……………………………… 84
　第四节　谚语 ………………………………………… 88
　　一、什么是谚语 …………………………………… 88
　　二、谚语的形式 …………………………………… 90
　　三、谚语的类型 …………………………………… 90
　第五节　谜语 ………………………………………… 92
　　一、什么是谜语 …………………………………… 92

二、中国谜语源流 ……………………………………… 93
  三、谜语的结构 …………………………………………… 95
  四、谜语的分类 …………………………………………… 98
  五、谜语的特征 …………………………………………… 101
  六、谜语研究 ……………………………………………… 102
 第六节　绕口令 …………………………………………… 103
  一、绕口令的构成 ………………………………………… 103
  二、绕口令的收集与研究 ………………………………… 105
 第七节　民间歌谣 ………………………………………… 105
  一、什么是歌谣 …………………………………………… 105
  二、歌谣的起源 …………………………………………… 106
  三、歌谣的分类 …………………………………………… 110
  四、歌谣的价值 …………………………………………… 131
  五、歌谣的特点 …………………………………………… 133
  六、歌谣研究 ……………………………………………… 135
 第八节　史诗 ……………………………………………… 137
  一、定义 …………………………………………………… 137
  二、特点 …………………………………………………… 138
  三、分类 …………………………………………………… 140
  四、史诗研究 ……………………………………………… 148
  五、史诗歌手 ……………………………………………… 155
  六、史诗的搜集和整理 …………………………………… 157
  七、史诗与历史 …………………………………………… 158

第三章　风俗民俗学 ……………………………………… 160
 第一节　迷信 ……………………………………………… 160
  一、什么是迷信 …………………………………………… 160
  二、迷信的表述方式 ……………………………………… 161
  三、迷信的分类 …………………………………………… 163
  四、迷信的功能 …………………………………………… 165
  五、迷信的原理 …………………………………………… 167
 第二节　民间游戏 ………………………………………… 170
  一、民间游戏的特点 ……………………………………… 171

二、民间游戏类型 …………………………………… 172
　　三、游戏的功能 ……………………………………… 176
　第三节　民间节日 ……………………………………… 178
　　一、什么是民间节日 ………………………………… 178
　　二、节日的成因 ……………………………………… 179
　　三、节日的特点 ……………………………………… 180
　　四、节日的结构 ……………………………………… 181
　　五、中国民间传统节日及其特点 …………………… 183
　　六、女性与节日 ……………………………………… 185
　　七、节日研究 ………………………………………… 187
　第四节　人生礼仪 ……………………………………… 188
　　一、什么是人生礼仪 ………………………………… 188
　　二、人生礼仪的基本原理 …………………………… 189
　　三、礼仪的功能 ……………………………………… 190
　　四、人生礼仪的结构 ………………………………… 193
　　五、礼仪研究 ………………………………………… 195
　第五节　民间舞蹈 ……………………………………… 196
　　一、什么是民间舞蹈 ………………………………… 196
　　二、舞蹈的起源 ……………………………………… 198
　　三、民间舞蹈与中国传统文化 ……………………… 201
　　四、民间舞蹈与巫术和宗教 ………………………… 204
　　五、民间舞蹈的类别 ………………………………… 206
　第六节　民间戏剧 ……………………………………… 211
　　一、什么是民间戏剧 ………………………………… 211
　　二、民间戏剧的特点 ………………………………… 212
　　三、民间戏剧的起源 ………………………………… 213
　　四、民间戏剧的分类 ………………………………… 214

第四章　物质民俗学 …………………………………… 243
　第一节　民间美术 ……………………………………… 244
　　一、民间美术的起源 ………………………………… 244
　　二、民间美术的基本创作观念 ……………………… 248
　　三、民间美术中常见的主题 ………………………… 250

第二节　民间饮食 …………………………………… 252
　　　一、民间饮食及其文化意义 ……………………… 252
　　　二、饮食的起源 …………………………………… 254
　　　三、中国饮食习俗的特点 ………………………… 255
　　　四、饮食与文化 …………………………………… 259
　　　五、饮食研究 ……………………………………… 261
　　第三节　民间服饰 …………………………………… 262
　　　一、民间服饰及其定位 …………………………… 263
　　　二、服饰的起源 …………………………………… 264
　　　三、服饰的功能 …………………………………… 265
　　　四、服饰的种类 …………………………………… 271
　　　五、中国服饰及其特点 …………………………… 272
　　第四节　民间建筑 …………………………………… 273
　　　一、什么是民间建筑 ……………………………… 273
　　　二、民间建筑的价值 ……………………………… 274
　　　三、民间建筑的起源 ……………………………… 281
　　　四、中国民居的类型和特点 ……………………… 283
　　　五、中国民居的特点 ……………………………… 289

第五章　民俗学研究 ………………………………………… 291
　　第一节　理论发展 …………………………………… 291
　　　一、起源研究 ……………………………………… 291
　　　二、功能学派 ……………………………………… 295
　　　三、心理分析学派 ………………………………… 297
　　　四、结构主义 ……………………………………… 300
　　第二节　民俗调查 …………………………………… 303
　　　一、田野调查的目的和意义 ……………………… 303
　　　二、田野调查的内容 ……………………………… 306
　　　三、田野调查的方法 ……………………………… 309
　　　四、民俗学研究 …………………………………… 311

主要参考文献 ………………………………………………… 313
后　记 ………………………………………………………… 321

序

王娟女士1989年至1991年在美国伯克利加州大学师从著名民俗学家邓迪斯(A. Dundes)学习了民俗学课程,获硕士学位。1991年回国在北大中文系从事民俗学教学,先后给中外学生开设了"民间文学"、"叙事民俗学"与"民俗学"等课程,受到学生的欢迎,对在北大普及民俗学教育做出了自己的贡献。1996年至1997年,她又到美国民俗学的重镇印第安纳大学研修,又听了不少名师的课程,对美国民俗学有了更深入的了解。

现在,王娟女士在过去讲稿的基础上写成了《民俗学概论》一书,较全面、系统地介绍民俗学的基本理论和基本知识,其中有关美国民俗学理论的一些内容,还是初次介绍到中国来,读来有新鲜之感。本书的体系亦是根据美国的分类体系架构的,与现在国内出版的几本《民俗学概述》都不一样,是值得我们注目的。

中国的民俗研究始于1918年2月1日蔡元培在《北大日刊》上征集歌谣,后又成立歌谣研究会,编印《歌印》周刊,其基本理论多来自西方,这一点由1934年北大教授方纪生的《民俗学概论》(此书80年代初由北京师范大学出版社重印)可以看出。后来钟敬文、乌丙安、张紫晨、陶立璠、仲富兰、陈勤建、陈华文、陈启新等的八部概论虽各有特色,但体系大致差不太大,多为在东西方传统民俗理论的基础上,联系中国实际有新的发挥,如关于民俗特征的分析,是国外著作未明确提出的,我们在这一方面有自己的优势,在理论上比过去深入了一步。但在民俗本质的理论探讨上,则仍未作为一个重要理论问题提出,直到1996年《中国民俗大全》总序(见《民俗研究》1996年第4期),才明确提出并初步解决了这一重要的理论问题。

民俗理论应在全面研究各类调研资料的基础上进行概括,由表及里、由浅入深,发现民俗发展的历史规律,深入探讨民俗的本质所在,这是任何科学研究深入之必要步骤,如此才能发挥理论对实践的指导作用,这是一门学科成熟的重要标志。用这个观点来观察过去的民俗理论,往往可以发现它不够成熟之处,如何深入掌握民俗学的发展规律及本质,这是需要在科学世界观、方法论的指导下不断探索的重要任务。在这一方面我们应发挥自己的思想优势。

为达此目的,我们不仅需要对世界各民族的民俗调查资料进行全面研究,而且需要对各种民俗理论的著作、论文等进行深入研究,要全方位地继承和发展民俗学的一切理论成果。因此,王娟女士《民俗学概论》正因为后出,更有新的内容和体系,值得我们重视。其中许多理论观点对我们理解民俗学的发展规律是有帮助的,有的已涉及民俗的本质特点,虽然有些观点和论述不一定符合我们的要求,但仍应了解而加以分析,这对我们民俗学的理论建树是绝对必要的。

在出版之前,蒙作者不弃,希望我写一序言。作为共同工作多年的同事,是义不容辞的。因略书所见,发一先睹为快的感想。希望此书的出版,对中国的民俗学教学和研究,发挥其应有的作用。希望作者继续向纵深开掘,与时俱进,不断创新。

段宝林
2002 年 8 月 24 日

再版前言

民俗是民众的历史，民俗是民众的学问，民俗是民众的思想，民俗是民众的性格。文化的历史有多久，民俗的历史也就有多长，因此，民俗学在传统文化研究中的重要性是不言而喻的。

作为一个学科，民俗学在中国已有近百年的历史，由于一些众所周知的原因，中国民俗学的建设和发展并非顺风顺水，具体表现在民俗学的一些基本定义，如什么是民俗、民俗的内容、特点、功能、分类等方面都存在着较大的分歧。造成分歧的原因错综复杂，总体说来，是坚持传统的、带有浓厚文学色彩的民俗研究，还是尝试现代综合性研究（如现象研究、过程研究等）；是坚持传统的民俗研究方法论，还是接受和尝试新理念、新方法？如何处理书面文本和田野调查资料之间的关系？是建立一套全新的中国民俗学体系，还是尽可能地借鉴西方民俗学已有的成果？尽管在近两百年的历史发展过程中，西方民俗学已经相当成熟，但是西方民俗学的研究体系、框架和理论方法是否适合中国国情？是否能够为我所用？这些似乎都是我们不能回避的问题。

从某种意义上讲，有分歧也是一件好事，因为分歧的存在预示着学科的发展空间，也预示着学科的成熟与繁荣前景。随着中国社会和经济的全面发展，国家民族意识的觉醒，传统文化保护和研究进入了一个前所未有的繁荣局面，这给我们建立和完善中国民俗学学科提供了一个非常有利的时机。民俗学者应该抓住这个时机，多思考、多研究，为中国民俗学学科的完善和发展做出自己的贡献。本教材尝试沿用西方民俗学的基本框架，结合中国民俗的内容和特点进行编写，希望在建立中国民俗学学科体系上贡献一份力量。

本教材初版于2002年，初次编写，由于作者水平和能力方面的问题，原教材中存在着很多遗漏、错误、不准确、不尽完善的地方。感谢北京大学出版社为本教材提供修订的机会，使得作者能有机会对原教材中存在的一些问题进行修正，也有机会向大家汇报自己近十年来在民俗学教学与研究过程中的新发现、新材料,和对相关研究领域的新思考、新体会。

衷心感谢各位前辈,邓迪斯(Alan Dundes)、格拉西(Henry Glassie)、鲍曼(Richard Bauman)、段宝林、白化文、李鼎霞先生对我的帮助、指导和鼓励。感谢学生朋友们,仲林、李牧、尹翀、赵祎、任明远、阎婕、丁宇文、李晓春等等,近十年来,你们的参与、建议、支持和提出的问题给了我很多启发、很多灵感,让我觉得自己的工作很有趣,也很有意义,是我坚持民俗学教学与研究的动力。感谢胡双宝先生的不吝赐教,先生的学识和治学精神让人敬佩。感谢张弘泓女士提出的中肯意见,您的严谨和细心使我避免了很多错误。感谢责任编辑吕幼筠女士为本书得以修订所做的努力,是你们的帮助给了我信心。

王娟 wangjuan@pku.edu.cn
2011年5月

第一章　概　论

民俗是人类文化的一个重要组成部分,我们生活中的各种民俗事项无论是在文化的形成、发展,还是在文化的保持、传递和延续的过程中,都占有非常重要的地位。对一种文化的认识和理解,如果忽视了对其民俗事项的认识和研究,就将会是文化研究中的一个缺憾,文化研究因而也就失去了一种完整性和关联性。

从广义上讲,民俗学是一门关于传统文化及生活方式的学问,是关于发生在我们周围各种生活现象的学问。尽管人们并不一定能意识得到现实生活对我们的意义有多大,也不一定知道自己在生活中扮演的角色有多么重要,以及在日常交流中的"表演"对文化的传播和保存又是一种什么样的意义和作用,但是人们的一举一动、一言一行、一饮一啄都可以作为我们的研究对象,而且其中还包含和传达着重要的文化信息。本章将重点讨论民俗学的起源、发展、功能、特点以及一些相关的基本概念。

一、文化

文化是什么呢?从某种意义上说,这是一个人人皆知但又都无法准确地用语言来概括的一个词。关于这个问题,几乎每一位学者都有自己的认识和标准,文化的定义从来也没有被统一过。美国人类学家克娄伯(A. L. Kroeber)就曾经收集到160余种关于文化的不同定义。[①]

"文化"一词来源于拉丁文,原意为对土地的耕种和对植物的栽培(现在西方语言中的拉丁字母系 cultur-, kultur-,斯拉夫字母系 КУЛЬТУР- 等,仍有"文化"和"栽培"二义)。因此,早期的"文化"一词,更接近于"文明",指的是人类文明程度的高低,是人类对自然界的征服与改造能力。18世纪以后,文化作为一种科学研究的对象,逐渐走进了人们的视野,人们对

---

① 〔英〕A. L. Kroeber and C. Kluckhohn, *Culture*: *A Critical Review of Concepts and Definitions*, New York, Vintage Book, 1963.

它的认识,也由原先单纯的关注人类征服和改造自然的能力,扩展到关注人类的各种精神活动,以及这些精神活动对人类的社会生活所产生的影响。

从19世纪中后期开始,文化逐渐成为科学研究的对象,最早明确提出将"文化"作为一个体系而进行科学研究的当属英国人类学家爱德华·泰勒(Edward. B. Tylor)。泰勒《原始文化》的出版,奠定了文化研究的基础,开创了文化人类学这一学科,泰勒也因而被称为"人类学之父"。具体来讲,什么是文化呢?迄今为止,泰勒是第一位为"文化"下定义的人,也是最有影响的一位。1871年,泰勒在他的《原始文化》中这样写道:

> 文化或文明,就其广泛的民族学意义来说,是包括全部的知识、信仰、艺术、道德、法律、风俗以及作为社会成员的人所掌握和接受的任何其他的才能和习惯的复合体。[1]

在这里,泰勒将"文化"与"文明"互解,源于当时对文化概念理解的局限性。现在看来,"文化"与"文明"实际上并不是同一个概念。马林诺夫斯基就认为,"文化"有时和"文明"相混用,但是我们既然有这两个名词,最好把它们区别一下:"文明"一词应该用来专指"较进展的文化中的一个特殊方面"[2]。文明应该包容在文化之中,属于文化中较为特殊的一部分。文化侧重在人类的精神活动方面,而文明则更侧重在人类的生产和对自然界改造和征服的能力方面。根本的区别在于:在人类的社会生活中,文明有高低之分,有落后与进步之别,例如,欧美的文明程度要高于一些发展中国家和地区。但是文化却只有不同,没有高与低、进步与落后之分。例如,欧美文化与一些发展中国家和地区的文化相比,只能说他们是不同的,文化之间存在着差异,但是不能说谁的文化更进步、程度更高一些。

在当代,怎么理解文化呢?从广义上讲,我们认为生活的内容及其方式就是文化。我们都生活在一种文化环境当中,我们通过自己的认知和模仿行为所获得的,将我们塑造成为某种特定人群中的特定一员的所有知识、能力和训练,都是文化。我们创造了文化,文化又借助于我们的言谈举止而延续,没有文化就没有人类,反过来,没有人类也就没有文化。文化对于我们来说,不是游离于我们之外的东西,而是附着在我们每一个人的身

---

[1] 〔英〕爱德华·泰勒《原始文化》,连树声译,上海:上海文艺出版社,1992,第1页。
[2] 〔英〕马林诺夫斯基《文化论》,费孝通等译,北京:中国民间文艺出版社,1987,第2页。

上,通过我们之间的相互交流、沟通而形成的一种共同的东西。

人类创造了文化,文化又成为人类研究的对象。但是,由于研究的角度、对象和方法的不同,人类历史上就形成了不同的文化研究的学科,例如哲学、人类学、考古学、社会学、心理学、传播学等等。关于文化,每一个学科都有自己的认知角度,因而也就有自己的定义。这些定义,或者把文化看做是一个整体,列举出其包含的内容;或者把文化看成是人类为了生存,满足自己的欲求、解决问题、调适自然环境和人际关系的制度和过程;或者把文化看成是一种古代制度、信仰、观念、生产和生活方式等内容的遗存;或者把文化看成是一种用来解释人类各种行为、知识和观念的一种抽象概念;等等。① 从民俗学的角度来说,文化是一种动态的过程,是人们的生活方式和表达方式的总和。②

例如,当我们说到中国文化时,我们首先想到的是体现在中国人身上的那些之所以被称为中国人的生活方式。这里所谓的生活方式包括能够体现出某种文化特点的物质层面和精神层面的所有内容,如中国人的饮食、节日、服饰、建筑、艺术、生活习惯、宗教信仰、思维方式、价值观念和世界观等。正是这种种的因素把我们造就成了一个文化意义上的中国人。其次,中国文化还表现在中国人独特的表达方式,例如中国人是怎样借助于其特有的语言、文字、行为、艺术和物质形式而体现自己的文化特点的。

二、文化的特点

首先,文化是人类的创造性行为,是一种动态的过程。宇宙间的万事万物基本上可以分为两大类:一类为自然和自然物。自然界中的各种事物和现象,包括日月星辰、山川河流、风雨雷电、花草树木、飞禽走兽等等都属于自然。除此之外的另外一类就是文化。文化是人类创造出来的,有别于自然,或者说是区别于自然的东西,其中包括饮食、服饰、农耕狩猎、宗教信仰、语言文字、风俗习惯、音乐美术等等。文化与自然是一对互相对立的概念。人类创造了文化,因而把自己从自然界中分离出来。而且,只要人类继续存在,这种创造文化的能力和行为就不会终止。例如,饮食是伴随着人类文化的出现而出现的,饮食文化会随着人类社会的发展与变化而不断

---

① 参考《中国大百科全书·社会学》,北京:中国大百科全书出版社,1991,第409页。
② 参见〔美〕George H. Schoemaker, *The Emergence of Folklore in Everyday Life*, Bloomington: Trickster Press, 1990, pp. 1—10.

丰富。无论是饮食材料、炊具、食具,还是烹调理念、方法,一直到餐桌礼仪,都在不断变化。所以说,文化又是一种动态的过程。

其次,文化的传承是以家庭、宗教、政治、教育、经济活动、日常生活、生产过程,以及人与人之间面对面的交流活动为媒介的。继承和获取文化的过程也就是人们被塑造成为文化意义上的人的过程。从某种意义上讲,人类从生到死的过程,就是学习、继承和传递文化的过程。

第三,文化永远都不是静态的,而是活动的。文化一直处于发展变化之中,这种变化的动力一方面来自其内部的发展和变化,例如科技的进步,以及由此而带来的生产和生活方式的改变、观念的更新和意识形态的变化等;另一方面还来自于外来文化的冲击和干扰,如宗教思想的入侵和战争的影响等。

第四,文化是一个累积的过程,正因为人类创造文化的行为是永不停止的,所以文化的创造过程又是一个累积的、循序渐进的过程。例如人类的艺术表现方式、手法和途径,会随着人类科学技术的发展而不断丰富和发展。我们现在看到的人类最早的绘画作品是岩画,其后出现了陶器,陶器又成为人类进行绘画创作的媒介物。后来又出现了青铜器,再后来是丝绸、陶瓷、纸等等。这些事物的出现,拓展了艺术表现的领域,为人们提供了更加广阔的创作空间。所以说,艺术发展总是以前一个阶段的表现手段和方式作为基础的。任何一种文化形式都不可能凭空出现,都具有一定的基础,所以我们说文化是一个累积的过程。

第五,文化又是保守的。文化的保守性是一种文化能够在历史发展的过程中维持其独特性的根本。如果没有了这种保守性,那么世界上也就不存在异彩纷呈的具有民族和地方特色的文化现象,人类也就不会有语言、种族、宗教信仰、社会制度等方面的差异了。如果真到了世界文化大同的那一天,人类也就到了尽头,或者说人类也就不复存在了。所以我们说,文化在相当长的一段时间内,会处于一种相对持续稳定的状态,正所谓万变不离其宗。

中国文化的发展就是一个自我进步,同时又对外来文化进行兼收并蓄的过程。

三、传统

1. **什么是传统**

与文化的定义一样,传统的定义也是五花八门。传统常常与文化并用称为"文化传统"或"传统文化",有的时候传统还被看做是文化的同义词。

一般而言,传统是历史上文化现象、文化样式、文化类型的凝聚,是人类活动的积习,诚如钱钟书所言:"一时期之风气经过长时间而能延续,没有根本的变动,那就是传统。"在历史的演进中,传统的功能是两方面:一方面,传统是贯穿于民族文化中的精神原性,是创造的本原和人类进步的基础;另一方面,"传统是一种巨大的阻力,是历史的惰性力",是"一切意识形态内"的"巨大的保守力量"①。由于后一特性,传统在历史的进程中总是要遇到反传统思潮的冲击,这就是说传统具有两方面的力量:一种是具有进步意义的,维持和强化某种文化特点的力量;另一种是具有保守意义的,阻碍和限制新观念、新思想的介入和接受。

民俗学意义上的"传统"是一种过程,同时具有历史性、地域性和持续性,主要指的是文化现象的传播方式和途径。文化的传播方式是多种多样的,总的说来可以分为官方的和非官方的、正式的和非正式、口头的或者书面的等等。

2. 传统的特点

首先,传统必须是一种约定俗成的,带有普遍和典型意义的东西,而不是个人的体验和创作。中国的传统文化必须植根于中国文化的历史长河之中,并在中国文化漫长的发展过程中逐渐形成,为大多数的中国人所拥有,体现着中国文化的精神和特点。例如,作为口头民俗学一个重要类型的谚语,反映了中国民众的道德伦理观、价值观、人生观和社会观,是中国人几千年来生产生活经验的总结,所以谚语通常是没有具体作者的,但却在人们的成长过程中起着重要的指导作用。

其次,文化的传播方式可能是多种多样的,如书面、文字、口头等等。我们所谓的"传统性"强调的是以口头或行为或风俗或物质的形式为媒介的传播方式,如叙事民俗学研究的对象是以口头形式流传在民间的神话、故事和传说,而非作家创作的故事或其他书面形式流传的文学作品。

第三,传统性还体现在文化现象传播途径的非正式性。我们获取知识和观念的途径有很多种:其中有从学校教育当中获得的,我们称之为"正式途径"的一种;也有通过非正式途径获得的,如通过耳濡目染的方式,在与人交往的过程中不经意地获得的习惯性的知识和能力。从民俗学的意

---

① 周积明、郭莹等《震荡与冲突:中国早期现代化进程中的思潮和社会》,北京:商务印书馆,2003,第2页。

上讲,具有传统性的文化现象应该同时包括以非正式的途径传播或获得的,如孩子通过模仿和重复从父母那里获得的行为习惯等,没有人会刻意地向我们传授如何过春节,但我们都知道该怎样过节,因为我们生活在一种社会环境中,而且在我们的成长过程中,我们会不由自主地模仿和重复父母或周围所有人的过节方式。模仿和重复是我们成为文化人的一个必经途径,它是如此的普遍和自然,以至于我们根本意识不到自己正在接受和传播一种文化的东西。

第四,传统必须是一种具有生命力的东西,也就是说必须具有持续性和连贯性。从这个意义上说,传统与时尚相对立:时尚往往是短暂的、瞬间即逝的;但传统却是经久不衰,它可以超越时空的限制,呈现其永恒的生命力。这就是我们所谓的传统的保守性所在。

3. 传统的保护与延续

传统是在相当长的一段时间内根本没有发生变化的一些东西。传统的这一特性似乎很难理解,因为在很多人的眼里,世界上似乎没有不变的东西。人们的生产生活和思维方式时刻在变:观念时刻在变、知识水平和知识结构时刻在变、饮食在变、服饰在变、居住形式在变等等。尤其是在当代,外来文化大有席卷中华之势,世界一体、世界大同似乎就要在我们的眼前实现,传统在我们的眼前好像马上就要消失了。很多人,尤其是很多民俗学家都有一种紧迫感。所以,一种"抢救"和"拯救"的情绪油然而生。我们似乎责任重大,如果我们不去拯救,传统好像马上就要消失在我们眼前,我们因而也就成了千古罪人。

但是,从现实的角度来看,的确存在着这样一种情况,如果我们不抢救某些传统的话,这些传统马上就会消失了。关于这个问题,我们或许可以换一种问法:我们为什么要保留和抢救那些即将消失的传统?是因为他们对社会有用、对民众有用、对传统的延续和保护有用,还是对我们民俗学者的研究有用?即将消失的东西就一定要记录或保留下来吗?即将消失的东西就一定代表着传统吗?即将消失的东西就一定会消失吗?

首先,从发展的角度看,历史或者文化本身就是一个发展的过程。在这个发展的过程中,不可避免有一些东西总是要被淘汰掉的。尤其是随着科学技术的进步,新的生产方式和生活方式的出现,一些旧有的习俗很可能就消失了,例如某种饮食方式、饮食习惯、服饰、艺术、称谓等。我们不可能留住所有的传统,我们也没有办法留住历史、留住这些习俗,就像我们没有办法留住时间一样。我们的目的在于研究这些文化现象,而不是单纯地

第一章 概 论

去追求保留住它们和拯救传统。即使我们有能力保留下了一首歌谣或一座民间建筑,但是我们不可能要求民众继续居住在传统的民居中,并且只是为了能够保留这种民居。我们对某些传统民居保护和抢救的最好的方式或许就是把它们送进博物馆或档案室,我们不可能赋予它们新的生命,让它们永远流传于民间。因为,流传于民间,为民众自觉地使用和拥有,是传统能够被保存下来的唯一方式。

例如,传统的婚礼仪式中,新娘子要坐轿子。但是随着时代的发展,新娘子改乘其他出行工具了,如汽车,而且大有全面取代轿子的趋势。民俗学家尽可以大声呼吁人们继续坐轿子,但是在时代面前,我们根本就无能为力。我们也许可以留下一两乘轿子,但是却阻挡不住这种风俗的逝去。

其次,反过来说,即将消失的东西不一定就会永远消失,如果它们真是我们所谓的传统的话。真正的传统往往具有极其顽强的生命力。在与时尚斗争的过程中,它们可以暂时退出历史的舞台,但是在一段时间之后,它们又会重返舞台,所以我们才把这些东西称之为传统。

例如,在当代中国社会,传统节日正在遭受外来节日的冲击,一些人甚至担心中国传统的春节有朝一日会被西方的圣诞节所代替。这种担心实际上是多余的。年轻人过西方的节日充其量只能是追求一种时尚,因为西方节日中的事物,如圣诞树、火鸡等不在我们的意义体系之内,我们无法了解其背后承载的文化内涵,换言之,我们无法在西方节日内进行自我定位和自我诠释。中国的传统节日满载着几千年的文化信息,承载着厚重的民族情感,节日中的任何一项活动和事物,包括饮食、服饰、娱乐、祭祀等,不仅充满着意义,而且作为一种记忆、情感的信息载体,可以引领人们寄托和宣泄自己对家乡、祖先、神灵、亲友的各种情感。从某种意义上说,我们根本就意识不到这些传统节日对我们来说有多么的重要。传统节日就像是我们的食粮,我们可以一天不吃东西,但不可能一直不吃东西。作为传统文化的重要载体,传统节日不是人们想丢就能丢掉、想忘就能忘记的。一旦人们的好奇感得到满足,西方节日将很快被人们忘记,除非西方的传统节日能够满足和补充中华民族的某种需要而逐渐中国化,但这需要一个相当长的历史过程。

另外,传统的消失在很大的意义上只是形式消失,其本质往往还会借助于新的形式继续存在。实际上,传统不仅具有强烈的保守性,而且会随着时代的发展不断变换其形式。例如,在中国,从传统的角度讲,婚姻的目的就是传宗接代,婚礼仪式中的所有行为几乎都是围绕着这个宗旨而展开的。但是，这种观念不会随着人们是否继续坐轿子而改变。从人们对婚车车型的选择上，我们依然可以看出这种传统的观念，如婚车一定要三厢的，不能选择两厢的车，以避"无后"（无后备厢）。由此可见，新的文化现象，往往是传统的延续，也许是"新瓶装旧酒"，如果忽视了对新民俗或者说新的文化现象的重视和研究，我们就无法全面地理解传统。

第一节 什么是民俗学

一、关于"民"的概念

民俗学作为一门科学发展到现在，已经有近两百年的历史了。从这个学科诞生的那天起，关于"民"和"俗"定义的争论就一天也没有停止过。因为这是所有民俗学家都无法回避的问题，它确实关乎民俗学学科的基本定位和发展方向。

一般来讲，"民俗学"（folklore）一词包括两个部分：一个是"民"（folk），另一个是"俗"（lore）。从字面上解释，folklore 的意思是"民众的知识"（the learning of the people），但是"民众"到底指的是哪些人呢？从 19 世纪初，格林兄弟（Jacob and Wilhelm Grimm）所谓的"民"表示一个"民族"，到当代民俗学家邓迪斯（A. Dundes）的"民"可以是社会中的任何一个人，并提出了社会群体的概念。随着历史的进步和民俗学学科的发展，"民"的概念也一直在发展着。

1. "民"是民族

民俗学学科的创始人，德国的格林兄弟认为，"民"就是民族。这个概念的形成与德国当时的历史文化背景密切相关。当时的德国，民族主义和浪漫主义运动轰轰烈烈，而这场运动的重要标志之一便是民俗学学科的产生。人们开始关注民俗，是因为当时的德国人正在面临外来文化的冲击和本民族文化的消亡，他们迫切地寻找真正能代表德国传统文化的东西来重建古老的德意志民族精神。格林兄弟在这场运动中发现，最能代表一个民族及其文化传统的就是民俗，或者更确切一些，是民间故事、神话、传说等。因为它们是从古代一辈辈地口头流传下来的，其中保存了大量的、真正有价值的文化传统。格林兄弟花费了大量的时间搜集了许多民间故事，并出版了《儿童和家庭故事集》（1812—1814），他们希望通过对民众的知识和学问的发现和认识来证明一个民族的存在历史，以及它的文化和传统。所以

"民"也就自然而然地成了民族的代名词。

2."民"是一个社会群体

以迪尔凯姆（Emile Durkheim）为代表的一些学者认为，"民"应该解释为"社会群体"。因为，人们之所以可以构成一个社会群体，是因为共同的文化传统和思维方式把他们联系在了一起。在这里，"民"的概念已经从一个民族，发展成为社会群体。社会群体可以是一个民族，也可以是一个民族内部的具有某种共同性的一群人。

3."民"是古人

一种观点认为，"民"是古人，是至今仍然生活在非文明的环境当中或者说还没有进化到文明阶段的那些人，简单地说就是野蛮人和半开化的人。提出这一观点的是著名的人类学之父爱德华·泰勒。泰勒把人类文化的进化过程分为三个阶段：野蛮（savagery）时期——半开化（barbarism）时期——文明（civilization）时期。他认为，各种民俗现象都产生于野蛮时期和半开化时期。人类进入文明阶段以后，民俗现象也就失去了其产生和发展的土壤，因此会逐渐消失。例如，在他看来，神话应产生于人类社会早期的野蛮时期，到了半开化时期，神话便退化为传说和故事。一旦进入文明时期，传说和故事都将会消失。我们现在看到的各种民俗现象都是产生于野蛮和半开化时期的古代传统文化的残余物（survivals）。我们研究这些残余物的目的就是进行"文化的复原"，因此，民俗学中的"民"也就被等同于古人，或者说是野蛮人和半开化的人了。

在这里，"民"的概念从一个民族、一种文化传统和一个社会群体，扩展为带有人类普遍意义的概念，或者说发展成为一个具有抽象意义的集合名词。既然不同的文化传统都要经历一个共同的发展过程，那么任何一种文化传统都代表着人类发展历程中的某一个阶段。简单地说，19世纪的欧洲就是中国未来某个时期的样子，而当时澳洲的土著也就是中国过去某个时期的样子。因此，我们研究的任何一种民俗现象都不再属于一群人、一个地区、一个民族和一个国家。泰勒过分强调了文化的相似性和共同性，而忽视了人类文化的个性和差异。

4."民"是农民，或者说是文盲

这里所谓的"农民"或"文盲"，指的是生活在社会的底层、与城市人口和知识阶层相对立的那些人。这种观念产生于19世纪初期，而且一直延续到现在，有着极其顽强的生命力。首先，我们要说这个概念是错误的，是人们对民俗学、民间文学的误解。在格林兄弟时期，把"民"与农民和文盲等同起来是可以理解的,因为那个时期的德国上层文化几乎已经全面被外来文化所占领。从上层文化,例如语言和文学中,已找不到任何能够代表德国文化传统的东西。只有农民和文盲,还在使用着古老的德国语言,承载着古老的德国文化传统。因此,要想重建德国文化精神,只有从下层农民或文盲、无产者阶层当中去寻找。所以,那时候的"民"自然也就与农民和被压迫阶层联系在一起。

后来的学者们认为"民"为农民和文盲,主要是强调民俗学与其他学科的差异以及存在的必然性和必要性,这也有其历史的原因。例如,以往的文学研究主要是书面和精英文学,人们从来也没有想到民间还会有文学,更没有想到民间流传的故事传说等事项还可以拿来进行研究。当有一天,人们突然发现民间文学的巨大价值的时候,民间文学便作为精英文学的对立面出现了。许多学者呼吁重视民间文学的研究,其目的在于引起人们的注意,使大家能够充分认识到民间文学的价值和意义。20世纪初期,中国民俗学产生的初期,学者们也是把"民"看做是与贵族相对立的平民和农民[①]。直到现在,仍然有许多学者认为民间文学是与精英文学相对立的,其主要区别就在于民间文学的"民"为农民、文盲和其他劳动阶层的普通民众,而精英文学的精英们为知识阶层、统治阶层、城市阶层等。

总之,从19世纪初到20世纪中期,"民"总是被当做一个相对的而不是独立的词来定义。换句话说,民是与社会中的某些人群相对立而言的:对于上层社会来说,"民"指的就是下层社会;对于受过教育的人来说,"民"指的就是文明社会中的文盲;对于来自文明社会的人来说,"民"指的是那些来自野蛮或原始社会群体的"未开化"人[②]。

5."民"可以是任何一个人

到了20世纪中后期,随着民俗学科的发展,人们对"民"的认识又有了新的进步。

当代美国著名民俗学家邓迪斯认为,"民"的概念已不再局限于农民和下层民众,"民"可以是任何一个人。为了准确地定义"民"的概念,邓迪斯提出了"社会群体"(folk groups)的概念,极大地拓宽了"民"的范围。实际上任何一个阶层都有属于他们自己的文化现象,因此,邓迪斯为"民"进行

[①] 想详细了解东西方关于"民"与"俗"的论述,可参见高丙中的《民俗文化与民俗生活》,北京:中国社会科学出版社,1994。

[②] 〔美〕A. Dundes, *Interpreting Folklore*, Bloomington: Indiana University Press. 1989, p.2.

第一章 概 论

了重新定义：民俗学中的"民"可以是任何一个由两个或两个以上的人组成的具有某种共同点的社会群体，而且这一社会群体必须具有一种共同的文化传统。因此，以往限定"民"的范围的前提，文盲、下层人、原始人、土著人等被彻底取消了。"民"可以是社会中的任何一群人。

但是邓迪斯的"民"必须具备两个前提条件：至少有一个共同点，具有自己的传统。邓迪斯把社会中的人按照某种共同点分成不同的社会群体。这里所谓的共同点可以是职业、语言、年龄、性别、宗教、民族等。因此，无论是城里人还是乡下人，文盲还是文化人，汉族还是其他民族，都有自己的民俗，例如学生、教师、军人、医生、犯人、工人、农民、公务员、民工等。可以这样说，大到一个国家、一个民族，小到一个家庭，都可以组成一个社会群体，产生他们自己的民俗。而且随着旧事物的消失和新事物的出现，旧的民俗现象会消失，新的民俗现象会不断产生①。

6."民"为全民

邓迪斯的观点虽然具有鲜明的时代感，也在世界范围内产生了巨大的影响，但仔细分析起来，还不是那么尽如人意，尤其是在当代中国这一特定的环境中。

首先，把"民"定义为社会群体，从理论上是合理的，因为人们的确可以被划分为不同的社会群体，但从实践的意义上就有它的局限性。例如，虽然一些社会群体之间差异明显，如地区、民族等，我们可以说我们研究的是汉族民俗或北京民俗，但有些社会群体之间的界限并不十分明确。职业可以是区分不同群体的一个因素，但是相同职业的人又有年龄、宗教信仰、性别或地区等因素的差异。同样都是大学生，但因为系别、年级和地区的差异，使得他们无论是在俗语的使用上，还是在民俗类型的选择上都有自己的特点，彼此之间可能相去千里。因此很难把一种民俗现象定性为隶属于某一职业群体。

其次，一种民俗现象可以流传在不同的社会群体当中，如"鬼故事"的流传范围相当广泛，几乎所有社会群体当中都流传有鬼故事，很难说与什么社会群体有关。实际上，在我们的研究当中，很少能把民俗现象与社会群体联系在一起。因为我们没有办法确切地说我们研究的是医生民俗还是病人民俗，是大学生民俗还是青年民俗。因为它们之间大多有着紧密的联系，或者可以说是一体的。再说，很多民俗现象是超越民族和国家的界限

---

① 参见〔美〕A. Dundes, Who Are the Folk? *Interpreting Folklore*, pp. 1—19.

的。洪水神话就是一个世界性的神话类型,我们不可能单纯地用民族或国家来决定它到底归属于哪个社会群体。

最后,过分强调或规定"民"的范围,实际上是在限制和约束自己的研究,也就等于把自己孤立于其他学科之外,不利于学科之间的相互交流和并行发展。民俗学是一个相对来说比较新的学科,参照一些传统学科的定义,我们知道,几乎所有的学科都只强调自己研究的内容是什么:文学研究的是文学作品、作家、文学类型和文学现象及流派,语言学研究的是语法、词汇以及一切有关语言现象和规律特点的东西。其他如人类学、哲学、社会学等,也都只谈自己的研究对象及其方法特点等。没有一个学科在确立它的学科地位的时候先探讨它的研究人群,争论他们研究的是哪些人的文学、社会学、哲学、人类学等。一个不争的事实是,他们研究的人群是全人类以及人类创造出来的各种文化现象。因此,新学科的设立首先应该是它在研究人类及其文化现象上的必要性和科学性。有必要,我们就去研究;没有必要,学科也就不会具有生命力。似乎只有民俗学一直把"我们研究的是什么人的民俗"作为自己的一个重要话题,这在很大程度上增加了人们对民俗学作为一个学科存在的意义和价值的疑问。我们真的只是在研究部分人的"俗"和"学问"吗?在人类的文化遗产中,这部分人的"俗"和"学问"真的有研究的必要吗?是否可以忽略不计或放置在其他学科中进行研究呢?

我们的回答是,民俗学是必不可少的,是其他学科所不能代替的,在人类文化研究中占有着极其重要的地位,民俗学与其他学科的关系是并列的、平等的。因此,"民"的概念发展到现在,我们认为已经没有下定义的必要了。就像是我们研究中国文学,没有必要谈论是哪些中国人的文学;研究中国历史,没有必要讨论是哪些中国人的历史一样。"民"就是全民。中国民俗应该就是全体中国人的民俗;校园民俗就应该是流传在校园当中的民俗,鬼故事应该是以"鬼"为主题的故事类型。所以,我们认为"民"的概念发展到现代,应该定义为全民或全人类。

二、关于"俗"的概念

既然对"民"的定义已经完全不能定位民俗学,那么我们只有依靠对"俗"的解释了。在过去,一般认为,所谓的"俗",简单说就是知识和学问。"民俗"就是普通百姓的知识和学问。这实际上是从另一个角度限制了民俗学的研究范围。现在,既然"民"已经定义为"全民",那么知识和学问的

第一章 概 论

说法也应该重新定义了。

我们认为,这里的"俗"应该是以口头、物质、风俗或行为等非正式和非官方的形式创造和传播的文化现象,是一种约定俗成的东西。它不是什么人宣扬和倡导的内容,也不是人们自我标榜的东西,而是人们在日常生活中自觉和无意地遵循和维护的一种行为规范、道德伦理、认知方式和思维模式。

以文学为例,文学研究的是以书面形式创作和流传的文学作品,而民间文学则是研究以口头形式创作和流传的文学作品。以往的研究只重书面文学创作而不去研究口头文学创作,因而至少是不完整的,不能代表中国文学的全部。口头文学和书面文学应该占有同等的地位,它们之间的关系也是非常紧密,不容分割的。

再以哲学为例,以往的哲学研究只限于书面典籍中记载的一些哲学家的观点和看法,哲学只是一种玄妙高深的学问,与普通百姓无缘。但是,一种文化传统或者说一个民族的哲学思想和世界观不只是以书面的形式保存在典籍著作当中,生活中还有各种各样的其他形式包括物质、风俗、艺术等同样传承和展示着人们的哲学思想和世界观。从这个角度来说,民俗学研究的是以非书面或非官方形式传承的哲学思想和世界观。

如果说文化是一个整体的话,那么书面的、正式的和官方的文化传统只是整体文化的一个组成部分,另外有一大部分是以非书面和非官方的形式流传的。以往的文化研究只注重书面文化传统而忽略了非书面的文化传统,因此对文化的研究非常不完整。

那么,民俗学所面对的"俗",具体说来就是所谓的"民俗事项"又都包括哪些内容呢?在过去的一百多年里,中外许多民俗学家都曾尝试着做出合理而又准确的归纳,但在学术界并未取得一致的意见。

例如,19世纪末20世纪初,以英国博尔尼(Charlortte Sophia Burne)为代表的民俗学家认为民俗学研究的对象是那些"流行于落后民族或保留于较先进民族无文化阶段中的传统信仰、习俗、故事、歌谣和俗语"[①]。

20世纪中叶,美国民俗学家多尔森(Richard M. Dorson)则把民俗学的对象概括为口头文化、传统文化和非官方文化。

阿切尔·泰勒(Archer Taylor)认为:"民俗学是研究那些或者是以口

---

① 〔英〕查·博尔尼《民俗学手册》,程德祺等译,上海:上海文艺出版社,1995,第1页。

头的形式,或者是以风俗的形式,或者是以实践的方式流传下来的传统。"①

邓迪斯则采用排列的方式把所能想到的民俗事项逐一排列出来,"民俗包括神话、传说、民间故事、笑话、谚语、谜语、圣歌、咒语、祝词、诅咒、誓言、辱骂词、驳词、奚落语、戏弄语、祝酒词、绕口令、见面或离别用语,还包括民间服饰、民间舞蹈、民间戏剧(包括哑剧)、民间艺术、民间信仰(或迷信)、民间医药、民间器乐、民歌(例如摇篮曲、故事歌)、民间俗语(俚语)、民间比喻用语、民间命名(包括人或地方的外号),另外,大到口头史诗,小到书籍的题词、墓志铭、厕所留言、五行打油诗、拍球童谣、跳绳童谣、手指或脚趾童谣、秧马童谣、数数童谣、育儿童谣都属于民间诗歌,民俗事项还包括民间游戏、姿势或身体动作、象征性符号、祷告用语、游戏玩笑、俗语用法传说、食谱、民间刺绣图案、民居、栅栏、仓窖的造型、街头小商小贩的叫卖声、人们传统的召唤动物或役使动物的声音、节假日风俗"②等等。

纵观学者们的归纳和概括,我们发现,所有这些都是从以下几个方面来对民俗学的研究对象,即各种民俗事项进行定义的:

(1)内容;

(2)形式;

(3)传播方式;

(4)性质和特征。

尽管在民俗学的内容、范围和分类上,学者们还存在着这样或那样的分歧,但总的说来,民俗学家一致认为,民俗学研究的内容是书面文化传统之外的文化,以口头、风俗或物质的形式存在,以民间传承(或者是口传,或者是模仿,或者是表演)的方式传播。

第二节 民俗学的产生与发展

民俗学作为一门新兴的学科发端于19世纪初期的德国。在浪漫主义和民族主义思潮的影响下,一些学者开始把目光投向下层社会普通人的生活,旨在唤醒民族意识和增强民族自尊心、自信心。

---

① 〔美〕Brunvand, *The Study of American Folklore*, New York: W. W. Norton & Company, 1986, p.3.

② 〔美〕A. Dundes, *The Study of Folklore*, Prentice-Hall, Inc., Englewood Cliffs N. j. 1965, p.3.

第一章 概 论

民俗学的早期代表人物是德国的格林兄弟。当时,格林兄弟生活的欧洲正处于历史上的重大转折时期。1789年的法国资产阶级革命震撼了整个欧洲,许多国家民族意识高涨,民族解放运动得到广泛开展。与此同时,浪漫主义思潮,这一具有全欧影响的文学运动也开始广泛兴起。浪漫主义者们或者对过去的时光充满怀念和忧思之情,或者表现出一种迫切需要民族意识或民族认同的思想倾向。所以,他们的作品吸引了一大批的热情读者[①]。德国也不例外,当时的德国正处于拿破仑的统治之下,德国的各个领域包括语言、文化都弥漫着浓郁的法国色彩,人们大多使用法语作为自己的日常用语,接受法国文化教育。德国作为一个国家,无论是它的语言文化,还是作为一个独立民族都在日渐消亡,许多爱国人士为此忧虑不已。在欧洲大环境的影响下,德国人民的民族意识开始觉醒,爱国情绪高涨,一些爱国人士号召人民行动起来,反抗法国人从领土和精神文化方面对德国的双重入侵。

格林兄弟也积极地投入到了这场伟大的运动中,他们深受当时德国浪漫主义流派之一海德堡派的影响。海德堡派把中世纪看成是德国伟大的时代,提倡复制"祖国的古董",向"民间精神"请教,广泛宣传研究古代民间文学,以寻找那个具有悠久历史和丰富文化财富的独立民族。

格林兄弟从1806—1807年开始搜集民间故事。他们这样做的主要目的就是为了寻找德国的文化和传统,希望通过研究旧的传统以消除当时德国人当中沉闷压抑的情绪。对格林兄弟来说,德国的语言文学和文化传统是联结德国人民的纽带,只有这样,德国人才可以从专制主义的统治下把自己解放出来,变成一个具有光明未来的统一体。在当时来说,这种未来就是反对拿破仑的统治,也是为了反抗法国文化的渗透。

格林兄弟在对民间故事的搜集整理过程中,始终如一地以一种忠实的态度来对待这些民间故事。他们坚决主张在搜集整理民间故事时必须十分准确地保持故事的原始状态,无论是在内容还是在风格上都不做任何加工删改,即纯粹的民间口头故事。在《儿童和家庭故事》的早期版本里,他们甚至详细地注明讲述人的姓名及个人背景资料和讲述地点。尽管兄弟二人在《儿童和家庭故事》后来发行的版本里并没有完全按照他们的主张行事,例如他们不仅取消了讲述者个人情况的介绍,而且面对着越来越多的异文的出现,他们开始把同一故事的不同异文互相删改连缀组成一个新

---

① 〔美〕A. Dundes, *The Study of Folklore*, p. 1.

的故事。但是他们的主张却是非常具有开创意义的。无论如何,1812年格林兄弟出版的《儿童和家庭故事》标志着民俗学学科的诞生。

但是,民俗学(folklore)一词却是1846年才由汤姆斯(W. J. Thomas)首次提出的。在此之前,民俗学在德国被称为"Volkskunde"(人民学),在英国及欧洲其他国家被称为"popular antiquities"(大众古俗)或"popular literature"(大众文学)。1846年,在写给《雅典娜神庙》杂志的信中,英国考古学家汤姆斯提出用"folklore"一词来概括这一新兴的学科[①]。从此之后,这一学科风靡欧洲。

1831年,芬兰文学学会成立。虽然名为文学会,实际上它做了许多民间歌谣和故事的搜集整理工作,因此这可以说是世界上第一个研究民俗学的学会。1878年,英国民俗学会成立,并创办了第一份民俗学杂志《民俗学刊》。1888年,美国民俗学会成立。从此以后,民俗学在欧洲各地普遍发展起来。

中国民俗学研究发端于20世纪初,当时的中国正处于风云变幻的动荡年代。辛亥革命虽然推翻了清王朝,建立了共和体制,但国内的局势并不稳定。政治上的变革与混乱必然带来国内社会其他方面的变革,因此,一些思想进步的文人在知识界掀起了一场文学革命。这场文学革命首先以批判儒家学说和提倡运用自由的、口语化的白话进行写作为先声,为的是能够让人们自由地表达他们的思想感情。关于这场运动,胡适先生这样谈道:

> 这种运动的第一个目的,便是要用民众实际生活中的语言,来促进新文学的产生,进而取代以往陈腐的古典文学。第二个目的,在于抗议传统文化中的诸多观念与制度,并使男女民众的思想,从传统的羁绊中跳脱出来。要以理性对抗传统,要用自由抵抗权威,要礼赞人生与价值,来对抗压迫。最后,这种运动意外地使人们深深洞悉了自己的文化遗产,而且指引了欲以现代的历史批评法来探索一切的人。因此,在这层意义上,此一运动也是一种蕴含着人文主义的运动。[②]

中国民俗学研究正是在这种关注民众的背景下产生的。

---

① 〔美〕A. Dundes, *The Study of Folklore*, p. 4.
② 胡适《中国的文艺复兴》,1934年芝加哥版。转引自〔日〕直江广治《中国民俗文化》,王建朗等译,上海:上海古籍出版社,1991,第171页。

第一章 概 论

当时,北京大学聚集了众多的文化精英,因而也就自然地成为新文化运动的中心。为了表明自己的反抗精神和新文化与旧文化分庭抗礼、彻底决裂的决心,人们一反过去贵族化的、古典的、山林的阳春白雪式的研究方向,转而把目光投向当时被认为是"下里巴人"的、难登大雅之堂的、属于粗野小民的卑下之作。1918 年 2 月,北大设立了歌谣征集处,并在《北大日刊》上刊登了详细的《征集全国歌谣简章》。虽然这项工作最后并没有取得多么大的成功,但意义重大,它开创了中国民俗学研究的先河。

1922 年,北大创办了《歌谣周刊》,由周作人、常惠、沈兼士、钱玄同等人担任编辑。仅从发刊的 1922 年到 1925 年近三年的时间里,他们就搜集到了 13339 首民谣,取得了丰硕的成果。

基于收集到的众多民谣资料,中国民俗学研究的早期产物——歌谣研究也有很大的突破。一方面,学者们诸如胡适、董作宾等运用比较研究法对歌谣《看见她》等进行了起源和传播方面的研究,取得了一定的成果。另一方面,学者们也开始把研究民谣与研究社会联系在一起,提倡从社会的角度分析民谣。例如,刘经庵就根据河南的几百首民谣进行了民谣中的妇女与社会的研究。

后来,学者们逐渐意识到歌谣研究只是众多研究中的一个方面,因此,北京大学又成立了风俗调查会。更为可喜的是,学者们一改过去歌谣研究中以征集歌谣作为资料来源的研究方法,开始走出校门,走进田野,搜集第一手资料,使得他们的研究更加具有现实意义。特别是风俗调查会对北京妙峰山庙会的调查,取得了令人瞩目的成绩。

此后,中国民俗学的研究又进一步扩展到其他领域,如神话、故事、传说、谜语、节日、风俗、谚语、民间信仰、民歌等等。这期间,1927 年,中山大学把《民间文艺周刊》改为《民俗周刊》,由钟敬文担任主编。在发刊词中,有这样一些话:

>我们要站在民众的立场上来认识民众!
>我们要探讨各种民众的生活、民众的欲求,来认识整个社会!
>……
>我们要打破以圣贤为中心的历史,建立全民众的历史!

这种论点强调民俗学研究应该舍弃历来的以文献为中心的历史学研究方法,而将重点放到"民众的演进"上来。我们可以这样说,从中山大学民俗学会成立后,中国民俗学研究才进入科学研究的轨道。①

1949年以前,中国民俗学研究在民间故事的收集如林兰曾出版了三十多种故事集,故事的研究如顾颉刚的《孟姜女故事研究》,歌谣方面如董作宾的《看见她》、顾颉刚的《吴歌甲集》、钟敬文的《歌谣论集》、刘经庵的《歌谣与妇女》等,神话方面如茅盾的《中国神话研究》等,都取得丰硕的成果。

第三节 民俗的特点

一、传统性是民俗的一个重要特征

前面我们曾经谈到,民俗学研究的是以传统的形式,或者说是以非书面、非官方和非正式的形式流传和保存的某一社会的文化传统,其中包括这些文化传统的内容、形式、风格及传播过程和方式。各种民俗事项都是活的、流动着的,因此也就永远不会被全部记录下来。

民俗学诸事项在很多方面来说是一种实践,是无法从书本上和正规教育当中得到的,人们只能通过生活中的耳濡目染、亲身经历、切身体会、观察模仿来获得。例如,人们从出生开始,就周期性地参与各种祭祖活动,无形之中,我们就继承了这种祖先崇拜思想。人们根本不需要去学,因为这就是他们生活的一部分。在实践活动中,我们承袭了这种文化传统,接受了这种生活习惯,获得了这种价值观念和道德标准,并不自觉地成为这种文化的载体,把它传给一代又一代。

民俗学研究可以引导我们进一步深入探索文化的内涵,通过观察人们在自然状态下的生产生活方式、表述方式、信仰形式、日常话语和日常琐事,去发现他们的思维模式、价值观念和行为准则。这些以非正式、非书面形式流传下来的传统文化在某种情况下可以说是一种真正的主流文化,因为它为大多数人所拥有,代表着大多数人的意志。民俗事项能给我们提供许多非常重要的文化研究线索,有助于我们揭示文化的特征。

二、民俗事项都有异文

有异文是民俗事项的另一个显著的特征。民俗事项传承方式的特殊性决定了民俗事项不可能只有一个文本,因为每一个人在讲述、表演、模仿

---

① 〔日〕直江广治《中国民俗文化》,第182页。

第一章 概 论

和重复某一种民俗事项时,都可以说是一种再创造。如果一千个人讲述《牛郎织女》的故事,我们就会有一千个《牛郎织女》故事的异文,而且不同的文化传统中都会有相同类型的民间故事的流传。这就是说,一个故事可以出现在不同的国家和地区,所以异文可以是跨文化、跨地区的。尽管异文之间存在着明显的差异,但他们却属于同一个故事类型。例如,到目前为止,《灰姑娘》故事类型(AT 510A)最早的书面文本出现在中国,除了汉族,许多其他少数民族,如藏族、蒙古族、维吾尔族等也有《灰姑娘》故事类型的异文。此外,很多国家和民族也都有《灰姑娘》故事类型的异文,流传最为广泛、影响最大的就是《格林童话故事集》中的《灰姑娘》异文。

美国民俗学家艾伯哈特(W. Eberhard)曾在台湾台北的一个区收集到了241篇《虎姑婆》的异文。尽管在这些讲述者中有许多都是各个家庭中的成员,但每一个人的讲述和其他人都不一样,尤其是在细节或情节的选择和处理上。由于性别、年龄、身份、地位的不同,人们在对情节或细节的处理上加进了个人对故事的理解。

例如,在《虎姑婆》故事中,当讲到虎姑婆骗过孩子们进入房间以后,在睡觉这一细节的安排上,虎姑婆或者选择一个孩子和她睡在一个房间,而另一个孩子睡在另外一个房间里;或者选择一个孩子挨着自己睡。很显然,在后一种情况里,两个或更多的孩子是睡在同一个房间甚至是同一张床上的①。在是否有自己单独的或分开的房间这一细节,也许和人们的经济情况有关,也许和人们的生活习惯有关,但我们至少可以说,不同的情况下,人们会自然而然地选择和自己生活比较接近或对他们来说更合理一些的细节。

另外,随着地理环境、民族、语言、生活方式、信仰、风俗习惯等因素的差异,同一个故事也会有众多的异文。例如,《画中人》(AT 400B)或《田螺姑娘》(AT 400C)或《其他动物变的妻子》(AT 400D)是流传非常广泛的故事类型,我们不仅已经在天津、陕西、山西、江苏、上海、浙江、广东等地发现了故事的异文,而且在许多古代典籍如《太平御览》、《太平广记》中也有记载。在不同异文中,故事的主人公或者是一幅画,或者是一只田螺,或者是其他甲壳类的生物或水生动物,或者是一些动物,如老虎、狐狸等。在不同的异文中,虽然他们与人类结合的原因、过程、目的不尽相同,但他们的共同之处都是与人间一位贫穷善良的小伙子有过一段共同生活的经历,因而

---

① 〔美〕艾伯哈特《台湾民间故事研究》,台北:东方文化服务社,1974,第 77—103 页。

也就都属于同一类型的不同异文。

从更广阔的范围来看,许多故事类型是世界性的,这就是说,同一类型的故事可能已经完全打破了文化、语言、地理上的界限,在世界各地都有异文。比较著名的除了《灰姑娘》(AT 510A)之外,还有《青蛙丈夫》(AT 400A)、《三根魔发》(AT 416)等等。关于这些故事类型的形成、发展、传播,以及在传播过程中环境、心理、文化等诸因素的影响对故事类型地方化的作用等,都使得异文研究这一课题更加引人入胜。

不仅故事具有异文,其他民俗事项如神话、谚语、民间游戏、民间工艺美术、民间歌谣等都具有这一特点。因此,我们在进行任何研究时,必须首先明确这一点,即任何民俗事项都不可能是唯一的或只存在于某一地区。

三、民俗事项具有强烈的地方性

任何民俗事项都不可能脱离其赖以生存的文化环境:一方面,文化传统需要借助于各种民俗事项作为其存在与传播的载体;另一方面,各种民俗事项必须有一定的文化内涵才具有真正的价值和意义。否则,它们就会失去存在的意义而变成一群毫无生命的符号。尽管一些民俗事项在全国各地乃至世界各地都有异文,但如果把这些异文进行比较的话,我们会发现每一个地区或民族的异文都反映出不同的文化传统,在某种程度上代表着某个地区或民族的处世态度、价值观念等。

例如,《烂柯山》的故事是中国流传较为广泛的一种故事类型:

> 从前,有一农夫经常牵着牛到卧牛山山麓耕作。一天,天气晴朗,农夫因感觉疲倦而坐下小憩。此时,他听到山上树林子里传来说话的声音,便前往察看。见有两个老人在下棋,并且一边下棋一边吃着桃子。农夫站在一旁看着他们下棋,不久后他因口干而拣老人吃剩下的桃子解渴。老人下完一盘棋后,农夫想起了自己还要干活儿,便下山回到地里,但他发觉周围的情景已完全改变,牛和农具都不见了。他慌忙跑回村中,发觉村里尽是陌生人。

> 原来,在农夫经历的一盘棋的工夫,世上已过了一千年。发生此事后,这个村子便改为"达乡店"。这个故事的重点之一是农夫吃了仙人所吃的东西。人如果吃了神仙吃的东西,或献给神仙的物品,就会成为神仙。像狐、虎等异类化为美女来到人间与有福的男人结为夫妻,这些异类就是因为吃了人的食物,故能永久留在人间,并为人类留

第一章 概 论

下许多优秀子孙。类似这样的民间传说,在中国有很多。这种共食的信仰,起源是非常早的。在山西省虞乡(今属永济市)棋盘山麓的"哪村",也有着同样的传说。相传,这个村子原先叫"罗村",某日,有一樵夫在山下看到两老人在下棋(以后情节与上述故事情节完全相同)。他回到村里后,发现村里已完全改观,因此便问:"哪村?"从此后,这个村子便叫"哪村"。后来那樵夫也变成了仙人。①

对于中国人来说,这个传说一方面宣扬和印证了道教学说中生命追求的最高境界——不死世界,另一方面也表现了世人对神仙世界的向往。因为一个人只是通过偶然与神仙巧遇,便可以感染到神仙的仙气,以至于长生不老。

在芬兰,我们发现了类似的故事,或者说是《烂柯山》故事类型的异文。讲的是一个新娘在新婚之夜,大家都来祝贺,在欢歌跳舞聚集一堂的时候,她独自一人来到了房子的后面,听见远处似乎有音乐声,于是她随着声音来到一个地方,看见那里的人们正在饮酒跳舞,忍不住也加入了他们的行列。等到她想起自己的婚礼急忙赶回家中时,才发现一切都已经面目全非,她找不到自己的家了。经过询问,才发现就在她离开的那一段时间里,世界上已经过了几百年。听到这一消息,她立刻倒地而死,化为一堆灰烬。这一故事虽然一方面也印证了当地的一些传统信仰,但另一方面,与中国故事中宣扬的那种对神仙世界的向往正相反,这则故事却带有一种神秘、恐怖或惩罚的意味。

四、匿名性

民俗事项无论是神话、故事传说,还是民间建筑、服饰和饮食,一般都没有具体作者或发明创造者,他们是集体创作的结果。这里所谓的匿名性表现在两个方面:

一是许多民俗事项本身就没有创作者。人们常说的一句话就是,这些都是祖上留下来的。对民众来说,他们只是被动地继承了祖先的创作成果。

另外一种是,人们将某类文化现象的出现归于某些传说中的历史人物和神仙,将某些事物的发明者固定在某一个人或神身上;而且随着历史的

---

① 〔日〕直江广治《中国民俗文化》,第 164—165 页。

发展,随着新事物的出现,人们会随时将新事物的出现继续加在这个人或神的身上。例如,在民间传说中,仓颉是文字的创造者。这种说法早在先秦就已经出现了,《荀子·解蔽》中有:"好书者众矣,而仓颉独传者,壹也。"《韩非子·五蠹》有:"仓颉之作书也,自环者谓之厶(私),背厶者谓之公。"东汉许慎《说文解字·叙》中有:"黄帝之史仓颉见鸟兽蹄远之迹,知分理可相别异也,初造书契。"王充《论衡》卷五《感虚篇》中也有"仓颉作书"的说法,唐封演也有"黄帝史官仓颉观鸟兽之迹以作文字"的记载[①]。此后,历朝历代,仓颉造字的传说屡见不鲜,民众一直相信是仓颉创造了文字。如今,在当代的传说中,仓颉不仅创造了汉字,而且也创造了西方文字。

相传仓颉是一个怪人。他头大如斗,身高二丈有余,长了四只眼睛。特别是额颅上的眼睛,大的像铜铃,能够看到一千里以外的东西。因此,老百姓都叫他千里眼。

千里眼虽然长得凶恶,可是他面恶心善,常给老百姓做好事。他看得远,脑筋灵,到处给老百姓想办法,解决困难。他看到老百姓把每天吃剩下来的食物,用一样一样的东西做记号,太麻烦了,也难记得很,就想替老百姓找一样简单的物件做记号。他想呀想呀,想了九九八十一天,也没有想出一个好办法,亏得他脑子灵,后来终于想出了一个好方法:造字。

法子虽然想出来了,那么究竟要造多少字呢?他做了充分的准备后,确定造一斗字。字咋能用斗量呢?原来,他做了一个木斗,每造一个字,就向木斗里放上一粒黄米,直到把斗放满,才算把字造够了。

他连夜带明地造,多亏长了四只眼。白天,他用这两只眼造字,那两只眼休息;晚上,他又用那两只眼造字,这两只眼休息。造呀造,他的头发胡子全白了,总算造满了一斗字。

各国的国王听说仓颉把字造成了,都日夜兼程地赶来要字。只是中国的国王离得近,赶来得最早,仓颉给他一升字,他嫌少,又给他一升,他还嫌不够,一直要到九升,仓颉说啥也不给了。趁国王起身,仓颉往外送的时候,国王的一个大臣又偷了七合,仓颉只剩三合字了。他只好把剩下的三合字给其他一些国家一粒一粒地数着分。分到最后,只剩下二十六个字了,可是还有几个国家没有分到字,仓颉只好

[①] (唐)封演《封氏闻见记》卷二。

第一章 概 论

说:"你们这几个国家就都用这二十六个字吧!"几个国王就拿上字回国去了。

后来,仓颉到各国去教字。他特别重视教这二十六个字,据说这二十六个字就是英文,因而英文是比较通用的文字。

中国在分字上虽说占了便宜,连分带偷九升七,可惜认完字的人却不多,据说只有后来的孔子识完了。到现在还流传着这样一首歌谣:

仓颉造字一斗米,

孔子认了九升七;

只剩三合撒在番邦地,

各国寥寥儿无几。①

这则《仓颉造字》是古代仓颉造字传说的延续。从其中的一些细节,如英文有二十六个字母等因素来看,这显然是现代人在当代知识背景下对仓颉造字传说的一种再诠释。但是,在中国民间传统中,无论如何文字的创造者始终都是仓颉。

第四节 民俗的功能

19世纪初期,当人们开始进行民俗研究时,多侧重在研究民俗事项的起源、类型、传播方式和途径等方面,但这些都不是人类研究民俗现象的最终目的,也不是吸引人们保存和研究民俗事项的关键所在。各种民俗事项的价值似乎不在于它们的起源、它们是什么,以及它们的传播途径和方式,而在于它们为什么能够流传下来?人们为什么要保存和传播这些民俗事项?人类从中又获得了什么?总的说来,民俗事项之所以能够传承下来,依赖于它们所具有的社会功能。邓迪斯认为,民俗现象具有多种功能,如在教育方面、在维护社会群体的稳定性方面、在宣泄和排遣不良情绪和情感方面、在消除疲劳和提高工作效率等方面②。因为失去生存价值和意义的民俗事项是不可能流传下来的。

总的说来,民俗的功能表现在如下几个方面。

---

① 见《中国民间文学三套集成·彭阳民间故事》。
② 〔美〕A. Dundes, *The Study of Folklore*, pp. 277—278.

23

一、娱乐性

许多民俗事项如故事、游戏、谜语、绕口令、民间舞蹈、民间竞技等等给人的最初印象往往是它们的娱乐性。没有人把讲故事、做游戏、扭秧歌和听笑话当做是一种工作或沉重的负担,相反,它们是人们工作之余的一种放松和休息方式。

例如,民间故事的讲述时间常常是在晚饭以后,或者是夏天在屋外乘凉的时候,或者是在孩子睡觉以前。有些故事是在一些特殊的时间和场合中讲述的,例如茶馆、节假日期间亲戚朋友的聚会和农闲时节的炕头上等等。因此,从某种角度来看,故事是人们闲暇时期的一种娱乐活动,是人们紧张、繁忙劳动生活之余的一种精神上的放松。尤其是对那些居住在农村及偏远地区没有其他文化活动的人们来说,讲故事、听故事是人们的一种重要的娱乐活动。但是,我们的理解不能只停留在这些表面现象上。实际上,在各种民俗事项的娱乐功能后面,包涵和渗透着极其深厚的文化意义。许多民俗事项的娱乐功能是发展到后期的产物,娱乐目的并不是人们最初创造这些民俗事项的初衷。

二、教育功能

教育是民俗事项的一项重要功能。在一些地区,尤其是对那些没有文字和各种教育设施的种族和人群来说,一些民俗事项,如神话、谚语、寓言、故事、童话、英雄传说及历史故事等等便成为一种教育工具,它们着重在道德伦理、行为规范、团体与个体之间的关系等方面,对下一代人进行培养和训练。对传播文化知识、提高儿童辨别是非善恶的能力等方面,都具有重要的意义。故事中的说教倾向对于一个社会来说是非常重要的,它不是告诉人们怎样去创造,而是告诉人们怎样去生活和处世。

1. 文化强化和保存功能

一些学者认为,民俗事项是保持文化稳定性的工具。马林诺夫斯基认为,在原始文化中,神话是不可或缺的:它表达并强化了信仰,它使信仰法制化,它维护和加强了人们的伦理道德观念,它确保了礼仪的效用,它指导着人们的行为规范。因此,神话是人类文化的一个关键组成部分。它不是一些空乏无味的故事,而是一种活跃的、强有力的(社会)力量;它不是(早期人类对世界及各种自然现象的)具有想象力的解释的结果,也不是一种

艺术的想象,而是原始信仰和道德智慧的图解……①

神话往往是在特定的仪式活动中讲述的,通过周期性的仪式表演,加深下一代人对自己的文化传统的认同和理解,同时还提醒他们作为民族的一员,自己在保持和延续自己文化传统上的责任和义务。

各种祭祀、风俗活动不仅保存了文化,而且强化了人们的民族意识。例如,在现代都市生活中,民族与民族之间的差异似乎在迅速缩小,只有在节日活动中,人们穿上民族服装,吃着民族食品,参与各种民族游艺活动,才能产生一种强烈的民族感。尤其是对那些即将被周围文化淹没的民族来说,这一功能尤为突出。

2. 强化人们的行为规范

一些民俗事项不只具有使信仰、观念、法规法制化或制度化的作用,还具有实施社会压力和社会控制的功能。许多民俗事项并不是法律,但在某些情况下却具有法律的意义,对人们的思想和行为具有强烈的约束作用。这种约束作用一般是借助于强大的社会舆论和人们的良心、负罪感、内疚感等一系列心理活动来达到的。各种习俗、惯例、禁忌、迷信等民俗事项都具有这种功能。例如,在一些地区,节女烈妇的思想迫使许多寡妇放弃了再婚的念头,因为她们无法抵御社会舆论的谴责;而虐待老人的行为也一定会受到舆论的攻击和指责,承受巨大的社会压力。

三、心理功能

民俗学一方面保持了文化的稳定性,同时又是人们在文化束缚及压力下放松和宣泄情绪的途径。因此,民俗事项的另外一种不可忽视的功能是心理功能。

弗洛伊德认为,人原本是一种非理性的、自私的和富于进攻性的动物,人的原始本能之一便是损害他人利益,保护自己。但是,残酷的生活环境使得人类不可能以个体的形式存在。人们需要共同的社会群体,因为共同的生活有利于个体的自我保存。这种共同生存方式要求限制个人自由,强迫劳动,压制个别社团成员的利己欲念等。要想使人类的所作所为符合社

---

① 〔英〕Malinowski,*Myth in Primitive Psychology*(《原始心理学中的神话》),p. 29. 另见 A. Dundes,*The Study of Folklore*,p. 292.

会的需要,只能依靠强制的力量。这就是文化产生的原动力①。"我们的文明是建立在对本能的压制上的。正是由于这种压制,文化领域中的物质财富和精神财富总量才得以积累和创造出来。"但是,被压制的情绪并不会因此而消失,它们总是积极寻找各种各样的机会和场合,以适当的形式表现和发泄出来。

民俗事项如笑话、绕口令、童谣等往往具有明显的心理宣泄功能。例如,笑话往往是在人们情绪极度放松的情况下讲述的,讲笑话需要有一个前提,即人们必须抛开各种社会伦理道德观念,把自己放在一个纯自然的情况下,然后才可以讲或听。因为很大一部分笑话之所以使人们发笑,主要是因为它的内容是以讽刺各种腐败现象、发泄各种不满情绪并挑战自然法则、社会伦理、道德规范的人或行为作为笑料的。因此有人说,笑话揭示了人本性中恶的一面,而且听众在笑声中不自觉地认同了这些"恶性情绪",达到了愉悦自己的目的,而不必有所顾忌。

第五节 民俗事项的产生和传播

文化是随着人类社会的产生而产生的。在远古时代,人类要想战胜自然并生存下去,就必须组成群体,由群体进而产生了社会。同一个社会中的人,往往会逐步形成一种共同的生活模式和生存方式。共同的生活创造出了共同的文化传统,其中包括各种有形和无形的民俗事项,如人们的衣食住行、婚丧礼仪、岁时节日、宗教信仰、文学艺术等,同时也产生了共同的思维方式等。

从宏观的角度看,民俗事项是一种长期的文化积淀的结果,是民族共同创造的结晶;但从微观的角度看,每一个民俗事项又都是鲜活的,具有丰富的文化内涵和价值实体。那么,这些民俗事项是谁创造的?又是怎么样被创造出来的呢?

与书面传播和保存的文化传统不同,民俗学研究的对象是非书面、非官方、非正式的传统文化,几乎所有的民俗事项都没有具体作者,也没有具体的创作年代和时代背景:我们不知道是谁创作了女娲神话,不知道是谁创造了春节,也不知道是谁设计了第一座民居,但我们却无法回避这样的

---

① 〔苏〕马·阿·波波娃《精神分析学派的宗教观》,张雅平译,上海:上海人民出版社,1992,第66—67页。

问题。

一、民俗事项的产生

关于民俗事项的产生,学术界有这样几种理论。

1. 共同创造理论

这种理论认为,民俗事项,大到神话、故事、传说,小到谚语、谜语、俗语词等,都是一种创作。对于没有受过教育的普通人来说,个人是无法进行创作的,只能依靠集体的力量。

2. 残余论

这种理论认为,文化的发展经历了从野蛮时期到半开化时期再到文明时期三个阶段。现在我们能看到的各种民俗事项都是野蛮时期流传下来的残余物。这就是说,民俗事项是古人创造的。在文化进化过程的早期,古人由于文化的落后和生产力水平的低下,对自然现象及其规律不可能理解并进行科学的解释,但他们又渴望能够理性地解释、控制和改变自然现象,因此创造出了各种各样的民俗事项。例如,近代民间故事和传说就可以被看做是野蛮时期神话的残余物。通过古代神话作者留下的熟练和有力的思想所构想出来的神话残余,我们就有可能获得对过去时代人类智力发展历史的继承性[1]。民俗事项是使我们重溯人类文化发展历史的重要材料。

3. 文化沉降论

这种理论认为,下层民众根本没有能力也不可能进行任何形式的创作,各种民俗事项首先都是由上层社会有知识的人创造的,然后才流传到民间,被下层民众所接受,成为下层文化的一部分。例如,幻想故事中的主人公大多都是公主、王子等上层社会的人物,所描述的生活也大都是宫廷生活,这是下层社会的民众无法想象得出来的。因此,很可能是首先出现于上层社会,然后以口头的形式传播到民间。一些节日和游戏也有可能是首先作为宫廷和上层社会的节日和游戏出现,然后通过模仿的途径传播到民间。

4. 个人创造和集体再创造

这种理论认为,每个社会阶层的任何一个人都有可能是各种民俗事项的创造者,但是在流传的过程当中,每一个讲述者、表演者或演示者都可能

---

[1] 朱狄《原始文化研究》,北京:三联书店,1988,第683页。

对民俗事项的发展、变异做出过自己的贡献。这就是说，个人创造加上集体再创造是各种民俗事项形成的主要原因。例如：民歌在最初可能是某个人首先编唱的，但在口头传唱过程中，其他人的加工和再创造也是非常重要的。

这几种理论虽然都有一定的道理，但却不能解释所有的民俗事项的起源。具体到某一种类型的民俗事项，某种理论可能具有一定的道理。如果把这几种理论综合起来，对我们研究民俗事项的起源可能更加有意义一些。

二、民俗事项的传播

民俗学研究对象的非正式性、非书面性和非官方性决定了民俗事项一定会有异文。例如民间故事是以口头的形式传播的，因此，每一次的讲述活动都是一种再创造活动，都会创造出一个崭新的异文。没有异文就称不上是民俗事项，也就不属于我们研究的范畴。另外，同一种类型的民俗事项，如"跳房子"的游戏、"洪水神话"、"小红帽"（狼外婆）的故事、"萨满教"等可以出现在很多地区，有时甚至是跨文化、跨民族的。以洪水神话为例，除了个别地区，许多民族和文化都有洪水神话，其情节都非常的相似，都涉及下述母题：如洪水过后地球上只剩下一对兄妹，在神的授意下这对兄妹必须结婚以繁衍人类。在经过了一系列令人不可思议的占卜仪式后，这对兄妹只好接受神或者说命运的安排，结婚并繁衍了人类。

为什么不同的文化和民族会创造出相似的文化现象或者说相似的民俗事项，或者再具体一点，会产生相似的洪水神话呢？关于这个问题，学术界有很多假设。概括起来，有如下几种观点：

1. 一源论（monogenesis）

认为民俗事项例如一种故事类型，应该只有一个源头，即在某一特定的时间，被某个（些）人创造于某一个特定的地区。然后通过人们不断地模仿或再讲述（转述），沿特定的文化、商业、战争等交流途径传播到世界其他地区。持这种理论的人否定不同文化传统的人能够创造出相似文化现象的可能性。这一理论的假设是，某种类型的民俗事项的所有异文都具有亲族关系，即它们都来源于同一个源头。另外，这种现象还可以作为民族与文化之间存在着相互交流的历史的依据[①]。民俗学历史上著名的比较研究

---

① 参见〔美〕R. A. Georges & M. Owen Jones, *Folkloristics: An Introduction*, Bloomington: Indiana University Press, 1999, p. 138.

第一章 概 论

法,又称芬兰学派和历史—地理学派就坚持这种观点。

2. 多源论(polygenesis)

认为每一个民族或文化都有创造出与其他文化相类似的文化现象的可能性。这就是说,民俗事项,例如一种故事类型中的不同异文,是不同文化背景的人们独立创造出来的,因而也就有多个源头。

持这种理论的人们之所以提出这种观点,是基于如下三种理由:首先,依据进化论学派的观点,所有的人类都要经历相同的"心智和文化进化过程",例如从野蛮时期进化到半开化时期,再到文明时期;从乱婚、群婚进化到一夫多妻,再到一夫一妻制;从巫术阶段进化到宗教阶段,再到科学阶段等等。所有的人好像事先都被程序化了,因此,他们创造出的文化现象具有相似性应该在情理之中。其次,因为人类的进化过程和物质生存环境是如此的相似,同时人类精神(psyche)的特性和运作过程都是一致的。第三,人类对相同的经历和情感的表述要求、表述方式和途径是相似的,因而有可能用与其他文化相似的模式创造出与其他文化相类似的文化现象。

3. 渗透论(automigration)

这种理论认为民俗事项具有一种强烈的渗透性。就像是一滴水滴在一块棉布上,水滴不用流动,就会浸透整块布。这就是说,民俗事项的传播不一定需要人口的流动和文化或商业的交流。人们很有可能只是从他们熟悉和亲近的亲戚朋友那里获得了某种类型的民俗事项,然后再传给他们的亲戚朋友。根据对流传在欧洲农民当中的一些传统的研究,卡尔·科隆曾经说过,民俗事项可以以口头的形式"从一个农场传到另一个农场,从一个村庄传到另一个村庄,从一个社区传到另一个社区"。就像是一个个彼此互相连接的链条一样,从一个连环传到另一个连环。一种类型的民俗事项因此可以传播到很远的地方,而人们却不必远行,只是按照他们日常的活动范围活动就可以了[1]。这种渗透性,可以超越时间和空间的限制,最终使得民俗事项成为既具有地方性,又具有普遍意义的现象。很难说民俗事项是一源的还是多源的。

现代传媒如电话、电视、电影、书籍、杂志、计算机网络等都有可能使人们坐在家中就能听、看和接受其他文化中的各种文化现象。因此,按照这种理论,我们没有办法确定某种类型的民俗事项是从异地传入的还是自己创造的,还是两种可能性都有。

---

[1] 参见〔芬兰〕J. Krohn, *Folklore Methodology*, Oslo, 1926, p. 59.

4. 传播论(diffusion)

在人类文化的历史长河中,人类社会确实存在着各种各样的交流活动,如文化交流、商业往来、战争和人口的迁移等。每当人们流动到一个地方,他们必然会带去他们的文化传统,其中当然包括各种类型的民俗事项。从这个意义上讲,交流过程中的传播有可能是造成不同文化背景产生相似文化现象的重要因素。

由此看来,民俗事项的传播是一个极其复杂的过程,很难用一源或多源来概括。有些民俗事项可能是互相借鉴而来的,有些可能是独立创造出来的,有些可能是部分地借鉴加上独立的创造。在过去的一百多年里,很多中外民俗学家都尝试过用不同的理论来探讨民俗事项相似性的原因,但结论大都只是一种推测。

第六节 民俗学的分类

关于民俗事项的分类,不同的学者分类的方法也不一样。民俗学家博尔尼在她的《民俗学手册》中把民俗事项分为三大类:信仰与行为,其中包括大地与天空、植物界、动物界、人类、人工制品、灵魂与冥世、超人的神灵、预兆和占卜、巫术、疾病和民间医术;习俗,包括社会制度和政治制度、人生礼仪、职业和工艺、历法、斋戒和节庆、游艺、体育和娱乐;故事、歌谣、俗语,包括故事、歌曲和民谣、谚语和谜语、有韵的俗语和俚语。

现在看来,这种1914年的分类不仅漏掉了许多民俗事项,而且也不十分科学,例如信仰与行为在某些方面与习俗互相重叠,或者干脆就属于同一种类型。

美国著名的民俗学家理查德·多尔森(Richard M. Dorson)在他的《民俗学与大众生活》中把民俗事项分类四大类:

口头民俗学:包括叙事民俗学、民歌与民间诗歌、谚语和谜语等等。

物质民俗学:包括饮食、服饰、建筑、饮食及各种民间手工制作的家具、用具等等。

民间社会风俗:包括人生礼仪(生老病死、婚丧嫁娶)、民间信仰、宗教、节日庆典、游戏及其他娱乐活动等等。

民间表演艺术:包括民间戏剧和仪式性的舞蹈、音乐等等。

我们认为,这里的第四类除了民间戏剧表演与其他几类无多大关系之外,其余的完全可以并入其他三类之中,而且大部分可并入风俗类。我们没有必要把民间戏剧单列为一大类,又由于民间戏剧常常在各种节日庆典活动中表演,因此民间戏剧也可以并入风俗类①。

目前,学术界一种较为普遍的分类方法是把各种民俗事项分为三大类:口头民俗学、风俗民俗学和物质民俗学。

一、口头民俗学

口头民俗学指的是以口头语言的形式传播的民俗事项。口头民俗学又可分为三种:

1. 叙事民俗学

即以散文叙事体的形式传播的民俗事项。主要包括神话、传说和民间故事。

2. 俗语民俗学

指的是以口头短语,或者是一句或几句话,或者是一些描述性词汇的形式传播的民俗事项。主要包括谚语、俗语词、谜语、绕口令、咒语、誓言、驳词、祝词、打招呼用语等等。

3. 音韵民俗学

指的是以有节奏、有韵律或有音乐伴奏的语言形式流传的民俗事项,包括民歌、民谣、故事歌、口头史诗、游戏歌谣、民间音乐等等。

二、风俗民俗学

是以传统的风俗和习惯形式传播的民俗事项。主要包括民间节日、民间信仰、游戏,各种民间传统的具有某种意义的手势、姿势、民间医药,各种仪式活动、民间舞蹈、民间戏剧、迷信等等。

三、物质民俗学

是指以有形的可以看得到的物质形式传播的民俗事项,主要包括民间建筑、民间美术(剪纸、年画、民间刺绣、玩具、香袋、风筝、神马、泥塑、纸扎、纸马等)、民间服饰、民间饮食等等。

---

① 〔美〕Dorson, *Folklore and Folklife*, Chicago and London: The University of Chicago Press, 1972, p.2.

第七节　中国民俗与中国传统文化

一、文化与交流

从某种角度来说,整体意义上的"文化"只是一个抽象的名词。可以说,我们研究的不是文化,而是文化现象。世界上每一个民族和社会群体都拥有自己的文化。所谓的文化,具体来说就是存在于这个民族和人群中共同的生活方式体系,包括共同的观念、表达方式、习俗、行为规范和伦理道德体系等等。

然而,这是否就说明了同一种文化传统之内人们的价值观念和行为方式就完全一致了呢?或者说某一群人的行为模式就可以代表这种文化的主流,而社会中的其他人,有时候甚至是大多数人的传统就不具有代表性,就不能或不屑于被作为研究的对象吗?

回答当然是否定的。首先,文化现象的表现方式是多种多样的。当人类的祖先开始认识到交流的必要性,并尝试各种交流方式时,文化也就开始产生了。人类最早应该是借助于语言、动作和表情来进行面对面的交流的,因此语言成为人类最重要的一种交流符号。后来,随着社会的发展和交流需求的增加,人们又发明了用于交流的其他符号系统,如文字、绘画、雕塑、仪式、服饰、饮食等。同语言一样,任何一种交流方式都是应运而生,都是必要的,都有其特定的意义,否则人类也就不必创造出那么多种的交流方式了。

交流方式的不同,或者说由于人们在交流过程中选择使用不同的符号系统,造成文化传统的传播方式也是多种多样的,有的是以文字的形式传播的,有的是以绘画的形式传播的,有的是以风俗的形式传播的,有的是以服饰的形式传播的。所以文字、绘画、风俗和服饰就都成为文化的载体。随着历史的发展,人类又产生了研究文化的愿望,但因为文化的传播方式不同,或者说文化的载体不同,人们研究文化时选择的对象和角度也就不一样。有的人着重研究文化中的语言、文字和书面文学创作,有的人研究文化中的各种艺术形式,有的人研究民众的各种口头创作形式等等,因此我们的文化研究领域才呈现出千姿百态的局面。

第一章 概 论

二、文化的多层性

文化是多层的,因为即使是在同一文化传统之内,差异也是非常大的。尤其是不同阶层的人之间,更是存在着观念或生活方式上的差异。很显然,一个哲学家的思想与一个普通百姓朴素的生活哲学不可能完全一致。例如,从儒家传统教育来看,"女子无才便是德",女人是男人的附庸,对丈夫只能言听计从,不能有自己的观点和见解;而在民间,人们喜欢的是巧女、巧媳妇,在许多神话、故事和传说中,女子不仅心灵手巧,而且聪明绝顶,是丈夫事业和生活的好帮手。有的时候,男性甚至被描绘成为迂腐顽钝、懦弱无力的受害者,或者作为伟大女性的陪衬。如中国传统的四大传说,《孟姜女》、《梁山伯与祝英台》、《白蛇传》、《牛郎织女》都无一例外地突出反映了女性的力量。由此我们可以看出,不能只从传统的儒家学说去研究中国女性,认为儒家学说中的女性观就代表着中国文化传统的女性观,而应该结合民间百姓的女性观进行整体研究。

因此,如果要对某一种文化做出全面的、整体的了解,我们必须要深入了解一个社会中不同层次的文化。中国文化,由于其表现形式和传播方式的不同,应该包括三大部分:民间文化、通俗或大众文化、精英文化。这三大部分构成了中国文化的总和,如果用一个金字塔来代表总和的中国文化的话,那么这三种文化之间的关系应该是这样的:

精英文化
通俗文化
民间文化

精英文化处于最上层,中间部分是通俗文化,最下面的是民间文化。民间文化是传统文化的基础,通俗文化与精英文化是建筑在民间文化基础之上的。所谓文化,按照泰勒的观点是:"人作为社会成员而获得的种种能力和习惯,例如知识、信仰、艺术、道德、法律、习俗以及其他等等所形成的一个复杂的整体。"但是,作为社会的成员,人们接受和获得各种能力和习惯的方式却是不一样的:精英文化的传播往往需要特殊的教育和传播方式,需要专家、学者的指点及个人的潜心研究,才可以把文化上升到理论的高度。而通俗文化则只需要普通的或大众的教育传播形式,对文化只限于理解和接受并付诸实践。民间文化是人们通过日常生活中的耳濡目染,自然而然地接受的,或是通过口头,如通过谚语获得为人处世之道;或是通过风俗和物质的传播形式,接受某种传统婚姻习俗、饮食方式等。人们往往不需要刻意去学,只需要自始至终地生活在其中,便会成为这种文化背景下的一个成员,并不自觉地成为这种文化的传播者。

如果说精英文化和通俗文化中夹杂着人们对文化的理解与提炼的话,那么民间文化便是中国传统文化的雏形或原始形态:一方面,精英文化与通俗文化源于民间;另一方面,随着历史的发展,精英文化与通俗文化又与民间文化有着很大的区别,三者之间是并行发展的,同时又互相影响、互相渗透、互相依存,共同构成了中国文化的主体。

> 尽管民俗只是文化的一部分而不是全部,但这是何等重要的一部分!它既是文化物化形态的表现,又是文化意识形态领域的集中体现。特别是在对没有文字的社会材料进行研究时,这种重要性更加表现出来……通过对民俗的系统研究可以全面地、多层次地把握整个人类文化的结构系统,具体而微地对上述问题做出科学的解释。①

多年以来,人们的研究重点大都放在精英文化和通俗文化之上,忽视了对民间文化的研究,这是中国传统文化研究中的一大缺憾。因为民间文化,无论是民间语言、民间艺术、民间建筑、民间风俗、民间信仰,还是民间服饰等等,都是中国传统文化中不可或缺的一部分。忽视了民间文化,便"不可能正确认识中国文化的全貌"。②

第八节 中国古代民俗调查与记录

《虞书》曰:诗言志。《礼记》申其说曰:志之所至,诗亦至焉。诗大序复释其义曰:诗者,志之所之也。在心为志,发言为诗。观于此,则千古诗教之源,未有先于言志者矣……诚以言为心声,而谣谚皆天籁自鸣,直抒己志。如风行水上,自然成文。言有尽而意无穷,可以达下情而宣上德……故昔之观民风者,既陈诗,亦陈谣谚。③

---

① 王海龙、何勇《文化人类学历史导引》,上海:学林出版社,1992,第279页。
② 陈瑞林《中国民间美术与巫文化》,北京:新华出版社,1991,第1页。
③ 见杜文澜的《古谣谚》,北京:中华书局,1958。

第一章 概 论

由此可见,中国人早在几千年以前就已经认识到了某些民俗现象的重要性,尤其是统治阶层,很早就有通过民间采风记录下民众的呼声,寻找普通百姓对各种统治政策的反映。

最为常见的采风活动是采集民谣、民歌、民间诗歌、谚语等。产生于两千五百年前的中国第一部诗歌总集《诗经》,可以说是一部民间歌谣集,因为《诗经》三百零五篇中的大部分都是各地的民间歌谣。周朝的人为什么要采集民间歌谣以及采集的方法如何,先秦典籍中没有明确的记载。据《汉书·食货志》说:"孟春之月,群居者将散,行人振木铎徇于路,以采诗,献之大师,比其音律,以闻于天子。"而且,据说国家为了采集诗歌还培养了许多人才。这种说法虽然还有待进一步考证,但可以肯定的是:统治阶级采集诗歌的目的,除用以教育自己的子弟和娱乐外,主要是为了了解人民的反映,考察其政治效果,以便进一步巩固自己的统治,所谓"王者所以观风俗,知得失,自考正也"①。

除了作为统治阶级观民风的重要途径之一,《诗经》从另一方面来说也客观地记录了当时的生产、婚姻、服饰、宗教、祭祀、饮食等情况,对我们研究周代民俗提供了丰富而且极为重要的参考资料。

这一时期,我国的其他一些典籍如《周礼》、《仪礼》、《礼记》等记录了很多当时的社会习俗。虽然比较侧重宫廷、贵族生活,其目的也是出于确立和规范等级秩序,但仍从某些方面记录了当时的婚姻、禁忌、节令岁时、服饰、信仰习俗。

汉代统治者较之周朝统治者更加注重采集民歌民谣。"圣王辟四门,开四聪,延直言之路,下不讳之诏,立敢谏之旗,听歌谣于路。"(《后汉书·郅寿传》)采集民谣,以观风气已经在各级政府部门成为一种时尚。"续为南阳太守,当入郡界,乃羸服闲行,侍童子一人,观历县邑,采问风谣,然后乃进。"(《后汉书·羊续传》)汉武帝甚至设立了专门采集民歌的政府机构——乐府。"至武帝定郊祀之礼……乃立乐府,采诗夜诵。"(《汉书·礼乐志》)"自孝武立乐府而采歌谣,于是有代赵之讴,秦楚之风,皆感于哀乐,缘事而发,亦可以观风俗,知薄厚云。"(《汉书·艺文志》)统治阶级已经清醒地认识到,民间歌谣真实而又准确地反映了民众的思想感情。较之于文人术士的刻意创作,民间歌谣更加具有普遍性和代表性。汉代统治者采集民歌虽然具有一定的目的性,但他们的行为却在中国民俗学发展史上具有

---

① 《汉书·艺文志》。

重要的意义。当然,我们不可能要求两千年前的人能够科学而全面地认识和对待各种民俗现象,但作为一种传统,能够反映民众心声的民间歌谣和谚语等民俗类型一直受到历代统治阶级的重视。

因为统治者们在采集民歌的过程中具有强烈的政治倾向,所以他们采集的民间歌谣大多属于表现民众对某些政治或其他统治措施的态度或情绪的歌谣或谚语等。采集内容和范围非常单调、狭窄,一般都是经过采集者们的精心选择,有时还要进行不同程度的删改,以迎合统治者的欢心和需要,因此很难断定作品的真实性。

两汉时期还出现了其他一些重要的民俗书籍如《史记》、《汉书》、《风俗通义》、《荆楚岁时记》、《华阳国志》等,不但记录了汉人的各种风俗习惯,而且还包括其他一些国家和很多少数民族如匈奴、西域、朝鲜、氐、羌、夜郎、哀牢等地的饮食、服饰、婚姻、礼仪等习俗。

隋唐五代时期,除了各种官修史书和政书、类书之外,私人著述大量问世,包括杂史、笔记等。所录内容庞杂,如典籍、轶闻、各种宗教仪礼、物产、音乐、杂艺、婚丧礼仪、饮食、服饰、育儿习俗等等。由于私人著述较少具有以往"采风以观民风"的政治目的,所以史料性较强,利用价值也很高,例如《朝野金载》、《酉阳杂俎》、《岭表录异》、《中国印度见闻录》、《独异志》等等。但记录比较零散,不系统也不完整。

到了宋辽金元时期,私家笔记更加丰富,对各种民俗事项的记录也日趋完整,较为有影响的有《太平广记》、《东京梦华录》、《梦粱录》、《岁时广记》、《枫窗小牍》、《都城纪胜》、《武林旧事》等等。其中,《东京梦华录》是中国历史上第一部系统而全面地记载城市市民习俗的书籍,详细记载了宋人的娶妇、育子、节日节令、商俗、仪礼等。《岁时广记》则是中国较早的一部以岁时节令为中心的著作,书中非常详细地记载了一年当中的各种节日如元旦、立春、人日、上元、中和、社日、寒食、上巳、端节、佛日、天祝节、三伏节、七夕、中元、冬至、重阳、岁除等等,以及与节日相关的各种活动。

明清时期各种记录有关民俗事项的著作丰富多彩,而且流传下来的也很多。其中的《菽园杂记》:"以记明代朝野掌故为主,同时也记有不少有关手工业生产和明代社会风俗民情的材料。特别是在民俗方面记叙颇为广泛,涉及生产习俗、服饰、婚姻、饮食、称谓、墓祭、祭祀、丧葬、生活器具、宗教、迷信、禁忌、节日节庆等等。在元明笔记中,像这样广泛而又集中地记

载民俗方面的情况的书是不多见的。"① 其他如《西南夷风土记》、《宛署杂记》、《徐霞客游记》、《广东新语》也都是民俗研究的重要参考资料。

清代的史籍由于年代较近,保存下来的比较完整。清代学者们不仅记录下很多民俗资料,而且能够对前人的记述加以分类、考证,为后世的研究提供了极大的方便。除了我国许多学者的著述之外,随着国际间友好、文化及贸易的往来频繁,许多外国人也做了关于中国风土人情的记载,清代关于民俗的重要书籍有《扬州画舫录》、《清嘉录》、《粤东笔记》、《清稗类钞》、《子不语》、《帝京景物略》、《都门杂记》、《苗族调查报告》(〔日〕鸟居龙藏著)等等。

第九节　民俗与中国传统的儒释道思想

在漫长的历史发展过程中,与世界其他古代文明发源地印度、巴比伦、埃及一样,勤劳善良的中国人创造出了灿烂的文化。但是,与其他文明不同的是,中国人几乎没有形成一套完整的宗教体系,更没有创造出任何一种独立的、完整的宗教制度。这期间,源于其他文化传统,并在人类精神领域产生重大影响的佛教、基督教、伊斯兰教都曾试图进入中国人的意识领域,但是除了佛教以在最大限度上改变和适应中国人信仰习俗为代价之后,才得以在这片广袤的领土上生存下来。由此看来,没有宗教观念的中国人显示出具有超乎寻常的顽强的生活观念。

尽管在中国的历史上我们也曾创造出了道教,这一从某种角度似乎具有某种意义上的宗教色彩的信仰形式,但在我们看来,道教充其量只是一种哲学思想,与儒家思想一样,是一种学说。现代学者孔汉思曾对现存的三大宗教河系进行过概括:第一大宗教河系源于闪米特人,以先知预言为其特点;第二大宗教河系源于印度民族,以神秘主义为其特点;第三大河系源于中国,"其中心形象既不是先知也不是神秘主义,而是圣贤,这是一个哲人宗教"②。既然是哲人的宗教,当然理性的成分就会大一些。

中国是一个人本主义、理性主义的社会。中国人极少对某一种神灵或信仰显示出过分的、持久的迷狂,尤其是在和平稳定的社会和家庭环境中。人们比较注重强调自身的力量,追求自我和社会的完善。虽说孔子创立了

---

① 刘德仁、盛义《中国民俗史籍举要》,成都:四川民族出版社,1992,第224页。
② 〔德〕孔汉思《中国宗教与基督教》序言,香港:香港三联书店,1989。

儒家学说，但是我们认为孔子不可能凭空杜撰出任何一种学说，他只能是在中国民众这个大的文化氛围中对民间的一些观念和思想进行总结、提炼、概括，进而发展成为一种非常具有代表性和影响力的学说。然后，又反过来影响民众的思想行为。在这里，我们不想探讨中国人的这种人本主义、理性主义的文化特征到底是怎样形成的，是儒家思想的产生和统治阶级的大力宣扬促使民众形成了现有的传统观念，还是民众的思想导致了儒家学说的产生并支持这一学说延续了几千年。但我们可以说，是中国特定的生活环境和生活方式，以及中国人特定的思维方式，创造出了这样一种独具特色的文化传统。

在以往的研究中，一谈到中国宗教和哲学，人们自然而然地就会谈到儒释道，似乎这就是中国的宗教哲学，这就代表中国的传统文化。我们这里的意思并不是否定儒释道学说在中国宗教哲学中的地位，而是说我们是不是忽视了其他一些重要的东西呢？实际上，对于每一个社会，都具有或者说作为不同的学说和宗教体系，儒、释、道三家之间显然存在着教义、思想上的明显差异。无论是在争夺统治地位、政治权利，还是在扩大社会影响力、吸引更多信奉者上，三教之间免不了要进行各种各样的竞争。因此，每一种宗教学说都在做出各种各样的调整，以求更加适合民众的需要，从而能在民众的心中取得一席之地。例如佛教的无家、无君、无父的出世主张与中国传统的家庭中心观念和注重家庭生活背道而驰，很难被中国大众所接受。因此，佛教不得不在道义方面做出一些改变，如信仰佛教重在修身养性，而不在出家等形式上；宣扬孝道，并在宗教节日中加进祭祀祖先的仪式等，以适应中国人的需求。

道教的遁世绝俗、归隐山林、弃家脱俗，进而鼓吹虚无缥缈的神仙世界的思想，也与传统的家庭观念相悖。但是为了争取民众，或者说道教本身就是在中国民俗文化的土壤中产生出来的，因此无法摆脱家庭观念的制约，道教家庭化、伦理化的倾向十分明显。诸神始终就像是生活在一个大家庭中，神与神、仙与仙之间的关系非常类似家庭成员之间的关系，例如玉皇大帝、王母娘娘，土地爷、土地奶奶，灶王爷、灶王奶奶等等。

但是从现实的角度来看："儒教主要关心的是生命存在的道德意义和价值，讲求仁、义、理、智、信，但不能解答客观世界的苦难和幸福的根源及依据，不能透彻阐明作恶和行善的必然结果。道教正视了社会消极的一面，但亦未能做出合理解释，只是引导人们注重生命存在本身的意义，探索完善和延长个体生活的方法。儒教和道教一个重视社会，一个重视个体，

第一章 概论

但着眼点都是现世。佛教主张生存就是痛苦,而今生的苦难又是前世造孽所致,善有善报,恶有恶报。因此,为了来世不再遭受任何苦难,今世我们就必须广行善事,广结善缘,灭各种欲望。佛教发扬了重视生命未来意义的方面,通过因果报应和轮回等观念,一方面解释了生活中消极性一面,另一方面指出了争取一个美好来世的途径,适足成为对儒、道二教的补充。"①

由此可见,三教在某种程度上只有融合在一起,才能适应中国民众的需求,符合中国民众的心理。因此民间才有"三教合一"的说法。实际上,从某种意义上说,三教之间不存在什么根本性的分歧,它们是中国宗教信仰体系之中的三个分支,具有相互补充的意义。

从中国民俗文化来看,中国民间宗教信仰具有如下几种特征:

一、淡漠的宗教观念

在中国民众的心里,"我"是万物的中心,这一点,无论是从民间传统观念、社会组织结构、民间宗教信仰,还是从民间工艺美术、民间建筑等方面,我们都可以发现。

体现在中国民间建筑、民间工艺美术等形式中的民间造型特征,如饱满、对称、向心等也体现了中国民众以"我"为中心的思维方式。无论是北方的四合院,还是南方的围龙屋,在布局上都是遵从以"我"为中心向四方伸展的基本造型观念。在民间工艺美术的造型上,中国民众非常注重自我的感受,人们并不在乎某种造型是否合乎逻辑,是否表现得真实、准确,只要能够反映理解和希望就可以了。例如:中国的吉祥年画上常常把诸如柿子、如意、蝙蝠、鱼、笙、石榴、桃、桂树枝等事物组合在一起。人们从来不考虑从现实或视觉的角度这些事物组合在一起是否合理,而是看中这些组合的意义,即它们可以构成诸如"事事如意"、"连生贵子"、"福寿绵长"的吉祥语,可以为人们所用。中国传统的龙、凤、麒麟等形象很可能也是源于这种造型的基本观念。

这里所谓的"我"可以理解为"家",体现在社会制度上便形成了以家族为中心的社会组织结构。家族,更确切地说,"家庭"是人们生活的中心。常言道:"三亩薄地一头牛,老婆孩子热炕头。"几千年来,人们对"家"的情感几乎从来没有改变过。家就是一切,家是人们终生的感情依托,和谐、美满的家庭似乎是人们的唯一索求。中国人的人生真谛在于享受淳朴的生

---

① 高寿仙《中国宗教礼俗》,天津人民出版社,1992,第3页。

活,尤其是家庭生活的欢乐和诸种社会关系的和睦。① 在这种情况下,人们没有其他任何形式如精神世界或死后世界的要求,因此也就不需要任何其他形式的宗教来填补人们精神生活的贫乏。

以"我"为中心的思维方式使得中国民众没有"超越天的观念……也没有与人隔绝、高高在上有绝对权利的神的观念。于是,把神视做一般人,逐渐成重人伦关系过于神人关系"②的概念。因此,在中国民众当中,很难产生任何形式的宗教,人们也很难接受任何形式的宗教。

二、强烈的生命意识

在人们的思想中,"我"虽然是万物的中心,但是,"我"的生命毕竟是有限的,人们无法超越死亡的界限。尽管如此,人们并没有选择宗教作为寻求永恒的生命的途径,而是把自我生命的延续寄托在后代的身上,这就是说,"我"的后代,尤其是男性后代,不仅仅只是将"我"的姓氏传了下去,同时,还将是"我"的生命的延续。没有了后代,就等于宣判了自己的"死刑"。因此,"断子绝孙"成为一种极其恐怖的事情。大量繁殖后代,接续祖先香火,成为一种无形的传统观念,制约、控制着人们的生活。"不孝有三,无后

鱼吐金钱(山东)

---

① 林语堂《中国人》,杭州:浙江人民出版社,1988,第82页。
② 唐君毅《中国哲学思想之比较研究集》,台北:正中书局,1943,第224页。

第一章 概 论

为大"不知被多少人奉为真理,成为多少人生活的准则。更有甚者,结婚被当做是传宗接代的工具。"在原始人类的观念里,结婚是人生第一大事,而传种是结婚的唯一目的。"①

在民间工艺美术中,这种生命意识表现得尤为突出。生殖崇拜可以说是中国民间传统造型艺术中一个永恒的主题。中国民众从远古时代就意识到了阴阳相合万物生的道理,因此在民间美术中,阴阳组合作为生命繁殖基本源头的图形随处可见,俯拾皆是。一般来说,鱼、鸟、蝴蝶、鸡、蛇、狮子、猴多指示阳性,而蛙、莲、兔、桃、花、石榴、葫芦、瓜、绣球多指示阴性。民间图形往往是把指示阴性和指示阳性的象征物进行两两组合,如"鱼穿(钻)莲"、"鸟站莲"、"蝴蝶生子"、"榴开百子"、"瓜瓞(蝶)连绵"、"猴吃桃"、"蝴蝶采石榴"、"蝴蝶扑金瓜"、"狮子滚绣球"、"梅花小鸟"等等,通过这种组合暗示创造生命的基本道理。

喜女神(甘肃)

莲里生子(甘肃)

从造型的基本构成中又派生出许多吉祥组合,如:"连(莲)生贵子"的造型可以是由莲花和娃娃组成,也可以由莲花、笙(一种乐器)、桂树枝构成;"多子多福"常由石榴、西瓜等子粒较多的瓜果与桃、佛手等组合在一起;"子孙万代"常由带着枝蔓的葫芦和孩子组合在一起。其他还有"观音送子"、"麒麟送子"、"天仙送子"、"天降麟儿"等等。

---

① 闻一多《闻一多全集》第一卷:《说鱼》。

除此之外，许多民间玩具如河南淮阳的人祖母猴——泥泥狗、猴头雁，山西的布老虎（虎蛇合体等），民间饮食如西北地区的礼馍：抓髻娃娃面花、蛤蟆口面花、双鱼面花、混沌面花、五彩蛋面花等，婴儿的枕头如蛙枕、鱼枕、抓髻娃娃枕、双鱼枕等，尤其是民间的各种抓髻娃娃的造型也都具有强烈的生命意识。

三、混乱的多神崇拜

宗教观念的淡漠不等于中国人没有宗教意识。面对残酷的大自然，人们必须要生存，而现实当中很多事情并不是人力所能为，也不是人力所能控制的。这就是说，家庭并不能保证人们避免各种灾难的侵扰。因此，在生活的某些时间或场合，人们也需要神。但是这种对神的需要大多都是临时性的，即所谓"平时不烧香，急时抱佛脚"，而一旦度过了困难时期，人们便会把各种神灵忘得一干二净。

出于这种功利的目的，中国民众在造神时基本是从实用的角度出发。人们需要什么神，他们就可以创造什么神；不需要的时候，他们可以毫不犹豫地舍弃某位神灵。"中国民众的宗教意识就是如此。他们毫不困难地、没有任何心理障碍地在信与不信之间摇摆不定，在没有理解的情况下礼遇宗教，并外化为一种狂妄的方式；可有些时候，又异常冷淡，甚至并无遗憾地加以遗弃、背离。"① 中国的神灵之多可以说是世界罕见。例如，中国民众供奉的神灵有牛神、马神、保生大帝、井神、床神、门神、场神、谷神、贼神、厕神、药王、虫王、娼妓神、穷神、狱神、茶神、城隍、山神、火神、蛇神、财神等等，几乎世界万物皆有神灵。除了各种民间神灵之外，儒释道三教的诸位神灵，人们更是照单全

天地全神图

---

① 侯杰、范丽珠《中国民众宗教意识》，天津：天津人民出版社，1994，第66页。

收,无一遗漏。例如,民间供奉的"天地全神"便列出了几十位甚至上百位儒释道及民间诸神。

对中国民众来说,灶王爷、观音菩萨、送子娘娘、财神可以同时出现在一幅画面里,人们并不认为这有什么不伦不类,也不考虑他们分别出于哪种宗教系统,他们的背景又都是怎样的,人们考虑的也许是这几位神灵对他们来说是最有用的:观音菩萨、送子娘娘为人们送子;财神为人们带来财富;灶王是一家之主,当然也不可忽略。其他还能要什么呢?我们曾到广东省做过一些有关民间宗教信仰的田野调查,发现每一个庙里都供有少到十几种,多到几十种、上百种不同的神。关帝庙里可以供菩萨,娘娘庙里可以供玉皇大帝,而且庙里的神越多,拜庙的人也就越多,庙里的香火也就越旺盛。

由此可见,中国民众的宗教信仰是极其混乱的,同时还具有明显的功利特点。

四、神的人性化倾向

由于中国没有统一的宗教信仰系统,民众也不倾向于认为有至高无上的神灵的存在,因此,人们看待神更像是看待人,神灵常被赋予人的特性。例如,在人们的日常生活中,家庭是必不可少的,有家才能生活,否则生命便失去了存在的意义,所以神也必须有家庭。

民众经常供奉的神灵一般都有一个完整的家。例如:玉皇大帝除了有王母娘娘为妻之外,还有许多女儿;灶王爷的旁边都有一个或两个灶王奶奶;土地爷也有自己的妻子——土地奶奶。其他像财公、财母、床公、床母等也都是成对出现的。

民间为神灵娶亲的事情也屡见不鲜。古代典籍中曾记载了民间伍子胥娶杜甫的笑话:

> 温州有土地杜十姨,无夫,五髭须相公无妇,州人迎杜十姨以配五髭须,合为一庙。杜十姨为谁?杜拾遗也。五髭须为谁?伍子胥也。若少陵有灵,岂不对子胥笑曰:"尔尚有相公之称,我乃为十姨,何雌我邪?"①

对民众来说,庙里的神灵也像人一样,一个男人如果没有妻子,生活起

---

① 《古今图书集成·神异典》卷五四,《蓼花州闲录》。

居就没有人照顾;一个女人如果没有丈夫,生活就没有依靠。

民间还有许多关于神灵夫妻之间的笑话、故事和传说。如传说中的土地爷不但惧内,而且还有贪杯赌博的坏毛病。有一次,居然还输掉了自己的妻子,招来众人从土地庙中抬走了土地奶奶。土地奶奶一气之下,告到了天庭,使得玉帝费了好大一番周折才平息了二人之间的纠葛。

在南方某地,我们还看到了一座五显帝的庙宇,其中供奉着据说是兄弟五人的五位神仙。在五显帝的旁边立着一位女性,经过询问,我们才得知,那是五显帝的姑姑(也有说是五显帝的母亲)。人们当然没有办法给每一位神娶妻,因此就采用了给他们一个姑姑的办法。在人们的理解中,这样就使得五显帝有了一个家,他们的生活也就有人照顾了。因此,人们也就不必每天都到庙里烧香了。

第二章　口头民俗学

　　口头民俗学就是以口头形式流传和保存的民俗事项。主要包括叙事民俗学(神话、故事和传说)、俗语民俗学(谚语、谜语、俗语词、歇后语等)和音韵民俗学(民歌、民谣、故事歌、史诗等)。

　　叙事民俗学包括三种类型：神话、传说和故事。看起来似乎没有什么可争论的，但具体到它们各自的定义和相互之间的差异，历来争论颇多，没有一个统一的定论。

　　有的学者把神话、故事和传说都归类为故事[①]，有的学者把故事和传说都归在神话里面[②]。尤其当我们面对具体的叙事民俗作品时，观点可能会完全不一样。如一种观点是把《孟姜女》、《牛郎织女》、《梁山伯与祝英台》和《白蛇传》看做是中国四大民间传说，一种认为它们是故事，一种认为它们其中的某篇如《牛郎织女》为神话。因此，我们有必要对神话、传说和故事的定义进行规范。

　　另外，对于神话、传说和故事历来还有学术分类(analytic categories)和自然分类(native categories)的说法：所谓的"学术分类"指的是学者和专家对神话、传说和故事的分类和定义，"自然分类"指的是某种文化传统(主要是讲述者和听众)对神话、传说和故事的分类和定义。如《嫦娥奔月》从学术的角度应该隶属于故事，但对于某些讲述者和听众来说，它可能被认定是神话或者传说。

　　下面，我们将分别介绍一下神话、传说和故事。

[①] 见段宝林《中国民间文学概要》，北京：北京大学出版社，1985，第41页。
[②] 见袁珂《中国神话传说》，北京：中国民间文艺出版社，1984，序言。

第一节 神 话

一、什么是神话

关于神话,简单地说就是一种"神圣的叙述"(sacred narrative)。多少年来,中外很多学科和学者都曾经定义过神话,意见从来也永远不可能一致。因为这里面涉及很多问题,如学科背景(宗教、文学、哲学、人类学、语言学、民俗学、心理学、社会学等)、对待神话的态度、定义神话的角度和目的等等。

芬兰民俗学家洪科(Larui Honko)认为,神话是一种非常复杂的文化现象,很难用几句话来定义神话。因此,只能对神话进行描述。洪科选择从几个不同的方面来界定神话,如神话的形式、内容、功能、意义和讲述语境(context)等。

> 神话是关于神的故事,是对世界的起源、创造、初始事件以及神的典型行为的宗教性的叙述。在这种叙述过程中,世界、自然界、文化以及所有的一切被顺序创造出来。神话的目的在于表达和强化一个社会的宗教价值和规范,神话同时也提供了可以借鉴的行为模式,神话还具有确立仪式的有效性和神圣性的功能。神话通常是被放置在宗教仪式当中的。人们在仪式中演示和讲述神话,目的在于维护世界秩序,防止世界回归于混沌当中。神话和仪式的意义还在于重现神在创造世界时的情景,仿佛把创世的瞬间搬回到眼前,人们可以再一次接受神的惠顾如治愈病人等。通过这种方式,使得保存在神话中的有关神在史前时代所创造出来的秩序模式得以重新演示,并成为人们效仿的范本。

宗教的信徒们都把神话看成是一种历史的真实,所以从这个意义上说,"神话"只是一个学术性的词汇(因为一般来讲,神话一词含有虚假的、幻想的、错觉的意思)。"出发点的不同"指的就是审视神话的两种不同的角度:一是从宗教团体的角度出发,一是从非宗教团体的角度出发。我们现在谈神话,多是从非宗教、非政治、非经济等角度出发的。①

洪科比较完整地描述了神话,对我们从整体上认识神话具有启发性。

我国著名学者茅盾认为神话是:"一种流行于上古民间的故事,所叙述者,是超乎人类能力以上的神们的行事,虽然荒唐无稽,但是古代人民互相传述,却信以为真。"②美国的民俗学家布鲁范德认为:"神话是一种传统的叙事散文。在其流传的社会中,神话被认为是在遥远的过去曾经发生过的真实事件。"③虽然关于神话的定义说法众多,但人们对神话的认识在很多方面还是相同的:如被看做是真实事件、叙述的是发生在遥远的古代的事件、主要人物都为人格化的神或动植物等等。

神话其实是一个相对的概念。从民俗学的角度讲,神话是相对于民间故事、传说而言的。因此,在定义神话时,必须要考虑它与民间故事和传说的关系问题。对此,巴斯科姆进行了比较详细的论述,清楚地阐述了神话、故事和传说之间的异同④。(关于这个问题,可参考故事一节后面的附录)

总的说来,神话是一种神圣的叙述。在某一特定的社会里,神话被认为是太古时代曾经发生过的事实。人们相信神话,并以神话作为自己的信仰。神话是教义的化身,因而是神圣的。神话的讲述常常被处置在神圣的仪式活动中。

二、神话的特点

首先,神话对创造和传承它们的人来说是一种事实,是历史上曾经发生过的事件和活动,是关于他们祖先功过的真实记录。人们相信神话,并周期性地演练和讲述神话以教育他们的后代子孙。如畲族人相信他们是神犬"五色龙犬"(俗称狗头王)的后代⑤,在每年春节前后的祭祖活动中,他

---

① 详见〔芬兰〕Lauri Honko, The Problem of Defining Myth, *Sacred Narrative*, ed. Alan Dundes, Berkeley:University of California Press, 1984, p. 49.

② 茅盾《神话研究》,天津:百花文艺出版社,1981,第3页。

③ 〔美〕J. Brunvand, *The Study of American Folklore*, New York: W. W. Norton & Company,1986,p. 136.

④ 〔美〕W. Bascom, The Forms of Folklore:Prose Narrative, 见 A. Dundes, *Sacred Narrative*, Berkeley:University of California Press,1984, pp. 5–29.

⑤ 见陈玮君整理的《畲族民间故事》,杭州:浙江人民出版社,1979。

们都要展示"祖图"①,讲述"狗头王"的故事。另外,台湾泰雅族人认为自己的祖先是从巨石中裂进出来的②,彝族人相信他们是猴子的后代③,而崩龙族相信他们是茶叶的后代④,因为他们的神话就是这样告诉他们的。

对于汉民族来说,神话的真实性似乎已经不那么明显了。那么,汉族是否就没有神话了呢?如果我们在民间再发现有关女娲和盘古开天辟地、繁衍人类的文本,我们是否还可以将其纳入神话的类型中呢?实际上,我们印象中的汉族神话,大都是"死"的神话,只存在于古代典籍如《山海经》、《淮南子》等古籍中,只有文本存在。但是,在汉族民间,神话实际上还在流传,不仅有神话的文本,还有与其相关的仪式、节日和祭祀活动等。对于这些还在流传的神话文本,讲述它们的人们始终是相信的。例如,在1983—1990年间,河南大学中文系中原神话调查组就采录到盘古开天辟地的神话7篇、盘古神兄妹婚造人的神话14篇。在桐柏县盘古山一带,民众还一直奉盘古为"人根之祖",并为其建庙,举行祭祀活动等。下面是一则盘古神话的异文:

> 盘古原先叫"祖先",与"姑娘"妹妹原住在天上。砍树拨云分别落到桐柏山的两个山头。二人各在自己的山头修炼,各守天规,不能相见。各坐一扇磨修炼,每10年磨盘上炼出一道磨齿,修炼6570年,长足20天龄,磨盘上是密密麻麻磨齿。二人想用磨扇滚出一条道,两扇磨滚向一处合在一起。二人相见,都说自己盘在山上最古,"祖先"称"盘古人","姑娘"妹妹称"盘古女",结成兄妹。天上飘纸,落在磨盘上,上面写着:"天书落地正当午,'祖先'、'姑娘'称盘古,滚磨合拢可成亲,莫称兄妹称夫妇。"二人结为夫妻。人类繁衍开来,此山称"盘古山",房子称"盘古庙",称二人为"盘古爷"、"盘古奶"。⑤

这些当代流传的文本仍然是神话,而且非常值得我们关注。

其次,神话对创造和传承它们的人来说是神圣的。只有德高望重的人才有权力在特定的仪式活动中重现和叙述祖先的事迹。这就是说,神话并不是独立存在的,它往往与礼仪、信仰、社会组织等因素联系在一起。同

---

① 狗头王神话的图画形式。
② 蔡敦祺《台湾风物志》,福州:福建人民出版社。
③ 参见《门咪间扎节》,载《彝文文献译丛》第一辑。
④ 参见《达古达楞格莱标》,载《山茶》,1981年第二期。
⑤ 载《中原神话专题资料》,王英布采录,马卉欣整理。

第二章 口头民俗学

时,围绕着神话及其仪式活动,往往还有许多的禁忌。如阿昌族的创世神话《遮帕麻与遮米麻》就只能在祭祀祖宗和举行葬礼时由"活袍"(巫师)颂唱,而且只能由活袍颂唱。阿昌族的人们更是把这部神话看做是神圣的"史书"。

第三,神话的内容一般都是关于万物的起源的。一般涉及的问题有世界是怎样形成的?日月、四季、风雨雷电、动植物等事物的起源等等。还有各种文化现象的起源,如火、谷种、文字的起源等。如盘古神话讲述了天地是如何被开辟、世界怎样形成的:

> 天地混沌如鸡子,盘古生其中。万八千岁,天地开辟。阳清为天,阴浊为地。盘古在其中,一日九变,神于天,圣于地,天日高一丈,地日厚一丈,盘古日长一丈,如此万八千岁,天数极高,地数极深,盘古极长,后乃有三皇。①

娲造人的神话讲述了女娲造人的过程,据《淮南子·览冥训》:②

> 往古之时,四极废,九州裂,天不兼覆,地不周载。火爁焱而不灭,水浩洋而不息。猛兽食颛民,鸷鸟攫老弱。于是女娲炼五色石以补苍天,断鳌足以立四极,杀黑龙以济冀州,积芦灰以止淫水。苍天补,四极正,淫水涸,冀州平,狡虫死,颛民生。③

土族人的《天神造陆地》讲述了陆地的起源:

> 远古的时候,天地之间没有陆地,到处都是汪洋一片。有一个天神,总想在水面上造一块陆地,可是没有能够落脚的地方,也找不到能够支撑陆地的东西。有一天,天神忽然看到有一只金蛤蟆漂浮在水面上,便从空中拿来一把土,放在金蛤蟆的背上。可是,一把土放在金蛤蟆背上,金蛤蟆就立刻沉下水底,放在金蛤蟆背上的那把土就被水冲得无影无踪。天神生气了,取来弓箭,等金蛤蟆再浮上水面时,先朝它射了一箭,把金蛤蟆射穿了。这时,天神又拿来一把土,放在金蛤蟆背上,金蛤蟆翻过身来,抱住了这把土,再也没有沉下去,这就是后来的陆地。④

---

① 见《太平御览》卷二引徐整《三五历纪》。
② 《淮南子·览冥训》
③ (宋)高承《事物纪原》卷一。
④ 王娟、仲林《东方神话经典》,武汉:长江文艺出版社,2009,第 14 页。

第四,神话中的主人公一般为神、半人半神的英雄和具有神性的动植物等。创造世界万物的一般为神。根据史诗《阿细人的先基》的记载,彝族人认为是男神阿热和女神阿咪共同创造了人类。他们用黄泥捏出了男人,用白泥捏出了女人。然后向他们吹了一口气,这对泥人便具有生命,然后繁衍了人类。鄂伦春人认为是天神恩都力莫里根用飞禽的骨头和肉先造了十个男人和十个女人,后又造了一百对男女。因为飞禽的骨头和肉不够了,就用泥土来补充。因为先造的是男人,后造的是女人,所以女人力气小。①

神话中创造各种文化现象的往往是半人半神的文化英雄,如汉族神话中契、后稷、燧人氏、神农等均为半人半神的英雄。据《史记·周本纪》的记载:

> 周后稷名弃,其母有邰氏女,曰姜嫄。姜嫄为帝喾元妃。姜嫄出野,见巨人迹,心忻然说,欲践之;践之而身动如孕者,居期而生子,以为不祥,弃之隘巷,马牛过者皆辟不践;徙置之林中,适会山林多人,迁之而弃渠中冰上,飞鸟以其翼覆荐之。姜嫄以为神,遂收养长之。初欲弃之,因名曰弃。

《太平御览》的记载,少女华胥氏到雷泽去玩儿的时候,偶然看见一个巨人的足迹。她觉得很奇怪,就用自己的脚踩了一下这个巨大的足迹。踩下去的瞬间,华胥氏仿佛有了一种感动。之后便怀孕了,不久生下了儿子伏羲。伏羲是中华民族著名的文化英雄。他把火种带给人类,传授人们各种生产生活如织网捕鱼的技能和技巧,同时他还发明了八卦。② 据珞巴族的《种子的来历》的记载,天和地结婚以后生有两个儿子,其中一个叫阿巴达尼。有一次,阿巴达尼去打猎,射中了站在水边的一只名字叫兴阿的鸟。从兴阿的肚子里,阿巴达尼发现了谷种,后来人间才有了庄稼。伏羲和阿巴达尼都是半人半神的英雄。

壮族人认为,古时候只有天上才有谷种。人们派九尾狗到天上去寻找。狗在天上晒谷种的地方滚了滚,把谷种粘在了自己的尾巴上,后被发现。狗在逃跑的过程中,九条尾巴被砍下了八条,只剩下一条,但最终把谷种带到了人间。

---

① 参见陶阳、钟秀《中国创世神话》,上海:上海人民出版社,1989,第225—226页。
② 参见袁珂《中国神话传说》,第88—93页。

另外,在一些神话中,创造某些文化现象的文化英雄是动植物。如带回谷种的狗①、给人间带来火种的老鼠(拉祜族)、螳螂(傣族)、火鸟(高山族)等等。据佤族神话《司岗里》记载,人们最初向天求火的时候,曾先派出猫头鹰,但猫头鹰没有完成使命,又派萤火虫去。萤火虫取来了火种但并不知道取火的方法。后来人们派蚱蜢上天,才最终学来了取火的方法,即摩擦取火。景颇族有竹片取火的神话:

远古时候,人们不会用火。没有火,人们就只能吃生东西,更凄惨的是,在寒冷的季节,常常受到严寒的侵袭。

有一天,一群人在梅丽江边歇气,忽然看见火神坐在江对岸。人群中,首领昆丹昆敦高兴地游到江对岸,向火神诉说了人间没有火的痛苦,请求火神王派火神到人间。火神回答说:"你们人间不能供奉火神,火神会带给你们灾难。天底下的灾难中,要数火神带给你们的灾难最大,你们不怕吗?"昆丹昆敦仍然苦苦哀求。火神王又说:"你们如果一定想要火,可以挑一个叫麻堵的小伙子和一个叫麻图的姑娘,让他们那两块竹片不停地擦,就可以得到火。"

昆丹昆敦一回到人群里,就马上找了一个叫麻堵的小伙子和一个叫麻图的姑娘,让他们用两片竹木不停地擦,不一会儿,竹片上就冒出了火花,引燃了旁边的干草和树叶。

从那时起,景颇人进新房的时候,都叫麻堵和麻图取新火。景颇人不供火神,发生了火灾后,有送火神的习惯。出过火灾的火一定要弄灭,然后才用竹片取新火。②

第五,神话中所叙述的事件,一般都发生在遥远的太古时代,或者说是这个世界形成以前的那个世界。神话正是讲述世界是如何被创造成现在这个样子的。

很久以前,那个时候还没有天和地,两个神仙商量了一下,决定造一个天、地出来。为了保证天和地大小一样,他们准备了同样多的材料,一个用来造天,一个用来造地。造天的神仙生性懒惰,做事马虎,不认真,还特别浪费。造地的神仙勤快、节俭,做事认真,一丝不苟。最后,他们各自完成了任务,分别造出了天和地。谁知做出来的天和

---

① 壮族、苗族、汉族、藏族等十几个少数民族中都有狗取谷种的神话。
② 陈庆浩、王秋桂《民间故事全集》卷八,台北:远流出版事业股份有限公司,1989。

地不一样大。由于造天的神仙浪费了太多的材料,所以天比地小了很多,天和地怎么也合不到一起。造天的神仙后悔也来不及了,没办法,两个神仙只好勉强把小天和大地缝合在了一起。大地原本是很平整的,但是在合天的过程中变得皱皱巴巴的,这就是为什么大地上布满了山川沟壑、高原和盆地。天在与地合的时候,因为被两个神仙使劲儿地抻,所以天被扯出了许多大大小小的孔。后来,这些大大小小的孔就变成了天上的星星。

汉族、壮族和苗族、纳西族神话中都记载了天地未开辟之前的样子——混沌如鸡蛋。正是由于神的力量,鸡蛋破碎,世界才变成现在的样子。另外,除了汉族以外,中国的很多民族如苗族、侗族、壮族、瑶族、赫哲族、高山族等都有射日的神话,根据瑶族《射太阳》的神话,古时候天上出了十个太阳,射手格怀用了好几年的时间射下了其中的九个,剩下的一个吓得不敢出来,最后是公鸡把太阳叫了出来[①]。这就是为什么天上现在只有一个太阳。

三、神话的起源

神话又是怎样产生的呢?它们反映了什么?又表现了什么?对于这个问题,几个世纪以来学者们众说纷纭,各执己见,始终没有一个统一的定论。而且随着社会的进步,各种新学科的出现和发展,人们对神话的认识研究也在不断地翻新。关于这一点,茅盾曾经做过一段精辟的论述。

> 古代的神话确是这么一件随着人们的主观而委婉变迁的东西:历史家可以从神话里找出历史来,信徒们找出宗教来,哲学家就找出哲理来。所以在古代物理学和天文学初发达的时候,神话就得了物理的和天文的解释;在史学初发达的时候,神话就得了历史的解释;在基督教努力赶走异教思想的时候,神话就得了神学的解释;而最后,在文字学兴起的时候,神话就得了文字学的解释。就以往的事实来看,一时代的新思潮常常给古代神话加上一件新外套,乃是无可讳言的。[②]

如果接着茅盾的推理,今天,随着心理学的发展,神话又得了心理学如弗洛伊德的精神分析理论、荣格的分析心理学的解释;受语言学理论的影响,又得了符号学、结构主义等理论的解释。

---

① 见《瑶族民间故事选》,上海:上海文艺出版社。
② 茅盾《神话研究》,第10页。

第二章 口头民俗学

从历史的角度来看,语源派(the etymological interpretations)神话学者认为,通过对诸神的名字和描述性词汇的词义分析,学者们得出,神的观念的形成是出于人们对星宿的规律性运动的观察。

寓意派(allegorical explanation)神话学者认为,所有的神话都是以比喻的方式反映了自然界的发展规律及其自然界中的各种现象。表面看来,神话是那样的荒诞无稽,但在寓意派学者看来,神话的真正意义是那些隐藏在神话后面的东西,我们的工作就是去发现和解析那些隐蔽而又朦胧的道理。但事实上,人们在寻找神话的真正意义时,难免穿凿附会,把自己对神话的理解强加在神话上,使得神话研究或多或少地带有一些主观因素。甚至有的时候,人们对神话的解释"较之神话所曾有过的最不可思议的荒谬,还要令人难以置信"①。

社会学派(sociological interpretation)的学者们认为神之所以被创造出来是为了维护社会秩序。神话创造者们利用民众的愚昧和无知创造出了神话,并期望通过神话来达到控制和约束人们的目的。

历史派神话学者认为神话是历史事实的反映。较早运用这一理论的格林兄弟认为是不可能凭空捏造出什么事件的,因此我们只能小心地剥开神话神秘的外衣,抽出真实的历史成分。在某些方面,人们把神话与历史互相印证,甚至称神话为"准历史学"。这种观点实际上忽视了在神话创造过程中人的思维和意识的作用。

现代学者们有的把神话看做是人类探索世界、认识世界的一种尝试,有的把神话看做是发现人类深层意识活动的媒介物,有的把神话看做是使社会制度合法化的重要力量,有的把神话看做是"文化的镜子",并企图通过神话去发现文化的发展规律②。

比较神话学派把神话的起源解释为"语言的疾病"。这一学派认为,早期的人类不具备抽象思维的能力,因而也就缺乏抽象词汇。古人喜欢用一些形象、具体的描述性词汇记录一些自然现象,但由于历史和语言的发展,这些记录对后来人来说就好像是永远无法理解的"天书"。因此人们运用自己的想象,把这些平凡得不能再平凡的简单记录解释成了优美的神话。这种理论显然是对古代人的思维能力和丰富想象力的贬低。

19世纪末20世纪初,随着社会的发展,神话研究也进入了一个崭新的阶段,呈现出了百花齐放、百家争鸣的繁荣景象。例如,人类学派把神话看

---

① 〔德〕缪勒《比较神话学》,金泽译,上海:上海文艺出版社,1989,第3页。
② 详见〔芬兰〕Lauri Honko, The Problem of Defining Myth, *Sacred Narrative*, pp. 41—52.

做是人类文化发展的初级阶段——野蛮时期的产物。人类学派的创始人之一泰勒认为神话是：

> 原始人为了解释某种自然现象和社会习惯而创造出来的一种故事，这些故事主要是回答在原始人看来是问题的问题，而不是要回答在文明人看来是不成问题的问题。因此，神话在某种意义上是原始人所做的对世界的最早探索，是人类求知欲的最早表现。①

社会学神话理论否定神话是个人的创造，而把它看做是一种社会精神的产物。神话—仪式学派的代表人物之一，简·哈瑞森（Jane Harrison）发展了罗伯森·斯密斯和弗雷泽的相关理论，认为神话源于古代的各种仪式。以马林诺夫斯基为代表的功能学派否定了神话的释源性，强调神话的功能是在强化某种文化传统，是信仰和社会现实的反映。结构主义理论的创始人列维-施特劳斯否定了神话的社会功能，认为神话重现了人类思维和社会的结构方式，心理分析学派认为神话像梦一样，是人类无意识欲望的反映。这些理论流派分别从不同的角度对神话提出了新的观点。我们将在"民俗学研究"一章中做较为详细的论述。

在我国，关于神话起源的一种较为普遍的说法是古代人对自然和世界缺乏科学的认识：

> 原始人看见自然界的种种现象，如日月之运行，风霜雨雪之有时而降，以及动物之生死等等，都觉得很诧异。世界是从哪里来的？万物又从哪里来的？……这些问题，都是原始人最惊异而切求解答的。我们现在自然有科学来回答这些问题，但是原始人没有科学，却只能创造出一个故事来解释宇宙间的神秘和万物的历史。②

这种说法与流行于19世纪末的进化论学派的观点基本一致。随着科学的发展，这种观点已基本上被否定。因为没有人能真正知道古代人到底对什么感兴趣，也没有人知道古代人在与自然、饥饿和危险做斗争的过程中是否有时间和精力来探讨与他们的物质生活毫不相干的万物起源问题，也没有人知道古代人是否已经意识到了自然界有那么多他们应该思考和了解的谜，是不是会提出那么多的问题。

---

① 参见朱狄《原始文化研究》，第675页。
② 参见茅盾《神话研究》，第5页。

说原始人创造神话仅仅是为了某种"认识或解释世界"的愿望,未免过于静态了。在原始人那里,本能的冲动和不加克制、无须检验的夸张争胜,比我们今日所能想象的要强烈得多。而"认识"和"解释",却不免是一种理性行为,因此,神话总是潜伏着本能与理性的冲突。当理性的势力增加到一定限度时,神话的历史化、道德化、哲学化时代就来到了——神话的原初魅力(即本能力量)就完结了。①

关于神话起源的问题,现代学者们虽然提出了一些新的理论,但意义并不一致,反而有愈探讨分歧愈大的趋势。我们的态度应该是首先了解各个流派的意见,然后才能取长补短,我们的研究也才能有所发现和进步。

四、神话的分类

关于神话的分类,学术界的分歧很大。哈斯汀(Hastings)在他的《宗教与伦理百科全书》中把神话分为12类②:

1. 定期的自然变迁及季候
2. 自然物的神话
3. 反常的自然现象
4. 宇宙起源神话
5. 神的起源神话
6. 人类及动物起源神话
7. 变化的神话
8. 死后存在及冥界的神话
9. 妖怪的神话
10. 英雄、家族及民族的神话
11. 社会制度及物质发明的神话
12. 历史事件的神话

斯宾塞(H. Spencer)在《神话学绪论》中把神话分为21种。其中包括:

1. 创造神话
2. 人类起源神话
3. 洪水神话

---

① 叶名《中国神话传说》,北京:新华出版社,1991,第4页。
② 参见林惠祥《文化人类学》,北京:商务印书馆,1991,第268—270页。

4. 报答神话

5. 惩罚神话

6. 太阳神话

7. 月亮神话

8. 英雄神话

9. 野兽神话

10. 习俗或祭礼的解释神话

11. 阴曹地府历险的神话

12. 神的诞生神话

13. 火的神话

14. 星辰神话

15. 死亡神话

16. 向死者供祭食物的神话

17. 禁忌神话

18. 化身神话

19. 善恶两元论神话

20. 生活用具起源的神话

21. 灵魂神话

泰勒将神话分为如下几类：哲学神话，或解释性神话；以真实的解释为基础，然而理解不正确的、夸张的或歪曲的神话；把设想的事件妄加到传奇人物或历史人物身上去的神话，以及那种把幻想性的隐喻现实化为基础的神话；为推广道德的、社会的或政治的学说而创作或采用的神话。①

这些分类都太烦琐。实际上，很多类型可以合并在一起，如太阳、月亮和星辰神话就可以合并为一种类型。

茅盾把神话分为两种，解释的神话（explanatory myths）和唯美的神话（esthetic myths）。他认为，解释的神话出于原始人对于自然现象之惊异。原始人看见自然界的种种现象，如日月之运行、风霜雨雪之有时而降，以及动物之生死等，都觉得很诧异。许多问题包括世界是从哪里来的？动物又是从哪里来的？生和死又是怎么一回事？②

---

① 〔英〕爱德华·泰勒《原始文化》，连树声译，谢继胜等校，桂林：广西师范大学出版社，2005，第 301 页。

② 参见茅盾《神话研究》，第 4 页。

第二章 口头民俗学

事实上,神话可以简单地分为两大类,即创世神话和英雄神话:各种有关起源,无论是人、动物,还是季节、生活用具等,都可以列入前一类;其他关于半人半神的英雄业绩的神话都可以列入后一类。

五、《民间文学母题索引》

在进行神话研究时,我们则可以根据神话的母题进行有针对性的研究。说到神话,我们不能不谈斯蒂斯·汤普森(Stith Thompson)的《民间文学母题索引》(*Motif-Index of Flok-Literature*),这本书是叙事民俗学研究中必不可少的参考书和工具书。

斯蒂斯·汤普森在他的六卷本巨著《民间文学母题索引》中提出了母题的概念。所谓"母题"(motifs)或者说"叙事的基本要素",指的是那些在民间文学作品中频繁出现的情节因素。这种情节因素可以是一件东西(如魔棍)、一种行为(如一次考验)、一种人物类型(如傻瓜)、一种结构特点(如民间故事的三叠式结构)。例如世界各地都有人类起源的神话,在人类最早是由什么造出来的这一情节因素上,世界各地神话中有这样一些母题:"女人是用狗尾巴创造出来的"、"男人是用黏土做成的"、"男人是用玉米穗造出来的"、"摩擦皮革造出男人"、"第一个女人是用男人的肋骨造成的"等等。这就是说,尽管每一种文化传统或每一个民族都有自己的神话,但是不同民族其神话在一些情节因素上往往具有令人不可思议的相似性。不仅仅神话如此,民间文学的其他类型如民间故事、歌谣、寓言、叙事诗、笑话、中世纪传奇、轶事等也是如此。

汤普森把许许多多这样的要素系统地编入母题索引,并附有这些因素的出处以及参考书目。如"男人是用黏土做成的"这一母题都出现在哪些民族或地区的神话当中,参考书目都是哪些等,这对我们的研究是非常有帮助的。例如,当我们研究女娲造人的神话时,通过查阅此书,我们会发现用泥土造人这一情节因素并不是中国特有的,而是在许多地区和民族如印度、巴比伦、希腊、爱尔兰、西伯利亚、波利尼西亚、澳大利亚、爱斯基摩人(因纽特人)、印第安人、犹太教传统中都有。这也许会对我们的研究结论产生重大的影响。

在《民间文学母题索引》中,汤普森把神话中的母题进行了如下分类[①]:

---

① 参见〔美〕汤普森《世界民间故事分类学》,第574—578页。

A 0—A 99	创世者
A 100—A 499	各种神
A 500—A 599	半人半神和文化英雄
A 600—A 899	宇宙的起源及人们的宇宙观
A 900—A 999	地球地形地貌的来历
A1000—A1099	世界大灾难
A1100—A1199	自然秩序的建立
A1200—A1699	人类生命的创造和秩序
A1700—A2199	动物生命的创造
A2200—A2599	动物的特征
A2600—A2699	各种树木和其他植物的起源
A2700—A2799	各种植物特征的来历
A2800—A2899	其他解释

在每一种类型的下面又进行了更详细而又具体的分类。母题索引对世界各地的神话进行了有步骤地剖析，然后再分门别类地进行整理、归纳，对我们研究神话的起源、传播，以及不同文化背景下的神话比较研究都是非常有价值的。

例如，广泛流传于世界各地的洪水神话都有着一些共同的母题：如洪水毁灭人类、兄妹逃生、兄妹成婚繁衍人类等。据清褚人获《坚瓠丁集》引唐李冗《独异志》的记载：

> 宇宙初开之时，止女娲兄妹二人，在昆仑山，而天下未有人民。议以为夫妇，又自羞耻。兄与其妹上昆仑，咒曰："天若遣我二人为夫妻，而烟悉合。若不，使烟散。"于是烟头悉合。其妹来就兄，乃结草为扇以障其面。今人娶妇用内外方巾花髻如扇，象其事也。

可见，至晚在唐代，中国便有了洪水神话的书面异文。异文中虽缺失洪水毁灭人类的情节片断，但其中的宇宙初开，与洪水毁灭人类功能相似。接下来的兄妹合婚、繁衍人类，而且是在神的暗示和引导之下，因此，显然属于洪水神话的异文。一直到当代，洪水神话仍然流传于民间，当代学者已经收集到了大量洪水神话文本。

除了汉族以外，很多少数民族都有洪水神话流传，如彝族、侗族、仫佬族、仡佬族、哈尼族、壮族、基诺族、佤族、怒族等。

在壮族神话中，一场大洪水后，只剩下伏依兄妹。兄妹在大地上走来走去,碰到一只金龟,金龟让二人结婚,二人不肯,对金龟说:"兄妹怎能结婚?把你打死,你能活转过来吗?"没想到金龟被打死后居然又活了过来。此后,又发生了一连串奇异的事情,如被砍断的竹子又接上了,东西两座山上的烟也合拢在一起,在神的指引下,伏依兄妹最后结婚,并繁荣了人类。①

世界上很多国家和民族也有洪水神话的异文,在缅甸神话里,由于受了人类的捉弄,大神令大雨瓢泼不止,最后淹没了整个世界。当时,除了一个名叫暴波南恙的人和他的妹妹,世界上所有的人都被这场大雨吞噬了。后来,暴波南恙与自己的妹妹结婚生子,成为后世所有人类的先祖。②

在非洲洪水神话中,一场大洪水后,宇宙大神庞德吉尔的儿子被沃兰德和女儿卡拉罗克也重返人间,成为人类的始祖。这时,一只名叫瓦恩(乌鸦)的星星从天上把年迈的神创造出来的火种重新盗回人间,送给了这两兄妹。从此以后,动物们又重新开始繁衍,人类也过着无忧无虑的采集、狩猎生活。那些在大洪水中死去的老神,他们阴魂不散,一直在人间徘徊,所以今天世界上依然还有黑暗、暴风雨和邪恶。请记住,千万不要伤害金尾雀,是它创造了太阳。只要有一只金尾雀被害,上天就会狂风暴雨,并用大洪水来惩罚人类。③

日食、月食神话中将日、月食现象看做是狗或其他动物吞食日、月的母题不仅在中国广泛流传,而且在世界很多地方也有类似的母题。在中国一些神话中,日、月食被看做是天神杨戬的哮天犬所为。哮天犬吞食了太阳或者月亮,但是会在人们的鼓噪声中被迫吐出已吞入的太阳或月亮。南美大陆的奇基托人认为,一些巨狗在天上追赶月亮,它们捉住了月亮,并撕咬月亮。北美大陆的一些部族也相信有吞食太阳的巨狗,图皮人将日食说成是"豹子吃了太阳"。日食或月食后,印第安人会采取呼喊、号叫的声音赶走吞食太阳、月亮的妖魔。秘鲁人在月食时也发出同样震耳欲聋的叫嚷声,同时奏乐器,打狗,让狗发出号叫,以惊吓恶魔。

另外,在中国古代神话中,太阳是盘古的眼睛变的,在世界其他地方也有类似的母题。例如在新西兰,人们认为宇宙英雄玛乌依把自己的一只眼睛挂在了天上作为太阳④,雅利安神话将太阳和月亮看做是阿胡拉-玛兹达

---

① 蓝鸿恩《壮族民间故事选》。
② 王娟、仲林《东方神话经典》,第 207—208 页。
③ 袁博、钟健《西方神话经典》,武汉:长江文艺出版社,2009。
④ 〔英〕爱德华·泰勒《原始文化》,第 286 页。

(Ahura-Mazda)的眼睛①,古罗马神话将太阳看做是朱庇特的眼睛,古代的日耳曼人称太阳是"沃坦"(Wuotan)的眼睛等等。

世界各地民间文学母题,包括神话母题,故事、传说母题的普遍性一直是民俗研究的核心课题之一。

六、中国神话问题

长期以来,学术界一直倾向于认为与世界其他古代文明相比,中国神话不系统,只零散地见于少数古代典籍当中。更有一些人认为中国可以说就没有神话。对此,学术界有如下几种观点。

1. 承认中国神话琐碎零散的事实,并提出造成这种现象的原因

对此,鲁迅认为:

> 中国神话之所以仅存零星者,说者谓有二故:一者华土之民,先居黄河流域,颇乏天惠,其生也勤,故重实际而黜玄想,不更能集古传以成大文。二者孔子出,以修身齐家治国平天下等实用为教,不欲言鬼神,太古荒唐之说,俱为儒者所不道,故其后不特无所光大,而又有散亡。
>
> 然详案之,其故殆尤在鬼神之不别。天神地祇人鬼,古者虽若有辨,而人鬼亦得为神祇。人神淆杂,则原始信仰无由蜕尽;原始信仰存则类于传说之言日出而不已,而旧有者于是僵死,新出者亦更无光焰也。②

中国文化有自己的特点,中国特有的思维方式、世界观、宇宙观、生死观、宗教观等都是造成中国文化有别于其他文化的重要因素。对一种文化来说,有无神话,只能说明文化之间存在差异,不能说明其他问题如文化的先进与落后、古人有无创造能力等。神话资料丰富与否可以是文化需求的结果,不是文化繁荣与发展的必然标志。因此,不能将中国神话与西方神话做纯粹文本、数量及信仰方式上的比较。与西方各国的神话相比(如西方神话表现出的仪式性、神圣性、真实性),或许我们可以说,中国神话从其产生的初期就不带有浓郁的神圣性和神秘性,这是由中国文化本身的特点所决定的。我们或许应该多从中国神话特征与中国文化的关系及神话在

---

① 〔英〕爱德华·泰勒《原始文化》,第286页。
② 鲁迅《中国小说史略》第二篇。

中国文化体系中的位置、作用和传承方式,进行中国神话的研究工作。

2. 否认中国缺乏神话的观点

对此,一种观点认为,这实际上是一种错觉。造成这种错觉的原因之一是神话研究的不科学性,因为过去对中国神话研究的焦点都集中在古代典籍当中,把古代典籍当做是唯一能保存中国古代神话的地方。

今天,从科学的角度来看,研究中国神话,更多的应该从对口头流传的神话进行采集入手。因为,在汉族的大部分地区至今仍有神话在民间流传。河南师范大学曾组织的中原神话调查组在两次调查中的确搜集到了上百篇神话,其中有开天辟地的神话、洪水神话、盘古神话等。

例如,当代采集到了这样一则开天辟地的神话:天地原是混沌合拢的。三兄妹天皇氏、地皇氏和女娲氏争做帝,七打八打,把天捅出个大洞。光亮漏进来,天地分开了,天帝要他们补天。三兄妹炼石好几千年才把天补好。天帝把他们分开,天皇氏管天,地皇氏管地,女娲氏在天和地之间,她是最早的人。[①] 这为中国神话研究更上一层楼提供了一个良好的开端。

另一种观点认为,中国的神话丰富多彩,因为中国有五十六个民族,而每一个民族都有自己的神话,有些民族的神话更是异彩纷呈。过去我们只注意到汉族古代典籍中有多少神话的记载,现在看来这是一种不完整的神话观。

在长期的历史发展和文化交流过程中,各民族之间交往频繁,如果说中国各民族的神话是所有中国人的共同财富一点也不过分。如要研究洪水神话,除了各种古代典籍以外,我们还要关注流传在各地的口头异文,同时还要关注各少数民族的洪水神话异文。从这个角度来看,就不会得出中国缺乏神话的观点了。

第二节 传 说

一、什么是传说

作为一种常见的民俗类型,传说的内容非常广泛。传说属于散文叙事体,像神话一样,无论是讲述者还是听众都认为传说是曾经发生过的事实,尽管传说的构架基本上是基于传统的母题或观念,因而具有程式化的倾

---

① 《中国民间文学三套集成·定海故事·歌谣·谚语卷》,1987年采录。

向。但是,传说产生的年代比神话要晚得多,而且世俗的成分要多一些,神圣的成分要少一些。

传说中的主要人物是人类,传说的内容从性质上来说,有一部分是具有神圣性的,如关于某一个民族的迁移、战争、胜利,以及民族或部族英雄、首领和帝王将相的英雄业绩的传说。① 有一部分传说是纯粹世俗的,如当代城市传说关注的是城市生活中的凶杀、暴力、恐怖活动和其他与之相关的危险的社会现象。

二、传说的特点

1. 强烈的历史性、社会性和现实性

传说有时候又被称为"民间历史"。这主要是由于在人们的印象中,传说一直被认为是曾经发生过的事实,以往的研究又多侧重于历史人物或事件的传说。

传说由于产生的年代比较接近人们的生活年代,传说中的人物又多为有名有姓的历史人物,发生的地点也是人们所熟悉的,因此人们对传说的真实性的接受程度远远大于人们对神话的真实性的接受程度。这实际上是一种错误的理解。传说虽然具有某些历史的因素,人们也倾向于认为传说是真实的,但是传说并不是历史,因为无论是从结构方式还是从情节发展上,传说都具有一种程式化的倾向。

例如,宋周密《癸辛杂识》"武城蝗"条记录了当时蝗虫食人的事件:

> 戊戌七月,武城蝗自北来,蔽映天日。有崔四者,行田而仆,其子寻访,但见蝗聚如堆阜,拨视之,见其父卧地上,为蝗所埋。须发皆被啮尽,衣服碎为筛网。一时顷方醒。晋天福中,蝗食猪。平原一小儿为蝗所食,吮血,惟余空皮裹骨耳。

晚清时期,类似的传说依然流传,而且在情节上与《癸辛杂识》中的记载非常相似:

---

① 〔美〕W. Bascom, The Forms of Folklore: Prose Narrative, in *Journal of American Folklore* 78 (1965), pp. 3—20.

第二章 口头民俗学

飞蝗食人

  法国有著名考物生名汉基路者,尝游历至阿菲利加洲之亚路芝亚士地方,散步郊原,忽觉热气逼人,恹恹欲睡,遂入丛林,择其荫翳而憩息焉。未几一梦,依稀栩栩然作庄生之蝴蝶。不期有蝗虫万亿,从空而下,如蚁附膻,如蝇逐臭,集于汉基路之身,将肆咀嚼。汉基路惊慌,业已不及趋避,乃纵火焚林,毙蝗数万,始得逸,遂志于游记簿中,将持以示人也。越日,人忽不见其友踪迹。后得其尸于林密青深之地,则已血肉无存,仅余骨发及一行囊在。探之囊内,得游记簿,始知其前之所遇。固疑今之死,复造蝗患所致,未知果否?然此害苗之物今更出而害人,亦猖獗之甚矣。①

  "飞蝗食人"事件的背后也许有一个真实发生过的事件,此报道或者来源于某种报刊的报道,或者是编者和画师根据传言而画,但是其模式化的叙事方式使得其真实性大打折扣。因为它必须按照传说的叙述和结构方式发展、进行。例如,在传说的开始通过各种手段,此处为列举真实的人物、具体的地点、死者留下的游记簿等,强调事件的真实可信性,通过"得其尸于林密青深之地,则已血肉无存,仅余骨发及一行囊"等词句大肆渲染恐怖气氛。一个事件,即使是曾经发生过的,一旦进入传说的叙述模式,我们会发现同样的、相似的事件在世界各地都有记录,或者说一种传说在世界各地都有异文。因此,传说的真实性似乎仅限于其时间、地点、人物的真

---

① (清)《点石斋画报》金集之"飞蝗食人",文录自随图文字。

实,而事件的发生、发展过程及其结果,都必须符合传说的特点。

有的时候,传说又被称为"信仰故事",因为它在某种程度上为迷信或传统信仰存在的合理性和可信性提供了有力的印证。前面我们提到了传说比较容易被人们相信是一种事实,而且人们在讲述或重述传说的时候,都会采用各种各样的方法,或者是自己的所见所闻,或者是朋友或朋友的朋友的亲身经历,或者是比较著名的报刊或电视台曾经做出过报道,或者是公安部门曾经发出过布告,总之,讲述者会一再强调自己讲述内容的真实性,以引起听者的注意。

例如,在很多地方我们都收集到了汽车司机夜间开车遇见鬼搭车的传说。一般都是在深夜,司机(多数为出租汽车司机)遇到一位漂亮的姑娘请求搭车。在把姑娘送到地点以后,姑娘一般会给司机一些钱作为报酬。回去以后,司机发现姑娘给的钱是冥钞,再去姑娘昨晚下车的地点一看,原来是一片墓地,姑娘的坟墓也在其中。司机这才意识到自己原来是遇到鬼了。几乎这种传说的所有异文都有冥钞这一细节。实际上在这类传说里,人与鬼之间几乎没有什么差异,在外形上,人们很难把人与鬼区别开来,只能通过冥钞加以鉴别。鬼搭车的传说不仅仅在中国有,在世界上的许多国家,我们都发现了类似的传说,例如日本、欧洲各国、美国等。只是不同的国家分辨人与鬼的方法或媒介不一样。从某种角度来说,这类传说无疑具有向世人印证鬼蜮存在的性质。实际上,民间的很多迷信、传统信仰和观念都是依靠传说来维持的。在这里,我们不是在宣扬迷信,而是出于研究的目的。由于这类传说的确在社会上流传非常广泛,我们不能视而不见。

与神话和故事相比,传说的地方色彩很浓,也就是说,传说是一种极易被地方化的民俗事项。神话和故事重在强调事件的发生、发展过程,忽视事件发生的地点,最大限度地使事件发生的场所与现实生活之间陌生化、距离化,从而突出了事件的非现实性。传说非常强调事件发生地点的真实性,尽量使事件发生的场所与人们的生活环境相一致,而且越一致,传说的可信度就越强,也就越能吸引人,使人产生共鸣,从而促进传说的传播。

传说的内容可能是具有普遍意义的,也可能是跨文化的,但不同地方的人可以根据自己的习惯和特点,更换传说中的人物、时间和地点等,并不影响情节的发展。例如,在民间采风的过程中,我们在许多地方(安徽、江西等地)都发现过《退缩鞭》传说的异文。一个天才的书生由于自己的努力考中了状元以后,离家进京为官。他非常想念自己的妻子,很想回家看看,但没有皇上的准许,他是不能回家的。后来,状元得到了一件宝贝,有的时候是一匹会飞的木马,有的时候是一只会飞的木鸟,还有的时候是一条鞭子。这些东西都可以帮助状元在夜晚飞回自己的家与妻子相会,天亮之前,状元必须再飞回来。后来,妻子怀孕了,婆婆和公公怀疑儿媳有不轨行为。经过一番盘问,才知道儿子常常在晚上回去。不同地区的讲述者在讲述这则传说时,都一再强调这是一件真事,其中的人物一般都是当地较为有名的书香门第的祖先。

在某些情况下,传说与谣言、奇闻轶事有着某种渊源关系。一些谣言或轶事可能是传说的前身,最终会发展成为传说,如果它们具备了传说的特点的话。

2. 叙述模式、风格的多变性和开放性

传说是一种可塑性很强的民俗事项。尽管传说也有一定的结构方式和叙述模式,但与民间故事永恒不变情节的发展结构模式相比,传说的叙述模式可以随时改变,以适应内容的变化和人们的不同要求。

"识宝传说"是民间传说的一种类型。其内容主要是关于识宝人如何凭借超凡的识别能力,发现一件看似普通但却价值连城的宝物。从汉代起,中国就出现了识宝传说类型的多种异文,随着历史的发展,识宝传说表现出旺盛的生命力,成为人们交流与沟通的话题。一直到现在,识宝传说仍然广为流传。

作为一种常见的民间传说类型,"识宝传说"包括如下几种形式:[①]

（1）第一型（后悔型）

① 某地有一件看似非常平凡的事物,当地人习以为常,并不以为它有什么神奇之处。

② 突然有一天,来了一个神异之人（或说南蛮子,或道士,或和尚,或西域胡人等）坚持要买这件看似普通的事物。

③ 当地人为了让神异之人能把不起眼的东西买走,将东西进行了处理,无意中破坏了东西的灵气。

④ 传说的结尾,神异之人说破了宝物的真相,人们后悔不已。

（2）第二型（后知型）

① 某人偶然得到一件看似平凡的物件。

② 此物件非常神奇,但拥有者却不知真相。

[①] 参见程蔷《骊龙之珠的诱惑:民间叙事宝物主题探索》,北京:学苑出版社,2003,第104—121页。

③ 一个神异之人(或说南蛮子,或道士,或和尚,或西域胡人等)发现了此物件,坚持高价购买。
④ 收购得逞之后,神异之人讲述了该物件的神奇之处,人们唏嘘不已。
(3) 第三型(圆满型)
① 神异之人(或说南蛮子,或道士,或和尚,或西域胡人等)落难。
② 善良的某人搭救了这位异人。
③ 为了感恩,异人赠之以宝物。
④ 宝物看似普通,但是却有着神奇的力量。
⑤ 宝物失落,回归异人之乡。

上述三种类型,基本可以概括自汉代以来民间流传的各种识宝传说。晚清著名图画新闻报刊《点石斋画报》关于西人识宝的报道属于识宝传说晚清时期的异文,因为画报中西人识宝传说的情节发展与传统的胡人盗宝传说类型大致相吻合。例如,《千里井》(数集)报道了如下事件:

> 房山农人偶山行,据石小憩,见石大如斗,晶莹润澈,中贮以水。携归示人,或云石胆,可治目疾。诣都求售,并无问者,怒碎之,水溅地上。后又有某乙得一石,大仅如拳。水莹然如玉壶冰。携至都,遇西人,请其值,对以百金。西人云,如此异宝,价岂仅是,客得毋戏耶?乃赠以四百金。乙欣然售之。曰实不相欺,仆本拾自山中者,不知其为何宝焉。西人曰:此名千里井,置诸坎中,水用之不竭,行军赖之,故宝耳。

该报道的情节发展可以概括为如下几个方面:
① 农人得到一块异石,但并不了解此石的神奇。
② 农人在市场上遇到西人。
③ 农人欲以百金出售异石,但是西人却以四百金高价收买。
④ 交易完成之后,西人告诉农人异石的神奇之处。

从情节发展看,这篇报道基本上符合识宝传说的第二种类型。更准确地说,《千里井》应该是民间识宝传说、西人识宝传说的一种异文。

当某种传说可以称得上是一种类型,那么无论从历史,还是从现实的角度来看,这种传说一定存在着大量的异文。人们之所以不约而同地一再重复一个熟悉的神话、故事和传说,其中的原因可以从其结构和内容两个角度来分析。

首先,类型便于人们思考和表达,或者说类型成为人们表达和传递某种思想感情的叙述结构。传说的结构将社会中纷繁复杂的各色人物简化为一正一反两个对立面,人物或好或坏或聪明或愚笨,使人们更容易借助于传说中的人物表达自己的思想和情感。例如,将某类人处置为敌对的一方,而将另一类人处置为友好的一方。异域人,包括夷人,通常是作为我们的对立面而出现,他们或者与我们有着肢体上的差别,或者有着风俗习惯上的不同,或者有着价值观念上的差异。

其次,类型从某种意义上讲又是自由的、开放的。尽管传说的情节发展有着固定的模式,但是人们在重新讲述这些传说的时候,丝毫不会感觉到任何的束缚。相反,人们会在一遍遍的重复讲述过程中随意展现自己的创造性,因为每一种故事类型都只有一个大概框架,从来没有固定的、可以仿照的文本。每一次的讲述都是一个再创造的过程,人们可以在讲述过程中体会创造的乐趣。

第三,因为被一再重复,所以传说类型中蕴含着的某些观念会在不知不觉中轻而易举地进入人们的意识形态中,成为某个人群集体无意识的一部分。在识宝传说中,对立的双方为智者和凡人,但什么样的人才能称之为智者,相信不同的文化会有着不同的答案。中国自古以来对识宝人的形象定位是我们研究传统价值观念的重要材料。

3. 程式化的套语

突出或强调传说文本的真实性是传说的一个重要特点,因此传说往往会将其述说的事件放置在说者和听者彼此都十分熟悉的场景中。传说或者强调事件发生在我们的周围、我们熟悉的环境。

在口头民俗中,神话和故事在叙述风格上基本上是一致,而传说却由于类型的不同而呈现出风格的多变性。例如宗教传说的目的在于传播、确立和巩固某种信仰,因而叙述风格神奇,引人遐想;当代城市传说则重在警告和提醒,因而风格诡异,恐怖气氛浓郁。

另外,在谈到民间故事与传说的差异,德国学者路蒂(Max Luthi)认为,民间故事主要描写的是英雄人物的追求和他们的传奇经历,而传说主要描写的是普通人的经历和遭遇。故事中的主人公是能动的,主动去追求、去发现,而传说中的主人公只是非常被动地接受和经历突然发生在他身上的一切。故事中的事件都有前因后果,如主人公因善良和勇敢而得到神仙的帮助;而传说中的事件常常是瞬间就发生了,很少交代起因,听者也不关心起因是什么。故事中的主人公都肩负重任,在某种神灵的指引下去面对一切;而传说中的人物都是凭自己的直觉本能地对事件做出反应。[1]

三、传说的分类

根据内容,传说可以分为以下几种类型:

1. "神迹"的传说

是关于仙人、圣人、神或宗教人物的传说。这一类的传说主要是描述神是如何显胜、显灵的,他们或者扶弱济贫、或者惩恶扬善、或者使用高超的医术起死回生挽救生命、或者与世间的人们逗趣玩闹。八仙的传说是民间最为常见的神迹传说,几乎全国各地都可以找到八仙的足迹。八仙常幻化为和尚、道士、乞丐及各种职业的人帮助那些贫穷善良的人。例如:帮助一对虽然贫病交加但却非常乐于助人的老人治好了多年的哮喘病(《韩湘子烧竹笛》);倒插竹笋惩罚虐待父母的不肖子女(《张果老倒插笋》);赠药人间,解救人们于疾病痛苦之中(《铁拐李赠药》)等等。

八仙之一吕洞宾的传说流传非常广泛,传言吕洞宾"有剑术,百余岁而童颜,步履轻疾,顷刻数百里,世以为神仙"[2]。南北各地都有吕洞宾留下的痕迹,例如,陕西[3]、山西[4]、四川[5]、浙江[6]、安徽[7]、江西[8]等。吕洞宾能预知生死,例如传说吕洞宾曾送给黄觉大钱七文、小钱三文,并告诉黄觉说:"数不可过也。"黄觉活到七十多岁的时候,还写了一首诗:"床头历日无多子,屈指明年七十三。"果然,黄觉终死于七十三岁[9]。

吕洞宾还常常舍药,治病救人。例如,传说北宋年间,东京瘟疫泛滥。一位卖菜老婆婆的家里人也都染上了瘟疫。一天,一位道人路过,老婆婆

---

[1] 参见〔德〕Max Luthi, Volksmarchen und Volkssage. *Zwei Grundformen Erzahlender Dichtung* 2d ed. Bern and Munich:Francke, 1966.

[2] 《宋史》卷四五七《陈抟传》。

[3] 《陕西通志》卷二九:华阴县文仙庵"在县南十里,世传为吕洞宾造墨处"。

[4] 《山西通志》卷五八:"洞宾洞在笔峰山深邃,人莫敢入。相传吕洞宾居此。"卷一六九:"灵显观在县(壶关县)境内,唐吕洞宾有游游灵显观诗。"

[5] 《四川通志》卷三八,传吕洞宾曾居"二峨山猪肝洞"。

[6] (明)田汝成《西湖游览志》卷八。

[7] 《江南通志》卷一五:"龙泉在婺源县北七十里,旱祷有应。唐吕洞宾大书'飞龙岩'三字,刻石尚存。"卷一七,无为州志云:"又名龙泉山,其形似龙,上有水泉,世传吕洞宾过此,插剑而泉涌,累累如贯珠。"

[8] 《江西通志》卷三九:"吉水县北崇元观有吕洞宾题诗……"

[9] (明)彭大翼《山堂肆考》卷一五三。

不厌其烦地为道人端茶倒水,道人非常感激老婆婆,便问老婆婆有什么需要帮忙的。老婆婆说:"家人都染上了瘟疫,先生能否救治呢?"道人说:"明天一定带药来。"第二天,道人果然来了,手里拿着一丸包裹着纱袋的药。他对老婆婆说:"让病人手拿此袋,病自然会好起来。但是,一丸药只能治百人,超过百人便无效了。"按照道人的嘱咐,老婆婆治愈了百人的疾病。后来,老婆婆打开纱袋,发现其中并无药丸,只有"吕洞宾"三个字。

2. 迷信传说

是关于精灵鬼怪的传说,是对民间信仰和迷信的印证。这类传说的内容涉及个人的一些经历或经验,例如遇鬼或被鬼缠身、中邪、狐狸精的传说等。比较常见的有鬼的传说、各种禁忌的来历等。

遇鬼是一种常见的传说类型,例如在许多城市中都可以听到这样一个传说。讲的是一个人夜晚回家的时候,在一个小胡同里常看见前面有一个身穿白衣、梳着一条大辫子的苗条姑娘。一天,他决定紧走几步看一看姑娘长得什么样子。超过姑娘后,这人回头一看,吓得魂飞魄散,原来姑娘的前面也是一条大辫子。

鬼的传说是一个传统的主题,从历朝历代的许多相关典籍中,我们都可以发现鬼故事或鬼传说。鬼的信仰起源于原始人的宗教意识,是人们对死亡以后生命归属的一种理解。

《杨公忌》的传说讲述了一个叫杨公的人,有十三个儿子。有一次,在与邻居发生争执时说道:我有十三个儿子,即使一个月死一个,到了年终,还有一个可以留下来陪我过年。没多久,他的儿子就开始一个一个地死去,而且是每隔二十八天就死一个。到了过年的前一天,最后一个儿子也死掉了。从此以后,每个月杨公的儿子死的那一天就被称做忌日,又叫"杨公忌"。这一传说实际上印证了语言或称咒语的力量。在民众看来,语言同其他各种宗教或巫术行为一样,能左右和控制人们的生活。

3. 人物传说

是关于历史、领袖、英雄及各种行业祖师的传说和趣闻轶事。人物传说在中国流传非常广泛,各类人物都可以成为传说的主角。

例如,几乎全国各地到处都有鲁班的传说。其实,早在先秦两汉时期,就有了关于巧匠鲁班的传说,如《墨子·鲁问》中就有"削竹木以为鹊,成而飞之,三日不下"的记载。任昉《述异记》中也有记载:

> 天姥山南峰，昔鲁班刻木为鹤，一飞七百里，后放于北山西峰上。汉武帝使人往取之，遂飞上南峰。往往天将雨，则翼翅动摇，若将飞奋。

后来更是有了关于鲁班的各种神奇故事。

> 今人每睹栋宇巧丽，必强谓鲁班奇工也。至两都寺中，亦往往托为鲁班所造，其不稽古如此。据《朝野佥载》云：鲁班者，肃州敦煌人，莫祥年代，巧侔造化。于凉州造浮图，作木鸢，每击楔三下，乘之以归。无何，其妻有妊，父母诘之，妻俱说其故。父后伺得鸢，击楔十余下，乘之，遂至吴会。吴人以为妖，遂杀之。般又为木鸢，乘之，遂获父尸。怨吴人杀其父，于肃州城南作一木仙人，举手指东南，吴地大旱三年。卜曰：班所为也。赍物具千数谢之，班为断一手，其日吴中大雨。国初，土人尚祈祷其木仙。六国时，公输班亦为木鸢以窥宋城。①

这则古代传说与前文曾经提到的《退缩鞭》的传说有很多相似的地方，我们不排除《退缩鞭》的传说为鲁班传说在地方化的过程中产生了变异的可能性。传说的情节结构没有大的变化，只是将鲁班替换为当地历史人物，强调事件的真实性，符合传说人物、地点真实的特点。在当代关于鲁班的传说中，鲁班不仅仅是木匠行业的祖师爷，其他很多行业也都敬奉鲁班。传说中的鲁班，不仅向后人传授各种技艺，而且还时常在人们遇到困难的时候突然出现，帮助人们解决建筑或工艺上的疑难问题。传说山东范县的古塔裂开了一个大缝，大家都不知该怎么办，县官悬赏一千两纹银锔塔。很多天过去了，没有人应招。有一天，来了一个老炉匠，锔好了古塔，还留下了几句话，人们这才知道原来老炉匠就是鲁班。

学祖孔子也常在传说中出现。如《孔子和如来佛》的传说，讲了孔子和如来佛打赌认字，如来佛先输了，额头上被孔子弹了三下，肿起了一个大包。等到孔子输的时候，如来佛想重重地也弹孔子一下，可就在他用尽全力准备弹的时候，孔子却溜掉了。这就是为什么庙里如来佛的额头上都有一个肉疙瘩、手指都是弯曲着的缘故，因为他还在准备着弹孔子的额头呢。

在人物传说中帝王将相的传说占有很大的比例，例如项羽、刘邦、王莽、李世民、赵匡胤、朱元璋、康熙、乾隆、慈禧太后等。帝王传说一般都是关于帝王的身世、传奇的经历以及日常生活中的轶事等。传说乾隆是一位

---

① （唐）段成式《酉阳杂俎》卷四"贬误"。

政绩卓著的明君,在位期间曾多次下江南,探幽访胜。因此,民间的很多传说都是关于乾隆在游玩时的奇遇。例如,传说乾隆到了苏州以后,听说梅冶镇风景秀丽,就前去观看。到了那里以后,遇到了美貌的梅小姐,二人一见钟情,乾隆答应择日迎娶梅小姐。后来,由于记错了日子,梅小姐以为乾隆负心就投河自尽了。从此,梅冶镇改为梅龙镇。

4. 地方传说

地方传说包括风俗传说、节日传说、食物传说、地方风物、山川河流、寺庙掌故、历史事件传说等。例如,过年的来历中把"年"说成是古代的一种怪兽,专门在除夕之夜出来吃人。后来,神仙下凡,告诉人们年最害怕红色和响声,于是,除夕的晚上,家家都在自己大门的两旁贴上红纸,并把竹子扔在火堆中使竹子受热爆裂发出响声。年果然被吓跑了。以后,每当过年的时候,人们都要贴春联、放爆竹,以防年再来。食物传说主要讲各种食物的来历,如豆腐、馒头等。山川河流的传说更是数不胜数,几乎每一个地方都有有关地名、地形、地貌来历的传说。

5. 城市传说

城市传说是一种最近才引起人们注意的传说形式。尽管城市传说中的一些内容与其他传说形式有重叠之处,但我们仍然把城市传说单独列出来。主要原因之一是城市传说已经逐渐发展为内容是以城市暴力、黑暗、死亡以及新技术的发明与应用给人们带来的伤害等为主要表现对象。

如流传于北京的《×××路公共汽车》就讲述了一个发生在公共汽车上的惨案。车上的年轻人在一位老者的帮助下,逃离了这场灾难,但司机和售票员却死于非难。

《舞蹈学院练功房》讲述了舞蹈学院的一位新生,而且往往是女生,不相信练功房里闹鬼的传说,而自愿进去待一夜以证明传言的无稽。第二天早晨,新生平安地从练功房里出来了,而且自豪地告诉人们一夜平安无事,根本没有什么鬼,并说自己还在里面对着镜子跳舞了呢,大家听了都很诧异,告诉她说那个练功房里根本没有镜子。

城市传说是随着社会的发展与城市化的进程而产生的。引人注意的是,文明的高度发展并没有给人们带来精神上的放松与解脱,相反,却增加了人们的恐惧感和不安全感。从某些方面来看,城市传说是人类对自身的行为和社会环境的一种批判。

四、传说的功能

不同类型的传说功能也不一样,宗教传说、人物传说、地方传说、城市传说、迷信传说等都有自己的功能。如宗教传说的功能在于确立某种宗教系统的地位,英雄传说是为了满足人们的荣耀感,迷信传说成为迷信思想、观念和仪式的基础和依据等。例如,通过研究美拉尼西亚人的英雄传说,马林诺夫斯基认为,美拉尼西亚人的传说可以分为三类:历史传说、传说和奇闻轶事。它们都被认为是曾经发生过的真实事件,人们讲述传说并不是为了表演和娱乐,传说的主题都是关于战争、冒险、寻宝、礼仪等内容的,人们讲述传说是为了表现祖先们在这些方面取得的巨大成就。后人们会因此而具有一种荣誉感,人们为自己的祖先而骄傲和自豪。传说可以激励后人更加努力。①

尽管传说的功能不一,但总的说来,传说的一种最显著的功能是教育功能。美国民俗学家琳达·戴(Linda Degh)认为,传说的目的是为了满足人们关于人类自己的好奇心。什么是人?为什么人类是现在这个样子?我们能为人类做些什么?传说是用来解释一些不可思议和值得纪念的事情,并把一些传统的知识和技能传授给那些年轻人和需要接受教育的人们。传说告诉人们在紧急关头应该怎么做,同时也提醒人们不要去做那些不应该做的事情。②

第三节 民间故事

一、民间故事及其特点

民间故事也是散文叙事体的一种,有时候民间故事又称为"幻想故事",是一种以传统的口头形式流传和保存的虚构故事。与神话和传说不同,无论是讲述者还是听众,都认为故事是虚构的,是从来没有发生过也不可能发生过的事情。

---

① 〔英〕Malinowski, The Role of Myth in Life, *Sacred Narrative*, ed. Alan Dundes, Berkeley, University of California Press, 1984, pp. 193—206.

② 〔美〕Linda Degh, Folk Narrative, *Folklore and Folklife*, *An Introduction*, ed. Richard M. Dorson, Chicago, The University of Chicago Press, 1972, pp. 53—84.

民间故事的历史相当久远，一般说来，民间故事与神话一样，产生于人类文化形成和发展的初级阶段。相比较而言，传说的出现应该晚于神话和故事，因为传说中的人物、事件、地点、地形、地貌、山川风物、饮食服饰等一定具有某种程度上的真实。例如，有关历史上的帝王，如秦始皇、刘邦、乾隆等人的传说，一定是在这些人出现之后才会有。尽管关于乾隆的某些传说更早的时候可能是曾经是发生在康熙等其他帝王身上的传说，等到乾隆出现后，才又加在乾隆身上的，但是传说往往还是有其产生的时间上限的。神话产生的年代一定是远古时期，这点人们很容易理解和接受，因为神话的性质、特点、文本本身以及与其相关的表演语境都那么神奇和不可思议，给人的感觉是神话应该是一种有别于我们特殊的思维活动的结果。但是，如果说故事也和神话一样产生于遥远的古代，似乎就不那么容易让人接受。

其实，神话和故事有很多共同性，例如陌生感。神话将时间放置到这个世界形成之前的那个世界，由此给人一种陌生感和距离感。我们只能依赖于想象去感受神话中的世界，故事实际上也是如此。例如，故事从来不给出具体的时间、地点和人物，总是以"在很久很久以前"开场，然后把故事的场景放置在一个遥远的国度或者完全有别于我们的生活场景，如动物故事中的动物都像人一样会说话。总之，故事发生的地点距离我们很遥远，也很陌生，我们也必须依赖于我们的想象去感受故事。相对来说，传说总是选择我们身边非常熟悉的地点和场景，给我们一种事情就发生在我们身边的感觉，真实得让你不得不信。

神话和故事虽然有相似的地方，但神话的陌生感和故事的陌生感却有着很大的差异：神话的陌生感强调的是另一种真实，是一种让人敬畏的神圣的真实；而故事的陌生感强调的是虚构，一种完全世俗化的虚构，似乎不给人任何可信的条件，以至于没有人可以将神话和故事混为一谈。

一般看来，故事应该晚于神话，或者说是神话退化的结果。但是我们却倾向于神话和故事产生于同一个时代，主要是因为神话、故事和传说各有各的文化和社会功能，而且相互之间不可替代。即使在当今社会，人们需要神话的时候，一定会讲神话；需要故事的时候，一定是在讲故事。稍微有点文化常识的人，都不会错用二者。在文化中，神话是一种表达方式，故事也是一种表达方式。我们没有理由也没有任何依据可以证明故事一定在神话之后，是神话的退化。

但是有一点我们要强调的是，判断是否属于神话、故事和传说，还要看文本出现的语境,也就是文本讲述的场合和环境。一个文本在一个地区可能是神话,但是在另一个地区就可能是故事或者传说。例如,《叶限》在段成氏的《酉阳杂俎》中是被记成传说的。因为在段成氏的文本中,叶限的故事发生在具体的地点,也有具体的姓氏。故事的结尾,后母和她的女儿死后埋葬在具体的地点,而且她们的坟墓被称为"懊女冢"。段成氏还提到这是有人亲口讲述给他的。这些都证明《叶限》在段成氏看来是真实的事件。但是,从文本的具体内容上看,《叶限》就是《灰姑娘》故事类型的一篇异文。

一篇真正的故事必须具有如下特征:

1. 故事中的人物和事件都非常的不具体

例如:故事中的主人公或者以职业为名,如张打鹌鹑、李钓鱼;或者只点出主人公的身份以及主人公之间的关系等,如母亲、儿子、女儿、母子俩、老两口;或者主人公只有一个极普通的小名,如门闩、门鼻儿、笤帚疙瘩等等。总之,故事中的主人公一般都没有真实姓名。不仅名字不具体,故事发生的时间、地点也不具体。例如,民间故事常常有一个程式化的开头,如"从前"、"很久很久以前"、"在一个很远的地方"或"在一个村子里"等等。因为人们从来不相信故事是事实,也不要求故事具有确切的人物、时间、地点,所以讲述者也就没有必要强调这些。

2. 故事的结构、情节发展是程式化的

除了具有程式化的开头,三叠式的叙事结构也是民间故事的一个显著特征。例如,《狼外婆》的故事中,狼曾先后三次向出外的母亲要食物,最后一次吃掉了母亲。狼到了门前,也是通过三次敲门以后,孩子们才上当受骗打开了家门。一般都要试三次、做三次、打三次、重复三次,才能达到自己的目的。另外,故事情节的发展也具有一定的模式。普劳普(V. Propp)在他的《民间故事的结构形态》中把民间故事情节结构的发展归纳出三十一种功能,并认为这种结构形态非常具有普遍意义。后面我们将详细介绍。

3. 民间故事一般都有一个大团圆的结尾

民间故事的宗旨总的说来是惩恶扬善,因此,善良、弱小的一方总能战胜邪恶、强大的另一方。无论遭遇什么样的艰难困苦,主人公都能凭借自己的正气和毅力取得最后的胜利。例如,《狼外婆》的故事中,柔弱聪明的小姑娘最后杀死了狼,救出了被狼吃掉的母亲和兄弟姐妹。

二、《民间故事类型索引》

早在19世纪初,在收集民间故事的过程中,格林兄弟就已经注意到了故事的相似性问题。也就是说,很多流传在不同地区、不同民族中的民间故事是属于同一类型的。的确如此,在这个世界上,我们有不同的肤色、不同的体质、不同的语言文字、不同的文化传统、不同的宗教信仰、不同的风俗习惯等等,但奇怪的是我们却传承着相似的神话、民间故事、游戏、仪式等。为什么有着那么多差异的人们创造出来的许多文化现象是那么的相似呢?这就是民俗学最引人入胜的地方之一。

讲到这里,我们必须介绍一下"类型"。民俗学中的类型指的是一组具有相同情节和结构发展模式的民俗事项,如故事类型、游戏类型、歌谣类型、民间建筑类型、仪式类型等。最早对民间故事进行类型研究的是芬兰民俗学家们。

《民间故事类型索引》(*The Types of the Folktale*),这本民间故事研究的重要参考书,最早就是由芬兰民俗学家阿尔涅整理出版的。现代民间故事研究之父,比较研究法(芬兰学派)的创始人科隆父子(J. Krohn,1835—1888;K. Krohn,1863—1933)在进行民间故事的比较研究时,发现民间故事虽然浩如烟海,但仔细看来,许多故事只是同一类型故事的不同异文。例如《熊和狐狸比赛的故事》在世界上的许多国家都在流传,只是在一些情节因素上略有不同。如果对民间故事进行分类的话,我们将会发现世界上所有的民间故事可以被归入非常有限的一些基本形式里。这对民间故事的研究无疑将会是非常有意义的。后来,科隆的学生阿尔涅(A. Aarne,1867—1925)承担了这一工作,并在1910年出版了他的《民间故事类型索引》。这本类型索引主要是基于欧洲民间故事进行分类整理的。阿尔涅共总结出540种故事类型,但列出了1940个位置,以备补充。

1928年,美国民俗学家汤普森(S. Thompson,1885—1970)翻译了该书,并在此基础上进行了扩充,把故事类型从1940个增加到了2499个。1961年,汤普森又把故事类型的子类型增加到了3229个。除欧洲的故事类型外,还加进了世界其他国家和地区许多被遗漏的民间故事类型,但主要还是以印欧民间故事为主。因为这一分类工作是由阿尔涅和汤普森两人共同完成的,所以这种分类法被称为阿尔涅—汤普森分类法,简称AT分类法。

《民间故事类型索引》虽然涵盖了世界民间故事的大部分类型,但一方面,由于国家、地区和民族、种族的差异,许多故事类型并没有编进此书;另一方面,随着对当代民间口头故事的大量搜集整理,一些新的故事类型也需要被重新编入。所以,出于研究的目的,许多国家和地区又做了自己的民间故事类型索引。如俄国、西班牙、冰岛、立陶宛、拉脱维亚、瑞典、德国、意大利、土耳其、法国、罗马尼亚、匈牙利、印度、日本、韩国等,不久前,华裔美国学者丁乃通先生也编著了《中国民间故事类型索引》,为我们的民间故事研究早日与世界民间故事研究接轨提供了坚实的基础。

《民间故事类型索引》将世界各地的民间故事分为五个不同的大类[①]:

1. 动物故事(AT 1—299)
    1—99   野生动物
    100—149   野生动物和家畜
    150—199   人和野生动物
    200—219   家畜
    220—249   鸟类
    250—274   鱼类
    275—299   其他动物和物体
2. 普通故事(AT 300—1199)
    300—749   A. 幻想故事
        300—399   超自然对手
        400—459   超自然或被施了魔法的丈夫(妻子)或其他亲戚
        460—499   超自然事件
        500—599   超自然救助者
        560—649   宝物
        650—699   超自然能力和智慧
        700—749   其他
    750—849   B. 宗教故事
    850—999   C. 爱情故事
    1000—1199   D. 愚蠢的妖魔
3. 笑话和轶事(AT 1200—1999)
    1200—1349   傻瓜的故事
    1350—1439   夫妻间的故事

---

① 参见〔芬兰〕*The Types of The Folktale*, Helsinki, 1981.

1440－1524	女人(女孩)的故事
1525－1574	男人(男孩)的故事
1575－1639	聪明的男人
1640－1674	巧遇
1675－1724	傻男人
1725－1849	关于牧师和宗教秩序的笑话
1850－1874	关于其他群体的人的趣闻轶事
1875－1999	夸张的故事

4. 程式故事（AT 2000—2399）

2000－2199	连环故事
2200－2249	圈套故事
2250－2299	讲不完的故事
2300－2399	其他程式故事

5. 不分类的故事（AT 2400—2499）

| 2400－2499 | 不分类的故事 |

每一个大类下面又有小类，如动物故事（AT1－299）中，AT1－99故事类型中的主人公为野兽，AT220－249主人公为鸟类等；有些类型还再分次类型，如AT201下还有AT201E、AT201F等。每一种故事类型的下面都列出了故事情节发展的基本框架及其异文流传的国家和地区，同时还提供与故事的发表和出版相关的书目资料，对我们鉴别故事、寻找异文和对故事进行比较研究都非常重要。另外，也对我们发现民间故事的内涵、价值、意义及民间故事的发展规律等提供了有利条件。可以这样说，这是民俗学家必备的工具书。如果忽略了该书的重要性，都将使我们的研究走向歧路或失去意义。

三、民间故事的分类

民间故事类型众多，这里我们将重点介绍如下几种类型：

1. 动物故事

动物故事是关于动物的传奇经历的故事，故事里的主人公为各种像人一样会说话、会思考的动物。动物故事的主要内容是讲述动物的身体特征的来历，如在《蚯蚓和虾》的故事中，蚯蚓和虾原来是邻居，蚯蚓有一双明亮的眼睛，而虾却没有，虾非常羡慕蚯蚓的眼睛。一天，虾借来蚯蚓的眼睛看到了美好的世界,从此虾开始躲避蚯蚓,不想归还蚯蚓的眼睛。后来,虾跳进水里,再也不上来了。蚯蚓每天在地下钻来钻去,就是在找虾,希望它把眼睛还给自己。类似的故事还如《比目鱼的歪嘴》、《乌鸦为什么是黑的》、《猴子的屁股为什么是红的》等。

还有一些动物故事是描写动物之间的冲突的,如《狼和小羊》等,结局一般都是弱小的一方利用自己的智慧战胜了强大的一方。许多动物故事与寓言相类似,或者说就是寓言,如《鹬蚌相争》、《狐假虎威》等。动物故事的主要功能在于教育,使人们在听故事的过程中学到一些关于自然界中动植物的知识,同时也学会一些做人和为人处世的道理。

例如《鼠王嫁女》就讲了这样一个故事。很久以前,传说有个老鼠王,一心一意地想把女儿嫁给一个世界上最有力量的。它想来想去,觉得世界上只有太阳的力量最大,于是就找到太阳说:"你的力量太大了,我要把女儿嫁给你。"太阳说:"不行,我的力量不如云,云一出来就挡住我了。"老鼠王又去找云,云说自己不如风,因为风能把云赶跑。老鼠王又去找风,风说自己不如墙,因为墙能够挡住风。老鼠王最后找到墙,墙也说自己不是最有力量的,因为墙怕老鼠,老鼠可以在墙上打洞。老鼠王最后才发现原来老鼠才是最厉害的,最终还是把女儿嫁给了老鼠。也有异文说,老鼠最后把女儿嫁给了猫,因为老鼠怕猫。猫毫不客气地娶了老鼠的女儿,并把老鼠的女儿吞进了肚子。老鼠王找到猫的时候,猫说:"你的女儿在我的肚子里,那里是最安全的,没有人敢欺负她。"

2.幻想故事

幻想故事,又称为神奇故事、民间童话和魔法故事等。其主要内容多以主人公的神奇经历为主线,描写主人公如何在超自然力量的帮助下,实现自己的理想或达成自己的愿望。比较常见的故事类型有《灰姑娘》(AT 510A)、《寻找失踪的公主》(AT 301A)、《狼外婆》(AT 333)、《画中女》(AT 400B)、《蛇郎的故事》(AT433D)等。

如《找幸福》讲述了一个贫穷的年轻人虽终日辛勤劳作但始终过不上富裕的生活,也无钱娶妻,因此他决定去南天向神仙问个究竟。路上,遇到两户人家,他们分别请他帮忙问问神仙为什么自己的女儿是哑巴和家中的果树为什么不结果。另外,一只乌龟也请年轻人帮忙问问神仙为什么自己修炼多年却始终成不了仙。神仙回答了年轻人关于别人的三个问题,但年轻人却没有机会向神仙询问自己的问题了,因为神仙的规矩是"问三不问四"。回来的路上,年轻人把神仙的回答分别告诉了乌龟和两个家庭,自己也得到了丰厚的报酬。结尾是年轻人不仅得到了财富,也娶妻过上了幸福的日子。

贫穷善良的青年男女如何在神仙或超自然力量的帮助下获得财富、地位和婚姻,实现身份的转换,是幻想故事的一个重要主题。在这类故事中,神仙和魔物是不可缺少的情节因素。例如《灰姑娘》故事类型的最早异文,唐段成式的《酉阳杂俎》有如下记载:

> 南人相传,秦汉前有洞主吴氏,土人呼为"吴洞"。娶两妻,一妻卒,有女名叶限,少慧,善淘金,父爱之。末岁,父卒,为后母所苦,常令樵险汲深。时尝得一鳞,二寸余,赪鳍金目,遂潜养于盆水。日日长,易数器,大不能受,乃投于后池中。女所得余食,辄沉以食之。女至池,鱼必露首枕岸。他人至,不复出。
>
> 其母知之,每伺之,鱼未尝见也。因诈女曰:"尔无劳乎?吾为尔新其襦。"乃易其敝衣,后令汲于他泉,计里数里也,母徐衣其女衣,袖利刃,行向池呼鱼,鱼即出首,因斫杀之。鱼已长丈余,膳其肉,味倍常鱼,藏其骨于郁栖之下。逾日,女至向池,不复见鱼矣,乃哭于野。忽有人被发粗衣,自天而降。慰女曰:"尔无哭,尔母杀尔鱼矣!骨在粪下。尔归,可取鱼骨藏于室。所须,第祈之,当随尔也。"女用其言,金玑衣食,随欲而具。
>
> 及洞节,母往,令女守庭果。女伺母行远,亦往,衣翠纺上衣,蹑金履。母所生女认之,谓母曰:"此甚似姊也。"母亦疑之。女觉,遽反,遂遗一只履,为洞人所得。母归,但见女抱庭树眠,亦不之虑。
>
> 其洞邻海岛,岛中有国名陀汗,兵强,王数十岛,水界数千里。洞人遂货其履于陀汗国。国主得之,命其左右履之,足小者,履减一寸。乃令一国妇人履之,竟无一称者。其轻如毛,履石无声。陀汗王意其洞人以非道得之,遂禁锢而拷掠之,竟不知所从来。乃以是履弃之于道旁,既遍历人家捕之,若有女履者,捕之以告。陀汗王怪之,乃搜其室,得叶限,令履之而信。叶限因衣翠纺衣,蹑履而进,色若天人也。始具事于王,载鱼骨与叶限俱还国。其母及女,即为飞石击死。洞人哀之,埋于石坑,命曰"懊女冢"。洞人以为禖祀,求女必应。陀汗王至国,以叶限为上妇。①

---

① 见唐段成式的《酉阳杂俎》续集《支诺皋》部。

在这篇故事中,神人、大鱼、鱼骨、金鞋都是制造神奇的魔物,故事也正是因此才充满迷幻色彩。幻想故事中神仙和魔物是故事中最引人入胜的情节因素,也是分析和研究此类故事的关键。

3. 笑话

笑话是生活中常见的一种篇幅短小的虚构故事,主要特点是其中夹杂着许多的笑料和包袱,目的在于引人发笑,令人愉悦。笑话的种类很多,例如呆女婿和傻婆娘的笑话、家庭成员之间的关系(夫妻、父子、公公和儿媳、兄弟、妯娌之间等)的笑话、语言笑话、政治笑话、行业笑话等等。

笑话的主要功能便是情绪的宣泄,是人们紧张、严肃而又有秩序的生活中的调剂和放松。

首先,笑话具有强烈的讽刺意义。例如,许多笑话都是以帝王将相、贪官污吏和各种腐败现象为讽刺对象的,因而被称为政治笑话。历朝历代都有大量的政治笑话。例如,对于官场中的人事无常、变化莫测,人们常常会借助于笑话进行讽刺,以宣泄心中的紧张、郁闷之情:

> 艾子浮于海,夜泊岛峙中,夜闻水下有人哭声,复若人言,遂听之。其言曰:"昨日龙王有令:'应水族有尾声者斩。'吾鼋也,故惧诛而哭。汝虾蟆无尾,何哭?"复闻有言曰:"吾今幸无尾,但恐更理会蝌蚪时事也。"①

游走官场,如履薄冰的心态通过这种类型的笑话得到了宣泄。因此,搜集和研究这类笑话是我们进行社会研究的重要材料,也对我们研究笑话的功能和表现手段具有重要意义。

还有一类笑话是以人们的劣根性为讽刺对象的,如吝啬、贪婪、自私、懒惰、欺骗、守旧、愚昧等。如《咸死他》的笑话讲的是某一家有三口人,弟兄两个和父亲。一天,弟兄两个盛好了饭后问父亲用什么菜下饭,父亲说:"挂在灶上熏的腌鱼,看一眼,吃一口,就行。"忽然间,弟弟喊道:"哥哥多看了一眼。"父亲说道:"咸死他罢!"②

骗子的行为也是人们常常讽刺的对象。例如:

> 北方男子跳神,叫做端公。有一个端公教的徒弟,一日,端公外出,有人来请跳神。这徒弟刚会打鼓唱歌,未传真诀,就去跳神,到了

---

① (宋)苏轼《艾子杂说》。
② (明)醉月子《精选雅笑》。

第二章 口头民俗学

中间,不见神来附体,没奈何信口扯了个神灵,乱说一篇,得了钱米回家。见他师傅,说道好苦,把他跳神之事说与师傅。师傅大惊,徒弟你怎么知道,我元来就是如此。①

对于巫祝人员的欺骗行为以及人们的愚昧,这种类型的笑话进行了尖锐的讽刺。

其次,笑话的娱乐功能也是非常显著的,笑话的一个重要特点是把它的娱乐性建立在反抗各种社会规范的基础上。一些笑话是以违背各种社会规范和道德伦理观念为主题的,如生活中我们常看到以公公和儿媳、姐夫和小姨子、女婿和丈母娘等人物之间的关系为主题的笑话。在现实生活中,这些人物之间有着严格的伦理界限,但是在笑话中,他们之间的关系往往表现为过分亲密而有违伦常,也正是这一点,能给人们带来愉悦之情。

笑话中有一类是女性笑话,其中关于女性生活的各种描述除了其娱乐作用之外,还为我们探讨和研究中国古代女性提供了重要的材料。例如,很多地方流传着《仙女思嫁》类型的笑话:

> 董永行孝,天使仙女嫁之,众仙女饯行,皆嘱咐曰:"此去下方访有行孝者,寄个信来。"②

怕老婆也是一种流传广泛的笑话:

> 一人被妻打,无奈钻在床下。妻呼曰:"快快出来!"答曰:"男子汉大丈夫,说不出去,定不出去!"③

与人私通的妻子也是常见的笑话题材:

> 一少年私邻家之妇,闻叩门声,知夫归,迫甚,妇议以布囊盛之悬于床侧,夫问及则给以米。议定启门纳夫,夫见囊觉其有异,问是何物,妻惶惧不即对。夫厉声再问,少年不觉于囊中应曰:"米!"

还有一些笑话是以各种口误和语病为主题。这里所谓的语言失误也必须与违背道德伦常相关。如有一个笑话讲的是父亲和儿子去城里卖谷草。路上,父亲拣了一些马粪堆在路边,打算回来的时候用车拉回去。到了集上,谷草卖了一个好价钱,父亲一高兴,就带着儿子去了饭馆,可是到

---

①② (明)赵南星《笑赞》。
③ (明)冯梦龙《笑府》。

了饭馆后,又舍不得点菜。儿子就劝父亲说:"爹,吃点儿吧,今儿谷草卖了好价钱,有一捆草就够你吃了。"父亲一听,非常生气,饭也没吃就走了。回去的路上,马粪也被人拉走了。父亲更生气了,回家后,坐在门槛上捋着胡子。儿子过来劝父亲说:"爹,别生气了,你捋胡子也捋不出马粪来。"父亲跳起来追打儿子,儿媳妇跑出来劝架。儿子有火没地方撒,就打了媳妇一下。母亲过来说:"别打了,你媳妇还怀着儿子呢。"儿子喊道:"她就是怀着我爹,我也打她!"①

还有一种类型的笑话以特殊人群,如痴、傻、呆、笨、乡下人等为取乐对象,如《傻女婿的故事》(AT1204)、《乡下人进城》(AT1337)、《拙妻做被子》(AT1405A)等等。例如:

> 甲乙两乡人入城,偶吃腌蛋。甲讶曰:"此蛋何以独咸?"乙曰:"我晓得了,是腌鸭哺出来的。"②

笨人的笑话:

> 有暑月戴毡帽而行路者,遇大树下歇凉,即将毡帽当扇曰:今日若无此帽,就热死我。③

民间还有一种很重要的笑话类型为荤笑话,至今很少有人研究。

4. 生活故事

生活故事主要指的是以人们日常生活为主要关注对象的故事群,具有很强的现实性,幻想和神奇的成分很少,主要人物为生活中的人。生活故事主要以宣扬各种道德伦理观念为主,例如,善、孝、信、义、诚、敬老爱幼、扶弱助贫、惩恶扬善、勤俭节约等等。《教子的故事》是一个流传非常广泛的故事。讲的是一个母亲非常爱自己的儿子,含辛茹苦地将儿子抚养长大。但是儿子长大后,非但不孝顺,还经常打骂母亲。舅舅看到后,将儿子带走了,说是要想办法教育教育他。一天,儿子放羊的时候看见羊羔跪乳,乌鸦反哺,就去请教舅舅。舅舅借机启发儿子的良知,使儿子意识到了母亲的养育之恩,儿子从此变成了一个孝子。

生活故事对研究特定文化的价值观、伦理观、善恶观,以及家庭和社会组织结构都具有重要的意义。

---

① 见曹英毅等选编的《黄土地的幽默》,武汉:湖北人民出版社,1994,第59页。
② (明)冯梦龙《笑府》。
③ (明)赵南星《笑赞》。

5. 机智人物故事

机智人物故事是民间故事中很特殊的一种类型。一般来讲,机智人物故事都是以一个人物为中心的系列故事,较有影响的有浙江的徐文长的故事、河北的韩老大的故事、蒙古族的巴拉根仓的故事、维吾尔族的阿凡提的故事等等。很多地区和民族都有自己的机智人物故事。

机智人物的故事都是系列故事,所以人物的性格有机会展示得比较全面。他们博学多长,反应灵敏,而且都异常聪明。一方面,他们经常充分利用自己的智慧帮助人们解决各种困难;但另一方面,他们也靠自己的小聪明欺负人、捉弄人或搞点恶作剧。他们有的时候正直、仗义,有的时候卑微、庸俗。在他们的身上,充分体现了人性的复杂,是一个非常值得研究的故事类型。

中国机智人物的故事与西方机智人物神话和故事相类似。西方很多文化传统中都有机智人物神话,如印第安神话中的凯欧蒂(Coyote),他既是人类及其文化的创造者、法律和秩序的制定者,又是死亡的制造者、秩序的破坏者。他一会儿是英雄,一会儿又是恶魔,他的身份是介于神和魔之间。正是由于其身份和行为的特殊性,机智人物神话故事备受西方学者们的关注。我们对这种故事类型研究得还很不够。

6. 程式故事

程式故事与其说是故事,不如说是一种游戏或恶作剧,但其中的确具有叙事的成分,如程式故事基本上具备每一个故事所需要的基本场面和框架。程式故事也可以说是以叙事为其主要表达方式的,所以只能属于故事的范畴,或者我们可以把它们称为游戏故事。例如一个几乎每一个人都知道的程式故事是:"从前有座山,山上有座庙,庙里有个老和尚,老和尚在干什么呢?他在给小和尚讲故事,讲的什么呢?从前有座山,山上有座庙……"这是一个循环往复,永远也讲不完的故事,一直到听者意识到这是一个骗局,再也忍受不下去的时候,故事才会完结。这个故事虽然有基本场面,但基本上没有情节发展,只是一个框架的重复。

程式故事还包括连环故事和圈套故事。连环故事的特点是每一个人物或事物的出现,都会引出另一个人物或事物的出现,而且没有完结。如有一则故事讲的是一个老太太豆腐吃多了,变成了一只老虎,老虎吃馒头变成一只牛,牛吃小麦变成一只麻雀,麻雀吃芝麻变成一只灰骆驼……故事可以永远讲下去,也可以让某一个动物吃什么东西又变成老太太而终止故事的讲述。圈套故事以在故事中设置陷阱,让故事中的人或动物或听者上当受骗。

四、民间故事的研究

民间故事研究中较为有影响的研究方法之一是比较研究法（comparative method），又被称为芬兰学派（Finnish school）或历史—地理研究法（historical-geographic method）。芬兰学派坚持"一源论"（monogenesis）的观点，即流传于世界各地的同一故事类型的不同异文一定起源于某一个地区，然后再传播到世界各地。这种研究方法主要是通过收集流传于世界各地的某一故事类型的不同异文进行比较，找出故事的原型及可能的传播路线、范围等。我们将在后面"民俗学研究"一章中具体介绍。

另外一种较为有影响的研究方法是俄国民俗学家普劳普（Vladimnir Propp,1894—1970）的直线结构主义研究法。在1928年出版的《民间故事的结构形态》（*Morphology of the Folktale*）中，普劳普从俄国阿法纳斯（A. N. Afanas）收集的《俄国民间故事集》中随机选出101篇民间故事，然后进行故事情节结构发展的研究。通过研究，普劳普总结出故事情节发展的三十一个功能（functions）。所谓的功能，指的是故事中人物的每一个对情节发展有影响的行为。普劳普把这31个功能按先后顺序排列起来，并以此来检验其他的民间故事。他发现，所有故事在情节发展上都是严格地按照这31个功能顺序发展的，甚至连次序都不会改变。具体到某一个故事，其情节发展也许会跳过这31个功能中的几个，但绝不可能脱离或颠倒31个功能所规定的发展方向和顺序。

试以普劳普所概括的一个简单的民间故事为例，于是便有以下公式：

$\alpha 1 \quad \delta 1 \quad A3 \quad B1 \quad C \quad I \quad H1 \longrightarrow I1 \quad K \quad I \quad W0$

这11个符号依次读作：一个国王有三个女儿——女儿们外出散步——在一座花园里暂留——被一条恶龙劫走——发出求救信号——三位主人公现身——展开搜寻——与恶龙搏斗——胜利——公主们获救——归来——酬答。①

1958年，《民间故事的结构形态》翻译成英文，随后对西方民间故事研究产生了重大影响。许多学者把这一理论应用到其他文化的民间故事研

---

① 〔法〕列维-施特劳斯《结构人类学》，张祖建译，北京：中国人民大学出版社，第114页。

究中,发现这 31 个功能同样适用于其他文化的民间故事。这种研究方法被称为结构主义研究,为了区别于列维-施特劳斯的结构主义研究,我们把普劳普的结构主义称为直线结构主义,因为普劳普提出的 31 个功能是线性排列的。

对民间故事的研究还可以运用多种理论进行多角度的分析和探讨。如可以用比较神话学、进化论理论、神话——仪式理论、功能主义理论、表演理论、结构主义理论、精神分析理论、女权主义理论等,从功能、心理、仪式、社会、教育、民族性等角度研究故事。

附1　关于神话、传说、故事之间的区别、关系及特征,巴斯科姆曾做过如下的图式,我们列在这里,以便于读者查询

类型	神话	传说	故事
程式化的开始	无	无	有
傍晚讲述	否	否	是
真实性	真实的	真实的	虚构的
内容所述事件的时空背景	有具体时间和地点	有具体时间和地点	无时间和地点的限制
时间	远古时代	近代	不限,可以是任何一个时代
地点	远古或另一个世界	当今世界	不限,可以是任何一个世界
性质	神圣的	神圣的或世俗的	世俗的
主要人物	非人类	人类	人类或非人类

附2　普劳普《民间故事的结构形态》中民间故事的 31 种功能

1. 起始状态

交代故事中的家庭人员及状况,包括主人公的姓名、社会关系、生活背景等。

2. 准备状态

(1) 缺失(absentation)

一个家庭中的最后一个具有保护功能的成员消失。(长者离家出走、死亡或不具备自我保护能力的主人公自己离开了安全的家)

(2) 禁令(interdiction)

主人公(或潜在受害者)被告知不能做一些事情。(不许做什么事情,或失去保护的主人公被强迫做一些危险的事情)

(3) 违背禁令(violation)

主人公(潜在受害者)违背禁令。

(4) 打探(reconnaissance)

坏人试着去得到一些信息。(问问题,受害者或主人公去问坏人、巧遇,有时是借助于第三者的巧遇)

(5) 打探成功(delivery)

坏人得到了他想得到的信息。

(6) 诡计(trickery)

坏人企图欺骗受害者,并得到他想得到的东西。(劝说、施魔法或借助于其他魔力)

(7) 上当(complicity)

潜在受害者受骗(不自觉地帮助坏人达成了愿望)。(接受了坏人的劝说、因为中了魔法,所以不自觉地受骗)

3. 情节初步发展

(8) 伤害(villainy)

潜在受害者或主人公家庭中的某一成员受到了伤害。(坏人绑架了什么人、坏人夺取了宝物等)

(8a) 短缺(lack)

家庭中的什么人缺乏或急需什么东西。

(9) 发布消息(mediation)

急需帮助的消息传出(一般是通过发布布告,提出奖赏条件)。主人公出现,并开始寻找或决定对受害者进行救援。

(10) 积极响应(beginning counteraction)

主人公与布告发布者签订契约,决定马上行动。

(11) 出发(departure)

主人公踏上征程。

（12）神秘人物初次出现（the first function of the donor）

主人公受到神秘人物的考验、攻击、盘查，为他以后得到帮助奠定了基础。

（13）主人公的反应（the hero's reaction）

主人公对上述考验的反应。

（14）获得或接受宝物（provision or receipt of a magical agent）

主人公得到了一件宝物。

（15）被引导或遭送至目的地（spatial transference between two kingdoms, guidance）

主人公被神秘人物通过魔法送到了他要去的地方或要找的人的附近。

4．交战开始

（16）交战（struggle）

主人公与坏人的交战开始。交战可以是双方面对面的搏斗，也可以是游戏中的斗智。

（17）受伤并留下伤痕（branding, marking）

在交战过程中，主人公的身体往往会受到伤害，留下伤疤，作为后面确认功能的依据。

（18）胜利（victory）

坏人失败了。可能是战败，可能是比赛失败，也可能是被打死。

（19）愿望初步得到满足（the initial misfortune or lack is liquidated）

劫难终于过去了。（失去的东西或人又回来了等等）

（20）返回途中（return）

主人公正在返回其出发地的途中。

（21）遇险（pursuit, chase）

主人公遇到危险，如妖怪、野兽的袭击等。

（22）救援（rescue）

主人公又一次逃过劫难。主要是得到了动物或超自然力量的帮助。

（23）误解（unrecognized arrival）

主人公返回，但几乎没有人认识他。

（24）胜利被窃取（unfounded claims）

假冒的主人公出现，并得到了奖赏。

5．结局

（25）考验（difficult task）

主人公接受一系列考验。

（26）通过考验（solution）

顺利通过各种考验。

（27）确认（recognition）

（因为找到了信物等原因）主人公受到了肯定，被承认了。

（28）败露（exposure）

假主人公或坏人的身份被识破，事实澄清了。

（29）易容（transfiguration）

主人公的面貌焕然一新，如相貌变得英俊美丽或装束的变化使得形象发生变化。

（30）惩罚（punishment）

坏人受到了惩罚，如被放逐、关押拷打或处以死刑。

（31）结婚（wedding）

主人公结婚，并获得了王位。

第四节 谚 语

谚语是一种最常见的俗语民俗学的形式，在日常生活中随处可闻。人们往往会在各种场合中使用谚语，谚语或者被用来作为裁定一件事情的标准，如"金无足赤，人无完人"、"船稳不怕风大，有理走遍天下"、"上梁不正下梁歪"、"江山易改，本性难移"；或者作为劝谏某人的箴言妙语，例如"吃一堑，长一智"、"天才在于勤奋，知识在于积累"、"多思己过，少论人非"；或者用来使自己的行为合理化，为自己的过失辩解，如"智者千虑，必有一失"、"贤臣择主而仕，良禽择木而栖"等等。在人们的日常生活中，除了各种正规的教育形式之外，谚语是我们获得各种生活常识，接受道德、伦理教育，学习为人处世之道和辨别是非善恶标准的主要途径。没有人去刻意传授和学习谚语，但是谚语却那么根深蒂固地印在我们的脑海里，成为我们生活中不可缺少的一部分。

一、什么是谚语

简单说，谚语就是用一句结构完整的话来概括的真理或哲理，谚语的形式是固定的。一条真正的谚语需具备以下几种特点：

第二章 口头民俗学

1. 必须是一句能够表达完整意思的话

例如"十年树木,百年树人"、"时间就是生命"、"真金不怕火炼"等等,而不能是一些描述性的俗语词,如"脸红脖子粗"、"眉毛胡子一把抓"、"牛头不对马嘴"等等。除了意思表达要完整以外,这句话还必须有韵律、有节奏。韵律和节奏可以增强谚语的严肃性和深刻性,使谚语的内容更加具有权威性,同时也更容易让人们接受。

2. 表述的内容必须是一种事实、真理或道理

在以往,谚语往往与其他俗语民俗学的形式如俗语词、歇后语、俗语词组等混为一谈。有的时候,还与迷信、信仰等其他民俗事项联系在一起,尤其是当它们以韵文的形式出现的时候。例如,"左眼跳财,右眼跳灾"虽然在形式上非常像谚语,但从内容上来看,它却是一种迷信。因为它表述的并不是一种真理,从科学的意义上讲,眼跳并不是幸运或不幸的前兆,它只是用韵文的形式表述的一种迷信。"宁吃鲜桃一口,不吃烂杏一筐"表面看来好像是民间生活经验的总结,因为中国很多地区的人的确都认为同样是水果,桃的营养价值远比杏高得多,因此"桃养人,杏伤人"。但实际上,这并不是一种真理或哲理,只能是反映了中国人的一种饮食习俗。就像世界上其他许多民族也有自己的饮食习俗,如不吃猪肉、狗肉等。从根本上说,这是文化的产物,是基于信仰或其他因素而导致的心理障碍或饮食误区。在中国人看来,这些说法也许是科学的,但对其他一些民族来说,听起来可能就是很奇怪的。

其次,最易与谚语混为一谈的是有关天气的谚语和农谚,如"早霞不出门,晚霞行万里"、"燕子低飞蛇过道,大雨顷刻就来到"等等。这一类的天气谚语和农谚可以说是世界性的,它们也的确是人类生活经验的总结。但它们只代表一种极大的可能性,并不具备准确的科学性,讲述的也并不是真理或事实,因此它们不是谚语。

另外,判断一个民俗事项是否是谚语还应看它的使用环境,也就是说它是在什么场合下使用的。就拿"宁吃鲜桃一口,不吃烂杏一筐"来说,如果使用时讲述者是在强调宁缺毋滥,例如在人才选择上,宁可少而精,也不能以数量多而取胜。在这种情况下,这句话就是讲述了一种道理,因此它就是谚语。在民俗学研究中,环境亦可说背景,即讲述者的个性特征、文化背景、受教育情况和听众的性别、年龄、地位、身份等因素都是至关重要的。这些也许将对我们理解和研究各种民俗事项具有重要的意义。

3. 有不同的异文

谚语口头流传的特点决定了谚语必然有许多不同的异文。即使谚语的结构形式是固定的,但在不同的地区,随着语言的差异,谚语也会有很多的异文。例如"不听老人言,吃亏在眼前"这条谚语单在史襄哉的《增补中华谚海》中就有十五条异文,"千里送鹅毛,礼轻情义重"也有"千里送毫毛,礼轻人意在"等多种异文。在一些地区流传的"吃不穷,穿不穷,不会划算一世穷",在另外一些地区,可以说成是"吃不穷,穿不穷,算计不到一世穷"。

一些谚语也存在于其他民族,如流传于西非的谚语"他脱离了剑刃,又落入刀锋",跟英国俗语"才离锅,又入火"或"才离大火,又入烈焰"一样[1],中国也有类似的谚语,如"才出虎穴,又入狼窝"。"谁撒灰,灰就飞回到谁的脸上"[2]与汉语中的"自食其果"、"自作自受"意思相同。

谚语产生于远古时期,是人们智慧的结果。而且,随着历史潮流的发展,谚语并没有改变它的性质,它自始至终都一直保持着它已经确定了的形式。从世界上的先进部族中记录下来的谚语和俗语,为数成千上万,并且有它著名的内容丰富的文献。[3]

二、谚语的形式

成语式谚语一般由四个字组成,有时也有五六甚至更多的字组成。如:"熟能生巧"、"近朱者赤,近墨者黑"。

一句话谚语,例如"实践出真知"、"众人拾柴火焰高","家和万事兴"等。

对仗式谚语,一般由两组对称的句子组成。例如"麻雀虽小,五脏俱全"、"吃一堑,长一智"、"一人一条心,穷断骨头筋;众人一条心,黄土变成金"等。

三、谚语的类型

中国谚语已经有很长的历史了。据记载,早在几千年前中国人就开始使用谚语、记录谚语。谚语是民众经验和智慧的结晶,是老百姓的百科全书,集中体现了民众的行为准则和生活哲学。

作为民众观念、知识和经验的载体,谚语被应用在民众生活的各个方

---

[1][2][3] 〔英〕爱德华·泰勒《原始文化》,第71页。

面。例如,民间有许多记录民众生产劳动经验的农谚:"一年之计在于春"、"春来不种,秋后无收",就反映了农民对于农耕季节的认识。春天是新的一年的开始,春耕的好坏直接关系到一年的收成。俗话说:好的开始就是成功的一半。因此,谚语简练而又准确地概括出了民众的经验。

民间还有许多政治谚语,直接反映了民众对统治阶级和政权机构的态度和评价。例如:"上情下达,天下罔不治;下情上壅,天下无不乱。"在这则谚语里,民众把统治者是否了解民众的疾苦作为统治政权是否稳定的一种标志。如果统治者的意志能够顺利地传到下面,下面的意愿又可以顺利地被反映到统治者的耳中,那天下就会大治;反之,如果统治者听不到民众的呼声,不了解民情的话,天下就会大乱,政权也就不会稳定。

军事谚语,例如"慈不掌兵,义不掌财",反映了军队对军事首领的素质要求,那就是勇敢、果断,绝不能有半点犹豫,对待敌人也不能有半点仁慈之心。"杀人一万,自损三千",反映了民众对战争的否定态度。因为无论是什么样的战争,都会给人们带来损害,而且这种损害是双方的。

民间谚语中数量最多的要算是反映民众生活哲学的谚语了。"顺天则存,逆天则亡",反映了中国民众对自然的看法。这里所谓的"天"应该指的是自然法则,中国民众早就意识到了自然规律的不可抗拒性,所以采取了把自己和自然融为一体的处世哲学,由此发展出了"天人合一"、"心物交融"、"内外无碍"、"知行合一"的思想。中国人重和谐,求统一,无论是对自然,还是对物、对人,人们都采取保持和谐、平衡的态度,以求达到"致中和,天地位焉,万物育焉"(《中庸》)的最高境界。

除了以上提到的几个方面以外,民间谚语还应用在医学、饮食、艺术、教育、地理、天气、经济、商业、建筑等方面。在民众生活的每一个角度,我们都可以发现谚语。例如"坐贾行商,不如开荒",反映了民众在商业行为和观念方面的保守思想。对于依靠土地生活的中国民众来说,商业行为无疑是沙滩上盖房子,基础并不稳定,一旦出现任何差错,人们就失去了生存的物质基础;而土地尽管给人们带来的财富是有限的,但对于一向保守、倾向于过稳定而安逸生活的人们来说,这就足够了。

民间谚语是老百姓的哲学,几千年来,人们就是通过谚语学习各种生产经验、培养和教育儿童为人处世之道等。对于很多国家和民族来说,谚语还是法庭裁决、政治交涉、辨别是非的重要依据。谚语一方面指导着人们的行为规范,规定着传统的道德伦理思想;另一方面,谚语也是文化传播的重要载体。对于民众来说,谚语是祖先们留下来的重要财富,是古人智慧的结晶,谚语的内容是毋庸置疑、不可违背的。在日常生活中,谚语对人们的生活具有不可替代的指导意义,是人们行为的准则,所以谚语是我们研究某种文化传统和研究某一民族的性格、哲学思想的不可或缺的重要材料。

在谚语研究中,我们除了要研究谚语的形式、结构、功能之外,还可以研究谚语的应用与意义。但是,无论进行什么样的研究,我们必须注重立体研究。这就是说,研究谚语不只要研究谚语本身,而且要研究谚语是如何使用的以及使用的场合、环境。因为作为一种人与人之间的交流手段,在不同的时间和场合,人们对谚语的理解和谚语所起的作用也就不一样,有时这种差异甚至是很大的。因此,对谚语的研究也必须放在它的具体使用环境中。这就是说,每当我们记录一条谚语时,必须同时记录下这条谚语的使用背景,否则任何研究都是意义不大的。

例如,"三生不抵一熟"这条谚语,从字面上看,可能有这样两种意思:一是三个陌生人比不上一个熟人的作用大;二是对某地或对某种行业不熟悉的人,即使再多,也不如一个内行人,有人不在多而在精的意思。某些谚语在使用上有等级、尊卑、内外等多方面的限制,在研究时我们必须注意。

第五节 谜 语

一、什么是谜语

民间谜语就是口头流传的传统问题或者说难题。这里所说的传统是指以口头形式在民间广泛流传,并且属世代传承的谜语。

谜语意在考验人们的智力水平和反应能力。一般分为谜面和谜底:谜面常常通过一句或几句话、一种或几种物体、图画或体态来表达或表现事物的特征,其手法是故意设置很多障碍来迷惑猜谜者以掩盖谜底。谜底一般揭示谜面所暗指的事物。

谜语一般包括两部分,一部分为被说明部分,另一部分为说明部分。例如:

  弟兄两个一般大,隔着毛山看不见。(耳朵)

在这条谜语中,弟兄两个为被说明部分,其余为说明部分。有些谜语只有说明部分,而没有被说明部分。例如:

第二章 口头民俗学

东一片,西一片,隔着毛山看不见。(耳朵)

在这里,只有说明部分,而没有被说明部分。

二、中国谜语源流

谜语,中国古代又称"廋词"、"隐语"。所谓"廋",即"隐"也①。《国语·晋语》有"秦客为廋词于朝",《韩非子·喻老》有"右司马御座而与王隐语"。隐、廋似可互训,但是"隐语"的说法似乎更早一些②。魏晋六朝之后,出现了"谜语"一词:"自魏代以来,颇非俳优,而君子嘲隐,化为谜语。谜也者,回互其词,使昏迷也。"宋周密在《齐东野语》中谈到:"古之所谓廋词,即今之隐语,而俗所谓谜。"③

关于谜语的起源,古人认为,谜语在于:"遁辞以隐意,谲譬以指事也。"④明郎瑛《七修续稿》引《千文虎》序曰:

夫谜者,隐语也,盖拟《诗》义而为之。周道衰微,礼义废弛,故各国之诗人歌谣、各国之风,上以风化下,下以风刺上,不欲明言而托于物,主文谲谏,言之者无罪,闻之者足以为之诫。⑤

由此可见,谜语的出现,与古代文人托物传意以辟言辞之罪的风气有关。这或许只是谜语出现的社会文化背景。事实上,一些学者认为,汉代之前的谜语,大都意在"谲谏",到汉代的东方朔,谜语的谐谑功能才逐渐展现出来。

一般认为,现代意义上的谜语"始于黄绢幼妇,外孙齑臼"。传说后汉蔡邕曾夜过曹娥庙,阅读了邯郸淳撰写的孝女曹娥碑后,在碑阴写下了八个字:"黄绢幼妇,外孙齑臼。"杨修看后悟出了其中的含义,说此八字隐含了四个字,即"绝妙好辞":其中"黄绢"为"色丝",即"绝"字;"幼妇"为"少女",即"妙"字;"外孙"为"女儿的儿子",即"好"字;"齑臼"为"受辛",合在一起即"辞"也。一般以为,这就是最早的谜语。也有人认为谜语始于东方朔"口无毛"、"声謷謷"、"尻益高"等讥讽舍人的词汇。

根据历史记载,中国最早的谜语为字谜,即鲍照的"字谜三首",其中包

---

① (汉)扬雄《方言》卷三。
② 钱南扬《谜史》,上海:上海文艺出版社影印本,1986,第1页。
③ (宋)周密《齐东野语》卷二十。
④ (南朝梁)刘勰《文心雕龙·明诗第六》。
⑤ (明)郎瑛《七修续稿》卷五。

括著名的井字谜：

　　二形一体，
　　四支八头。
　　五八一八，
　　飞泉仰流。①

此后，字谜一直是中国传统谜语的主要内容。字谜谜面用诗体语言描述谜底汉字的特征，常见的有"用"字谜：

　　一月复一月，
　　两月共半边。
　　上有可耕之田，
　　下有长流之水。
　　六口共一室，
　　两口不团圆。②

"墙（墻）"字谜：

　　两土两人两个口，
　　不问贫富家家有。③

"门"字谜：

　　看花间红日西坠，
　　闭香闺不见多才。
　　倚阑于东君去也，
　　闷无心懒傍妆台。④

门字谜还有许多异文，例如：

　　倚阑干，东（東）君去也；
　　霎时间，红日西沈。
　　镫闪闪，人儿不见；

---

① 《鲍参军集》卷六
② （宋）周密《齐东野语》卷二十。
③④ （明）冯梦龙《广笑府》附录。

闷淹淹,少个知心。①

除了字谜之外,古代还有很多其他类型的谜语,如诗书谜、曲牌谜、人名谜、地名谜、俗语谜、医药谜、动植物谜、饮食谜等等。例如:

打胎 (打《四书》两句,谜底为:既欲其生,又欲其死②)
怕妻羞下跪 (打《四书》一句,谜底为:懦夫有立志③)
朗诵《汉书》、《史记》 (打《左传》一句,谜底为:有班马之声④)
扬鞭走戏台 (打《左传》一句,谜底为:非马也,其人也)
美髯 (打《三字经》一句,谜底为:须讲究)
红楼梦 (打唐诗一句,谜底为:高枕石头眠)
活人打嚏 (打《诗品》一句,谜底为:生者百岁)
疑打 (打《聊斋》目录,谜底为:曹操冢)
第一个骂走了 (打《聊斋》目录,谜底为:头滚)
十 (打宋人一,谜底为:王中)
字出格 (打一俗语,谜底为:不在行)
双眠 (打一俗语,谜底为:对不起)
夕阳西下近黄昏 (打食物一,谜底为:酱(醬))
秘戏图 (打一食物,谜底为:春卷)
天 (打一花卉,谜底为:万年青)
布衣流芳 (打一花卉,谜底为:白丁香)

古代谜语大多数情况下只是古人的一种文字游戏,是文人墨客研读诗书之余的一种消遣。因此,许多谜语都围绕着考验众多学子对诗书的掌握情况而设,正如顾颉刚所言:"他们的谜语、隐语是他们智慧的钥匙,他们可以把谜语和隐语用来表现自己的智慧,用来量度别人的智慧,用来做出种种秘密的符记。"⑤另外,古代谜语多诙谐、幽默,充满了丰富的想象力和联想能力,反映了古人积极、浪漫的生活态度。

三、谜语的结构

美国民俗学家邓迪斯和乔治斯(Robert Georges)把谜语的结构概括为

---

① (清)周亮工《字触》卷五。
②③④ (清)梁章钜《归田琐记》卷七。
⑤ 顾颉刚、钱南扬《谜史》序,上海:上海文艺出版社影印本,1986年。

以下两种形式①：

1. 对立结构谜语

谜语的说明部分和被说明部分互相矛盾、对立，这其中又可分为矛盾对立和否定对立两种结构。

（1）矛盾对立

① 生的是一碗，
   煮熟是一碗，
   不吃是一碗，
   吃了还是一碗。
   （田螺）

② 坐也坐，
   卧也坐，
   立也坐，
   走也坐。
   （青蛙）

这类谜语所描述的事物具有相互矛盾的特性，是不可能存在的。但这也是谜语最显著的特征，正是这种矛盾性，造成了一种扑朔迷离的情景，增添了谜语的趣味性和娱乐性。

（2）否定对立

否定对立结构的谜语一般是说明部分对被说明部分应具有的特性予以否定。例如：

① 有眼看不见，
   有腿不走路，
   有牙不能咬。
   （打三物/针，桌子，梳子）

② 有脸无口，
   有腿没手，
   又吃肉又喝酒。
   （桌子）

---

① 请参考〔美〕R. A. Georges and A. Dundes，Toward a Structural Definition of the Riddle，发表在 *Journal of American Folklore*，76，1963，pp.111—118.

第二章 口头民俗学

2. 非对立结构谜语

谜语的说明部分和被说明部分所描述的事物是一致的。非对立结构谜语包括叙事的和比喻的两种。例如：

（1）叙事谜语

① 身穿红袍，
　头戴绿帽，
　坐在泥里，
　呆头呆脑。
　　（红萝卜）

② 千节节，万节节，
　一年四季不落叶。
　　（棕树）

③ 四山纵横，两日绸缪；
　富是他起脚，累是他起头。[①]
　　（田字）

上述三条谜语属于叙事型谜语。这三条谜语只有说明部分，没有被说明部分，而且说明部分只是简单地叙述了谜底的明显特征。从这些描述中，聪明的人们会很容易猜出谜底。

（2）比喻型谜语

① 一个小孩，
　白白胖胖，
　吃了饭，
　屁股朝上。
　　（碗）

② 一只雀，
　飞上桌，
　提尾巴，
　跳下河。
　　（勺子）

③ 我有一张琴，

---

① （清）周亮工《字触》卷五。

　　　　一弦藏在腹。
　　　　时时马上弹,
　　　　弹尽天下曲。
　　　　　　（墨斗）①
　　④ 东海有一鱼,
　　　　无头也无尾。
　　　　更处脊梁骨,
　　　　便是这个谜。
　　　　　　（日）

以上四条谜语属于比喻型谜语。他们都有一个比喻性的被说明部分,即用小孩来比喻碗,用雀来比喻勺子,用琴来比喻墨斗,用鱼来比喻日字,然后再在说明部分中描述谜底的特征。

四、谜语的分类

1. 描述性谜语

谜面一般为一些描述性的词汇,谜底一般为一个或几个事物,目的为考验对方的智力。此类谜语包括单谜、组谜和连环谜。

（1）单谜

谜语的谜底一般为一种事物,例如:

　　①四四方方一座城,
　　　里面住着十万兵。
　　　　　　（田）
　　②一面镜子亮晶晶,
　　　走遍天下照古今。
　　　　　　（月亮）

（2）组谜

谜底为两种或两种以上的事物。例如:

　　　大哥把灯照,
　　　二哥把鼓敲,

---

① （宋）周密《齐东野语》。

第二章 口头民俗学

三哥撼大树,
四哥用水浇。
(闪、雷、风、雨)

(3) 连环谜

谜语的谜底又是一个谜语,从一个谜语可以引出一串谜语。例如,清褚人获《坚瓠丁集》卷二引《庐陵官下记》中就有这样的记载:

唐曹著机辩,有客试之,因作蛙谜云:"一物坐也坐,卧也坐,立也坐,行也坐。"著应声曰:"在官地?在私地?"著亦作一谜曰:"一物坐也卧,立也卧,行也卧,走也卧,卧也卧。"客不解,著曰:"我谜吞得你谜。"客大惭。

现在依然流传有类似的连环谜,例如:

听时有,
看时无,
哭时有,
笑时无。
(打一字/口)

这则谜语的谜底也常常用另一组谜语来表述:

古时有,
今时无,
凉时有,
热时无。
(打一字/口)

2. 玩笑谜语

玩笑谜语的谜面为一些描述性的词汇,但谜底却类似于笑话中的包袱。例如:

远看像只猫,
近看像只猫;
比大猫小不点,
比小猫大不点。
(打一动物/半大猫)

此类玩笑谜语并非现代社会的产物,其实早在古代就有了,例如《太平广记》卷二四七记录了《启颜录》中的一段谜语:

> 北齐高祖尝宴近臣为乐,高祖曰:"我与汝等作谜,可共射之。卒律葛答。"①众人皆射不得,或云是髅子箭。高祖曰:"非也。"石动筩云:"臣已射得。"高祖曰:"是何物?"动筩曰:"是煎饼。"高祖笑曰:"动筩射着是也。"高祖又曰:"汝等诸人,为我做一谜,我为汝射之。"诸人未作,动筩为谜,复云:"卒律葛答。"高祖射不得,问曰:"此是何物?"答曰:"是煎饼。"高祖曰:"我始作之,因何更作?"动筩曰:"乘大家热铛子头,更作一个。"高祖大笑。

这是一篇借猜谜相互玩笑的谜语,重点表现了石动筩的机智与幽默。这类玩笑谜语晚清时期亦有:

> 有破谜者曰:"上挂天,下挂地,塞的乾坤不透气。"问人是什么东西。其人曰:"我也有个东西,头朝西,尾朝东,塞的乾坤不透风。"破谜者曰:"不知。"其人曰:"就是你那个,我放倒了。"②

这种类型的谜语目的不在于猜,而是作为联络感情、制造气氛的一种手段。

3. 智力问答

智力问答以考验人们的反应能力为主要目的。例如问:"要把大象放进冰箱里,分三步做,你怎么做?"反应慢的人会有些摸不着头脑,其实答案很简单。就是:"打开冰箱(第一步),把大象放进去(第二步),然后关上冰箱(第三步)。"

4. 恶作剧谜语

以捉弄他人为目的。例如甲问:"世界上什么动物最爱问为什么?"乙的答案可能是"不知道",甲说"猪"(或其他动物),乙可能会上圈套地又问:"为什么?"

5. 故事谜语

谜面为一个故事。例如:"传说一个珠宝店开张的第一天,为了吸引顾客,店老板在门口摆了一张桌子,上面放着一个一寸左右高的造型为一位

---

① "卒律葛答"为突厥语,译成汉语为"前火食并",前火、食并两两组合,合成"煎饼"二字。
② (明)赵南星《笑赞》。

漂亮姑娘的小金人。老板说这个金人就是一个谜语,谁如果猜中了,金人就送给谁。店前围了很多人,但谁也猜不出谜底。后来一个人突然说我猜中了,然后冲到桌子前,拿走了小金人。店主笑着点了点头说,你猜中了,就把金人送给了这个人。你知道谜底是什么吗?"这个故事的谜底实际上是"夺"的繁体的"奪"字。一寸左右高的小金人可以用四个字来概括,"一寸佳人",而这四个字组合在一起就是一个夺字。

6. 画谜

谜面一般为一幅或几幅画。意在使人们通过画面上的各种事物来猜测画的意思。其实,早在古代就有以画为谜的记录,例如:

> 东坡即拾一片纸,画一和尚,右手把一柄扇,左手把长柄笊篱,与佛印云:"可商此谜。"佛印沉吟良久:"莫是《关雎》序中之言欤?"东坡曰:"何谓也?""风以动之,教以化之。非此意乎?"东坡曰:"吾师本事也。"相与大笑而已。[①]

7. 动作谜语

用各种动作或手势来表述的谜语。例如,传说有一个人出外旅行时,走到了一个三岔路口,由于不知道该往哪个方向走,就向路边一位卖东西的人打听。卖东西的人一句话也没说,走到一块大石头的后面,然后向上伸了伸头就离开了。旅行的人开始没明白他是什么意思,想了一会儿才恍然大悟,原来这位卖东西的已经把路指给他了。实际上,这是一个动作谜,卖东西的人在石头后面伸了伸头,意思是"石"字上面出头,就是"右"字。

五、谜语的特征

1. 描述不具体,很含糊

谜面没有提供足够的能反映谜底的条件。例如:

　　①明天日全食。(月)
　　②证人不说话。(正)
　　③不上不下。(卡)

这些谜面看起来似乎是一些很不完整的话,全句给人们的暗示很少,

[①] (宋)苏轼《东坡问答录》,参见钱南扬《谜史》,上海:上海文艺出版社影印本,1986,第38页。

条件几乎什么也没有,所以猜起来比较困难。

2. 描述过分具体,过分渲染某些细节

这也是造成错觉并迷惑人们的一种方法。例如:

> 上靠下,下靠上;
> 拆开看,都不像;
> 让了上,亏了下;
> 让了下,亏了上。
>
> (卡)

同样都是"卡"字,一种只做了很简单的表述,另一种却非常复杂。两种表述虽然不一样,但是目的都是一样的。

3. 误导细节

故意提供一些误导性的细节,让猜者做出错误的判断。这种类型的谜语常用于"素谜荤猜"或"荤谜素猜"。一些谜面听起来有黄色意味,但谜底往往为一种非常普通的事物;一些看似平淡的谜语,谜底往往描述了一些性行为。这种谜语一般都用于特殊的场合,目的在于捉弄人或开玩笑。这种类型的谜语因为情况比较特殊,几乎没有书面记录,也没有人进行过这方面的研究。这可能是谜语研究中的一个缺憾。[①]

六、谜语研究

对谜语进行研究应该注重以下几个方面:

首先,谜语的起源一直是没有定论的问题。一般来说,人们比较倾向于把谜语看做是古代人创造的一种智力游戏,这个答案似乎并不使人满意。

其次,谜语的功能也是有待于进一步研究的问题,与谜语的起源问题一样,如果说谜语只是人们休闲时的娱乐和放松,或者进行智力竞赛的手段等,也好像是把问题简单化了。要想解决以上问题,最重要的是谜语研究方法的发展与更新。现在看来,只是单纯地研究书面记录下来的谜语内容、形式和类型或者只重内容的研究方法,无助于谜语研究的进一步发展。

语境(context)研究是近年来民俗研究中的一种颇为有效的研究方法,

[①] 关于谜语的特征,请参见〔美〕R. D. Abrahams and Alan Dundes, Riddles, *Folklore and Folklife*, ed. R. Dorson, Chicago, The University of Chicago Press, 1972, pp. 129—144.

其宗旨是把谜语放在它的使用环境当中进行综合研究。从目前来看,城市中的谜语大多已经转化成为一种娱乐形式,但通过对一些偏远地区猜谜的场合(结婚、节日还是集会等)、参与者(年轻人还是任何人、未婚青年、已婚者还是无所谓)和人们对待猜中谜语的人的奖励措施或通过猜谜能够达到一个什么样的目的等等,都是我们应该了解和注意的问题。从这些观察记录中,我们也许可以发现一些非常有价值的问题。

另外,我们还可以运用一些理论对谜语的功能进行研究。一般来说,谜语的内容主要是把一些不可能发生的、相互对立的事情组合在一起,例如"行也是行,立也是行,坐也是行,卧也是行",按照常规或自然法则,这种情况是不可能发生的,但是谜语却让不可能发生的事情发生并成立了,按照结构主义的理论,这实际上反映了人类的一种思维结构方式。我们的世界充满了矛盾与对立,就拿生与死来说,人们是无法跨越它们之间的界限的,或者生,或者死,人类没有其他的选择。但是在人类的思维活动中,人们往往倾向于寻求一种中介物来缓和或者化解这种矛盾,使矛盾不再那么尖锐。谜语正是这种思维活动的结果,因为谜底就是这种矛盾对立的中介物。

第六节 绕口令

一、绕口令的构成

绕口令是一种传统的口头语言游戏,主要是把读音相近或相似的文字组合在一起,使对方能在不出现错误的情况下准确迅速地读出一些拗口的语句。绕口令的主要对象是儿童,内容多夸张、荒谬、无一定的逻辑性。例如,"班干部管班干部"、"吃葡萄不吐葡萄皮,不吃葡萄倒吐葡萄皮"。但是也有一些绕口令文字排列巧妙,不仅拗口,具有一定的发音难度,同时又很具体,具有一定的故事性。例如:

> 白猫黑鼻子,
> 黑猫白鼻子;
> 黑猫的白鼻子,
> 碰破了白猫的黑鼻;
> 白猫的黑鼻子破了,

>剥个秕谷壳儿补鼻子；
>黑猫的鼻子不破，
>不剥秕谷壳儿不补鼻子。

除了拗口以外，这实际上讲的是两只猫的故事。

从民间绕口令（不包括特殊职业的语言训练）的意义来看，绕口令的目的在于引导对方出现失误，做出错误的表达，以此来达到娱乐的目的。如果不出现错误，便达不到目的，游戏也就没有意思了。例如：

>和尚偷羊，
>娘追和尚，
>和尚背着羊，
>娘追着和尚。

这则绕口令虽然只有四句话，但却完整地描述了一个场景，那就是一个和尚偷了一只羊，母亲发觉以后就跟在后面追赶。和尚背着羊在前面跑，母亲在后面拼命地追赶。

据收集这则绕口令的人说，这则绕口令常常是年龄较大的孩子让年龄较小的孩子说的。因为在这则绕口令中，羊与娘的发音非常接近，稍不留心就会说成："和尚偷娘，娘追和尚，和尚背着娘，娘追着和尚。"这样绕口令中就包含了某种禁忌，即把和尚与母亲联系在一起。在中国社会里，母亲在人们心目中的地位是非常重要的，有的时候甚至要超过父亲。如果有人侮辱了自己的母亲，这是无论如何也不能接受的。可是在这里，有人却要别人说出侮辱自己母亲的话，因此，对于懂事的、年龄稍微大一点的孩子来说，他们都知道如果说错了会有什么样的后果，因此都会避免在公共场合下参与说这则绕口令。但是，人们却喜欢听别人说。当然，说这些绕口令的人一般都会是一些还没有成年的孩子，因为他们还不可能真正理解这则绕口令的内容是什么。如果从道德伦理的角度，人们是不应该期望自己或者别人做出错误的表述的；但是事实正好相反，人们期盼别人做出错误的表述，而且每当别人做出错误表述时，人们往往会哄堂大笑，这就是说错误的表述给人们带来了一种愉悦之情。这也许就是为什么这一类的绕口令会广为流传的重要原因之一。这一点不能不引起我们的注意。

在以往绕口令的收集与研究中，我们过分偏重创作绕口令和作为特殊职业训练的绕口令，这些只能是绕口令研究中的一部分，另外一大部分，或者说更为重要的一部分是民间流传的绕口令。因为这些绕口令一般不是

第二章 口头民俗学

出于专业训练和语言训练的目的,而是一种休闲时的娱乐。绕口令在应用上有些类似笑话,人们不会对错误的表达方式表示愤慨,因为大家都知道这只是一种游戏,或者是开玩笑。但是对一些学者,尤其是心理分析学派的学者们来说,正是在这种极度放松没有任何心理障碍和约束的情况下,人们的所作所为才真正有价值。这也许是我们研究人类的无意识活动的一个窗口。

二、绕口令的收集与研究

首先,我们必须完整准确地记录下绕口令的内容,如果绕口令是用方言记录的,最好用方言记录下来,并用音标标出发音。因为只有从发音中,才能分析出绕口令中容易使人出错的关键所在。例如"白老鼠子背把白斧头去劈白壁头",在这则绕口令中,如果只是用汉字记录下来而不记录发音的话,就很难看得出其中有什么拗口的地方,但如果用湖南衡东方言注音的话,我们会发现"劈白壁头"的读音近乎"劈爸爸头"。所以,只有找出关键所在,我们才能对这则绕口令进行进一步的研究。

其次,注意记录人们在重复绕口令时的语言失误,即绕口令说到最后出现了什么样的错误。

第三,绕口令的使用场合,也就是人们是在什么场合和背景下玩绕口令的游戏,参与者的年龄、身份和地位,捉弄者和被捉弄者的关系又是怎样的,听众又是一些什么样的人。这些对我们研究绕口令的起源、功能和意义是非常重要的。

第七节 民间歌谣

一、什么是歌谣

早在两千多年前,中国古人就开始认识和研究歌谣了,还对歌谣分别进行了定义,如《诗经·魏风·园有桃》已有"心之忧矣,我歌且谣"的诗句。由此可见,那时的歌和谣就已经是两个不同的概念了。后来,古人对歌谣又有了进一步的解释,如"曲合乐曰歌,徒歌曰谣"(《毛诗故训传》)和"有章曲曰歌,无章曲曰谣"(《韩诗章句》)。

那什么是徒歌,什么是合乐呢?一种观点认为,所谓合乐,指的是有乐曲、有伴奏,就是指民歌了。徒歌,因为是无乐曲、无伴奏,当然指的是民谣。所以古代的歌谣和我们现在对歌谣的认识和理解是一致的。

另一种观点认为,古人所谓的"合乐",指的是须有音乐伴奏的演唱形式,因此应该不单指民歌,其中可能还包含有俗曲、戏曲的意思。而徒歌指的是无音乐伴奏的演唱形式,其中可能包括民歌和民谣两种类型。民谣当然不需要伴奏,民歌是"随口而唱的浅近之歌,通俗简易"[1],也不一定需要有音乐伴奏。"普通所说的歌谣,就是民间所口唱得很自然很真挚的一类徒歌,并不曾合乐,其合乐者,则为弹词,为小曲——这些东西,我们就主张当另加搜集,另去研究。不能与单纯质朴的歌谣——徒歌,混在一块。[2]"所以,我们现在所说的"歌谣"应该是古人所说的谣,也就是徒歌。

还有一种观点认为,歌谣的意思就是民歌。周作人认为:"歌谣这个名称,照字义上来说只是口唱及合乐的歌,但平常用在学术上与'民歌'是同一的意义。[3]"陈志良的定义更详细一些:"歌谣就是民歌,歌谣与民歌的性质是一模一样的。歌谣的意义,是一民族所作的词句,不用乐器伴奏,曼声长引而唱的乐曲之一种。[4]"

现代的歌谣,作为民俗学的一种主要类型,其定义和内容已远非古代歌谣二字所能概括了。关于当代民间歌谣,杨堃的定义是:"民间歌谣是可以歌唱和吟诵的一种韵文形式的民间文学。它一般比较短小,且带有抒情的性质。[5]"钟敬文的定义是:"(歌谣)属于民间文学中可以歌唱和吟诵的韵文部分。[6]"因此,歌谣所研究的内容必须具备三个特点:一是韵文体,另一点是可以歌唱或吟诵,第三是必须是以口头形式流传和保存。歌谣属音韵民俗学的范畴。

民间歌谣是以口头歌唱或吟诵形式流传和保存的传统韵文。

二、歌谣的起源

民歌的历史很长,其产生的年代可以追溯至人类语言产生的年代。这就是说,民歌几乎是和人类的语言同时产生的。关于这一点,台静农谈道:

---

[1] 谢贵安《中国谣谚文化——谣谚与古代社会》,第 2 页。
[2] 白启明《对〈我对于研究歌谣发表一点意见〉的商榷》,见《歌谣》周刊第 14 号。
[3] 周作人《歌谣》,见钟敬文编的《歌谣论集》,第 31 页。
[4] 陈志良《广西特种部族歌谣》,中国银行经济研究处,1942,第 7、13 页。
[5] 杨堃《民族学概论》,中国社会科学出版社,1984。
[6] 钟敬文《民间文学概论》,上海文艺出版社,1980。

第二章　口头民俗学

人类语言形成的时候,即歌谣发生的时候,故歌谣的产生应先于文字。例如有些野蛮民族,没有历史,没有文字,然而他们有歌谣,不过这种歌谣,是用语言传述的,不是用文字表现的……足见原始人同文明时代的人所不同的是生活技术,而喜怒哀乐的情绪却没有什么分别。①

朱自清也认为,歌谣起于文字之先,全靠口耳相传,心心相印,一代一代地保存着②。歌谣应该是人类最早的一种艺术形式。

关于歌谣的起源,西方主要有如下几种观点:

(1) 劳动节奏说:皮契尔认为,音乐起源于人类劳动之节奏。工人砍树、挑夫挑担或纤夫拉纤的呼喊声,有规则地反复而成歌声。

(2) 异性吸引说:达尔文认为,人类到了青春期,就自然欲以优美的姿态和富于魅力的歌声去吸引异性。这种欲望和冲动,产生创造音乐的动机,而成为爱情歌谣。

(3) 感情抒发说:托雷佛朗卡(Tarreframca)认为,音乐起源于原始人类感情冲动时的一种发泄。

(4) 高声谈话说:史顿伏(Stumph)认为,音乐的产生,是因原始人类与站在远处的人高声谈话的结果。

(5) 自然模仿说:克罗威斯特认为,音乐起源于人类模仿自然现象或受自然的暗示,如学鸟叫虫鸣。

(6) 诅咒说:泰勒认为,人类最初的宗教活动,诅咒念诵的声调,刺激音乐的产生。

(7) 语言说:史宾赛认为,人类使用语言时,由于表情的需要,常极端强调抑扬效果,因而产生旋律,唱成歌谣。③

总之,歌谣产生于生活,是民众情感的真实流露。除了上述七种说法以外,还有游戏说、心灵表现说④等。

中国关于歌谣的起源主要有以下几种观点:

1. 情感宣泄的需要

这是一种流传较为广泛的观点。《文心雕龙·明诗篇》说:"人秉七情,

---

① 《从〈杵歌〉说到歌谣的起源》,见〈歌谣〉周刊第2卷,第16期。
② 《中国歌谣》,见《朱自清全集》第6卷,第319页。
③ 简上仁《台湾民谣》,台北:众文图书有限股份公司,1990,第3页。
④ 参见赵晓兰《歌谣学概要》,成都:电子科技大学出版社,1993,第30页。

应物斯感,感物吟志,莫非自然。"既然人类都有七情六欲,那么一旦心有所感,就一定要表达出来。这就是所谓的"诗言志,歌永言"。正如《毛诗大序》里的记载:"诗者,志之所之也。在心为志,发言为诗。情动于中而形于言,言之不足故嗟叹之,嗟叹之不足故永歌之,永歌之不足,不知手之舞之足之蹈之也。"《宋书》卷十九《乐志》:"夫喜怒哀乐之情,好得恶失之性,不学而能,不知所以然而然者也。怒则争斗,喜则咏哥(歌),夫哥(歌)者,固乐之始也。"歌谣,作为诗词的母亲①,自然是民众表达情感的产物。总之,原始民族有所思,有所感,有所触,有所动,有所表示,有所发泄,均可以成为歌谣②。

2. 减少劳作之苦

有些歌谣,是一般劳动者创作的,用以减轻劳动过程中的辛苦③。民间还有一些传说,似乎验证了这种观点。

在我们现在几千年以前,有位大皇帝秦始皇,愿做子子孙孙不绝断的皇帝,这时候他什么都不怕,而所怕的便是外人的侵略。于是他在北边建筑一座万里长城。

这本是极大的工作,且不是一两个人所能够做到的。当时为了这座长城,以致劳苦而死的人,实在多得很。孟姜女的丈夫,不幸正死在这一役。而与她的丈夫同样命运的人,还不知其数呢。那时人们所以愿意拼命去干——同现在去当兵一样的,是为了大皇帝的威严不敢不干。一天,在他们疲惫不堪的时候,有的瞌睡,有的叹息,有的手足不能动,沉沉的死气将这些不幸的人围住了。这时,深宫里的绣楼上有两位青春的公主,正在刺绣。忽然见了这些可怜的人们,非常的感动,觉得他们若长此下去,恐只有疲乏与倦怠,长城将永远也修不起来,遂作了些山歌来鼓起他们的精神。当时一面作一面写,都从楼窗飞给他们。

从此疲乏不堪的人们,接着了公主的山歌,都高兴地唱起来,将以前所有的疲乏都忘却了④。

---

① 参见为君的《歌谣的起源》,载舒兰编的《中国地方歌谣集成》,台北:渤海堂文化公司,第1卷,第68—69页。
② 陈志良《广西特种部族歌谣集》,第16—17页。
③ 傅振伦《歌谣的起源》,见舒兰编的《中国地方歌谣集成》第1卷,第70—81页。
④ 参见《语丝周刊》(十)。另见北京大学《国学门周刊》(七)。其中的传说流传于河南。另有类似传说流传于淮南,还可参考朱自清《中国歌谣》中"歌谣的起源"一章。

第二章 口头民俗学

从某种角度看,这种观点代表了民众对歌谣的认识。在他们看来,山歌就是为人解闷解乏的。一年到头辛苦耕作的人民几乎没有什么是属于自己的,只有山歌,总是在人们最苦最累的时候陪伴他们。台静农曾经谈到,他在民间收集山歌的时候,田夫野老常常跟他说,"诌书立戏真山歌",意即书是编的,戏是创造的,只有山歌是真的①。"劳逸均适,或者小觉劳苦,才能发生种种的诗歌。"由此可见民歌在民众中间的地位。

3. 巫术、宗教说

郭绍虞在《中国文学史纲要》谈到,文学与宗教关系密切,一切的文学都是从宗教而来的,是从巫舞发展而来。鲁迅也认为,诗歌起源于劳动和宗教②。陈志良也认为,歌谣是祀神时用来媚神的③。

巫术是伴随着人类最初的生产和文化活动而产生的,是人类希望通过自己的行为改变自然界和自然规律,迫使自然界屈服于人类的意志活动的一种行为。巫术活动的一个最重要的组成部分就是咒语。一些学者认为,咒语就是最早的诗歌,原始巫师就是最初的歌手。

4. 娱乐说

歌谣的功能类似于游戏,是古人在繁重单调生活中的一种自娱自乐的形式。

5. 劳动说

认为劳动创造了一切,这里的一切自然也就包括歌谣。在远古时代,劳动是原始人类最基本的生活内容。劳动创造了人,创造了文学艺术赖以产生的物质基础。在劳动过程中,原始人为了协调集体动作,提高劳动效率,减轻疲劳,交流感情,鼓舞劳动情绪,常常按照一定的拍子,并且在生产动作上伴以均匀的唱的声音和挂在身上的各种东西发出的有节奏的响声。当原始人把这种有节奏的劳动呼声和声响与包含一定意义的语言结合起来时,就产生了最早的歌谣④。

我们现在认为,上述每一种理论都有自己的道理。因为歌谣所包含的内容非常广泛,不同的歌谣由于其功能和目的的不同,产生的方式也就不同,如劳动歌、巫术歌、游戏歌、情歌等就可能分别来源于劳动、巫术仪式、

---

① 台静农《从〈杵歌〉说到歌谣的起源》,见《淮南民歌集》,第139页。
② 鲁迅《中国小说的历史的变迁》。
③ 陈志良《广西特种部族歌谣集》,第16—17页。
④ 赵晓兰《歌谣学概要》,第32页。

娱乐和言志的说法。

三、歌谣的分类

歌谣主要包括三种类型：民歌、民谣、故事歌。下面我们将分别介绍这三种类型。

1. 民歌

民歌指的是以口头歌唱形式流传和保存的传统韵文，篇幅短小，其内容主要以抒情为主。民歌虽有固定的曲调，但一般情况下为即兴演唱，演唱者根据环境、场景和演唱对象的不同随时填改歌词。

民歌的分类说法不一，始终是歌谣研究中的一个热门话题。例如周作人主张将民歌分为：情歌、生活歌、滑稽歌、叙事歌、仪式歌、儿歌，包括事物歌和游戏歌[①]。

顾颉刚主张将民歌分为[②]：儿童的歌、乡村妇女的歌、闺阁妇女的歌、男子的歌、杂歌。

当代学者钟敬文主编的《民间文学概论》对歌谣的分类如下：劳动歌、仪式歌（诀术歌、节令歌、礼俗歌、祀典歌）、时政歌、生活歌（农民生活歌、妇女生活歌、新生活歌）、情歌、儿歌（游戏儿歌、教诲儿歌、绕口令）。

综合各家的观点，各有其合理的地方，但也都存在着一些问题。如绕口令应该是一种独立的民俗事项，不能放在儿歌里面。乡村妇女的歌和闺阁妇女的歌可以统称为妇女歌，叙事歌现在称故事歌，也应该是一种独立的民俗事项等。

如今，我们把民歌分为仪式歌、情歌、时政歌、儿歌、生活歌、滑稽歌等几种类型。

生活歌：生活歌主要指的是以现实生活为题材的民歌，包括家庭生活歌、社会生活歌和劳动生活歌。家庭生活歌主要是描写家庭生活的，包括婚姻、夫妻关系、婆媳关系等。社会生活歌包括人们生活中的饮食起居、衣食住行、风俗节令等。生活中的所有方面都可以是民歌的题材，如《凤阳歌》[③]：

---

① 周作人《歌谣》，见钟敬文的《歌谣论集》，上海：上海文艺出版社，1989年影印本。原书出版于1928年，出版社为上海北新书局，第34—35页。
② 顾颉刚《吴歌甲集》。
③ 流传于安徽凤阳。

说凤阳,话凤阳,
凤阳原是个好地方;
自从出了朱皇帝,
十年倒有九年荒;
大户人家卖田地,
小户人家卖儿郎;
唯有我家没得卖,
肩背锣鼓走街坊。

社会生活歌一方面反映了民众的生活状况,另一方面,也是传播知识、进行传统教育的重要途径。如《十字古人》[①]:

一字写来一画长,
肩背琵琶赵五娘;
雪娘刺死汤楷裱,
莫成替主莫泰昌。
……
三字写来三画长,
刘备、张飞、关云长;
曹操看得龙驹马,
战鼓三通斩蔡阳。
……

《东三省》[②]:

东三省,
三宗怪,
窗户纸糊在外,
养活孩子吊起来,
两口子睡觉头朝外。

生活歌中很多都夹杂着历史和生产、生活知识,人们在娱乐过程中,又可以学习很多东西。

---

① 流传于江浙地区。
② 流传于辽宁等地。

劳动生活歌主要指的是伴随着劳动行为而唱的歌。各行各业都有自己的劳动歌,如农歌、渔歌、船歌、樵歌、采茶歌、商人歌、军人歌、劳动号子、脚夫歌、矿工歌等。如《水工歌》:

> 张飞出马一杆枪,
> 二郎担山赶太阳;
> 三度林英韩湘子,
> 四弟赵云保皇娘;
> 五郎怕死当和尚,
> 镇守三关杨六郎。①

此歌为水工所唱,既可以计数,又可以调节劳动过程中的紧张和疲劳。

情歌:以表现男女之间的爱情生活为题材。情歌涉及的内容很广,有表达爱慕之情的,如流传于江西省的"新做屋基四四方"这样唱到:

> 新做屋基四四方,
> 细细石子来打墙;
> 哥哥会盖大瓦屋,
> 问妹要廊(郎)不要廊(郎)。

歌者借题发挥,而且运用了双关语,委婉地表达出了对姑娘的爱慕之情。

情歌中还有表达相思之苦的,如《小河淌水》②:

> 月亮出来亮汪汪,
> 想起我的阿哥在深山;
> 哥像月亮天上走,
> 哥啊,
> 山下小河淌水清悠悠。
>
> 月亮出来照半坡,
> 望见月亮想起我阿哥;
> 一阵清风吹上坡,
> 哥啊,

---

① 流传于北京地区。
② 流传于云南弥渡。

第二章 口头民俗学

你可听见阿妹叫阿哥。

歌曲借月、水、清风,描绘出一幅缠绵、幽静的画卷,一位美丽的痴情少女跃然纸上。

有表达离别之情的,如《十里亭》①共十段,描写了一位姑娘为情人送行时依依不舍的情景。其中有这样的诗句:

> 送情人送在这七里亭,
> 一双棉鞋送情人;
> 棉鞋好比是登云路,
> 穿在脚上腾了空。
>
> 送情人送在八里亭,
> 八宝丝带送情人;
> 丝带本是千条线,
> 系在腰中挂在心。

有表达山盟海誓的,如《铁树开花郎才丢》②:

> 相爱大姐在九州,
> 父母要我把她丢;
> 若要丢掉九州姐,
> 除非改天换日头;
> 长江里边长河藕,
> 风吹石磙满江游;
> 黄鳝长鳞蛇长角,
> 铁树开花郎才丢。

仪式歌指的是在各种仪式上唱的歌,如婚礼、丧礼、请神仪式、巫术仪式、寿诞仪式等。流传在四川各地的《哭嫁歌》总共有十个部分,包括恋家、开头、穿衣、搭帕、盼望、怨爹妈、嘱哥哥、望嫂嫂、劝妹妹、恨媒人。如《娘哭女》中有这样的词句:

> 柑子叶儿绿茵茵,

---

① 流传于宁夏。
② 流传于安徽各地。

娘把女儿叫几声；
　　从今以后要独立，
　　我儿现已长成人；
　　从今走到婆家去，
　　随你丈夫百年生；
　　头上青丝要挽紧，
　　不可拗性惹是非；
　　身上衣服要洗净，
　　烂了早点打补丁；
　　脚下鞋袜穿端正，
　　莫现半截脚后跟；
　　说话轻言又细语，
　　切莫大喊放粗声；
　　对待公婆要恭敬，
　　对待小姑要细心；
　　妯娌之间要和气，
　　一家和气把财生。
……

对中国古人来说，女儿出嫁就是一种生离死别，哭嫁歌的重要功能之一在于帮助女性实现身份角色的变化，即从女儿变为人妇，从娘家进入婆家，从少年时代进入成年时代，从被保护对象变为保护者并肩负传宗接代重任等。因此人们选择了一种极端的形式，即哭，并在哭的过程中一遍又一遍地重复自己的婚后责任和义务，以达到帮助实现角色转换的功能。

在做很多事情之前，中国人都要举行一个仪式，甚至包括许多看起来非常普通的事情，如裁衣服、剃头、上梁、安门等，如《剃胎头歌》[①]：

　　金盆打水面前放，
　　好比水田映月亮；
　　选定良辰并吉日，
　　主家请我剃小郎；
　　一把刀子白如银，

---

① 流传于四川宜宾地区。

我今拿来剃贵人；
三刀两刀头上过，
无灾无病长成人；
……

诙谐歌：顾名思义，诙谐歌的内容大都滑稽可笑，或唱一些颠倒黑白的事情，或唱纯粹的大实话，字面上看几乎没有什么意义，但却具有重要的研究价值，尤其是在研究民众心理方面。诙谐歌主要包括颠倒歌、扯谎歌、趁韵歌、大实话歌等。例如，

无事唱个扯白歌，
风吹石头滚上坡；
麻雀子窝里生鸡蛋，
树尖子上马咬窝；
砍柴砍出鲤鱼蛋，
耙田耙出野鸡窝。①
……

时政歌：时政歌都是以褒贬时政为主要目的。中国的历朝历代都有大量的时政歌，人们往往借助于时政歌谣表达对统治阶层及其各项政策和制度的关注。时政歌大都带有讽刺、贬抑的倾向。相比较而言，时政谣要比时政歌更为普遍，可参考后面的民谣部分。

儿歌：指的是儿童的歌曲，包括为儿童唱的歌和儿童唱的歌。为儿童唱的歌包括"摇篮曲"、"弄儿歌"等，一些学者也称之为"母歌"。例如：

我儿睡觉了唵嗯，
我儿睡得乖唵嗯，
鸡儿你莫叫哟，
狗儿你莫咬哟，
麻猫你莫来哟唵嗯。②

---

① 《扯白歌》流传于湖南。
② 流传于湖南湘西。

儿童唱的歌包括游戏歌、知识歌、教诲歌等。流传较为广泛的如《小白菜》,唱的是失去亲生母亲的儿童的悲惨生活。

> 小白菜啊,地里黄,
> 两三岁上,没了娘;
> 好好跟着爹爹过,
> 就怕爹爹娶后娘。
>
> 娶了后娘三年整,
> 生了个弟弟比我强;
> 弟弟吃肉我喝汤,
> 拿起碗来泪汪汪。
> ……

猥亵歌:民间流传的另类民歌,由于其内容涉及男女私情、性等禁忌话题,所以只能在特殊的场合中演唱,其演唱对象也限于特殊的人群,主要是男性群体。在我国,由于其题材的特殊性,猥亵歌一直是民俗学研究中的禁区,几乎无人涉及[①]。实际上,猥亵歌在民歌中占有很大的比例,应该对其成因、内容、社会功能等进行进一步的深入研究。

民歌的形式主要有山歌、爬山歌、花儿、信天游和民间小调等。山歌的形式比较自由,歌词大都是七字句,句中可加有衬字;爬山歌一般是"两句一首,每个乐句八拍,共两句"[②];花儿多为对歌,四句一首;民间小调一般为五言或七言,曲式自由多样。少数民族的民歌形式主要有"勒脚歌"(壮族)、"信歌"(瑶族)、"鲁体歌"(藏族)等。[③]

民歌有固定的曲调,这些常见的曲调往往也是形态上最富于变化的曲调。经过长期的流传和衍变,这些曲调在不同地区发生变异,在一支母体曲调(或称本体曲调、基本曲调)基础上,派生出若干变体。民歌的一些基本曲调包括:

打枣竿:明代小曲,万历年间盛行于南北各地。

挂枝儿:明代小曲,万历年间广泛流传于南北各地。

---

① 只有极少数学者提到过这一类的民歌,如周作人、朱自清、何其芳等。
② 段宝林《中国民间文学概要》,北京:北京大学出版社,1985,第115页。
③ 欲详细了解民歌的形式,可参考段宝林等主编的《民间诗律》(1987)、《中外民间诗律》(1991)和《古今民间诗律》(1999),三部书均由北京大学出版社出版。

寄生草：元代散曲中已有此曲牌名。明代小曲中有同名曲调，清代仍广为流传。清人王廷绍主编的《霓裳续谱》中，记录有【寄生草】唱词140余首。清人华广生编《白雪遗音》中，也有【寄生草】唱词。

离亲调：清代小曲中有【隶津调】、【历津调】的相关记录，疑为【离亲调】的音变。

叠断桥：原为明代小曲，与明末传到欧洲的【茉莉花】属于同一曲调变体。

闹五更：原为明代小曲，嘉靖、隆庆（1522—1572）时已有流传。按曲调形态的比较，与今流传全国各地的【喜今年】、【红绣鞋】、【河南调】、【湘江浪】等为同类。

虞美情、剪剪花：【虞美情】，又称【虞美人】，唐代就有。【剪剪花】为五声音节宫调式，与【虞美人】属于同一宫调系统；"七七五"词格，两个七字句为实词，后一五字句为"剪靛花儿开"或"点点花儿开"等固定式衬词。

2. 民谣

民谣指的是以吟诵形式流传和保存的传统韵文，形式短小。

"谣"在古代有"谣言"、"风谣"①、"谣辞"②、"口谣"③等名字，具有强烈的政治讽刺和迷信色彩。早在秦汉时期，统治阶层就已经开始用采集民谣的形式考察时政，了解民情。据《国语·晋语》记载："风听胪言于市，辨妖祥於谣。"《后汉书·羊续传》中也有"羊续为南阳太守，当如郡界，乃赢服间行，侍童子一人，观历县邑，采问风谣，然后乃进"的记载。现代学者注重民谣也是偏重民谣的社会讽刺性。段宝林认为：民谣虽然比较短小，但战斗性很强，各种重大的社会矛盾和历史事件，差不多在民谣中都有强烈的反映④。

另外，在古代，民谣中的童谣则常常被当做是"推背图"，认为是鬼神凭借儿童而发生的，可以占验吉凶⑤，还可以作为一种神秘的政治预言。

> 凡五星盈缩失位，其精降于地为人，岁星降为贵臣，荧惑降为童儿，歌谣嬉戏。填星降为老人、妇女。太白降为壮夫，处于林麓。辰星

---

① 见《后汉书·方术传》。
② 见《旧唐书·裴度传》。
③ 见《宋书·五行志》。
④ 参见段宝林的《中国民间文学概要》，第111页。
⑤ 陈志良《广西特种部族歌谣》，第7页。

降为妇人,吉凶之应,随其象告。①

晋·杜预《左传·僖公五年》注曰:

童龀之子,未有念虑之感,而会成嬉戏之言,似若有冯者。其言或中或否,博览之士,能惧思之人,兼而志之,以为鉴戒,以为将来之验,有益于世教。

历朝历代,借助于童谣散播谣言、蛊惑民心,或利用童谣解释各种奇异现象、制造悬念的事情层出不穷,例如:

成帝时童谣曰:"燕燕涎涎,张公子,时相见。木门仓琅根,燕飞来,啄皇孙,皇孙死,燕啄矢。"其后帝为微行出游,常与富平侯张放俱称富平侯家人。过阳阿主作乐,见舞者赵飞燕而幸之。故曰"燕燕尾涎涎"。美好貌也。张公子谓富平侯也。"木门仓琅根",谓宫门铜锾,言将尊贵也。后遂立为皇后。弟昭仪贼害后宫皇子,卒皆伏辜,所谓"燕飞来,啄皇孙,皇孙死,燕啄矢"者也。②

魏明帝景初中,童谣曰:"阿公阿公驾马车,不意阿公东渡河。阿公东还当奈何。"及宣王平辽东,归至白屋,当还镇长安。会帝疾笃,急召之,乃乘追锋车东渡河,终翦魏室,如童谣之言也。③

《水浒传》中也有"耗国因家木,刀水点水工,纵横三十六,扰乱在山东"。将民谣看成"谶语",在中国一直是一种传统。

关于民谣的分类,大多数人都把歌谣放在一起分类,几乎没有人对民谣单独分类。但是,由于表现形式上的差异,民歌和民谣在反映和表现生活上各有侧重,应该单独进行分类。美国民俗学家布鲁范德在《美国民俗学》中对"谣"④的分类如下:

(1)育儿谣
(2)游戏谣、玩笑谣:包括猜拳谣(counting-out rhyme)、跳绳谣(jump-rope rhymes)、时政谣(topical rhymes) 、模仿谣(parody rhymes)、无意义谣(nonsense orations)等。

---

① 《晋书》卷一二《天文志》。
② 《汉书》卷二七《五行志》。
③ 《宋书》卷三一《五行志》。
④ 西方民俗学中"谣"(rhymes)与"歌"(folk songs)、"故事歌"(ballads)各成一体,没有中国"歌谣"连称的现象。

（3）劳动谣：包括市声(peddlers' cries)、耕种谣(planting rhymes)等。
（4）书写传统谣：包括墓志铭(epitaphs)、扉页题词(flyleaf inscriptions)、墙壁涂鸦(graffiti)、课桌涂鸦(desk-top inscription)、留言谣(autograph)等。

我们认为，中国民谣可以分为两种基本类型：口头民谣和书写民谣。口头民谣又包括童谣、时政谣、仪式谣等。书写民谣包括扉页题词、墙壁涂鸦、课桌涂鸦、留言谣以及在网上流传的网络民谣等以非正式、非官方的形式流传的书写韵文。

童谣以反映儿童生活为主，主要传承者也是儿童。童谣的主要类型有：游戏谣、知识谣、滑稽谣、生活谣等。

游戏童谣，一般是为游戏而设的，边玩边说，以增加节奏感。常见的《拍手谣》在我国各地都很流行。

> 你拍一，我拍一，
> 一个小孩开飞机；
> 你拍二，我拍二，
> 两个小孩梳小辫；
> 你拍三，我拍三，
> 三个小孩爬大山；
> ……

《拍手谣》一般要从一数到十，是儿童在玩拍手游戏时吟诵的，既是一种娱乐活动，同时又锻炼了儿童的识数能力和反应能力。

知识谣以增长儿童的认知能力和知识面为主，如《纺织娘》：

> 青草窝里小螳螂，
> 一心要娶纺织娘；
> 先托蜜蜂来说合，
> 再请蚕娘织衣裳；
> 大萤虫对对来高照，
> 蝉蛉子奏乐好悠扬；
> 蚊子唱的文曲星，
> 苍蝇吹箫引洞房；
> 多少蚊虫蚂蚁来恭贺，
> 都来恭贺小螳螂；
> 宾朋济济堂前坐，

> 吃酒奏乐真快乐。
> 看新娘！看新娘！
> 好一个娇娇滴滴的纺织娘！①

这首童谣里描述了很多种类的昆虫,包括他们的形象和特征,能够帮助儿童了解和认识昆虫。

生活谣以反映生活为主,但大部分都是从儿童的视角来表现儿童或成年人的生活的。如：

> 东山岭上种毛桃,
> 哥哥挑水弟弟浇；
> 桃儿长得真是好,
> 卖了桃儿娶嫂嫂；
> 嫂嫂手儿不太巧,
> 半个月做不成一件袄；
> 哥哥面上过不去,
> 关门假装闹脾气；
> 哥哥拉倒吧,
> 光打枕头做什么。②

童谣以儿童特有的天真和诚实,描述了哥嫂的性格特点和他们之间的关系。语言形象,生动幽默,令人开怀。

> 小小孩,上庙台,
> 摔了个跟头,拣个小钱；
> 又买油,又买盐,
> 又娶媳妇,又过年。③

《小小孩》的童谣应该属于育儿童谣,是成年人在逗弄幼儿时说的。虽有些夸张,但却反映了人们的一种人生观,即人的一生无非是挣钱、娶妻、居家过日子。幼儿从小就在无形当中接受了这种教育。因此,童谣对儿童世界观和人生观的形成具有重要的意义。

---

① 流传于河北。
② 流传于河北等地。
③ 流传于河北各地。

月亮光光,
女儿来望娘。
娘道心头肉,
爹道百花香。
哥哥道赔钱货,
嫂嫂道扰家王。
我又不吃哥哥饭,
我又不穿嫂嫂嫁时衣。
开娘箱,
着娘衣。
开米柜,
吃爷的。①

再如:

有个大姐整十七,
过了四年二十一。
寻个丈夫才十岁,
她比丈夫大十一。
一天井台去打水,
一头高来一头低。
不看公婆待我好,
把你推到井里去。②

滑稽童谣的内容大都荒唐可笑,例如:

下雨下雪,冻死老鳖,
老鳖告状,告给和尚,
和尚打卦,打给河蟆,
河蟆浮水,浮给老鬼,
老鬼推车,一步一跌。③

---

① (清)郑旭旦《天籁集》。
② (清)《北京儿歌》。
③ 流传于江苏等地。

童谣虽然是一种儿童的口头游戏,但是却对我们研究和了解儿童甚至成年人的生活和心理状况,都具有重要的意义。大多数童谣中还包含着许多文化价值观念,因为童谣中的育儿谣都是成年人讲给幼儿听的,对幼儿的成长和世界观的形成具有启发、诱导和心理暗示作用。

许多学者正是认识到了童谣的这一特点,因此呼吁:"仿照一切母歌,造一种含有教诲的意思的歌调,使母于催儿睡眠时歌之,如此则儿童长大后,必成为有道德健全之国民。此种作用,人称之曰,半识作用,盖与中国之胎教相似。①"

另外,因为歌吟是儿童天然的一种需要,可以有效地利用歌谣进行早期的儿童教育和开发工作,必将收到事倍功半的效果。

时政谣以评判时政为己任,这也是民谣最早引起统治者关注、重视和研究的主要原因之一。时政谣以其敏锐的洞察力和犀利、尖刻的语言对各种不良社会现象和制度进行无情的嘲讽和贬斥。同时,韵律和节奏上的特点,使得时政谣朗朗上口,传播速度非常快,影响范围极广。

中国历代都有大量的时政谣,早在秦代,民间就流传着大量关于秦始皇赋、征和统治政策之苦的民谣。例如,

> 秦始皇,何强梁;
> 开吾户,据吾床;
> 饮吾酒,唾吾浆;
> 餐吾饭,以为粮;
> 张吾弓,射东墙;
> 前至沙丘当灭亡。②

据《史记·秦始皇本纪》记,秦始皇三十七年出游:"七月丙寅,始皇崩于沙丘平台。"

传说秦始皇焚书坑儒,曾挖开孔子的墓取儒家的经书,在墓室的墙壁上发现了这首民谣。后出行时,远避沙丘一地,但途中看见小孩子们玩堆沙丘的游戏,还是没有逃脱死亡的命运。民谣中夹杂着的谶语增加了民谣的神秘性,可能是文人加工的结果,但反映了民众对秦始皇暴政的痛恨。

当代时政谣多涉及各种腐败现象,如讽刺社会上的不良之风导致的黑

---

① 傅振伦《歌谣分类问题的我见》,见《歌谣周刊》第 84 号。
② 载南朝宋刘敬叔《异苑》卷四。

白颠倒的社会现状：

> 苦干实干，做给天看。
> 东混西混，一帆风顺。
> 任劳任怨，永难如愿。
> 负责尽职，必遭指责。
> 会捧会献，杰出贡献。
> 不拍不吹，狗屁一堆。
> 全力以赴，升迁耽误。
> 推托栽赃，宏图大展。
> 频频建功，打入冷宫。
> 苦苦哀求，互踢皮球。
> 会赚会溜，考绩特优。
> 奉公守法，做牛做马。

讽刺官僚作风的民谣如：

> 上级来电话，腰杆变成虾；
> 同级来电话，谈话打哈哈；
> 下级来电话，声音像雷炸；
> 群众来电话，秘书去挡驾。

讽刺官场走过场和形式主义作风的如：

> 狠抓就是开会，管理就是收费。
> 重视就是标语，落实就是动嘴。
> 验收就是喝醉，检查就是宴会。
> 研究就是扯皮，政绩就是神吹。
> 汇报就是掺水，涨价就是接轨。

　　社会上的各种行业包括政界、教育界、娱乐界、餐饮服务等行业的所有不良现象都可以成为讽刺对象。时政谣是我们察时政、察民心的主要途径。

　　书写民谣主要指的是以书面的形式流传的民俗事项，表现形式有墙壁或课桌涂鸦、扉页题词、墓志铭以及如今风行的网络民俗等。他们都是以书写的形式传播的，在反映民风、民俗、民心以及时代变革背景下的文化及社会心理的变化等方面，都具有重要的参考价值。

　　例如，"铭"是古代刻于金属器物或碑文上的或用以歌功颂德、或用于明志抒臆的文体形式。刘禹锡的《陋室铭》托物言志,通过对其陋室的诗意描述,表达了自己不睦荣利、不与世俗同流合污的生活态度。从表达方式上看,该文句式整齐、节奏分明、韵律和谐,读起来抑扬顿挫,和谐悦耳。无论是在视觉上,还是在听觉上、思想上,《陋室铭》都既给人以一种美的享受,又发人深省,给人以启迪。因此,《陋室铭》一经问世,便成为文人学子的必读篇目。

  山不在高,有仙则名。水不在深,有龙则灵。斯是陋室,惟吾德馨。苔痕上阶绿,草色入帘青。谈笑有鸿儒,往来无白丁。可以调素琴,阅金经。无丝竹之乱耳,无案牍之劳形。南阳诸葛庐,西蜀子云亭。孔子曰:"何陋之有?"

《陋室铭》的成功使得更多的人了解、熟悉了铭体,因此,借助于《陋室铭》的影响,将自己的生活态度和情绪通过《陋室铭》仿作,以期待得到更多的读者共鸣和回应,似乎成为一种时尚。《陋室铭》仿作,因为必须借助于固定的文本格式和文字书写而成为书写民谣的一种典型代表。《陋室铭》之后,出现了很多陋室铭仿作,较早的一篇仿作作品出现于清代:

  官不在高,有场则名。才不在深,有盐则灵。斯维陋吏,惟利是馨。丝圆堆案白,色减入枰青。谈笑有场商,往来皆灶丁。无须调鹤琴,不离经。无行钱之聒耳,有酒色之劳形。或借远庐,或醉竹西亭。孔子云:"何陋之有?"[1]

清代的这篇仿作将官场黑暗作为讽刺对象,似乎也奠定了《陋室铭》仿作的基调,使得后来的《陋室铭》仿作成为人们针砭时弊、宣泄情绪的工具。一直到近代,《陋室铭》仿作依然层出不穷。当代,借助于网络媒体的出现,《陋室铭》仿作有了更为广阔的天地,许多人在网络上发表或转贴各种各样的《陋室铭》仿作,如学生铭、写作铭、交友铭、网络铭、奸商铭、贪官铭、黑店铭、危楼铭、赌博铭、麻将铭、吸烟铭、乞丐铭、装扮铭、陋规铭、关系铭、会海铭、课桌铭、老人铭、家庭铭等。

  才不在高,在官就行。学不在深,在权则灵。斯是衙门,唯我独尊。前有吹鼓手,后有马屁精。谈笑有心腹,往来无小兵。可以搞特权,结帮亲。无批评之刺耳,唯颂扬之谐音。青云能直上,随风显精

---

[1] 顿新波《〈陋室铭〉仿作种种》,《语文教学与研究》,1990年第5期。

第二章 口头民俗学

神。群众曰:臭哉此人。

墓志铭也是一种常见的以文字形式广为传播的书写民俗,进行网络搜索,我们找到一些网络上流传广泛的墓志铭:"一居室,求合租"、"基因重组中,请稍候二十年"、"老子终于不用怕鬼了"、"终于解决住房问题了"、"终于不失眠了"等等。

其实,早在20世纪前期,一些学者在进行歌谣的收集活动中,就已经意识到了书写民谣的存在。如刘兆吉在《西南采风录》中就提到,田畔、牧场、茶馆、街头访问等,随处都可以搜集到歌谣。同时还应注意街头墙垣、庙壁上的涂写,以及当地印行的歌谣及抄本等。现在看来,这些经验依然是非常宝贵的。尤其是作者提到了街头墙垣和庙壁的涂写,即使是现代,很多民俗学者都没有意识到它们的重要性。

3. 故事歌

故事歌就是以口头形式流传和保存的歌体故事。从某种意义上说,故事歌与民间故事相对应,唯一的差别是民间故事为散文叙事体,故事歌为歌体。

长期以来,学术界一直将故事歌称为叙事诗或民间长诗。许多学者对歌谣的定义是"民间诗歌"。例如,周作人就认为:"民歌是原始社会的诗。"[1]郑振铎把俗文学分为五大类,民间歌谣便属于"诗歌"[2]。《民间文学大辞典》也提到民间歌谣是"民间口头创作和流传的诗歌"。

关于诗歌与歌谣的关系,朱自清曾经谈道:

> 歌谣是"诗",似乎不成问题。诗起源于歌谣,是大家承认的,但这还是理论。事实上,《诗经》里有一部分歌谣,也是大家承认的,乐府诗集里又收了许多的歌谣,不但乐歌,连徒歌也收了进去,这些都称为"诗"。不过,"歌谣"这名字还存在,而照传统的用法,这名字的意义与"诗"并不相等[3]。

朱自清认为,歌谣是活着的,或者说还在人们的口头上活着。这是歌谣与诗之间的最大区别。因而诗是诗,歌谣是歌谣。李素英也认为:"严格地说,诗是诗,歌谣是歌谣,多少总有点区别。诗是个人的,写定之后有著作

---

[1] 周作人《歌谣》,见钟敬文的《歌谣论集》,第31—36页。
[2] 郑振铎《中国俗文学史》,北京:东方出版社,1996(影印本),第4页。
[3] 朱自清《歌谣与诗》,见《歌谣周刊》第三卷,第一期。

权,他人不得更改。歌谣则是大众的。"① 林庚的《歌谣不是乐府亦不是诗》② 更是详细地论述了歌谣和诗之间的差异。虽然其中有一些观点值得商榷,但归根到底,不能把诗和歌谣混为一谈。

应该明确地是,民间诗歌应该也是民俗学的一个类型。西方民俗学界就清楚地划分了歌谣和民间诗歌的界限。例如,布鲁范德(J. H. Brunvand)的《美国民俗学》(*The Study of American Folklore*)就把民间诗歌单列为一个类型。民间诗歌的定义为:

> 它通常表现的是一些社会公共事件以及与之相关的人物,同时也表现各种自然力量给人类带来的影响。在高兴或悲哀的场合下,为亲戚、朋友及熟悉的人们讲述的个人经历。诗体的形式(包括格律和诗节)是传统的,但有时会因为表演环境和场合的缘故,如表演一般为非正式的自由交流的场合,而发生变化。

布氏认为,诗句主要是表现群体的思想和感情③。因此,"诗"和"歌"应该是两个不同的概念:诗是一种文学创作形式,歌是一种民间口头演唱形式。诗是读或诵的,而歌是唱的。诗和歌的流传方式也不一样,诗是以书面文字的形式流传下来的,而歌是以口头形式流传下来的。歌是活的,因为歌是保存在人们的口头演唱中,每一次演唱都是一种新的创作;而相对来说诗是死的,一旦被创作出来,便会以文字形式记录下来,不会改变。

从某种意义上讲,故事歌与西方民俗传统中的"ballad"意思接近。"ballad"经常翻译为"民歌"④。这实际上是不准确的。在西方民俗学中,ballad是一种抒情的故事歌,也就是用歌唱的形式来讲故事,并且常伴有民间舞蹈⑤,是一种集体的歌舞演唱活动。朱自清认为这种故事歌在中国歌谣里极少,只有汉乐府及后来的唱本《白雪遗音》、《吴歌甲集》里有一些。但是,随着民俗调查和研究的深入,我们发现故事歌在中国还是非常丰富的,而且历史悠久。例如,《诗经》所记录的大部分都是歌,而不是诗。其中许多篇章已经具备了故事歌的雏形,如《氓》等。

---

① 李素英《读歌谣后所得的一知半解》,见《歌谣周刊》第三卷,第三期。
② 见《歌谣周刊》第二卷,第十一期。
③ 参见〔美〕J. H. Brunvand, *The Study of American Folklore*, New York: W. W. Norton & Company, 1986, p. 128.
④ 参见家宾译的《歌谣的特质》和《民歌》两篇论文,见钟敬文的《歌谣论集》,第1—29页。
⑤ 同③, p. 248.

第二章 口头民俗学

但是,中国的故事歌中歌舞的成分要少一些,虽然也有一些民族的故事歌是个人主唱、群体对答并伴有舞蹈表演,但并不普遍。中国故事歌一般来讲是歌手的一种表演活动。

中国传统故事歌最早可见于《诗经》,如《生民》、《公刘》、《氓》和《谷风》等。乐府诗中也有一些故事歌如《孤儿行》、《陌上桑》、《上山采蘼芜》、《十五从军征》等,出现于魏晋南北朝时期的《孔雀东南飞》和《木兰辞》可以说是中国古代被文字记录下来的故事歌的杰出代表。虽然在被记录下来的过程中,免不了要被文人们加工润色,但仍不失民间口头传唱的特点。全诗为五言体,共三百五十三行。主要描写了一对恩爱夫妻焦仲卿和刘兰芝誓死不负,最后共赴黄泉的感人故事。

故事歌主要包括历史故事歌、爱情故事歌、神奇故事歌和生活故事歌。

历史故事歌指的是以历史事件为题材的故事歌。例如流传于内蒙古地区的蒙古族故事歌《嘎达梅林》、达斡尔族的《小郎与代夫》、湖北的《钟九闹槽》、锡伯族的《喀什噶尔舞春》及流传于青海、宁夏、甘肃回族的《歌唱英雄白彦虎》等。《嘎达梅林》共有六百多行,描写的是20世纪20年代发生在哲里木盟科尔沁旗的真实事件。嘎达梅林(1892—1931)本名那达木德,又名业喜,汉名孟青山,内蒙古哲里木盟达尔罕旗塔木扎兰屯人。嘎达梅林原为札萨克达尔罕亲王那木济勒色楞的总兵,因为不满王爷勾结军阀张作霖出卖民族利益的行径,仗义执言、屡遭迫害,最后被打入死牢。妻子牡丹得到消息,忍痛杀死自己的孩子,然后率众劫狱起义。虽奋战多年,终因寡不敌众,惨遭失败,义军全部壮烈牺牲。历史故事歌往往基于真实的历史事件,但是会在叙述事件的过程中添加上很多神奇的成分。

爱情故事歌以歌颂青年男女的爱情为主。古代汉族有《孔雀东南飞》,现代有著名的吴歌《五姑娘》、《孟姜女》、《庄大姐》、《双合莲》等。少数民族的爱情故事歌数量众多,著名的有傣族的《召树屯》、《娥并和桑洛》、苗族的《哈梅》、彝族的《我的幺表妹》、土族的《拉仁布与且门索》等。《拉仁布与且门索》流传于青海土族,全诗共五百多行,讲述了且门索和拉仁布感天动地的爱情故事。且门索爱上了贫穷善良的拉仁布,但是遭到了哥哥的坚决反对。一次,二人的约会被哥哥发现,哥哥一怒之下杀死了拉仁布。拉仁布的尸体在火化时怎么也点不着,三天三夜过去了,尸体仍然无损。且门索伤心地将自己的衣服一件件投入火中,尸体仍然不着。最后,且门索纵身跳入火海,二人瞬间化为灰烬。且门索的哥哥将二人的骨灰分别埋在河的两岸。谁知两岸各长出一棵树,枝叶相交于河上。哥哥又将树砍到,用火来烧。瞬间,从火焰中飞出两只鸳鸯,啄瞎了哥哥的眼睛,然后双双离去。

《召树屯》的故事共有十二章,包括《讨人的歌》、《王子召树屯》、《七个姑娘》、《猎人》、《告别》、《爱情》、《拴线礼》、《战争》、《灾难》、《追赶》、《勐董板地方》、《团圆》。这是一个非常美丽的爱情故事。一天,英俊王子召树屯在打猎时遇到了正在湖里洗澡的七位孔雀公主。召树屯偷了最美丽的七公主的孔雀衣,使得七公主无法离开,二人相识并产生了真挚的感情。二人结婚后不久,即发生战事。召树屯带兵出征,离开了自己的妻子。国王听信巫师的谗言逼走了孔雀公主。召树屯回来后,不见了妻子,悲痛万分。他离开了家乡,历尽千辛万苦,走了整整三年才找到了妻子的家乡勐董板。又通过了勐董板国王的重重考验才接回了自己的妻子。作品情节曲折、语言优美。

《五姑娘》[①]是近年来所收集到的长篇吴歌的佳作。全诗共两千六百多行,除"歌头"、"歌尾"外,分为八章。讲述了五姑娘与长工徐阿天的爱情悲剧。杨家兄妹三人由于父母早亡,只好相依为命:

> 杨家门里父母亡故长子做仔当家人,
> 两个阿妹从小跟仔阿哥度光阴,
> 有块方糕掰三爿,
> 有碗鱼汤三人分。

盼望哥哥娶亲后家里能有个好帮手,谁知误听了媒人的花言巧语,哥哥竟然娶回了一个恶嫂嫂"辣椒心",苦苦虐待两个妹妹。

> 新阿嫂夜夜全吃扦光嫩荸荠,
> 两小妹四手念只指头勿停要扦到半夜里。
> 清早里阿嫂要吃糯米水磨粉,
> 两姐妹碌起身[②]来鸡棚里厢鸡拉啼。

没想到的是哥哥也变了心,开始嫌弃两个妹妹。嫂嫂与人偷情被四姑娘看见,告诉了哥哥,哥哥反而责怪妹妹。后来狠心的嫂嫂又把四姑娘卖了,剩下五姑娘孤苦伶仃、度日如年。一转眼:

> 五姑娘长到十八春,

---

① 参见《江南十大民间叙事诗》,上海:上海文艺出版社,1989年,第171—266页。
② 碌起身:即爬起身。——原注。

像一朵鲜花香飘四处爱煞人。

相貌堂堂、勤劳善良的孤儿徐阿天倾慕五姑娘的美丽,来到杨家做长工,与五姑娘一见钟情。

毛毛雨勿落花勿红,
私情勿结勿相通,
五姑娘做仔阿天格知心客,
伊心里厢好比小小菜籽落地碰着夏雨搭春风。

嫂嫂也看上了徐阿天,得不到手便迁怒于五姑娘,硬要拆散这对有情人。她在哥哥面前恶语相加,使得哥哥"一跳三尺,骂一声小贱人":

若要与阿天来相会,
蒿子梢上叶放青;
若要与阿天来相会,
扁担头浪出冬笋;
若要与阿天来相会,
冬菜鬃里打菜心;
若要与阿天来相会,
铁树开花梢梢嫩;
……

哥哥和嫂嫂的拳头和恐吓没有吓倒这对有情人,反而是:

豌豆藤越掐藤越长,
嫩韭菜越割越兴旺。
五姑娘搭阿天做仔知心客,
勿怕阿哥、阿嫂拦河做坝拿个通路挡。

一天,二人私会时被辣椒心发现,阿天被赶出了家门,五姑娘也惨遭毒打。正当五姑娘心灰意冷准备上吊自杀之时,四姑娘偷偷地回来了。她帮助五姑娘逃出了家门,和阿天远走高飞。为了掩人耳目,四姑娘火烧磨房自焚,好让哥哥和嫂嫂误以为五姑娘已经被火烧死了。

阿天和五姑娘一起过了三年美好的时光。一天,阿天回去打算探询一下四姑娘的下落,不料被辣椒心发现,辣椒心以杀人纵火罪把阿天送到了官府,五姑娘知道后急忙赶到哥哥家,哥哥嫂嫂以为看见了鬼,立时吓得魂

飞魄散,跪地求饶,不小心:

> 辣椒心格白铜手炉翻勒被头浪,
> 火星化开烟火平地生;
> 杨金大爬勒地浪也吓昏,
> 一歇歇大火拿杨家门墙两个恶人全化灰尘!

故事的结尾,有的说是五姑娘赶到官府去救人,结果阿天已经被斩,五姑娘悲愤至极,投河自尽。另一种唱法是:

> 五姑娘赶到苏州城,
> 吭不银子勿好会亲人;
> 五姑娘哭得喉咙全哭哑,
> 朝南格衙门本是虎牢门。

> 五姑娘赶到虎牢门,
> 吭不银子勿好会亲人;
> 法场浪向午时三刻要拿阿天斩;
> 伊板要到阿天身边拿分别格闲话话几声!

> 老天爷发怒变仔脸,
> 飞沙走石碗口粗格大树吹得无影踪;
> 吹得五姑娘人勿见,
> 只听见四面八方传来伊个喊冤声。

这似乎是一种没有结局的结局,也是中国民间故事常见的一种结尾方式,给人留下了回味的余地。

《五姑娘》流传于江苏、浙江、上海交界的吴江、嘉善、青浦一带。一般都是用"十二月"花名调式唱的,篇幅不是很长。但是,著名歌手陆阿妹却唱出了二千多行的长篇异文,且人物形象丰满、生动,情感丰富,情节委婉曲折,是中国汉民族长篇故事歌的典范。

神奇故事歌有彝族的《阿诗玛》、傣族的《金羚羊》、汉族的《魏二郎》等。《金羚羊》讲的是一对羚羊夫妇的离奇故事。传说一对羚羊夫妇彼此十分恩爱,后母羚羊被杀,死前误以为是公羊丢下自己独自逃跑了,所以发誓来世要变成一个公主,杀尽天下所有的男人。后母羚羊果然投胎于皇室家庭,成为一个美丽的公主。公主十六岁时持刀去见国王,称如果不让她杀人,便自杀。后来公主杀了五千五百个小伙子,一时间,人人自危。其实,公羚羊当时也被杀掉了,投胎于一个穷人的家庭,当他了解了公主杀人的真相后,以图画的方式告诉了公主事情的真相,公主幡然醒悟,不再杀人,并与小伙子结为良缘。

生活故事歌如壮族的《马骨胡之歌》、《唱离乱》、白族的《鸿雁带书》、《青姑娘》、汉族的《郭丁香》。流传于豫南地区的《郭丁香》共有九部分,一千二百多行。歌中讲述了贤惠、善良而又能干的郭丁香经人说合嫁给了张万良,张万良好吃懒做,不安于开荒种地,出外谋生。郭丁香凭借自己的勤劳和贤惠使得家境渐富,谁知张万良落魄归来后,不但不感激郭丁香,反而听信谗言,休掉了妻子,另娶王妙香为妻。郭丁香投河自尽,被范三郎救起。二人结婚,不久后又得子。正当郭丁香夫妻遍请乡亲以示庆贺时,早已沦落为乞丐的张万良乞讨至此,了解事情的真相后,羞愧难当,钻进灶膛自焚身亡。《郭丁香》故事歌在中国北方一些地区还有以民间故事的形式流传的异文。还有一些民间传说讲张万良死后被玉皇大帝封为灶王爷,后又封郭丁香为灶王奶奶。

中国的民间故事歌虽然历史悠久,采集和研究工作也就是近几年才开始的。关于故事歌的异文、文本、分类、特点、曲调、歌手情况,以及故事歌的演唱情景、功能等都亟待我们进行进一步的研究。

四、歌谣的价值

关于歌谣的价值,傅振伦曾经说过:歌谣是民族思想的结晶,人民心理的表现,所以其中含蓄的古代制度、仪式遗迹、人民特性、地方风俗、各时代之政教甚多,古凡欲研究某地之民俗者,不可不以歌谣为依据。① 一句话,歌谣是民众生活的百科全书,是了解民众生活的镜子。《宋书·谢灵运传论》云:"歌咏所兴,自生民始。"这就是说,歌谣的历史也就是人类的历史,是我们考察人类生活史、社会史、思想史的重要材料。

很多学科,包括民俗学、教育学、社会学、文学、语言、历史学、考古、哲学、宗教等都可以从歌谣中找到自己需要的研究资料,而且是不可忽视的重要资料。早在 20 世纪初,学者们便注意到了这一点。在《怎样研究歌

---

① 傅振伦《歌谣分类问题的我见》,见《歌谣周刊》第 84 号。

谣》中①，杨世清就提到研究歌谣可以从四个不同的角度进行，即民俗、音韵训诂、教育和文艺。周作人也认为，研究童谣的人可以分为三派：其一，是民俗学的，认定歌谣是民族心理的表现，含蓄着许多古代制度仪式的遗迹，我们可以从这里得到考证的资料。其二，是教育的，既然知道歌吟是儿童的一种天然的需要，便顺应这个供给他们整理好的适用的材料，能够收到更好的效果。其三，是文艺的，"晓得俗歌里有许多可以供我们取法的风格与方法"，把那些特别有文学意味的"风诗"选录出来："供大家的赏玩，供诗人的吟咏取材。②"

因为："在人民的生活中，口头文学不是作为一种单纯的文学而是作为意识形态的综合体出现的，兼有文学、科学、哲学乃至宗教等多方面的内容。③"歌谣，除了它的文艺和审美价值之外，更具有深刻的社会内容。这也就是为什么歌谣运动从一开始就吸引了众多不同学术背景的学者。

歌谣的口语化特点使得一些歌谣通俗易懂，极易被人们模仿和传诵。歌谣中所蕴涵的思想和观念也就非常容易被人们所接受。因此，歌谣的教育功能也越来越为学者们所看重，有人认为，没有任何媒介能比民间文学更易于用来改造国民精神的④。顾颉刚说，既然民歌，尤其是情歌，最能表达民众的真实情感，那么它就可以用来当做拯救国家命运的武器⑤。还有人说，民间文学在社会民众中有这样强大的影响，是完全能够用来"改造社会，挽救国家"⑥。

谈到教育，人们首先想到的就是儿童。因此一些学者提出将童话和儿歌的内容纳入教科书来改善儿童的教育状况。褚东郊认为，儿童教育的重要教材是儿歌。儿童几乎天天与儿歌打交道，他们自然受儿歌的影响最深。因此，儿歌对于儿童思想性格的形成有深刻的意义。如果一个民族的儿歌充满了冒险精神，那么这个民族的大多数成员的性格就是冒险型的；如果一个民族的儿歌的倾向是自私的，那么这个民族的基本性格就是自私的。虽然儿童在后来的成长中也要受到大量通俗读物和其他文学作品的

---

① 见《歌谣》周刊纪念增刊，1923年12月17日。
② 周作人《读〈童谣大观〉》。
③ 赵晓兰《歌谣学概要》，第107—108页。
④ 洪长泰《到民间去》，董晓萍译，上海：上海文艺出版社，1993，第29页。
⑤ 顾颉刚《序〈西藏恋歌〉》，见《民间》月刊第2卷，第6期。
⑥ 裴文中《平民文学的势力》，见《晨报》副刊，1925年9月26日。

影响,但他们的思想基础的奠定,主要依赖儿歌①。

一般认为,儿歌有这样一些功能:作为儿童获取知识的途径,如从儿歌中获得关于色彩、季节、植物和动物方面的常识;激发儿童的想象力,促进儿童智力的发展;培养儿童良好的生活习惯和道德品行;培养儿童的集体主义观念,为进入社会做好准备。在学者们看来,儿歌既能帮助儿童走进自己的世界,也能让孩子们凭直觉初识人类社会的一般状况。儿歌的教育决不亚于学校的课本②。

五、歌谣的特点

1. 真实

歌谣是真实的,因为它是"真真民间的自然文学",是"一个民族自然而共同心音的表现"③。这就是歌谣最强烈、最有价值的特色④和魅力的所在。

首先,歌谣反映了民众的真实情感。有人说,歌谣与一切诗词比较起来,得算是最上品。其原因就在于歌谣都是自然流露的,都是民众放情而唱的⑤。歌谣是民众情之所至的产物,与后来古典诗词的矫揉造作和脱离现实相反,歌谣的长处就在于它能用最自然的语言和声调,来表达最自然的情感⑥。歌谣的创作几乎没有任何功利的目的,皆天籁自鸣,直抒己志。歌谣也没有任何格律的限制,或者说格律的存在根本不会影响人们情感的表达。当人们需要借助于歌谣发泄自己的情感时,歌谣就出现了。一切就是那么简单,犹如风行水上,自然成文。"中国现代民间文学家使用得最广泛的一个描写民歌的概念,就是这个'真'字。他们把民歌的'真'与他们鄙视的'假'的正统文学相对照,认为民歌唯其'真',才能唤起普遍的人类体验与情感共鸣,它们也因此得到了广泛的传播,乃至在不同的语言民族中间不胫而走。⑦"

---

① 褚东郊《中国儿歌的研究》,《小说月报》第 17 期,1927 年 6 月。转引自洪长泰的《到民间去》,第 208 页。
② 参见褚东郊《中国儿歌研究》,朱自清的《中国歌谣》和张周勋的《略谈乡间儿歌与儿童游戏在教育上的价值》(见《文化与教育》第 93 期,1936 年 6 月 20 日)。
③ 王肇鼎《怎样去研究和整理歌谣》,见《歌谣》周刊,第 45 号。
④ 周作人《歌谣》,见钟敬文的《歌谣论集》,第 32 页。
⑤ 卫景周《歌谣在诗中的地位》,见《歌谣》周刊周年纪念增刊。
⑥ 刘半农《半农杂文二集》。
⑦ 洪长泰《到民间去》,第 99 页。

20世纪早期,许多学者都认识到了歌谣情真的特点,因而认为歌谣在文艺方面可以给诗人不少的参考和启示,尤其是在新诗的创作模式和创作风格上。白话文的先驱胡适就曾经感叹真诗原来是在民间,认为歌谣无论如何在文学借鉴方面的作用是最大、最根本的①。何植三甚至提出新诗人应该"多研究些歌谣,栽培涵养",由此才可以"巩固新诗的命运"②。

其次,歌谣是民族个性的真实表现。歌谣可以代表一切民族的特性,是民族精神的体现③。有人说相对于诗歌创作而言,歌谣是没有个性的。这是一个错误的观点。歌谣是以民众地方为单位的,不是以个人做单位的。因此,歌谣的个性,应该从一个地方的人群看起④。要想彻底了解一个民族,最扼要和最真实的材料便是民间歌谣俗曲。"因为这是蚩蚩者氓自己用来陶情适性的。他们既不比考生们对着考官对策,又不比戏子们对着听众卖艺,所以唱起来只是有话实打实地说。不求讨好,不受拘束。⑤"是民众在完全自然的状态下的价值取向、个性特征、社会观念、道德伦理、宇宙观和世界观的自然流露。因此,歌谣是研究人民人情道德、生活形态、风俗习惯、制度文化、宗教信仰,乃至国民性的宝贵材料。王鼎新甚至说:我理想中研究和整理歌谣的结果,竟可把中国各地民族的特性列一个表,详细地区别申述出来,照这样说,歌谣对于社会和国家,都有极密切的关系。他认为,民族特性,无论是政治上的、历史上的、教育上的、风俗上的、娱乐上的、表情上的,还是表现在其他方面上的,都可以从歌谣中去发现线索。

对于歌谣能在多大程度上反映生活,它们的可信程度又有多高上,中国学者们的态度是肯定的。用洪长泰的话说:"当时的中国民间文家是把它们(歌谣)当做一种人种志的内容来看待的。所谓人种志,即有别于人类学和社会学的描述,它采用的是从民间风俗中观察民众自己认识世界的规律和方法。⑥"因此,歌谣被当做是等同于各种书面文化传统材料的另一种史实。

第三,由于歌谣真实地反映了民众的生活,因此歌谣又是研究历史的宝贵资料。郭沫若曾经指出:"民间文艺给历史家提供了最正确的社会史

---

① 胡适《复刊词》,见《歌谣周刊》第2卷,第1期。1936年4月4日。
② 何植三《歌谣与新诗》,见《歌谣》周刊,1923年12月17日。
③ 王鼎新《怎样去研究和整理歌谣》,见《歌谣》周刊,第45号。
④ 卫景周《歌谣在诗中的地位》,见《歌谣》周刊纪念增刊。
⑤ 〔美〕顾颉刚《吴歌甲集》,刘复序。
⑥ 〔美〕A. Dundes, *Folklore as a Mirror of Culture*,转引自洪长泰的《到民间去》,第122页。

料。过去的读书人只读一部二十四史,只读一些官家或准官家的材料。但我们知道,民间文艺才是研究历史的最真实、最可贵的第一手材料。因此,要站在研究社会发展史、研究历史的立场来加以好好利用。①"历史上很多重大的政治和历史事件都在歌谣中有所反映。

第四,因为歌谣是真实的,是最能传达民意的,所以是观民风、察政事的重要途径。陶元珍认为,歌谣可以分为两种类型,一种是描述生活的,一种是美刺时政得失的②。因此,政治歌谣应该在歌谣中占有相当大的一部分,它们"或为德政之颂谱,或为政治人物之抨击"③。百姓的歌谣常常包含了社会上和政治上的重大问题和对施政者的褒贬。"聪明的政治家,由歌谣可以看出民情的向背,有心的史家更由歌谣可以解释一代的兴衰。"④

2. 方言化

歌谣属于口头民俗学,其最大的特征便是口头性,表现为口头创作、口头流传、口头保存,而大量的歌谣都是以方言为载体的。所以,歌谣又被称为方言的文学。一方面,许多歌谣中的方言、方音和口语令人费解;另一方面,正是这些方言歌谣,大量保存了地方风俗、习惯、信仰,以及与人民生活密切相关的历史事件,具有独特的地方色彩。另外,也正是因为方言的存在和使用,使得这些歌谣流传更为广泛,更加亲切、生动和具有活力。歌谣如果不用方言,也就失去了生命力。刘复曾谈到:我认为有一种可以深深打动我们,并且优胜于其他类型语言的语言,那就是方言⑤。正是这种方言,才是文学创作的活的源头。

六、歌谣研究

1. 搜集歌谣

(1) 忠实地记录,不做任何甄别与删改。在《歌谣》周刊发刊词中,常惠就提到:"歌谣是民俗学上的一种重要的资料,我们把他辑录起来,以备专门的研究。这是第一个目的。因此,我们希望投稿者不必自己先加甄别,尽量地录记。因为,在学术上是无所谓卑微或粗鄙的。"

(2) 走入田野,亲自调查。只有亲自到民间去,记录的材料才可能真

---

① 转引自赵晓兰的《歌谣学概要》,第120页。
②④ 陶元珍《歌谣和民意》,见《歌谣》周刊第三卷、第13期。
③ 黄朴《歌谣和政治》,见《歌谣》周刊周年纪念增刊。
⑤ 刘复《刘半农诗选》,人民文学出版社,1958。

实,也才有价值。"依民俗学的条件,非得亲自到民间搜集不可。书本上的一点也靠不住,又是在民俗学中最忌讳的。每逢写在纸上,或著成书的,无论如何——至少著者也要读过一点书的,所以多少总有一点润色的地方,那便失去了本来的面目。而且无论怎样,文字绝不能达到声调和情趣。一经写在纸上,就不是他了。①"

(3)收集歌谣的同时,注意收集与歌谣相关的一些问题,如歌谣的出处、歌谣的起源、歌谣的流传范围、歌谣的讲述环境等。

(4)记录歌谣应尽量保持其方言方音。或者干脆发明一些语音符号,以保留歌谣音调的本真。因为我们现有的语言不足以记录复杂多变的方言和方音,而如果不用方言和方音记录歌谣的话,那么歌谣也就失去了生命,失去了价值②。

2. 研究歌谣

在歌谣研究中,比较常见的研究方法是比较研究法。比较研究法产生于19世纪的欧洲,创始人是芬兰民俗学家科隆父子,所以比较研究法又称芬兰学派。这种理论主要是通过收集同一故事类型(歌谣或其他民俗事项)的所有异文(包括口头的和书面的),然后对这些异文进行细节方面的比较,并由此来确定故事的起源地、其原始形态和传播途径。这种理论因此又被称为历史—地理学派。

20世纪初,比较研究法被介绍到中国。关于歌谣的比较研究方法,在1922年,胡适就写道:

> 研究歌谣,有一个很有趣的法子,就是"比较研究法",有许多歌谣是大同小异的,大同的地方是他们的本旨,在文学的术语上叫做"母题(motif)",小异的地方是随时随地添上的枝叶细节。往往有一个母题,从北方直传到四川,随地加上许多"本地风光",变到末了,几乎句句变了,字字变了,然而我们诚把这些歌谣比较看看,剥去枝叶,仍旧可以看出他们原来同出于一个母题。这种研究法叫做比较研究法。③

董作宾是中国学者中第一位用比较研究法研究歌谣的学者,也是最成功的一位。1924年,也就是征集歌谣运动开始后的第六个年头,人们已经

---

① 常惠《我们为什么要研究歌谣》,见《歌谣》周刊第2号。
② 黎锦熙《歌谣调查的根本谈》,见《歌谣》周刊年纪念增刊,1923年12月17日。
③ 《歌谣的比较的研究法的一个例》,《歌谣》周刊第46号,1924年3月9日。

收集到了一万多首歌谣,但是利用这些资料进行研究的人却很少。"我看了这样多的材料,未免心急,以为整理研究虽难,我何妨先做一个尝试。失败与成功,且不去管它。"于是董作宾就从当时收到的一万多首歌谣中找出了45首同母题的歌谣《看见她》。

据董作宾的统计,在当时全国的24个省中,共有12个省有《看见她》。因为有许多省如黑龙江、新疆、热河等地区一篇歌谣也没有收到,还有一些省收到的歌谣数目很少,因此,董作宾估计,《看见她》的流传范围应该更广一些。根据《看见她》的分布区域,董作宾发现了两大语系、四大政区。"原来歌谣的行踪,是紧跟着水陆交通的孔道"来传播的。通过对《看见她》的一些细节,包括方言、字、词、句、女子形象、服饰、装束、待客习俗、器物、称谓等方面的比较,董作宾认为,《看见她》起源于陕西的中部,然后分别沿长江和黄河流域进行传播:在黄河流域分为四个支系,在长江流域又分为两大支系。

由于材料的限制和比较研究法本身的缺陷①,董作宾的分析研究过程和结论都存在着问题,但这并不影响《看见她》在中国歌谣研究史上的地位。

歌谣研究还可以采用人种学的研究方法。这种研究方法的基本观点是从民间风俗中发现民众认识世界、理解世界的规律和方法。研究者应尽量避免对各种民俗现象做出自己的理解、推断和臆测,而是依据民众的表述做出客观的描述和归纳。这种研究方法是20世纪中期才逐渐被完善的。②

另外,还可以从社会学、人类学、文学和语言学的角度研究歌谣。

第八节 史 诗③

一、定义

史诗就是以口头形式流传和保存的长篇复合故事歌。④ 与传统的故事

---

① 参见天鹰的《"五四"以来民间歌谣的比较研究》,收于天鹰《论吴歌及其他》,上海:上海文艺出版社,1985。
② 可参考本书第五章。
③ 仲林参与了本节的编写。
④ 从严格的意义上讲,民间史诗应该为韵散结合的形式,即包括演唱的部分和口述的部分。歌唱部分为韵文,口述部分为散文。

歌不同的是，史诗的篇幅很长而且语言华丽、场面恢弘、风格绮丽、人物众多、情节复杂。民间故事和故事歌的情节往往都是单线发展的，而史诗讲述的往往是发生在一个英雄身上的几个、十几个甚至几十个故事。如果说与故事歌相对应的是民间故事和传说，那么与史诗相对应的应该是神话。史诗与神话的差别在于神话是散文叙事体，而史诗是歌体。另外，史诗歌手的身世和经历带有浓郁的神秘色彩。史诗的艺术性、娱乐性很强，也需要一定的演唱技巧；而神话的宗教性很强，讲述者往往具有很高的地位和权利，讲述环境庄重而严肃。

二、特点

1. 传统性

史诗是以口头形式流传和保存的，书面创作或以书面文字形式记载的史诗则不属于民间史诗的研究范畴。我们所说的传统性包括如下几个特点，如变异性、多样性。在任何史诗歌手的头脑里没有一部完整的史诗，他们所拥有的只是一些程式、典型场景和故事模式。每一次表演就是一次创作的过程，所以没有两次的表演是一模一样的。因此我们说，史诗是活的，具有变异性和多样性。这种变异性和多样性可以说是史诗的生命，而文本一旦以书面文字的形式被固定下来，"这些遵循程式、主题、故事模型来创作口头史诗的传统方式将逐渐失去其存在的根由。甚至连固定下来的文本自身，它一旦为记忆复诵提供了便利，也就宣告了其传统的死亡……创作会很快转向某一单一的模式，往往是一种用于记诵的模式，而那些构成传统的多样形式便消失了。"[①]

2. 保守性

史诗的演唱是一种即兴的口头创作，而帮助歌手们自然流畅地完成即兴创作过程的秘诀在于史诗高度程式化的表现形式。这种表现形式可以说是一种高超的技巧、一种行业技能，所以具有强烈的保守性，一般会持续几代和几十代不会变化。"一个经历了若干代民间艺人千锤百炼的口头表演艺术传统，它一定在多个层面上都高度程式化了的。而且这种传统，是既塑造了表演者，也塑造了观众。属于艺人的临场创新和更动是有的，但

---

① 参见〔美〕J. M. 弗里《口头诗学——帕里—洛德理论》，朝戈金译，北京：社会科学文献出版社，2000，第102页。

也一定是在该传统所能够包容和允许的范围之内,是在限度之内的变化。"①

3. 互动性

虽然史诗歌手的每一次演唱都是一种即兴创作的过程,但是每一次创作都不是歌手一个人单独完成的,而是歌手和听众及其演唱语境共同作用的结果。一个优秀的史诗歌手"在口头史诗的传播过程中,是艺人演唱的文本和文本以外的语境,共同创造了史诗的意义。听众与艺人的互动作用,是在共时态里发生的。艺人与听众,共同生活在特定的传统之中,共享着特定的知识,使传播能够顺利地完成。特定的演唱传统,赋予了演唱以特定的意义。演唱之前的仪式、演唱之中的各种禁忌、演唱活动本身所蕴涵的特殊意义和特定的社会文化功能,都不是仅仅通过解读语言文本就能够全面把握的。所以,如果说书面的文本还可以认为在某种程度上是'独立自足'的话,口头史诗表演中的文本,则尤其不能在解读它时不顾它的语境"②。

4. 程式化的倾向

史诗中的人物和事件往往都带有程式化的特点。以英雄的诞生和成长为例,几乎所有的英雄诞生都具有神秘的色彩。一般来讲,英雄人物大都是神子,肩负着救民于水火之中的重任。神子的诞生大都采用投胎人间的方式,而且因为是神子,所以他们在人间都没有父亲,只有母亲。降生之后,又要历尽磨难,尝尽人间酸苦,这似乎是每一位英雄人物的必经之路。用孟子的话来说就是:"天将降大任于是人也,必先苦其心志,劳其筋骨,饿其体肤,空乏其身,行拂乱其所为,所以动心忍性,增益其所不能。"③是英雄总要出人头地,因此,史诗总要安排一场能够让英雄出世的竞技活动。英雄称王、娶妻,然后便开始其救国救民、降妖伏魔、东征西战、建功立业的漫长人生。许多史诗中的主人公,如格萨尔、格斯尔、江格尔、玛纳斯、罗摩和吉尔迦美什④的诞生都具有上述特点。

---

① 参见〔美〕J. M. 弗里《口头诗学——帕里—洛德理论》,朝戈金译,北京:社会科学文献出版社,2000,第 19 页。
② 同上,第 19—20 页。
③ 《孟子·告子下》。
④ 格斯尔是蒙古史诗《格斯尔传》中的英雄,罗摩和吉尔迦美什分别为印度史诗《罗摩衍那》和古巴比伦史诗《吉尔迦美什》中的英雄。

5. 音乐性

史诗一般都是以歌唱的形式来表演的,音乐占有极其重要的地位。

6. 神圣性

史诗都是关于某一个民族的英雄、祖先和宗教领袖们的故事和事迹,因此,史诗是神圣的,表现在史诗歌手一般都被看做是史诗中一些英雄人物的灵魂转世,目的是为了宣扬英雄的业绩。民间对于史诗歌手之所以具有特殊演唱才能的说法众多,例如神授说、托梦说、圆光说、伏藏说等。藏族《格萨尔王》的歌手不承认师徒相承、父子相传的关系。他们认为说唱史诗的本领是无法传授的,也是学不了的,全要靠缘分或神灵的启迪,歌手是诗神附体,因而史诗歌手在民间都具有很高的地位,非常受人尊敬。

另外,史诗的神圣性还表现在史诗演唱之前,人们要举行隆重的仪式。例如,格萨尔仲堪(史诗歌手)在说唱格萨尔的故事之前,大都要焚香请神。演唱时还要穿戴上特定的服装、服饰,如戴上插满各种羽毛的帽子,手摇着小铃鼓或手拉牛角琴等。

7. 延续性

史诗是永远也唱不完,也永远不可能被全部记录下来,因为歌手演唱史诗时,并不依赖于一个定型的唱本,这就是说歌手的每一次演唱都是一种再创作,而这种创作的基础是歌手在长期的演唱实践活动中学习积累起来的史诗演唱的技巧和对史诗语言、人物、故事情节和场面的基本模式的掌握。只要有需要,或者说只要有观众,史诗歌手就可能永远唱下去。从目前收集的情况看,藏族史诗《格萨尔》有 120 多部,除了英雄的诞生和地狱之部比较固定外,其他大部分都是在讲述格萨尔的征战经历,主要包括十八大宗、十八中宗和十八小宗。每一次征战都独立成篇,这就给歌手留下了无限的创作空间,只要社会需要,时机、条件成熟,歌手们可以再创造出许多部格萨尔征战的史诗来,可以把格萨尔的史诗永远唱下去。

三、分类

史诗包括神话史诗、英雄史诗和巫术史诗。

1. 英雄史诗

英雄史诗指的是围绕着一个或几个英雄人物的业绩而展开的系列复合故事歌。比较典型的有中国著名的三大史诗,藏族的《格萨尔》、蒙古族的《江格尔》和柯尔克孜族的《玛纳斯》。

第二章 口头民俗学

《格萨尔》①又名《格萨尔王传》,流传于青海、四川、西藏、甘肃和云南等地的藏族人民中间。史诗讲述了格萨尔王一生的英雄业绩。从目前搜集整理的情况看,《格萨尔王传》共有一百二十多部,一百多万诗行,两千多万字,是世界上最长的一部史诗。史诗的内容主要分为三个部分,英雄的诞生、降妖伏魔和地狱之部。

英雄的诞生:格萨尔原为天神白梵天王的三儿子推巴噶瓦,由于人间魔怪横行,民不聊生,所以天神派遣推巴噶瓦下凡人间,做黑头发藏人的君王——格萨尔王,以降魔除怪、拯救人类为使命。推巴噶瓦下凡后投胎于一个弃妇,由于财产被其叔父晁同所霸占,所以母子两个相依为命,生活异常贫困。同时,晁同还千方百计地要害死他。当格萨尔还在母腹中的时候,晁同就曾下毒要害死格萨尔,但没有达到目的。格萨尔出生后曾被扔进河里、埋在土里,但由于天神的保护,格萨尔非但没有死,反而更加强壮。十五岁(有的说是十二岁)的时候,参加赛马比赛,借神力取胜并成为岭国的格萨尔王,同时迎娶了岭国最美丽的姑娘珠牡为妻。

降妖伏魔:《格萨尔》的第二部分是这部史诗的重点,主要讲述格萨尔征战四方的丰功伟绩。第二部分内容最丰富,篇幅也最为宏大。除著名的四大降魔诗——《北方降魔》、《霍岭大战》、《保卫盐海》、《门岭大战》外,还有十八大宗、十八中宗和十八小宗。在征战的过程中,格萨尔不仅降伏了入侵岭国的北方妖魔,战胜了霍尔国的白帐王、姜国的萨丹王、门域的辛赤王、大食的诺尔王、卡切松耳石的赤丹王、祝古的托桂王等,而且最后还统一了西藏。史诗中的每一个故事和每一场战争均独立成篇,可以构成一部相对独立的史诗。

《霍岭大战》是《格萨尔》中最为著名的一部。当格萨尔远征北方,除魔降妖之际,霍尔国的白帐王正派人四处挑选美女,后来,乌鸦给他带回了消息说:

  美丽的姑娘在岭国,
  她往前一步能值百匹骏马,
  她后退一步价值百头肥羊;
  冬天她比太阳暖,
  夏天她比月亮凉;

---

① 《格萨尔》介绍参考 China epic.com 网站。

141

> 遍身芳香赛花朵,
> 蜜蜂成群绕身旁;
> 人间美女虽无数,
> 只有她才配大王;
> 格萨尔大王去北方,
> 如今她正守空房。

这位美丽的姑娘就是格萨尔的妻子——珠牡。趁格萨尔出征在外,敌军占领了岭国,抢走了珠牡。格萨尔闻讯从魔国返回,率军赶走了敌人,杀死了霍尔王,救回了自己的妻子。《霍岭大战》是《格萨尔》史诗中较为成熟的一部,也是演唱较多的一部,因此内容丰富、情节曲折、结构宏伟、唱词奇妙,人物命运荡气回肠,尤其是战争的场面,惨烈壮阔,激动人心。

地狱之部:是《格萨尔》史诗的尾声,讲述了格萨尔闯入阴曹地府,成功救出了母亲、妻子和十八亿亡魂。功德圆满后,返回天国。

《江格尔》主要流传于内蒙古地区,讲述的是江格尔及其部下勇士们的故事。史诗包括十三章,每一章都有一个中心人物,或者围绕着一个中心事件而展开,因此每一章都是独立的,但综合起来又构成一个整体。

史诗首先介绍了江格尔的身世:

> 在很久很久以前,
> 佛宝弘扬的开始,
> 众神崛起的年代,
> 人世间出了一位英雄。
> 他是塔黑勒珠拉汗的后裔,
> 唐苏克本巴汗的嫡孙,
> 乌仲阿拉德尔汗的儿子,
> 一代孤儿江格尔。

江格尔两岁时就成了孤儿,三四岁就开始建功立业,五岁时,活捉了塔黑的五魔、莽古斯的首领可汗,但也就是在这一年,他被蒙根希格西力格抓去,成了俘虏,并多次受到陷害。

> 在他七岁时,
> 挫败七个敌国。
> 从此江格尔的英名,

传遍了五湖四海。
当阿仁赞神驹
四蹄飞奔的时候,
当阿尔木长戟
无比锋利的时候,
当江格尔汗自己
血气方刚的时候,
谢绝了四十九个努图克
前来求婚的姑娘。
他娶了日出东方的圣主
诺门特古斯汗的女儿
年方十六岁的姑娘
阿盖沙布德拉公主。
他选了最快的战马,
率领狮子般的英雄,
去攻周围的四十二个可汗,
收复了失去的领土。
他的人民长生不老,
永葆二十五岁的青春。
他的国家四季常青,
到处洋溢着欢声笑语。
他的家园没有冬天,
始终散发着春天的气息。

  接下来,史诗的第一章介绍了江格尔和阿拉谭策吉两个人的故事,第二章讲述的是雄师洪古尔的故事,第三章讲述的是英雄萨纳拉的故事,第四章描述了洪古尔和窃马贼芒古里之间的战斗,第五章讲述了洪古尔和芒乃可汗的战斗故事,第六章是关于萨布尔出走后又返回宝木巴的故事,第七章叙述了江格尔、洪古尔和阿拉谭策吉的儿子们远征的故事,第九章到第十三章分别讲述了洪古尔、明彦、江格尔及其勇士们战胜各个敌国,重建宝木巴的故事。总之,史诗描述了以江格尔为盟主的洪古尔等十二名英雄和六千名勇士为保卫家园、英勇战斗、不屈不挠的英雄事迹。史诗粗犷豪迈,具有浓郁的民族特色。

《玛纳斯》流传于新疆的柯尔克孜族,共八部,二十多万行。主要包括《玛纳斯》、《赛麦台依》、《赛依台克》、《凯耐尼木》、《赛依特》、《阿斯勒巴恰》、《别克巴恰》、《索木碧莱克》和《奇格台依》。

《玛纳斯》史诗的第一部《玛纳斯》,主要讲述了玛纳斯的诞生及其英雄业绩。玛纳斯出生前,统治柯尔克孜族的卡里玛克人中,有一个占卜师算出柯尔克孜人中要出生一个名叫玛纳斯的英雄,而且玛纳斯将推翻卡里玛克人的统治,因此卡里玛克汗王下令对柯尔克孜人的孕妇实行剖腹检查。在人们的帮助下,玛纳斯终于出世,他一手攥油,一手握血,掌心上还有"玛纳斯"的印记。出生后,玛纳斯很快成长为一个力大无比的英雄,他九岁开始出征,并聚集起四十名勇士,东征西战,逐渐统一了柯尔克孜族各部落,建立起了十四个汗王的部落联盟,成为柯尔克孜人的首领,并娶了美丽的卡妮凯公主。后来,玛纳斯一意孤行,进行了一场远征,不料身负重伤,回来后就死去了。史诗的后七部分别讲述的是玛纳斯的儿子、孙子、重孙子……一直到第七代子孙的英雄业绩。

中国三大史诗《格萨尔》、《江格尔》和《玛纳斯》在结构上都属于开放型的,也就是说,只要有听众和社会允许,人们就可以随意增加一些新的片段,史诗可以永远被演唱下去。

2. 神话史诗

神话史诗指的是以歌唱的形式演唱的长篇复合神话。例如,流传于云南纳西族的长篇神话史诗《创世纪》,集中了纳西族原始神话的丰富内容。史诗包括《开天辟地》、《洪水翻天》、《天上烽火》和《迁徙人间》四大部分。除此之外,阿昌族的《遮帕麻和遮米麻》、佤族的《西岗里》、瑶族的《密洛陀》、壮族的《布伯》和彝族的《梅葛》等都是神话史诗①。流传于湘中地区的《盘瓠》古歌,也属于神话史诗。

> 提起古人盘瓠事,不少世人搞不清;
> 我国历史有记载,民间传说也逼真;
> 黄帝轩辕五世孙,其中有个叫高辛;
> 高辛就是帝喾王,五帝之中算一名;
> 帝喾招有一女婿,就是盘瓠这个人;
> 盘瓠为何做驸马,根因从此来发生;

---

① 关于神话史诗的内容,可参考本章的"神话"一节。

盘瓠本来是神犬,原委说来很神通;
神犬所有来和历,一五一十听分明。
相传高辛做皇帝,要算贤良好明君;
……
天有不测风云事,灾祸却从天降生;
戊寅年间涨大水,滔天洪水至昆仑;
百姓淹死千千万,生灵涂炭鬼神惊;
水稻完全绝了种,没有谷种世间存。
高辛天子着了急,诏令朝廷出榜文;
谁人找得谷种到,拿个公主配为婚。
神犬一见朝廷榜,揭下皇榜进京廷;
来到京廷见天子,三呼万岁大高声;
申言可把谷种找,许婚之事莫迟疑;
天子一见是神犬,不觉内心在默神;
但是为了万民事,不管怎样满应承;
天子答言很干脆,见了谷种就成亲。
神犬头脑很灵性,神通广大并非轻;
知道西凉有谷种,决心独自往前行;
……
几天几夜未眨眼,西凉皇国快来临;
……
家家户户把谷晒,屋前屋后晒满坪;
黄澄澄的好稻谷,既爱人来又称心;
神犬此时心生计,将身滚在谷堆中;
几滚几滚不非小,满身稻谷粘几层。
……
跋山涉水多辛苦,九十九天返京廷;
如今世上种水稻,就是这个大原因;
谷种下泥一百日,禾穗长成狗尾形;
根源就从这里起,千古流传到如今。
……
天子闻听神犬返,龙驾出门来欢迎;
……

>　　公主一见是神犬,内心苦闷不欢心;
>　　堂堂正正一公主,竟与神犬结成亲;
>　　……
>　　就与神犬把堂拜,先拜天地后祖宗;
>　　交拜之时怪事出,怪事出在神犬身;
>　　神犬忽然大变化,变成美貌一后生。
>　　……
>　　公主不久怀六甲,不断怀孕在身中;
>　　先后怀胎十二次,生下六男六女人;
>　　十二男女多漂亮,个个定好姓和名;
>　　光阴似箭滔滔过,兄弟姐妹都长成;
>　　当时天下人丁缺,只好兄妹配为婚。
>　　十二男女成六对,六对夫妻乐无穷;
>　　六对夫妻生儿女,世代繁衍人数增;
>　　新生后代千千万,做了爷来又作公;
>　　开始住在中原地,后来慢慢移湘中;
>　　武陵五溪梅山峒,都是盘瓠好子孙。
>　　……①

　　盘瓠神话在很多地区和少数民族都有流传,不仅如此,盘瓠神话的样式也是多种多样,有散文叙事体的文本,也有韵文和歌体的文本,还有图画文本。这对我们考察神话的传播、传递有着重要的意义。

　　3. 巫术(或宗教)史诗

　　巫术史诗主要是以歌唱的形式讲述巫术(或宗教)人物或巫术、斗法行为为中心的长篇复合故事。北欧和俄罗斯有许多巫术或称"萨满"(shamanistic epics)史诗。史诗的主人公一般为巫师,巫师之间互相斗法,包括变形,如变身为鱼、猎鹰和狼等,念咒语施法于对方等。湘中上梅地区流传广泛的《张五郎根因歌》就是一种巫术史诗:

>　　梅山古人张五郎,神通广大把名扬。
>　　传奇故事多得很,民间千古信五郎。

---

① 流传于湖南新化,周梅元搜集整理。见梁金平、周鲜花《湘中民歌研究》,长沙:湖南人民出版社,2006,第23—26页。

相传古代楚国内,三年无雨闹灾荒。
饿死黎民无数万,暴尸遍野无人葬。
朝廷下诏请法师,金銮殿内设神堂。
请来两位大法师,徒弟就是张五郎。
师徒坛中作神法,普降大雨洒楚邦。
……
金銮殿内排筵席,表彰师徒神通广。
五郎原名张五即,皇帝钦点成五郎。
……
太上老君神法好,五郎拜师在草堂。
老君有意收弟子,试他心地良不良。
一日师爷叫弟子,三天要开百亩荒。
五郎领了师父命,刀耕火种在山冈。
五郎吃尽千般苦,刀耕土地仅几方。
师父有个娇娇女,名叫急急美名扬。
眼看五郎期限到,诚心诚意来帮忙。
口念咒词把法使,熊熊烈火山烧光。
呼来野猪上千只,动脚动嘴翻山冈。
不到两个时辰满,百亩山荒一片黄。
……
师父又把难题讲,三斗芝麻撒新荒。
……
天黑之时过升斗,少了一粒破肚肠。
五郎一天捡到黑,量之不足半升装。
又得仙女来帮助,口呼鸟雀上万双。
吩咐都把芝麻捡,私吞一粒把命偿。
……
五郎有了神通法,骄傲自满妄又狂。
眼里没有急急在,妻子内心有提防。
五郎早晚练神法,搬掉脑袋放一旁。
一个筋斗翻过去,身首吻合没有伤。
急急心中打一想,我要使法难五郎。
趁着五郎头砍下,忙将头颅换一方。

暗暗又将神法使,此时五郎没提防。
翻个筋斗合身首,身首吻合不一样。
头颅已经翻了面,再也无法复原样。
从此五郎身变样,翻天倒地张五郎。
五郎身首虽变样,神通广大法无常。
……
梅山处处平安地,全赖尊神张五郎。①
词歌巫师唱,平民百姓"和"。

四、史诗研究

1. 理论的产生

史诗研究中最有影响的是口头程式理论,产生于20世纪中期的美国,主要创始人是米尔曼·帕里(Milman Parry)和艾尔伯特·洛德(Albert B. Lord)。

帕里最早关注古希腊史诗就是对史诗的叙述模式感兴趣。早期的学者对古希腊史诗的研究一般都只限于对史诗的文本进行分析,帕里也不例外。帕里通过对荷马史诗的研究发现,史诗中的一些句式和形容词往往是固定的,例如"飞毛腿阿卡琉斯"和"灰眼睛的雅典娜女神"等,一些典型场景如集会、出征等也都具有固定的叙述和语言模式。因此,他推测史诗歌手在演唱史诗的过程中一定遵循着某种传统的创作规律和模式,如常规语句库(stock phrases)和传统场面(conventional scenes)等。因此,荷马史诗很可能是口头的。

为了验证自己的观点,20世纪30年代中期,帕里和他的学生洛德到南斯拉夫对活史诗进行了实地考察,因为在当时,只有南斯拉夫还保存有行吟歌手即兴演唱史诗的传统②。帕里和洛德录下了史诗歌手们数百首的史诗即兴演唱片段。通过对这些活态史诗的研究,他们发现史诗歌手们在演唱过程中,的确遵循着一种创作模式和规律,其中包括一些固定的常规语句和典型场景,从而验证了他们的观点。他们的发现被称为"帕里—洛德理论",又称"口头程式理论"。

---

① 流传于湖南新化,周梅元搜集整理。见梁金平、周鲜花《湘中民歌研究》,第27—29页。
② 当时,学者们只在南斯拉夫、俄罗斯和北欧的一些地区发现有史诗歌手还在演唱史诗,但现在保存有史诗演唱传统的远不止上述地区了。

第二章 口头民俗学

口头程式理论主要是探讨史诗艺人是如何记忆上千、上万甚至几十万行的史诗文本的。以中国现在还在流传的活态史诗为例,西藏史诗《格萨尔王》的著名歌手扎巴生前共演唱了二十五部《格萨尔王》史诗,近六十万诗行,六百多万字,相当于二十五部荷马史诗。那么,像扎巴一样的史诗歌手靠什么来做到这一点呢?

通过调查和研究帕里和洛德发现,歌手们的每一次演唱既不是完全依靠记忆进行背诵,也不是在每一次表演时都进行完全的创新,而是在一种传统模式所允许的范围内进行有限的调整。这里所谓的传统模式指的是史诗歌手在演唱过程中所依赖的一种史诗即兴创作的基本结构模式。

2. 史诗的结构

依据口头程式理论,史诗的结构可以从三个方面来进行概括:程式(formula)、主题或典型场景(theme or typical scene)以及故事模式或故事类型(story-pattern or tale type)。根据这几个概念和相关的分析模型,口头程式理论基本上解释了许多伟大的史诗歌手为什么能够记忆成千上万的诗行,以及他们出色的即兴创作能力是如何获得的。

(1) 程式(formula)

所谓的"程式"实际上就是词汇或者说是一种句法结构,主要指的是在史诗演唱过程中一种常用的描述性短语,具体说就是在相同音步(meter)条件下,用以表达一个基本观念的短语。这些短语可能是一种常见的明喻、隐喻或特定的描写和叙述词汇。

程式的主要特点是它的节奏性、重复性和稳定性,主要功能是帮助歌手在演唱过程中迅速而又流畅地讲述故事,而不必担心语言本身的问题。程式往往是成组出现的,例如某些程式是用来表现战斗场面的,某些程式是用来表现英雄死亡的场面的。总之,史诗歌手都有一个庞大的程式库,库存越丰富,表现能力也就越强。一组一组的短语就像是建造史诗长城的砖石,需要哪一句就把哪一句拿出来。

例如《格萨尔》史诗:"倾向于使用某些重叠,甚至是使用没有词汇意义的三倍的音节重叠,为了描写特殊的形貌或场景,他们不受描摹声音的限制,更喜欢使用象声词。"[①]例如 Kyi-li-li,常被用来或者表示女人的一瞥或者表示彩虹和闪电;用 Kyu-ru-ru 表示笑声或唱歌;用 Khyi-li-li 表示号啕

---

① 〔法〕石泰安《西藏的文明》,伦敦,1972 年,第 25 页,转引自〔保加利亚〕亚历山大·费多代夫的《岭·格萨尔史诗的诗律》,谢继胜译,载于《民族文学研究》,1992 年第 3 期,第 91—93 页。

和大海的波涛；用 Tha-ra-ra 表示如云般披挂的战士和黑雾等。① 另外，《格萨尔》史诗还大量使用了格言、特殊的名词短语和隐喻的特殊短语，这些都是一个歌手必须首先要掌握的基本技巧。

《玛纳斯》史诗的唱词也有很多固定的修饰片语。有的学者认为，歌手们演唱的史诗就是由这些并置的重复片语来构成的，相对来说，这些片语的数量不算大，但歌手必须熟练地掌握和运用它们。"重复片语的每一次展示都自动地遵循固定的规则，唯其顺序可以变化。一个出色的歌手能像我们玩纸牌那样去处理这些重复片语，他只是根据他自己的意愿去做出不同的排列。"②

史诗《江格尔》提到江格尔时往往使用 aldar noyan janggar（英名盖世的诺颜江格尔）这个程式，提到萨布尔时往往使用 hündü gartai sabar（铁臂的萨布尔）这个程式，提到江格尔的骏马时往往使用 hüreng haljan hülüg（栗色白额骏马）这个程式，描写江格尔的宫殿时则一般采用 arban tabun dabhur /altan charlig bambalai dotora（十五层的/金碧辉煌的宫殿里）这个程式。又如，《江格尔》每次提到江格尔大军的大纛时都会使用这样一组程式：

dugtui dotora baihula	旗套里面在着的时候
dolbing sira in önggetei	发射出黄色的光芒
dugtui eche ban garhula	旗套里面拿出来的时候
dologan naran nu gereltei	发射出七个太阳的光芒

类似这种一而再再而三地重复使用同一个程式的情况在整部史诗中十分常见。③

程式不仅具有重复性，而且具有排他性。一旦史诗歌手已经习惯使用某一程式表达某一特定意义，那么他会始终坚持使用该程式，同时拒绝使用用其他一切可能的表达方式。比如，歌手在提到江格尔的时候只会使用"英名盖世的诺颜江格尔"这个程式，而不大会去尝试诸如"勇猛无畏的江

---

① 〔法〕石泰安《西藏的文明》，转引自〔保加利亚〕亚历山大·费多代夫的《岭·格萨尔史诗的诗律》，第91—93页。

② 〔法〕A. V. Gennep, La Question d'Homere, 1909, p.52. 转引自 J. M. 弗里《口头诗学——帕里-洛德理论》，第28页。

③ 史诗文本系蒙古文的拉丁文转写，汉译系逐字对译。参见朝戈金《口传史诗诗学——冉皮勒〈江格尔〉程式句法研究》，南宁：广西人民出版社，2000，第135—173页。

第二章 口头民俗学

格尔"之类的表达方式。这种俭省的表达与讲求创新、变化的书面文学有着显著的不同,是口头叙事的重要表征之一。

(2) 主题或典型场景(theme or typical scene)

主题或典型场景指的是一组用来表现一个共同主题的程式或说句群。这里所谓的共同主题就是史诗中的一个个意义片段,例如战前动员片段、跋涉片段、婚宴片段等等。这就是说,歌手程式库中的程式是分门别类地储存着的,程式的形式各异,主要是因为它们的功能不一样:有的是用来表现紧张的战斗场面的,有的是用来表现缠绵的离别场面的,有的是用来表现华丽的服饰的,有的是用来表现艰苦的跋涉场面的。根据史诗情节的发展和需要,史诗歌手会选择必要的主题或场景。

《玛纳斯》史诗中,"出征"的主题占有着极其重要的地位。苏联学者阿乌艾佐夫认为,

> 几次出征在长诗(《玛纳斯》史诗)中占有最为重要的地位,并且分成许多次独立的出征来描写。萨肯拜依·奥罗兹拜柯夫对出征主题的描写都是相同的,与作品的总的结构很吻合。细节的差异是如此的少,而且如此微不足道,以至有一个情节的形式就可以把所有出征的情节概括起来。①

概括起来,出征的主题由如下片段组成,首先是对和平、富足和幸福生活的描绘,然后是战争将临的信息打破了宁静、祥和的生活现实,一场圣战即将发生。接下来,隶属于玛纳斯的其他部族的可汗们,率领自己的军队来到营地。

> 歌手如同检阅一样述说了调遣来的各部族的领袖——玛纳斯的勇士、朋友和出生入死的伙伴——统帅的各族武士们。在全部征战当中,这个检阅作为一种传统的因素,毫无例外地用一些现成的"套语",用这样或那样一些成语,而在列举调遣来的军队时保持着一种固定不变的顺序。②

接下来就是离别的场景,将士们同双亲和妻子告别,然后军队踏上了征程。

---

① 〔苏〕M. 阿乌艾佐夫《吉尔吉斯民间英雄诗篇:〈玛纳斯〉》,马昌仪译,见《中国史诗研究》第1辑,乌鲁木齐:新疆人民出版社,1991,第228页。

② 同上,第229页。

征程艰辛无比,有无水的荒原,有无法通行的崇山峻岭,有暗无天日的森林①,也有巨浪汹涌的激流。另外,还有各种妖魔和巫师作法阻碍军队的行进。但玛纳斯和他的军队最后还是顺利完成了行程,到达了目的地。

交战的场面通常是先由一般的勇士出战,战斗的过程当然是胜负各半,玛纳斯的军队还一度处于劣势。关键时候,玛纳斯出场,一举挫败对手,最后往往是一场大规模的搏斗场面,胜利者当然是玛纳斯和他的勇士们。征战的最后结局是失败者俯首听命,并向胜利者进贡,贡品包括女人和金银珠宝。胜利者论功行赏,合理分配战利品。

一部史诗,往往是由许多这样固定的主题和典型场景所组成的。歌手一旦掌握了其中的奥秘,便会适时创造出许多种异文来。

(3) 故事模式或故事类型(story pattern and tale type)

故事模式或故事类型是指史诗讲述中核心而稳定的叙事框架(Skeleton of Narrative)②。简单地说,故事模式就是故事讲述中程式化的开头、经过和结局。如果按照故事模式对史诗进行分类,我们可以找出一些界线分明的史诗类型,如营救歌、回归歌、战争歌、婚礼歌等。洛德认为,在同一史诗类型内部,无论一部史诗与另一部史诗在表面上存在着多么大的差异,但它们的叙事框架却有着惊人的相似之处。

史诗歌手不仅要掌握大量的程式化的句法和主题片段,而且还要具有合理安排全部故事的整体结构的能力,也就是我们常说的合理安排故事的开始、发展和结束,即故事的叙事结构。口头史诗在很多个层面上都是程式化的,小到一句唱词,大到整部的史诗。

例如,《魔岭大战》是《格萨尔》史诗中最重要、最受欢迎的分部本之一,它属于营救歌,主要讲述格萨尔王营救王妃梅萨的故事,其叙事框架大致如下:

格萨尔前往东方查姆寺闭关修炼——魔王鲁赞趁机劫走格萨尔的王妃梅萨——天母朗曼噶姆授意格萨尔前去营救——王后珠牡出于嫉妒在酒中下了迷药,使格萨尔忘记营救一事——天母朗曼噶姆点醒格萨尔——格萨尔出发营救梅萨——格萨尔收服魔王的妹妹阿达娜姆和魔王的手下

---

① 《玛纳斯》史诗中极少出现森林,但跋涉途中遇险森林是许多史诗中的一个典型场景片段。许多歌手在演唱史诗的过程中都会详细地介绍征战沿途的地形、气候、植物和动物分布情况等,以显示自己的才学。

② 〔美〕Albert B. Lord, *The Singer of Tales*, Harvard University Press, 1960, p.99.

第二章 口头民俗学

五头妖秦恩——格萨尔在阿达娜姆和秦恩的帮助下杀死鲁赞,救出梅萨,接管了魔国。

紧接着《魔岭大战》的《霍岭大战》也是《格萨尔》中极重要、极受欢迎的分部本,它同样属于营救歌,其叙事框架大致如下:

格萨尔在魔国流连忘返,与梅萨和阿达娜姆寻欢作乐——霍尔国白帐王趁机劫走留守岭国的珠牡王后——白仙鹤和红狐狸先后告知格萨尔珠牡被掠一事——梅萨和阿达娜姆不想让格萨尔离开,在酒中下了迷药,使格萨尔忘记营救一事——格萨尔的宝驹江噶佩布点醒格萨尔——格萨尔前往霍尔国营救珠牡——格萨尔收服霍尔国噶尔柏纳亲王的女儿吉尊益西——格萨尔在吉尊益西的帮助下杀死白帐王,接管了霍尔国。

两相比较后不难发现,作为营救歌,《魔岭大战》与《霍岭大战》的叙事框架是高度相似的。

洛德认为,在口头传统中,存在着大量的叙事模式。无论一个史诗故事与另一个史诗故事之间存在着多么大的差异,但它们的叙述结构的确有着惊人的相似之处。例如,根据洛德的研究,一种故事的模式可概括为如下几个层面:一位失踪或死去的父亲、一次挑战、一位救助者、借来的装备、在两种不同叙事情境中的一次旅行[1]。掌握了这种故事模式,歌手的即兴演唱和创作就变得容易多了。

史诗的整体结构在某些方面与俄国学者普劳普(V. Propp)[2]的民间故事形态理论有着异曲同工之妙。普劳普认为,典型的俄罗斯民间故事普遍存在着三十一种功能。如果按照这种理论进行正常的推理,在一个理想状态下,故事家如果事先选择一个母题,然后根据这三十一种功能,故事家便会创造出很多很多的故事来。因为按照普劳普的理论,所有的民间故事的结构或者说情节发展,都脱不出这三十一种功能的范围。普劳普相信,民间故事之所以会有这种结构顺序,主要是因为民间故事反映了某种成年礼的仪式(adolescent initiation ritual)。洛德也认为,归来歌(the return song)的故事结构,包括出走、遭掠、归来、报仇和婚礼,与某些植物的生长仪式有关系。比较看来,普劳普的故事结构和洛德的史诗结构都是以"缺失"(absentation)开始,而以"婚礼"结束。因此,我们可以说,口头程式理论

---

[1] 参见〔美〕A. Lord, The Traditional Son, In *Stolz and Shannon*, 1976, pp.1—15.

[2] 欲详细了解普劳普的民间故事理论,可参考本书的民间故事和民俗理论两节。

和普劳普的故事形态学在民俗研究中可以彼此相互印证。①

洛德认为,流传于塞尔维亚—克罗地亚的"归来歌"②的细节与《奥德赛》有着惊人的相似之处。可以说是"荷马在比哈奇的回声"③。不可思议的是中国一些史诗也与《奥德赛》惊人地相似,如哈萨克英雄史诗《阿勒帕米斯》、《霍布兰德》、《阿尔哈里克》,柯尔克孜族的《江尼希与帕依希》,阿勒泰人的《阿里莆玛纳希》和乌孜别克族的《阿勒帕米希》等史诗都有一个典型的叙述模式,即勇士征战、勇士酣睡、勇士被俘、勇士被投进山洞、勇士家乡劫难、公主搭救勇士、勇士乔装乞丐、婚宴上射箭杀敌。

以《阿勒帕米斯》为例,阿勒帕米斯出征途中,遇见了一个妖婆,给阿勒帕米斯灌了四十碗烈酒,将他灌醉后捕获。妖婆想杀了他,但无论是刀砍斧劈,还是火烧水淹,怎么样都杀不死阿勒帕米斯。最后,妖婆把他扔进了山洞里,一位公主用绳子救出了阿勒帕米斯。当阿勒帕米斯回到自己的家乡时,看到父亲被赶去放羊,母亲和妹妹被逼去做使女,妻子将被强娶。于是阿勒帕米斯乔装成乞丐,混进将要举行的婚宴。在婚宴上,他拉开了无人能拉开的弓,一箭射死了想强娶自己的妻子的恶人,然后杀死了其他的敌人,解救了受难的父老乡亲④。这个故事情节与《奥德赛》简直一模一样。可见,模式是普遍存在的,而且可以超越文化和民族的界限。

故事模式的功能同样是帮助史诗歌手在表演过程中快速、流畅地讲唱故事,而不必过多地去考虑情节构思问题。有经验的歌手很清楚地知道某一类型的史诗应当如何开头,如何编织中间的故事以及如何收尾,故事模式为他们提供了现成的解决方案。

总之,史诗是由程式以及程式化的主题和故事模式构成的,程式性是史诗最重要的特点之一。史诗歌手之所以能够记忆、创编、演唱鸿篇巨制的史诗,并非由于他惊人的记忆力,而在于他对程式、主题以及故事模式的熟练掌握。歌手在表演一部史诗之前,首先会考虑它属于哪种类型的史诗(营救歌、回归歌等),以此确定与之相适应的故事模式;接着,他会将整个故事划分为

---

① 可参考 A. Dundes 为〔美〕John Miles Foley 的 *The Theory of oral Composition: History and Methodology* 所写的序,Bloomington: Indiana University Press, 1988.

② 史诗的一种亚类型。

③ 〔美〕A. Lord, Homeric Echoes in Bihac. , in *Zbornik za narodni zivot I obicaje juznih slavena*, 40: 313—320.

④ 参见哈萨克族穆塔里甫的《哈萨克英雄史诗的结构模式与情节母题》,载《民族文学研究》,1992,第 3 期,第 57—61 页。

第二章 口头民俗学

一系列的主题或场景(说媒、集会、宴饮、出征、行军、战斗等),并且对应该如何叙述每个主题、描绘每个场景有一个大致的想法;继而歌手会从自己的程式库中调取相应的程式(现成的词汇或短语),将大量的程式排列组合起来,完成对主题的叙述和场景的描绘。最后,当一个个被程式武装起来的主题、场景有序地排列起来之时,一部鸿篇巨制的史诗就完成了。在演唱过程中,歌手并不需要刻意地去记忆整部史诗,他需要做的仅仅是运用程式以及程式化的主题和故事模式而已,它们完全能够满足歌手的需要。

总之,史诗的演唱是高度程式化的。只要歌手掌握了史诗在不同层次上的模式和技巧,就可以快速、流畅地讲唱史诗。真正的史诗歌手完全不需要死记硬背,而死记硬背的人也绝不可能成为优秀的史诗歌手。

在演唱过程中,歌手并不需要创制,因为那些固定的程式是他既不能也不愿改变的。那些历经若干世纪之久的古老传统的遗产,足以满足他的需要了。要去制作一首他自己的新歌,意味着这首歌在被创作出来的那一刻,就有着不为人们熟悉的主题。这样就需要一个经验丰富的歌手,他必须透彻娴熟地掌握着适用的重复套语,他还要聚精会神地倾听后再决定以什么样的顺序排列它们?是否需要择用较长或较短的形式?或让它们以何种关联方式出现在一个新的场景中。①

五、史诗歌手

一直以来,史诗歌手通过"梦传神授"获得演唱史诗的能力的说法非常流行。例如,著名的《格萨尔》史诗歌手扎巴讲到他的经历时说到,在他九岁的那一年,有一次,他去山上放羊,看见草丛里飞出一只蓝马鸡,他就跟着追。追进了一片青冈林,蓝马鸡不见了。扎巴又累又困,躺在一堆松软的树叶上打起盹来。忽然觉得有人推搡着他的肩膀,对他说:"你快跑吧,他们要抓你,抓住你就要把你杀掉啦!"扎巴爬起来跑到一个长满野花的大坝子,看见一个青年人骑着一匹青马奔了过来。下马之后,他铁青着面孔,从怀里掏出一样闪闪发光的东西,在扎巴的肚皮上划。然后往他的肚子里填着什么东西,扎巴好像闻到一股檀香似的奇异香味。最后,青年人俯下身来对扎巴说:"你现在已经成为最会说唱的人中的一个了,从今之后,你要为下界四方说唱格萨尔大王的英雄事迹。记住了吗?"扎巴醒来,看见乡亲们,才知道自己已经失踪三天了。不知怎么,从此之后扎巴突然会唱很多部的《格萨尔》史诗了。人

---

① 参见〔美〕弗里的《口头诗学:帕里—洛德理论》,第 27 页。

们说，扎巴是被神选中的，为的是让他传唱《格萨尔》的英雄事迹。

中国另外两大史诗《玛纳斯》和《江格尔》的歌手也有"梦传神授"的说法。例如，传说要想成为"玛纳斯奇"（《玛纳斯》史诗歌手），必须有一种神奇的能力或有神灵受安拉的旨意，在人熟睡时将史诗变成一把麦粒放进玛纳斯奇的嘴里，或者有史诗中的英雄进入梦乡，醒来后便可以出口成章地演唱史诗。[①] 这些传说使得史诗歌手具有一种神秘的色彩，也增加了人们对史诗及其歌手的崇敬和神往之情。

"梦传神授"的说法当然不可全信，那么史诗歌手的学艺过程又是怎样的呢？根据调查，洛德认为，史诗歌手的学艺期可以分为三个阶段：

第一个阶段是听，也就是多听、多记，寻找、发现和掌握叙述的内容、节奏、韵律和修辞的手段和方式等。听的过程实际上就是一个知识的累积的过程，是史诗大厦的建筑构件的积累过程。积累越丰富，在以后的演唱过程中，歌手就越能自如地、创造性地把各种部件编织成一幅美丽的史诗画卷。

第二个阶段是尝试演唱阶段。歌手首先需要掌握必要的乐器演奏技术和演唱史诗需要的乐理知识，如节奏和旋律等。它们是表现史诗主题的重要的媒介物。

第三个阶段是歌手可以独立演唱，并能根据当时的场景包括听众的背景和反应随意地对史诗的长度、情节的发展和细节的描绘进行增加和删减，以收到最好的演出效果。每一位歌手都有自己的表演风格和特长。对史诗基本模式的掌握程度、演唱经验和临场应变能力，都对歌手非常重要。

《玛纳斯》史诗的著名歌手居素甫·玛玛依向我们讲述了他成为一个歌手的经历。玛玛依1918年出生于阿合奇县的一个村庄。六七岁时，被父亲送去读书，老师的家里保存了大量的《玛纳斯》史诗的资料，还经常请苏联著名的玛纳斯奇到家里演唱《玛纳斯》，并做了很多的书面记录。玛玛依在读书认字的同时阅读了老师保存的《玛纳斯》史诗的各种文本。后来又曾到喀什白西克热木向吾山阿訇学习史诗及其演唱。回家后，父亲让玛玛依昼夜给他们念史诗，一遍念完了还要念第二遍。对史诗情节的发展，一家人也共同思考。后来玛玛依的哥哥要玛玛依背诵演唱史诗，而且在演唱的同时必须根据情节的变化适当加一些手势和动作以加强史诗的感染力，音调也必须随情境和人物心理的变化而变化，唱出抑扬顿挫的音律和歌调。

[①] 居素甫·玛玛依《我是怎样开始演唱〈玛纳斯〉史诗的》，载《中国史诗研究》，乌鲁木齐：新疆人民出版社，1991，第278—281页。

第二章 口头民俗学

后来,玛玛依的哥哥把自己掌握的《玛纳斯》史诗全部八代英雄的唱本传给了玛玛依。这些唱本是玛玛依的哥哥从许多史诗歌手,其中包括很多苏联著名的史诗歌手的口中记录下来的。从1917—1927年,玛玛依又接触到了许多著名的《玛纳斯》史诗歌手,每一位歌手都有自己的所长,能够演唱史诗的不同部分。玛玛依吸收了各家的精华,终于掌握了《玛纳斯》全部八代英雄的史诗。由此可见,史诗歌手的学艺过程是艰苦而漫长的,并非常人所说的"梦传神授"。

六、史诗的搜集和整理

因为史诗演唱是表演中的创作,故而史诗文本的搜集必须在具体的表演过程中完成,这需要相当扎实的田野工作,其中最关键的一点就是回归语境:首先是让歌手充分地置身于语境当中,在他熟悉的场景中和观众面前进行表演,因为只有在具体的交流和互动中才能真正激发歌手的创作欲;其次是搜集者必须关注并记录歌手及其表演的每一个细节,包括眼神、表情、手势、身体语言、嗓音变化、乐器技巧、音乐旋律以及歌手生平、学艺经历、表演环境等,因为正是这些细节决定了每一次演唱的独特形态。此外,地方性知识(尤其是语言能力)的具备、先进采集设备(如录音笔、数码照相机、数码摄像机、笔记本电脑等)的使用等也是现代田野工作中不可或缺的组成部分。

田野工作的成果要经由后期的整理工作才能体现出来,但以往的史诗整理却问题多多。有学者曾用"民间叙事传统的格式化"概括了这些问题的症结所在,具体而言就是:某一口头叙事传统事项在被文本化的过程中,经过搜集、整理、迻译、出版的一系列工作流程,出现了以参与者主观价值评判和解析观照为主导倾向的文本制作格式,因而在从演述到文字的转换过程中,民间真实的、鲜活的口头文学传统在非本土化或去本土化的过程中发生了种种游离本土口头传统的偏颇,被固定为一个既不符合其历史文化语境与口头艺术本真,又不符合学科所要求的忠实记录原则的书面化文本。而这样的格式化文本,由于接受了民间叙事传统之外并违背了口承传统法则的一系列指令,所以掺杂了参与者大量的移植、改编、删减、拼接、错置等并不妥当的操作手段,致使后来的学术阐释发生了更深程度的文本误读。[①]

---

① 巴莫曲布嫫《叙事语境与演述场域——以诺苏彝族的口头论辩和史诗传统为例》,《文学评论》2004年第1期。

为此，我们必须在整理过程中借鉴某些相对成熟的范式，而"民族志诗学"(Ethnopoetics)就是我们可以援引的方法之一。民族志诗学主要的学术追求："不仅仅是为了分析和阐释口头文本，而且也为了使它们在经由文字的转写和翻译之后仍能直接展示和把握口头表演的艺术性，即在书面写定的口头文本中完整地再现文本所具有的表演特性。"①为此，我们不仅需要忠实地翻译口头文本，而且需要设计出一套新的符号系统和标记方式，将文本(text)、本文(texture)和语境(context)等同时迻录下来，最终达成"完全翻译(total translation)"的目的。民族志诗学的理论与实践不仅对学术界而言是必需的，对普通大众而言也是有利的。

七、史诗与历史

一直以来，很多学者认为史诗一定是基于某些重大的历史事件而产生的一种口头表演艺术形式，所以史诗研究的重点大都侧重在寻找史诗与历史事实之间的联系，或者把史诗中的英雄与某位历史人物画等号。但事实并非如此，史诗与历史的关系似乎不大。

史诗的体裁和形式不适合表现历史事件。民俗事项之所以形式多变主要是因为它们的功能不同。人类的需求是多种多样的，教育的、娱乐的、知识的、精神的、信仰的、宗教的等诸多内容都有其特定的表现形式。在某一历史时期，当现有的文学表现形式不能满足人们表达某种感受和思想的需要时，新的体裁就会产生。拿神话、故事和传说来说，神话和故事产生的年代要早于传说，因为传说表现的内容一般都被认为是真实的，与历史人物、事件和现实生活有关，所以传说产生的年代要在历史事件和人物出现之后。神话和故事的内容都是虚构的②：一个适合于表现神圣的事件；一个适合于表现世俗的事件。所以，这两种形式的产生没有时间的限定。很可能从一开始，人类就同时创造出了神话和故事两种形式。③ 其他民俗事项也各有各的功能，如笑话比较适合于表现人们的反抗情绪，具有心理宣泄的功能；而谚语适合于传播传统的道德、价值和伦理观念，具有明显的教

---

① 杨利慧《民族志诗学的理论与实践》，《北京师范大学学报(社会科学版)》2004年第6期。
② 神话对于创造和传播它们的人们来说是真实的，但从学术研究的角度来说，神话则是虚构的。
③ 一些学者(受泰勒进化论理论的影响)认为故事和传说是神话退化或演变发展到一定历史阶段的结果，这种观点是有问题的。神话、故事和传说属完全不同的民俗事项，在人类文化中各有各的作用和功能，不能简单地认为它们之间是一种顺序发展的结果。

第二章　口头民俗学

育功能等等。

任何一种民俗事项的出现都是应运而生，史诗与神话和民间故事一样，是随着人类及其文化现象的出现而出现的。从其风格和表现内容来看，史诗与神话相类似。只不过一种是散文体，一种是歌体。它们都不适合记录和表现历史。

前面我们谈到，为了便于歌手的记忆和演唱，史诗的形式在很多层次上都是高度程式化的，从这个意义上说，史诗的形式是超历史的，其内容相对来说要受制于其表现形式。史诗当中可以有一些历史事件的影子，但历史事件不可能是史诗的蓝本和主要表现的对象。正如洛德所说：

> 历史事件不能为一种模式（叙事结构）提供相应的强度和力量，以拯救处于变化过程中的传统。这些变化不是时间导致的衰落，而是持续出现的由后继的时代和社会所做出的再度诠释。传统并没有衰落，而是存在于绵延持续的复兴与更新之中。因而，这些模式保持着如此的推进力就必定是超历史的。它们的基石（matrix）是神话而不是历史，至少在其可能对故事发生影响的开始之际，其自身就已经被改变了。①

既然将史诗与历史挂钩的研究方法并不可取，那么到底应该如何研究中国史诗呢？美国学者弗里（John Miles Foley）曾指出近年来世界口头文学研究的三大发展方向：对不同传统中的口头文学进行比较和对照，既发掘它们的共同性，又考辨它们的差异性；离开口头理论曾独尊其是的结构性范本，而更多地强调并转向对口头传统艺术的理解，即关注程式、主题、故事模式的深层意蕴；将口头理论与民俗学和人类学联系起来，充分关注表演理论（performance theory）和讲述民族志（ethnography of speaking）。② 以上种种，对中国的史诗研究不无启发。

---

① 参见〔美〕A. Lord *Tradition and the Oral Poet：Homer, Huso, and Avdo Medjedovic*, in *Atti del Convegno Internazionale sul Tema：La Poesia Epica e la sua formazione*. Ed. Enrico Cerulli er al. Rome：Accademia Nazionale dei Lincei. pp. 29－30. 1970. 转引自弗里的《口头诗学：帕里—洛德理论》，第 110 页。

② 见弗思《口头诗学：帕里—洛德理论》中译本前言。

159

第三章 风俗民俗学

风俗民俗学指的是在某种文化传统中,以风俗的形式流传和保存的民俗事项,主要包括迷信和宗教信仰、民间游戏、民间节日、民间仪式、民间舞蹈等。

第一节 迷 信

巫术是人类认识世界的一种方式,或者说是一种途径。巫术分为广义的巫术和狭义的巫术。广义的巫术指的是人类面对人力不能及的问题和困难时的一种本能的反应和应对手段。但是,从理论的角度讲,巫术范畴中所谓的本能的反应和应对手段应该是非科学的、非宗教的,完全依赖于一种随意的、任意的联想。例如,将乌鸦的出现与死亡和灾祸联系在一起,但是这种随意的联想对特定的人群来说是具有前逻辑关系的,或者说是具有因果关系的。人们并不是无缘无故地将乌鸦与死亡联系在一起,其中也有其知识背景和道理所在。一般来讲,巫术的出现有一个前提,即人们只有在知识不能完全控制处境及机会时才会使用,而在人类力所能及的工作和活动中,巫术则不存在。例如,在播种和收获的时间问题上,只能有科学,不能有巫术。狭义的巫术特指在巫术思想指导下的具有具体指向的、由专职巫师主持的带有仪式性的过程和行为,例如招魂巫术、求子巫术、祈雨巫术等等。

这里我们将重点介绍广义的巫术,也就是迷信。

一、什么是迷信

所谓迷信是对在某种条件、征兆、原因下所产生的一系列结果或后果的传统表示法。但是,这里所谓的条件、征兆和原因与其结果之间并没有必然的联系。例如:"乌鸦当头过,无灾必有祸。"乌鸦是一种条件或者征兆,如果看见乌鸦从头顶飞过的话(条件),那么人们一定会遇到灾难,或者会大祸临头(结果)。在一般情况下,尽管上述的条件与结果之间并没有必然的联系,纯粹是一种假想;但是在某种条件、场合或环境中,人们宁肯相信它们之间具有某种因果关系。很多人对乌鸦都具有一种本能的厌恶和反感。巫术是建立在联想之上而以人类的智慧为基础的一种能力,但是在相当大的程度上,同样也是以人类的愚钝为基础的一种能力。人早在低级智力状态就学会了在思想中把那些他发现的彼此间的实际联系的事物结合起来,但是以后他就曲解了这种联系,得出了错误的结论:联想当然是以实际上的同样联系为前提的。以此为指导,他就力求用这种方法来发现、预言和引出事变,而这种方法,正如我们现在所看到的这种,具有纯粹幻想的性质。①

二、迷信的表述方式

1. (如果)A 的话,那么就会 B,(除非 C)

这是一种比较完整的表述方式,其中包括了迷信的条件、结果以及禳解的方法和途径。这种结构类型的迷信比较有利于我们的研究,便于我们发现和分析迷信的起源以及与之相关的思想和观念。

例如,在一些地区,民间认为天上的星星与凡间的人类是一一对应的,因而有"天上一个星,地上一口丁"和"地上一个人,天上一颗星"的说法。如果看到流星划过夜空,那就意味着有人将要死亡或者说要有死亡之祸。因此,看到流星是不吉利的。但是,对此民间有禳解的办法。《酉阳杂俎》记载:"俗不欲见天狱星。有流星入,当被(披)发坐哭之。候星却出,灾方弭。"②还有一些地区用唾祝和射箭的方式禳解,例如《帝京景物略》中有"见流火则唾之,曰'贼星'"的记载。

2. 不能……,因为……

这种迷信属于结构不完整的巫术。只给出了不能做的事情及其原因,但是没有交代这样做的后果是什么,也没有提供禳解的办法。例如,民间对晾晒衣物有很多讲究,根据《帝京景物略》的记载:"夜不以小儿女衣置星月下,曰'女怕花星照,儿怕贼星照'。"晚上的时候不能将小儿的衣物搭在外面,因为担心会被花星和贼星照到。花星和贼星分别对女孩和男孩不利,但是怎么不利,没有交代,也没有禳解的办法。又例如,《海州民俗志》

---

① 〔英〕爱德华·泰勒《原始文化》,第93页。
② (唐)段成式《酉阳杂俎》,卷一一。

中记载说:"年初一全天的洗脸水及一切脏水只许聚在桶内,待初二时倒掉;初一不准向地上泼水,更不准人站着把水向远处泼,泼水怕浇了太岁头。"

3. ……忌……

相对于上述两种表述方式的迷信来说,这种迷信的结构类型最不完整,只交待了禁忌,没有提供原因和禳解的办法。例如,民间认为,做梦"忌梦松柏"、"忌梦帷帐"、"忌梦落井中"、"忌梦桑树"、"忌梦手帕掩面"等等。据胡朴安《中国风俗·云南》上卷的记载:

> 宣威禁忌,以立秋为最大。是日农家禁止家人在田间行走,否则秋收必不佳。略识字之人,多用红纸一条,书"今日立秋,百病俱休"八字,贴之壁上。至妇媪之辈,则以红布剪为葫芦形,缝于儿童后裙之上,用以祛疾也。

我们有的时候只能推测这些巫术的原因,但是如何禳解却不得而知。不给出禳解,不得禳解,或者不须禳解,又从一个侧面体现出禁忌的权威,面对禁忌人们更倾向于盲从。

迷信是文化的产物,与特定文化中的价值观、宇宙观、哲学和信仰等因素有着密切的关系。在中国传统文化中,黑色为凶色,一般情况下只有在家里死人以后,人们才使用黑色。所以,乌鸦的颜色令人厌恶。另外,乌鸦的饮食习惯——吃腐食,也给人一种不愉快的感觉,而且乌鸦还常出现在坟地的周围也使人有所忌讳。几种因素加在一起,形成了视乌鸦为不祥之兆的观念。而喜鹊,无论是其名还是其声,都让人感到很愉快。由厌恶某人或某事,发展到把被厌恶的事情被当做是一种灾难或即将发生的不祥之兆。由此我们可以看出,迷信行为的产生与人类的审美情趣和审美观念有着密切的关系。

在"左眼跳财,右眼跳灾"这则迷信中,左眼和右眼的跳动是先决条件,而结果却大相径庭。左眼的跳动能给人们带来幸运和吉祥,右眼却是灾难的前兆。究其原因,我们认为,人们对"左"和"右"的理解是建立在中国传统的宗教信仰基础之上的。中国传统的宇宙观把世界万物分为阴阳两类:天为阳、地为阴;男为阳,女为阴;南为阳,北为阴;左为阳,右为阴;生为阳,死为阴;日为阳,月为阴等等。阳虽然与阴共同构成了这个世界,但从总体来讲,阳往往与光明和生命联系在一起,阴则往往与黑暗和死亡联系在一起。由此便形成了"左为上,右为下"的观念,左眼跳理所当然地就成为吉兆,右眼也就成为凶兆。因此,迷信观念和行为的产生与宗教信仰也密切相关。

语言在某种情况下也是迷信行为和思想产生的土壤。一方面,语言中同音、谐音的现象造成了许多语言禁忌,尤其是在一些特殊的诸如各种节日、仪式和不同的职业活动中。例如,渔民在打鱼时,忌讳说"完、翻、沉"等词汇,即使是同音字也不许说。因为人们相信,说出了这些词汇就可能会招来翻船、沉船的后果。另一方面,在人们的传统观念中,语言同人类的其他行为一样具有力量效应,有时还具有一种魔力,可以帮助人们实现自己的愿望,或者对付敌人,或者帮助朋友。因此,作为巫术行为或仪式的一部分,在民间有许多咒语、谶语等。这些都是基于传统的对语言力量的崇拜。

在人的一生当中,从出生开始,一直到死亡,无论是他的婴儿时期,儿童时代,婚姻、家庭、社会交往、政治经济活动、旅行、生产,还是饮食起居、生儿育女,都充满着浓郁的迷信色彩。例如,数字 8 在当代中国社会中,成为人们生活中的热点。人们喜欢尾数为 8 字的电话号码,汽车牌照,楼号、房号等等,甚至不惜重金认购尾数为 8、88、168 等数字的各种标号。商店里的商品喜欢以带 8 的数字来标价,就连一些罪犯进行犯罪活动,也常常选择带 8 的月份和日期。所有这一切,仅仅只是因为数字 8 在发音中与"发"相近。

当然,人们喜欢"八"还有另外一些深层次的原因,在人们的生活中,以"八"言事和聚人的情况俯拾皆是,如八才子、八师、八伯、八士、八俊、八大山人、八宝、八方呼应、八卦、八字、八面玲珑、八拜之交、八面威风等等。中国人对数字有着特殊的感情,例如,三为多、六为顺、九为极数等。在中国人的感情中,八是一个非常安全、平稳、温和的数字,可进可退,就像是一个四通八达的十字路口,东西南北,上下左右都可以找到出路。在各种重大事件面前,极易做出选择。俗话说,"四平八稳",其中的八稳就充分体现了人们对八的认识。在当代社会中,数字 8 又发展成为财富和权力的象征,因为只有某些人才具有购买和使用此数字的能力。

我们只举出了文化中造成迷信思想和行为的一些方面,实际上,文化中的许多因素都可能是迷信的发源地,例如社会等级观念、政治因素、经验等等。总而言之,迷信是一种文化的产物。

三、迷信的分类

根据条件、征兆或原因与其结果之间的关系,我们可以把迷信分为三种类型。

1. 征兆迷信(sign superstitions)

有些迷信的原因或条件与其所带来的结果之间的关系是暂时的和无明显因果关系的,这种类型的迷信就是征兆迷信。在某种特定的文化背景下,人们出于各种各样的考虑常常会把某些异常现象,尤其是自然界中的异常现象,作为一种能够预示某种结果产生的前兆。一般来讲,大部分征兆迷信中的原因和条件都是人力所不能控制的自然现象,如日食、月食、彗星、闰月等。例如,人们认为,闰四月兆荒年,闰六月是寡妇年,而闰八月是杀年,兆兵荒马乱。其实闰月的出现只是为了计时、记年的需要,后来如何成了凶兆,其中的原因还有待于我们进一步研究。

发生在动植物身上的反常现象如反季节开花等都可以被看做是前兆。如:"东虹雷,西虹雨,南虹出来卖儿女,北虹出来大杀大砍。""虹"本来是一种自然现象,但人们却把它们看成是一种会导致不同结果发生的前兆。另外,民间还有"一年两个春,豆子贵如金"的说法,意思是说如果一年有两个春天的话,一定会有灾害发生。面对自然界中的异常现象,人们总倾向于把它们看成是吉兆或凶兆。这似乎已成为一种定律。

另外,人们还常常通过一些有意识的观察、行为和举动去预测将要发生的事情的结果。例如,用鸦来进行占卜:

《潜居录》:巴陵鸦不畏人,除夕妇女各取一鸦,以米果食之,明旦以五色缕系于鸦颈放之,祝其方向,卜一岁吉凶。其占甚多,大略云:"鸦子东,兴女红。鸦子西,喜事齐。鸦子南,利桑蚕。鸦子北,织作息。"甚验。[①]

人们喜欢在做一件很重要的事情之前,主动寻找一些征兆,然后通过阐释这些征兆达到预测结果的目的。

2. 魔法迷信(magic superstitions)

魔法迷信的基础建立在人们相信自己的一些行为可以促进或阻碍某些事情的发生。因此,在魔法迷信中,人们自己的行为就成了导致某种结果产生的原因和条件。在这里,迷信的原因和条件与其所能带来的结果之间的关系是人为的。魔法迷信可以分为两种:一是人们不做或拒绝做什么事情,以避免不好的事情发生。如春节期间,从初一到初五,民间忌倒垃

---

① (清)褚人获《坚瓠丁集》卷三。

圾。这期间,垃圾象征着财气,倒垃圾被看做是破财的条件,所以人们不倒垃圾,以避免破财的事情发生。初五以后,才可以把垃圾送出门外,而且倒垃圾的行为又被看成是送穷。

例如,根据《中国地方志民俗资料汇编·华北卷》的记载:

> 破五,各家皆用纸扎一妇人,高约四、五寸,身背纸袋,将尾隅秽土扫置其袋内,燃炮炸之门外,俗谓之"送五穷"。儿童并为谚,高声歌于街巷曰:五穷媳妇五穷排,家家门上送出来,不管秃子、瞎子送出一个来。

再例如,民间还有正月里剃头死舅舅的说法,所以人们都在节前剃头,为的是避免灾难发生。

魔法迷信的另一种类型是人们有意去做一些事情,以促进事情向自己希望看到的方向发展。如在一些地区,新婚的妻子如果要想在未来的生活中控制住丈夫的话,就必须把自己的衣服放在丈夫衣服的上面,希望以此可以压制住丈夫。在这里,两件衣服之间的位置关系,被看成是人与人之间的关系的图解。

3. 转换迷信(conversion superstitions)

转换迷信指的是带有禳解途径和办法的迷信。从结构上讲,具有迷信的完整表述形式的迷信为转换迷信,即如果 A 的话,那么就会 B,除非 C。征兆迷信和魔法迷信只含有迷信结构的前两项,而转换迷信一定会有迷信结构的第三部分。

例如,春节期间民间有很多禁忌,如忌打碎东西,因为人们相信它是厄运的前兆。但是,打碎东西在节日期间是常见的,因此,为避免厄运的发生,人们要马上喊出"碎碎(岁岁)平安"几个字。这样,打碎东西不但不会给人们带来厄运,相反,却成了一种吉兆。西方一些国家和地区有如果不小心打碎了镜子,将会有七年厄运的迷信。其禳解的办法是,除非把镜子的碎片都拣起来,扔到河里。这里面的原理是,镜子碎了,人们在镜子中的影像似乎也一起碎了,影像碎了,进而就可以理解为对人本身的威胁和伤害,所以说会有七年的厄运。而当人们把破碎的镜子扔进河里的时候,河水就像是一面永远打不碎的镜子,破碎的影像会在河水中复原,厄运也就可以消解了。

四、迷信的功能

迷信既然是文化的产物,就一定有其生存的空间,否则也就不会一直存在于人们的观念和行为当中。如果抛开一些迷信的反科学性、落后性和麻痹性,从学术研究的角度来看的话,迷信首先应该是一个中性词。有些迷信行为和思想对社会具有极大的破坏性,但也有一些迷信却在人类的心理和社会组织等方面起着积极的作用。忽视了这一点,不利于我们正确地认识和研究迷信。

早在20世纪初,英国人类学家弗雷泽就曾经指出过迷信在某些特定的部族和特定时期内的文化功能。弗雷泽认为:

1. 迷信加强了人们对于统治机构,特别是君主政体政府的尊重,因而大大有助于社会秩序的建立和延续。
2. 迷信加强了人们对私有财产的尊重,因而大大有助于建立财产占有的安全保障。
3. 迷信加强了人对婚姻的尊重,从而大大有助于无论在已婚还是未婚者之间都建立更为严格的两性道德规范。
4. 迷信加强了人们对人类生命的尊重,因而大大有助于建立人身方面的安全保障。①

关于迷信,马林诺夫斯基认为:

> 无论有多少知识和科学能帮助人们满足他的需要,它们总是有限度的。人世中有一片广大的领域,非科学所能用武之地。它不能消除疾病和腐朽,它不能抵抗死亡,也不能有效地增加人和环境之间的和谐,它更不能确立人和人之间的良好关系……不论已经昌明的或尚属原始的科学,它并不能完全支配机遇、消灭意外及预测自然事变中偶然的遭遇。②

这就为宗教、巫术和迷信的产生提供了空间。

随着社会的发展和科学的进步,生活中越来越多的事情可以用科学和理性去解释,如风雨雷电的成因、生老病死等自然现象和规律。但无论科学怎样发达,世界上总有一些事情是人类无法解释的,例如虽然人都有一死,但死亡的时间和方式是人们无法预料的,意外死亡和伤害更是让人难以接受。在这种情况下,迷信思想和观念便成为抚慰人们心灵的良药。迷

---

① 〔英〕弗雷泽《魔鬼的律师——为迷信辩护》,东方出版社,1988年。
② 〔英〕马林诺夫斯基《文化论》,第48页。

信可以让人们正确对待生活中的失意和无奈,而不至于走极端。

与迷信不同,某些信仰对人们的行为和思想具有某种程度的控制作用,迷信不需要人们做出什么样的承诺,只限于解除、调节和模糊人们的心理障碍。但某些迷信思想,如施咒语于人、物,便包含着一种不健康的心理倾向。

在一些人看来,迷信是愚昧和落后的代名词,因而也就与科学和文明相对立。因此,有些人天真地认为,随着科学的进步和发展,迷信终将会被消灭。其实,迷信思想及其行为无论是多么荒谬、可笑,在当今社会中也有它存在的土壤和必要性。据美国一些学者对当今社会的精英和希望——大学生的调查显示:"大学生同以往一样迷信……一般而言,女生似乎比男生更为迷信……该项研究显示:父母受的教育越高深,他们的子女就越迷信。另外,城市学生和农村学生在迷信的数量上并无值得注意的联系。"①

由此看来,迷信并不仅仅是愚昧和落后的同义语。实际上,在我们的生活中,无论你承认与否,迷信思想和行为可以说是无处不在;而且不管迷信是否反映了人类的无知,它都不会随着人类的进步而消失。

五、迷信的原理

巫术思想产生于远古时代人类对自然世界的认识与理解。西方人类学之父泰勒把人们认识世界的方法分为三种,一种是巫术的,一种是宗教的,另一种是科学的。根据休谟在有关经验主义理论的论述中提出的人类思维活动中的三种联想观念,即相似性、时空接触性、原因和结果,泰勒认为,巫师是按照相似性的原理和联想的观念来对事物进行分类的。因此,在某种情况下,巫术与科学极为相似,因为巫术是建立在对自然的观察中,不含有对超自然力量的信仰。(而宗教的基础却是人类对于人格化的神和超自然力量的信仰,因而宗教与巫术和科学是完全对立的)巫术是基于人类思维的最初几种经验,其中包括关于分类的知识。巫术与科学的不同之处就在于巫术对于各种自然现象的联想是主观的、象征性的,因而思想逻辑是错误的。而科学对各种自然现象的联想是客观的和实验的,因而杜绝了各种偶然性,不会犯错误。

弗雷泽进一步发展了泰勒的巫术理论。

---

① 〔美〕Brunvand, *The Study of American Folklore*, New York: W. W. Norton & Company, 1986, pp. 301—306.

巫术是一种被歪曲了的自然规律的体系,也是一套谬误的指导行动的准则,它是一种伪科学,也是一种没有成效的技艺。巫术,作为一种自然法则体系,即关于决定世上各种事件发生顺序的一种陈述,可称之为"理论巫术"。而巫术作为人们为达到其目的所必须遵守的戒律,则可称之为"应用巫术"。①

在他著名的《金枝》中,弗雷泽提出了"交感巫术"的理论:交感巫术(sympathetic magic)、交感律(law of sympathy)、顺势巫术(homoeopathic magic)、接触巫术(contagious magic)、相似律(law of similarity)、接触律(law of contact)。

在世界各地,迷信思想和行为虽然随着文化背景、种族的不同而千差万别,各具形态,但是如果我们仔细分析一下巫术思想的基本原则,我们发现它们可以归结为两个方面:

一是"同类相生"或"果必同因",即相似律的原则。人们认为,他们可以通过模拟各种自然现象的生成过程来实现自己的愿望。例如,古代人在对自然的观察中发现下雨之前往往要打雷,因此便得出了打雷是下雨的前提和条件的结论。如果天气干旱,人们便以为这是因为没有打雷的缘故,因而便聚集在一起,敲击各种器物,模拟隆隆的雷声,以为这样便可以带来下雨的结果。中国许多地方春季打锣鼓的习俗,如陕西的安塞腰鼓、上锣鼓、蛟龙转鼓等,这些就源于古老的祈雨仪式。根据这种原理产生的巫术被称为顺势巫术。

通过念诵咒语以祛除不祥,也属于顺势巫术。例如,云南一些地区有惊蛰咒雀的习俗:

> 惊蛰为旧历二月节。是日清晨,农家之家长听见雀鸣,即唤起牧童往田间咒雀。牧童得命,手提铜器一具,急忙跑至田间,顺着田埂而行,随行随敲,随敲随唱咒雀词曰:"金嘴雀,银嘴雀,我今朝来咒过,吃着我的谷子烂嘴壳,咒呕。"其意盖谓今日咒过,迨到谷熟之时,鸟雀便不敢来啄。必须将自家所有之田埂走遍,始可回家。若田地众多之家,须至日没,才能返家。②

人们认为语言能引导行为,带来人们期待的结果。

---

① 〔英〕弗雷泽《金枝》,北京:新世界出版社,2006,第15页。
② 胡朴安《中国风俗·云南》上卷。

第三章 风俗民俗学

第二种原则是接触律的原则,即只要两种物体曾经接触过,事后无论它们相距多远、分别有多久,人们相信两种物体之间会继续保持一种无形的联系,而且还会相互作用。例如,猎人在追踪猎物的时候,如果发现动物经过的新鲜印迹,他们常常会用一根针状的东西扎在印迹上,因为他们相信,动物留下的印迹从某种程度来说可以被看做是动物身体的一部分,把针状的东西扎在上面,动物就会感到疼痛,行走的速度就会减慢,猎人很快就会追上动物。根据这种原理产生的巫术被称为接触巫术。

> 原始人相信通过巫术能对无生命的自然起调整作用。换言之,原始人暗中猜测,相似和接触的规律是普遍适用的,而不仅限于人类的行为。简言之,巫术是一种假造的自然规律体系,一种不合格的行为指导,一种伪科学,一种早产的艺术。①

另外,想象中或者说观念中曾与某种神圣事物有过接触的事物,人们相信也能带来福气。例如,传说神仙成仙或出没的地方,或者神仙喝过的水、接触过的器具,都具有魔力。

> 阴历七月初七日,百色县之人民谓是日寅、卯未通光之前,仙姬下河沐浴,此日天水之味,较平时格外清冽甘爽,可以治病长寿。因此,人人皆分外早起,争往河中取水,竟有全夜不睡者。三更以后,街市中即有人行走之声及水桶之声,迨至天明,满街水湿淋淋,如下雨一般。所取之水,以净瓮盛之,以待逐月之用。七夕节,百色称为双七节,是日所汲之水称为双七水。②

根据马林诺夫斯基的功能主义理论,任何一种文化的存在都有其功能、价值和意义,否则它将会失去存在的基础。迷信思想和行为也是一样。

> 无论有多少知识和科学能帮助人满足他的需要,它们总是有限度的。人事中有一片广大的领域,非科学所能用武之地。它不能消除疾病和腐朽,它不能抵抗死亡,它不能有效地增加人和环境间的和谐,它更不能确立人和人之间的良好关系,这领域永久是在科学之外……③

在人类社会中,正是由于这些困境和迷惑的存在,使得迷信观念和行

---

① 〔英〕J.G. 弗雷泽《金枝》简本,纽约,1960,第 14—15 页。
② 胡朴安《中国风俗·云南》上卷。
③ 〔英〕马林诺夫斯基《文化论》,第 48 页。

为成为一种必然现象。

第二节　民间游戏

民间游戏总的说来是一种以口头形式传授、以直接参与为目的的竞技和演示活动,分为成人游戏和儿童游戏。

游戏产生于远古时期,早期主要表现为儿童对人类生产和生活活动的模仿和再现。例如,我们发现的迄今为止中国古代最早的玩具是弹子[①]。与狩猎使用的弹子不同,这种弹子是用色彩和图形装饰过的。很显然,不是用来进行生产和生活活动的。一些学者认为,这种弹子应该就是早期的玩具。玩具弹子的制作可能出于两种目的:一是为了儿童的娱乐,一是为了儿童的训练。但是,无论如何,儿童游戏应该是游戏中出现最早的类型。

这里我们将重点介绍儿童游戏,主要是因为成年人的游戏活动与儿童相比较,娱乐的成分要远远高于接受某种训练和获取某种生活观念的成分。因为对儿童来说,游戏不仅仅是一种娱乐方式,也是身体的锻炼和意志的磨炼方式,而且对儿童道德观念、思维方式的形成具有重要意义,为儿童进入成年人的社会提供了各种准备。

例如,儿童常玩的抢椅子的游戏,就着重培养了儿童的竞争意识。在游戏中,人们往往把许多椅子摆成一个圆圈,椅子的数量要比参与游戏的孩子数量少一个。开始的时候,儿童们一起站在圆圈的中央,随着命令的发布,孩子们会突然散开,每个人都要想办法抢占一个椅子。速度快、拼抢能力强的孩子就会首先抢到自己的椅子,速度慢、竞争力差的孩子机会就要少一些,最后总会有一个孩子抢不到椅子。

西方一些学者提出了一种被称为社会地位、财富有限论(limited good)的理论。这就是说,社会上的财富和权力机构的位置是有限的,只有少数人才能获得理想的地位和无限的财富。抢椅子的游戏在无意识当中向儿童灌输了这一思想,并使儿童亲自体验了竞争对他们的意义。

[①] 磁山文化出土文物,据[14]C测定磁山文化产生于七千年前。

第三章 风俗民俗学

一、民间游戏的特点[①]

首先,民间游戏有其自己的空间、时间和对角色的要求。游戏自己设定的时间和空间不受自然时间和空间的限制和约束。游戏者一旦进入游戏的时间和空间,便必须受游戏时空的约束。游戏中的角色也是事先安排好的,例如在老鹰捉小鸡的游戏中,每个人都有自己的角色,或者是老鹰,或者是小鸡,或者是母鸡。人们必须接受游戏的角色分派,否则游戏便无法进行。

其次,游戏为人们提供了另外一种生活体验,人们必须完全服从游戏的规则和时空的限制。如果有人违背规则,或者不满意自己的角色,就必须立即退出游戏。除非某个孩子具有极强的号召力或特殊的家庭和社会背景,有可能会临时改变游戏的规则,但是也往往是临时性的。通常情况下,任何人不得随意更改角色的分配或游戏的规则。

第三,民间游戏具有强烈的保守性。游戏的规则可以几十年、几百年甚至上千年保持不变,或变化甚少。

> 某种文化现象一旦在人们的心底扎下了根子,并形成一种习俗,它就会以一种不成文的法则在民众中代代相传,虽经千百年而始终未衰,这种民俗传承的力量是十分惊人的。像摔跤、拔河、斗牛、射鹄、围棋、击壤等这些秦汉甚至春秋、战国时期的游戏品种,直到今天依然存在,两千余年的风风雨雨没有毁灭它们,一代一代的人死去了,一个又一个王朝覆灭了,而这些游戏却长存下来。[②]

例如,在世界各地普遍流传的拔河游戏至少有近千年的历史了,规则很简单,几乎没有任何可更改的余地。所以说,游戏就是游戏,人们没有必要或根本无法改变游戏的规则。当然,我们不排除随社会的发展,自然淘汰或改变的游戏规则,有的时候游戏会有一些细节的变化。例如,在捉迷藏的游戏中,早期人们都是选择触摸树作为区分被抓与逃生的标准。但是,随着居住环境的变化,一些城市儿童目前多选择用电线杆或墙壁作为树的替代物。

---

① 参见〔美〕Robert A. Georges Recreations and Games, in *Folklore and Folklife*: *An Introduction*, ed. Richard M. Dorson, Chicago: The University of Chicago Press, 1972, pp. 173—189.

② 麻国钧《中华传统游戏大全》,第3—4页。

第四,民间游戏是一种自愿参与的群体竞技活动,是建立在公平和平等的基础上的,也是以所有参与者一致认同为先决条件的,因此如果失去了平等,也就失去了共同参与的基础。没有人能够强迫另外一些人参与游戏活动,也没有人可以阻止人们退出游戏活动。

第五,民间游戏是一种不能够带来和创造任何财富和利益的活动。俗话说:输不了房子输不了地,但它却是一种能力和精神的考验。人们从共同参与游戏活动中获得快乐,获得一种心理、身体和参与社会活动能力的锻炼。因而,游戏参与者往往十分投入,自愿接受限制与束缚。

二、民间游戏类型

1. 巫术游戏

巫术游戏来源于古代的一些巫术仪式,后来随着社会的发展,观念的更新,某些仪式逐步被淘汰了,但它们并没有消失得无影无踪,我们可以从一些游戏当中看到这些巫术仪式的痕迹。博尔尼认为:

> 通过调查研究表明,(游戏)大部分是原始状态下的残存物,而不是后来的创造,它们常常起源于巫术宗教仪式。因此,在世界某一地区,可能具有庄重的或巫术—宗教仪式的突出特点,在另一地区可能已降为一种儿童游戏或玩具。幼儿园可能提供史书中对过去缺乏记载的一页。计数韵歌可能就是探讨人类原始计数方法的一条线索,早期的游戏和其他体育活动可能发端自战事操练,从捉迷藏可以追溯到献供牺牲礼仪的痕迹。原因并不难找。儿童既善于模仿,又善于保存。全世界的儿童在游戏中模仿成人的生活,常常保留下来实际生活中久已消失的东西。①

捉迷藏的游戏一般是在晚上玩儿。首先,孩子们必须先在院子里挑选一棵大树,然后孩子们聚在树下用手心手背或剪刀、锤子、布决出失败者——俗称"鬼"。然后,"鬼"须用双手蒙住眼睛,趴在树干上数数,有时数到十,有时数到二十。与此同时,其他孩子迅速寻找一个藏身之处。在数字数完之后,"鬼"就开始享有绝对的权利——即任何一个孩子只要被他看到并被喊出名字,或者被"鬼"摸到就算是被它抓住了。只有一种情况可以免遭厄运,那就是在被"鬼"看到之前,用手触摸刚才选中的那棵大树。游

---

① 参见〔英〕博尔尼《民俗学手册》,第198页。

第三章 风俗民俗学

戏结束以后，被"鬼"抓到的孩子们再决出"鬼"的人选，游戏重新开始。

这个游戏看似简单，但如果我们仔细分析游戏的每一个要素，就会发现游戏中包含着许多传统观念：

首先，在参加游戏的孩子们这一特定的群体中，"鬼"是一个被群体淘汰出来的失败者，但是，失去了在群体中的地位并不意味着失去一切，相反，"鬼"却被赋予一种特殊的权利，而这个群体却要经历一场考验，这就是说，每一个人都被置于某种危险的境地，除非他们接触什么可以帮助他们获得免疫力的东西。

其次，这种具有免疫力的东西往往是一棵大树，或电线杆，或其他柱体形状的东西。在游戏中，大树似乎是生命的象征。这种通过触摸生命之树来获得免疫力的举动很可能来源于古代的某种巫术仪式。人类似乎在演习与魔鬼的战斗，胜利者可得以保全生命，失败者就要陷入魔鬼的手中。

在这个游戏中，"鬼"是一个关键性的人物。它既不属于人类，又不属于超自然物，而是处于一种游离状态。它要想获得一种地位，必须通过猎取，即寻找替代物来获得新生。

一般认为，游戏起源于儿童对成年人的生产和生活行为的模仿，如巫术仪式和行为。虽然随着社会的发展，许多成年人的生产生活方式已经消失了，但是许多却保留在孩子们的游戏当中。传统的捉迷藏游戏与古代的巫术仪式密切相关，因为其中的许多观念与巫术观念非常的相似。在社会中，巫师的身份具有双重性，可以说既不属于人类，又不属于超自然类。说他们不属于人类，是因为他们具有常人所没有的通灵和与超自然界进行沟通的能力；说他们属于超自然类，但他们又具有人的所有特征。巫师往往生活在社会的边缘，既让人尊敬，又让人害怕；占有很高的社会地位，又常常被处置在远离社会、没有社会亲情的环境里，令人不敢亲近。捉迷藏游戏中的"鬼"，就非常类似于巫师的身份，被排斥在社会群体之外，但同时又享有很高的权利，具有危害人类的能力。

在仪式中，巫师主要是通过行为和语言，也就是我们常见的咒语，接触对方和巫舞来表现自己的能力。捉迷藏中的"鬼"也是通过触摸或喊出人们的名字来抓住参加游戏的其他孩子，与巫术行为也很相似。

在现实生活中，巫师虽然具有潜在的伤害能力，但同时又具有保护和救助的能力。在一些社会中，每当人们遇到自然或人为的灾难时，请巫师举行巫术仪式是人们经常选择的一种禳解方式和途径。通过接触巫师的一些所属物而获得免疫力，是一种在世界范围内流传非常广泛的接受或获

173

取救助的方式之一。捉迷藏游戏中的触摸大树的行为应该来源于巫术的这种接触观念。

在中国,女孩子们常玩一种抓子儿的游戏。抓子儿的游戏玩法多种多样,常见的一种玩法是选五粒形状大小均匀的石子,然后把五粒石子撒在地上。抓起一粒石子抛向空中,同时迅速在地上再抓起另一粒石子,然后再接住抛向空中的那粒石子,这时手中便有了两粒石子。再把两粒石子抛向空中,同时迅速地在地上再抓起一粒石子,然后再接住抛向空中的那两粒石子,这时手里便有了三粒石子。如此重复,直到五粒石子全部抓在手里,游戏结束。

抓子儿的游戏也来源于某种巫术仪式,属于巫术仪式的残余物。据记载,新年之后的正月,在妇女是求子月:

是月也,女妇间手五丸,且掷且拾,且承,曰抓子儿。丸用象木银砾为之,以竞轻捷。①

一直到当代,我们还可以看得见这种求子仪式的遗迹。现代女孩玩抓子儿游戏时,有用五个小石子儿的,有用五个杏核儿的,有用五个毛桃核儿的,还有用缝制装有沙子或米豆小布包儿的。②

在新加坡华人社会中,许多婚后不育或希望早日得子的妇女们要到庙里求神许愿,许愿之后,行为之一就是把一些石子装在袋子里,悬挂在寺庙周围的树上,据说心愿便可实现。石子的子与儿子的子同字同音,所以,我们现在玩儿的抓子儿(抓石头子儿)来源于古代的"抓子儿"(抓儿子)仪式。

2. 占卜游戏

凡是含有胜负成败的游戏,不仅可以赌输赢,而且可以用于占卜,这一类的游戏称为占卜游戏。

例如,巴芬兰的爱斯基摩人每年秋季在塞德那(他们奉为神明)的节日举行的拔河比赛。夏季出生的人和冬季出生的人比赛,如果夏季一方获胜,来年就将会丰收;如果冬季一方获胜,食物供应的前景就不太妙。在这里,拔河显然是用于占卜的一种方式:在日本和朝鲜它是确保丰收的神圣礼仪;在缅甸它实际上是求雨的巫术仪式,下雨一方和天旱一方互相竞赛,

---

① 参见刘侗《帝京景物略·春场》。
② 参见王文宝《北京民间儿童娱乐》,第99页。

第三章 风俗民俗学

一般情况下,人们会让下雨一方取胜,以确保来年的收成。①

拔河的游戏在中国也已经有很长的历史了,唐代以前,拔河的游戏被称为"钩强"、"牵钩"或"施钩"。梁·宗懔的《荆楚岁时记》中有关于"施钩之戏"的记载。

> 为施钩之戏,以缏作篾缆相罥绵亘数十里,鸣鼓牵之。按施钩之戏,求诸外典,未有前事,公输自游楚,为载舟之戏,退则钩之,进则强之,名曰钩强,遂以钩为戏,意起于此。《涅槃经》曰:斗轮罥索,其外国之戏乎?今秋千亦施钩之类也。

根据《隋书·地理志》的记载:

> (襄汉)二郡(襄阳郡、汉东郡)又有牵钩之戏,云从讲武所出,楚将伐吴,以为教战,流迁不改,习以相传。钩初发动,皆有鼓节,群噪歌谣,振惊远近,俗云以此厌胜,用致丰穰。其事亦传于他郡。

由上述记载可知:首先,拔河为古荆楚习俗;其次,它发端于兵家;第三,它产生于春秋末年之前②。游戏的过程和目的显然带有仪式的色彩,因为在拔河的过程中,人们不仅要念诵歌谣,而且还伴随着身体的动作,其目的也是为了"厌胜"和"致丰穰"。因此,竞技不是主要目的,结果应该也是事先设定的。

唐代以后,有了"拔河"的说法,如景龙"三年二月己丑,及皇后幸玄武门,观宫女拔河,为宫市以嬉"③。唐明皇还有一篇诗作,《观拔河俗戏》:

> 壮徒恒贾勇,拔拒抵长河。
> 欲练英雄志,须明胜负多。
> 噪齐山岌嶪,气作水腾波。
> 预期年岁稔,先此乐时和。

古代拔河的游戏是有季节性的,南北朝时荆楚一带在寒食节,唐代时则在清明、元宵节,清代康熙间编辑的《古今图书集成》列拔河于上元部,也是在元宵节。④ 只是到了现代,拔河演变成一种体育竞技游戏,与占卜仪式

---

① 参见〔英〕博尔尼的《民俗学手册》,第204页。
② 参见麻国钧《中华传统游戏大全》,第10页。
③ 《新唐书》卷四。
④ 参见麻国钧《中华传统游戏大全》,第10页。

175

脱离的关系。

3. 社会游戏

儿童在一些游戏中模拟参与各种社会活动,这种类型的游戏为社会游戏。

例如,鸡毛信的游戏在一段时间里是孩子们常玩的一种游戏。游戏一般由两个或两个以上的孩子一起玩儿。孩子们首先要被分为两组,一组是"游击队员",一组是"鬼子兵",游击队员要把一张纸条藏在自己身体的某个地方。藏好以后,鬼子兵就要开始寻找。找到了,下一次就可以改做游击队员了,反过来游击队员要做鬼子兵;如果找不到,鬼子兵就还要继续做鬼子兵。

这个游戏是战争这种特殊环境下的产物,参与这种游戏活动,是儿童们进入社会之前的一种准备活动。除此之外,"娶媳妇"、"骑竹马"、"过家家"、"攻城"、"警察抓小偷"等都属于社会游戏。

除了以上几种游戏之外,游戏的种类还包括:器具游戏、智力游戏等等。器具游戏一般要借助于各种器具来进行,例如跳皮筋、打弹子、沙包、扑克、麻将等。智力游戏一般注重强调参与者的头脑反应速度,例如饮酒时的一种酒令是让大家顺序数数,但到了和数字七有关的数字时,必须说"过"或拍一下桌子。如果说错了,就要受到惩罚。

三、游戏的功能

1. 保存古代文化传统

一些学者认为,游戏是古代习俗的残余物,这是有一定的道理的。游戏起源于儿童对一些生产活动、仪式和习俗的模仿。因此,模仿成年人的行为和活动是游戏的一项主要内容。如现在的儿童,尤其是男孩玩的打弹子、弹弓的游戏起源于古代人的一种狩猎行为。据考证,打弹子的游戏至少已经有六千多年的历史了。在新石器时代的西安半坡文化遗址中,我们就发现了可能已经演变为玩具或装饰品的弹丸[①]。因为弹丸上有很多装饰性的图案,而纯粹的生产工具是不需要进行装饰的。弹丸可能是古人用来猎获野兽的工具。儿童们在模仿成人行为的过程中,一方面获得了体能和技巧方面的训练,另一方面,也保存了古代的一种生产生活方式。

---

① 参见《中国民间美术全集》,工艺美术编,第12卷,北京:人民美术出版社,1988年,第3—4页。

第三章 风俗民俗学

另外，儿童常玩的过家家、娶媳妇的游戏也是一种普遍而又典型的模仿成年人的游戏。过家家的游戏在中国已经有两千多年的历史了。据《史记·孔子世家》的记载："孔子为儿嬉戏，常陈俎豆，设礼容。"《太平御览》卷759引《史记》也记有："孔子为小儿时，常陈俎豆以为戏。"在游戏中，他铺好长方形两端有足的平板，学着成人的样子切肉，然后，将做好的"菜"盛放在"豆"①里。很显然，这就是过家家的游戏。司马迁在这里记录下孔子玩过家家游戏的目的，在于说明孔子在幼儿的时候就懂得礼仪，而且连做游戏都按照礼的样子陈设器皿。这实际上是从另外一个方面告诉了我们，游戏在儿童生活中的重要作用。

《韩非子》中也有关于过家家的记录：

> 夫婴儿相与戏也，以尘为饭，以涂为羹，以木为胾。然至日晚必归饷者，尘饭涂羹可以戏，而不可食也。

这种以尘土为饭，以泥当羹，以木块为肉的儿童过家家游戏一直是儿童们最为喜欢的游戏之一，两千多年以来，几乎没有什么变化。

儿童不但善于模仿，而且善于保存，加上游戏强烈的保守性特征，所以，很多久已消失的习俗却在儿童游戏中留下了它们的踪迹，如前面我们谈到的捉迷藏、抓子儿的游戏。我们可以透过游戏去探讨古代人的信仰和生活习俗。

2. 教育和训练

游戏是儿童接受训练、获得教育和积累社会经验的主要途径。儿童的许多游戏，都是为儿童进入成年人的社会做准备的。从游戏里面，儿童可获得体能和技巧方面的训练，也可获得心理方面的训练，同时还有观念和策略方面的训练。

首先，游戏培养了儿童的集体主义感。因为游戏是一种集体参与的活动，儿童必须融入集体中去，遵守集体制定的规范，服从大多数人的利益，与大众合作，才有可能被大众所接受。否则，则会被排斥在群体之外。因此，通过游戏儿童会发现集体合作的魅力远远大于在游戏中的竞争。

其次，儿童这一特殊群体，实际上也是一个小的社会。在参与集体游戏活动中，儿童必须学会与他人相处。具有领导才能的人不是到了成年以后突然才有的一种本领，实际上在儿童期间，他很可能就已经掌握了一套

---

① 古代的一种食器。

控制和领导其他儿童的方法和策略。竞争意识的形成也跟从小参与集体竞争游戏有关。

第三,在游戏中,儿童还可获得心理方面的训练。胜败输赢在儿童游戏中不可避免,所以儿童从小就开始学习承受胜败输赢的压力。因此,当他们进入社会,面对真正的社会压力时,会有所准备。

最后,儿童参与游戏活动的本身就是一种身体和体能的锻炼。正是在这种跳跃奔跑过程中,儿童一天天长大。游戏对儿童的身心成长都是有利的。

总的说来,正如一些学者所说,很多儿童游戏都是关于确立影响力和威望的。对于大部分的儿童来说,他们几乎没有任何的权利,只有在同龄人和比自己年龄小的人面前他们才有机会展示自己的权力;也就是在这种环境中,儿童们才会发现彼此合作的重要性。游戏的终极目标是在愉悦的同时又获得和展示了自己的能力。所以,儿童游戏不只是对成年人生活的模仿,而是在模仿成年人生活和生产方式的同时,学会和实践了各种生活和与人相处的技能和技巧。①

第三节 民间节日

一、什么是民间节日

节日,又被称为"时空以外的时空"(time out of time)②,主要指的是民间传统的周期性的集体参与的事件或活动,例如春节、端午节和中秋节等。

这里所谓的"传统",指的是民间节日一定要具有很长的历史传承性,属于民间自发的遵循和继承的一种仪式和活动。节日必须是周期性地举行的,一般为一年一次,偶尔举行一次的聚会活动则不是节日。节日往往与民间传统信仰密切相关,所以节日期间人们要举行各种祭祀活动。

民间节日是民间自发的遵循和继承的一种活动。民众对时间及其周期是有着自己的认识和理解的,人们不是随意将春节开始的时间定在腊月二十三,结束时间定在正月十五的。例如,腊月二十三的"送灶"仪式标志

---

① 参见〔美〕Sean Galvi, Cellecting Children's Folklore, in *The Emergence of Folklore in Everyday Life: A Fieldguide and Sourcebook*, ed. George H. Schoemaker. 1990, pp.165—170.

② 〔英〕A. Falassi, *Time Out of Time: Essays on the Festival*, Albuquerque: University of New Mexico Press.

着春节的开始,在人们的观念中,将灶王爷送上天的同时,人间的所有神灵也都随着一起上了天,人间没有了诸神的看管,人们也就可以随心所欲地置办年货,而不必担心触犯神灵了。除此之外,春节期间的所有活动都是按照特定的顺序和结构排列下来的。我们只能跳过或者忽视某些节日,或者说节日的时间段,但是不可能更改顺序和时间。

尽管西历在中国已经实行了一百多年的时间,但是人们仍然坚持按照传统的时间过春节,一个主要的原因就是传统意义上的时间,不仅仅只是一个时间段,而是一个集中了众多信仰、知识、观念的信息体。在当代社会中,为了避免春节期间的一系列问题,如交通运输等,一些人希望设立一个比较单一的时间段,供人们过春节。这实际上是对春节的一种误解。从理论上讲,这样做是可以的,但是实际上并不具备可行性。因为如果这样的话,我们就必须让灶王爷和诸神都改变"上天"的时间,同时,还要征得祖先的同意,改变祭祖、扫墓的时间。接下来一连串的仪式和活动,如"破五"、"人节"、"太阳节"、"老鼠节"、"元宵节"等一系列活动全都要改变。这实际上是要人们放弃几千年来确立和延续的一种体系,而重新建立一套全新时间和信仰体系。这应该说是不可能的。

为什么说节日是时空以外的时空呢?因为节日期间,人们的生活方式和行为模式往往有悖于日常行为规范和生活规律。例如,节日期间的人们可以暂时远离劳作之苦而专心于享乐、游戏、探亲和访友,孩子们也不必担心玩儿得太疯而招致长辈的责骂。身份的差异,如尊卑贵贱也会因为节日的缘故而淡化。总之,节日是人们给自己紧张忙碌而又严肃的生活一个假期和加油站,是为了让人们有一个机会来享受自己通过艰苦努力而创造出来的生活。

二、节日的成因

节日的成因是多种多样的:有的来源于宗教仪式活动,如西方社会的圣诞节;有的来源于历史事件或历史人物,如中国传统的寒食节、端午节等[①];有的来源于人们特殊的生产、生活和交流方式,如农耕社会和游牧社会由于其性质的差异而造成节日的不同等。一般来讲,以农耕生活方式为主的社会,其节日大多都发生于自然界中各种节气、季节和年轮转变的关

---

① 根据传说,中国的寒食和端午是与古代历史事件和人物,与介子推和屈原有关,但实际上,这些都是后人的附会,寒食和端午的产生都有其特定的文化意义。

键时期,一个很重要的原因就是人们希望通过这种节日活动来强化人与自然之间的相互依赖关系。总之,节日是一种十分复杂的民俗事项,具有极其丰富的文化内涵。

三、节日的特点

人们常说,节日是传统文化的表演场,就是因为传统文化的很多方面都可以在节日当中找到自己的表现场所。

首先,节日反映了一个民族对自然及其变化规律的认识。我们很难想象一个民族会看不到昼夜、季节和年轮的交替。尽管人们的计算标准不一样,但所有的民族都有自己的历法和对时间的计算。唯一能够反映出一个民族对年轮、季节和时间的计算情况和标准的事件就是传统节日。因为几乎所有的民族都会在季节、年轮或历法纪年的关键时期举行庆祝活动,而这种庆祝活动就是节日。

中国是一个农业古国,中国的传统节日大都是围绕着季节和年轮转变的关键时期而制定的。例如,中国传统的节日春节,既标志着冬天的结束,也标志着春天的来临,同时还是新的一年的开始。

其次,节日期间的人们无论是饮食还是服饰都带有非常浓郁的传统色彩。日常生活中的人们衣着饮食可能非常简单朴素,但节日期间,人们会选择最具有代表意义和典型意义的服饰和饮食。所以,节日期间的饮食、服饰是我们研究传统的服饰、饮食习俗和探讨饮食、服饰习俗中所体现出来的价值观念和审美习惯的重要场所。

第三,节日还是人们集中表现传统的宗教信仰习俗的重要场所。传统节日的一个重要方面就是人们要在节日期间举行各种各样的请神、谢神、拜神、祭神和其他巫术仪式活动。平常,中国人的泛神思想也许不太明显,但在节日期间,这种思想却非常突出地表现了出来。例如,春节期间,中国人要参拜和答谢数不清的神。家中几乎所有的地方都有神,如门神、牛神、马神、床神、场神、井神、火神、水神、仓神、灶神、财神、土地神等等,所有的神我们都要拜到。为避免遗漏,家家户户几乎都要贴一幅"天地全神"的神马。因此,节日对我们研究一个民族的宗教信仰习俗具有非常重要的意义。

第四,节日还是人们集中展示自己的社会关系的场所。人们在相互交往的过程中,走亲访友,拉近了彼此之间的联系,并使这种关系公众化。所以,节日又是我们研究中国人的家庭结构关系的重要途径。

其他如中国传统的美术、舞蹈、戏剧、手工艺、游戏等也都集中选择节日作为自己的表演场。总之,节日是研究传统文化的重要场所,应该引起我们的高度重视。

四、节日的结构

民间节日作为一种传统的事件和活动,其结构形式往往带有程式化的倾向。也就是说,节日往往都是由一系列既定的活动和仪式组成的。这些既定的活动和仪式就构成了传统节日的语境(context)①。人们的各种交流活动就是在这种语境下展开的。

1. 起始仪式

一般来讲,节日都会由一个标志性的事件或仪式来作为开始,例如中国的春节就是由祭灶开始的。腊月二十三为灶神节,又称小年。在中国传统信仰中,灶王爷是一家之主,要在腊月二十三这一天回天宫向玉皇大帝汇报这家一年来的情况。这一天,人们都要在灶王爷的画像前摆上各种供品,举行送灶上天的仪式。人们相信,随着灶王爷,凡间的其他诸神也会一起上天,没有了诸神的看管,人们也就可以随心所欲了。

2. 净化仪式

净化仪式是民间节日的一个重要组成部分。主要功能在于净化人们的活动空间和生活环境。我们这里所谓的"净化"是从宗教或巫术的意义上而言的,目的在于驱除邪恶、疾病、瘟疫、厄运和一切不吉利的因素。春节期间的净化活动主要包括放鞭炮、点灯、贴春联、贴门神、挂桃符等,人们选择用响声、红色和光亮来驱赶邪恶。清明节的踏青、放风筝,端午节的香包、艾草、角粽,泼水节中的泼水等也都具有辟邪的意思。人们希望在节日这个特殊的日子里,借助于各种净化仪式,除去各种不吉利的因素,从而能有一个良好的开端,干干净净地进入下一个阶段。

自古至今,中国的净化仪式多种多样,例如:

> 元日,取鹊巢烧灰,著于厕,以辟兵,撒门里,以辟盗贼。(《墨子秘要》)
>
> 正旦五更,镂无色土于户上,厌不祥。(《易通卦验》)
>
> 岁旦常设苇茭、桃梗,磔鸡于宫及百寺之门,以禳恶气。(《晋书·礼

---

① 〔美〕G. H. Schoemarker, *The Emergence of Folklore in Everyday Life*, p. 85.

志》)

今人正朝,作两桃人立门旁,以雄鸡毛置囊中,盖遗像也。(《元中记》)

帝尧在位,有祇支之国,献重明鸟,一名双睛,状如鸡,鸣似凤,能搏逐猛兽、虎、狼,使妖灾群恶不能为害,饲以琼膏。国人扫洒门户,以望重明之集。或刻木铸金为此鸟之状,置于门户之间,则魑魅丑类自然退伏。今人每岁元日,或刻木铸金,或图画为鸡于牖上,此之遗像也。(《拾遗记》)

岁首折松枝,男七女二,以为药饮。(《董勋答问》)

正旦当生吞鸡子一枚,谓之炼形。(《风土记》)

元日服赤小豆二七粒,面东,以齑汁下,即一年无疾病。(《风土记》)

正月一日,鸡鸣而起,先于庭前爆竹以辟山臊恶鬼。(《荆楚岁时记》)

正旦门前作烟火逐疫。(《荆楚岁时记》)

不同地区,净化仪式的内容和程序有着很大的差异。

3. 竞技仪式

节日期间,竞技活动是必不可少的。例如,端午节龙舟竞渡,元宵节的猜灯谜,春节期间的锣鼓比赛、舞狮子比赛,少数民族节日中的跑马、斗牛、叼羊、赛歌等都属于竞技活动。比赛的胜者一般都会获得各种奖励,成为万众瞩目的对象。竞技多是出于娱乐的目的,因为参与者主要是年轻人,所以也为青年男女的彼此相识提供了一个机会。人们通过参与竞技活动,寻找和发现自己的意中人,很多美好姻缘都是通过节日期间的竞技活动而实现的。

4. 服饰和饮食的展示

节日期间,人们往往要穿上最漂亮的、全新的衣服,最大限度地装饰自己。例如,春节期间,最令人兴奋的事之一就是人人都可以得到一身新的衣服。平时的节俭,都是为了能在春节的时候穿上一件漂亮的新衣服和吃上一顿丰盛的饭菜。穿新衣有双重意思:一是希望以一个全新的形象进入新的一年,把旧的衣服与所有的不如意都留给过去的阶段。

5. 祭祀仪式

祭神、祭祖也是节日中不可缺少的。一般来讲,节日是一种开始,也是一种结束,在这个关键时刻,谢神、谢祖自然是非常重要的一件事。春节的上坟、祭祖、拜庙,中秋节的拜月等都属于祭祀仪式。

6. 表演仪式

节日期间的表演活动包括民间舞蹈如扭秧歌、跑旱船,民间戏剧如傀儡戏、皮影戏和各种地方戏等。表演活动或者是为了娱乐,或者是为了酬神,或者是为了还愿,或者是为了表现自己的权势、地位和财富,总之,表演是节日里不可缺少的节目。

7. 结束仪式

节日有一个起始仪式,也有一个结束仪式,标志着节日的结束,时空又回归正常。例如,春节的结束是元宵节,又称灯节。元宵节使春节的节日气氛到达高潮,同时也标志着春节的结束。

五、中国民间传统节日及其特点

中国传统节日多与季节和年轮的转换相关。流传至今影响比较大的传统节日主要包括春节、清明节、端午节和中秋节。除此之外还有填仓节、上巳节、中和节、花朝节、浴佛节、六月六、社日、乞巧节、中元节、重阳节、冬至、开斋节、古尔邦节①、火把节②、泼水节、敬蛙节③、驱鬼节④等。

中国传统节日因季节的不同而表现出不同的特点。一般说来,春天是生命勃发、万物生长的季节,因而春天的节日大都与生殖和生命联系在一起。所以说春天的节日为开放性的节日。

张铭远认为,中国春季的节日主要有两个特点:其一,这些节日的主角一律是男女青年,大部分节日活动甚至为青年男女所专有。因此,春季的节日可以说是青年的节日或青春的节日。其二,这些节日活动的主要内容由青年男女之间的恋爱、婚姻和性交合这三方面的行为所构成。因此,春季的节日可以说是爱的狂欢节日。⑤

例如,在河南淮阳地区,每年农历的二月二到三月三,都要举行盛大的人祖庙会活动。在庙会上,不育的人一方面要拜人祖,祈求人祖的保佑,另

---

① 开斋节、古尔邦节与圣纪节一起并称为伊斯兰教三大节日。
② 火把节是中国西南地区少数民族如彝族、白族、傈僳族、纳西族、拉祜族、基诺族等传统节日,时间多集中在农历六月二十四日或二十五日。
③ 敬蛙节,又名青蛙节、葬蛙节、蛙婆节、蚂节等,是壮族人民的传统节日。
④ 藏族传统节日,时间在藏历二月二十九日。
⑤ 张铭远《生殖崇拜与死亡抗拒》,北京:中国华侨出版公司,1991,第17页。

一方面,还要拴娃娃,即买泥娃娃回家,希望泥娃娃可以带给他们子嗣。而且,求子的人遇到一见钟情的人夜里可以择地偶居,第二天天亮后才离开。① 陕西临潼骊山也有类似的野合风俗。这种野合的风俗来源于中国古代春季的盛大节日。节日期间,青年男女郊野狂欢,相互表达爱慕之情。《诗经》中的许多篇章都记录和描述了这种春季的狂欢节。法国汉学家格拉耐(Granet)甚至认为,《诗经·国风》的民歌,大部分都反映了乡村的男女交欢的节日集会,或是在这种集会上所唱的情歌。②

《隋书·柳彧传》记载了柳彧的一篇《请禁角抵戏疏》,其中有这样的描述:

> 窃见京邑,爰及外州,每以正月望夜,充街塞陌,聚戏朋游。鸣鼓聒天,燎炬照地。人戴兽面,男为女服。倡优杂技,诡状异形。以秽嫚为欢娱,用鄙亵为笑乐。内外共观,曾不相避。高棚跨路,广幕凌云。袨服靓妆,车马填喧。肴醑肆陈,丝竹繁会。

从中我们可以看出,柳彧认为这种"无问贵贱,男女混杂"的风俗很不好,因此请求皇帝"颁行天下并即禁断"。可见这种"春季的狂欢节"之盛行。

与春季狂欢节不同,传统的冬季节日多为保守性的节日,或者说是死亡或丧葬的节日。但是死亡之中却孕育着生机,是新的生命周期到来的必然过程。

> 早在上古的时候,民众就认为,整个冬季是自然界的休眠期,亦即死亡期,这时,天(阳)气上升,地(阴)气下潜,阴阳隔绝,一切生命现象都已停止。而且,在民众的时季观念中,冬季既然是彻底死亡的时期,那就必然是由死亡向着新生的转换期……整个冬季的节日就是一直在遵循着这种先死而后生的规律坚定不移地运动。③

张铭远认为,冬季节日"模拟死亡"主要表现在以下几个方面:

首先是停止劳作。据《礼记·月令》的记载:"霜始降则百工休。"《孔子家语·本命解》中也提到:"霜降而妇功成。"由此可见,从霜降开始,不但男人要停止工作,妇女在家中的纺织工作也要停止。这里所谓的"妇功成",

---

① 宋兆麟《人祖神话与生育信仰》,见《巫与民间信仰》,北京:中国华侨出版公司,1990。
② 参见格拉耐《中国古代的祭礼与歌谣》,上海:上海文艺出版社,1989。
③ 张铭远《生殖崇拜与死亡抗拒》,第138、147页。

张铭远认为与寒衣节和鬼节有关,是一种模拟死亡的行为。①

其次是寒食。寒食是冬季节日中的一种极为普遍的习俗,例如,古俗,春节从初一到初五是忌火的,人们只能吃初一之前做好的熟食。在这里,人们通过寒食习俗行为模拟想象中的亡灵的饮食方式,从而假想自身与亡灵同一。

第三是鬼节。在年终岁末的节日中,尤其典型的是春节中的除夕,象征着一年生命的终结,其间人与鬼、生与死的界限都被打破了。人们还要邀请祖先回来与自己(确切地说,应该是祖先的鬼魂)同度年关。

除此之外,冬季节日中表现出来的回归意识、留根(种)意识、再生意识和生命母体意识都反映了冬季节日的保守性。②

六、女性与节日

中国传统节日的另一个非常重要的特点是女性节日占有很大的比重,很多的节日都与女性有关。

例如中国传统的三大节日之一中秋节就与女性和女神崇拜有着密切的关系。中秋节又名仲秋节、团圆节、八月节和女儿节等。中秋节的祭拜对象为月神娘娘,所以,妇女们要在节日期间举行拜月的仪式。民间传有"男不拜月、女不祭灶"的说法,因此,拜月仪式一般来说是妇女们主持和参与的。拜月的主要目的为祈子、祈福、求平安。在中国一些地区,不孕的妇女往往会参加一些秘密的拜月仪式,以求得子。流传在一些地区的不孕妇女在仲秋月夜偷瓜的习俗,就是为了求子。从某种意义上说,中秋节是关于月亮的节日,也是已婚妇女的节日。

七月初七,民间称之为七夕,又称乞巧节、少女节、女儿节、女节、洗头节、双星节、双七节、妇女节等等。单从名称上看,七夕节应该是以少女为中心的节日,而且事实也正是如此。七夕是少女们的一个重要的节日。另外,七夕节之所以有如此众多的称谓,也从另一个角度说明了这个节日存在的普遍性。这就是说,在中国南北的很多地方,都有着过七夕的习俗。

七夕节很早就有了。据南朝梁·宗懔《荆楚岁时记》的记载:

> 七月七日为牵牛织女聚会之夜。是夕,人家妇女结彩缕,穿七孔

---

① 张铭远《生殖崇拜与死亡抗拒》,第146—147页。
② 同上,第138—171页。

针,或以金、银、鍮石为针,陈几筵、酒、脯、瓜果、菜于庭中以乞巧。有喜子网于瓜上,则以为符应。

这里提到的穿针乞巧、蛛网乞巧、鹊桥相会等习俗和传说,与我们现代常见的乞巧习俗非常相似。因此,我们可以说,早在汉代,七夕节就已经相当成熟了。

七夕节的活动主要以乞巧、占卜为主。主要包括浮针试巧、穿针乞巧、种生乞巧、蛛网乞巧、拜七姐神、度巧、吃巧果等习俗。例如:

浮针试巧:又称丢巧针、投花针等。方法是在七夕的前一天,将一个装满水的容器放置在屋外,第二天,也就是七夕这天,水面上会结一层膜。中午的时候,人们把针或细草轻轻地放在水膜上,借助于阳光看容器底部针或草的影子。这些影子:"有成云雾、花头、鸟兽影者,有成鞋及剪刀、水茄影者,谓乞得巧。其影粗如槌,细如丝,直如轴蜡,则拙征矣。"[①]如果看到的影子为"得巧",女孩们会高兴不已,如果看到的影子为"拙"影,女孩们则会叹息、哭泣。

穿针乞巧:又称金针度人。穿针乞巧的方法是于七夕的晚上,女孩子们聚集在月下以丝缕等穿针孔,谁先穿过的便是得巧,落后的则是输巧。所穿之针相传有汉代的七孔针、元代的九尾针等。胜利者就成为大家公认的巧女。

种生乞巧:种生又称种五生,所用的器皿叫五生盆。一些学者认为,种生乞巧与乞求生育有关。具体的方法是,在七夕之前,把小麦、绿豆、豌豆、小豆等籽种浸在陶瓷器皿之中,等到这些种子发芽数寸之后,用红蓝丝线束扎起来,到七夕时供织女以乞巧,有求子祈福的意思。七夕"处女用瓦器生五谷芽,供牛(郎)、(织)女,乞巧"[②]。人们将这种行为称之为"种生",很显然带有求子求育的意思。

七夕节中常见的一种玩具偶人"磨喝乐",南方称"巧儿",据说也与乞求生育有关。磨喝乐本来是佛教的一位神灵,但是在这里,已经变化为生子的象征了。

蛛网乞巧:具体的方法是,七夕的前一天,捉一只蜘蛛关在一个盒子里。第二天的早上打开盒子,验看蜘蛛是否已经结网。如果已经结网,而

---

① 《帝京景物略》。
② 山西《和顺县志》。

第四节　人生礼仪

一、什么是人生礼仪

人的一生就像竹子,其过程并不是平直的,而是有许多节,代表着其阶段性的特征。人生是由若干阶段组成的,人就是在具备某些条件时,通过一个个人生之节,发育成长,走向终点的①。

几乎所有的文化都人为地把人的一生划分为许多不同的阶段。在人生的不同阶段,个人必须接受与其地位、职责相关的价值观念和行为准则。其目的之一就是以此确定人们的身份、地位、角色及与之相应的责任、权利和义务。人生的历程也就是从一个阶段走向另一个阶段的过程,也是人们的身份、地位和角色不断变换的过程。这一过程又被称为是"文化化"(enculturation)的过程。

一般认为,文化化的过程可以分为三个阶段②:

第一阶段(primary enculturation),是婴儿期到儿童期的育儿和家教。在这个阶段,人们接受了形成日后人格的生理习惯和社会习惯。

第二阶段(secondary enculturation),是青春期走向成熟的各种角色准备和训练。与前一阶段的文化化相比,有着更为定型的模式。

第三阶段(tertiary enculturation),指成年后的学习。与成年人的各种人生路程相应,人们继续学习、完善。它对职业角色来说尤其具有重要意义。

具体说来,人的一生从一个阶段进入另一个阶段需要借助于特定的仪式,这些仪式被称为人生礼仪。

人生礼仪,又称"通过礼仪"(rites of passage),主要指围绕着人的生命历程中的关键时刻或时段而形成的一些特定的仪式活动。仪式的主要目的是标记或帮助人们成功或顺利地度过这些关键时刻,完成人生角色的转换。人生中的重大礼仪包括出生、成年、成婚、入会和死亡等,除此之外,还有很多礼仪活动,如满月、百日、周岁、生日、职位升迁、毕业典礼等也都属于人生礼仪的范畴。

---

①②〔日〕祖父江孝男等《文化人类学事典》,乔继堂等译,西安:陕西人民出版社,1992,第193、194页。

二、人生礼仪的基本原理

所有的人生礼仪都有其特定的目的和功能,那么,人们是凭什么把某种仪式与其特定的目的联系在一起的呢?人生礼仪的原理又是什么呢?

人生礼仪是巫术和宗教信仰的产物,因而也与巫术与宗教的原理和基础密切相关。

首先,人生礼仪的基础思想之一,也是支持巫术与宗教信仰的思想之一是泛神论思想,指的是人们相信所有的事物都具有生命和意识,无论是山川树木、风雨雷电,还是日月星辰、飞禽走兽,总之,他们都像人一样是有生命和独立意识的。泛神论思想是中国巫术与宗教信仰的主要基础。一直到现在,我们信仰的神还是不计其数,任何一种事物都可以成为我们的崇拜对象。

人生礼仪的另一种基础思想是"灵物崇拜"思想,指的是对那些被认为是具有神奇力量的人工物或自然物的信仰。"这种崇拜的对象常系琐屑的无生物,信者以为其物有不可思议的灵力,可由以获得吉利或避去灾祸,因而加以虔敬。"①这里的所谓"灵物"可以是石头、树干、神或圣人的遗物、护符、镇物等。灵物崇拜在中国可以说是随处可见。

除此之外,图腾(Totemism)、灵魂说(Spiritism)、多神论(Polydemonism)、一神论(Theism)等思想一起为人生礼仪的形成提供了坚实的理论基础。

根据人生礼仪所依据的不同的原理,凡·遮耐普(A. Van Gennep)把人生礼仪分为如下几种:

交感礼仪(sympathetic rites):建立在相似的、相反的、接触过的、局部与整体的、影像与真实事物之间的互动关系的信仰上的礼仪。例如,人们相信两个相似的事物之间一定有某种联系。

传递礼仪(contagious rites):建立在认为某种具有魔力的灵物可以通过身体或意念的接触而传递能力。

直接礼仪(direct rites):不需要通过第三者来进行沟通,人们或者用语言,或者用行为直接作用于对方的礼仪如祝词、咒语或诅咒。

间接礼仪(indirect rites):要经过第三者的传达,或举行特殊的仪式来达到与灵界沟通的目的。

---

① 林惠祥《文化人类学》,第236页。

积极礼仪(positive rites)：通过主动举行或参与某些仪式活动而希望事情能向预定的方向发展。

消极礼仪(negative rites)：主要指的是禁忌，为避免受到伤害而拒绝做或说什么事情。

遮耐普认为：人生礼仪从理论上虽然可以分为以上六种类型，但实际上，任何一种礼仪都应该是复合型的，是几种不同类型的礼仪组合在一起的结果。如祝寿礼仪就有可能同时包含着交感礼仪、直接礼仪、积极礼仪和消极礼仪四种不同的礼仪类型。例如，我们给寿星老送寿桃、煮长寿面的行为属于交感礼仪。我们向寿星老致辞"福如东海长流水，寿比南山不老松"的行为属于直接礼仪。我们为寿星老举行祝寿活动本身就是一种积极礼仪，而祝寿仪式中往往有很多语言或行为上的禁忌，这就属于消极礼仪。

三、礼仪的功能

把人的一生划分为许多不同的阶段纯粹是一种社会行为、一种文化的产物，自然状态下的生命历程实际上是一种渐进的过程。但是，为了合理划分人在不同年龄阶段的权利、责任和义务，人们把生命的历程划分为不同的阶段并运用仪式来标记或帮助人们完成生命的过渡，顺利地进入到一个新的阶段。

人生礼仪具有多种功能，最明显的是它们的标记功能，其次是它们的社会功能和心理功能。

1. 标记功能

礼仪具有明显的标记功能。在人的一生中，有很多仪式活动是为了标记人的不同的生活阶段。例如，在中国古代，幼年时期无论男女都不结发，多为垂发。到了一定阶段，女子要行"笄礼"，即用簪子把头发盘起来。笄礼是女性进入成年时期的标志，也就是说到了可以谈婚论嫁的年龄了。此后，如果女性已经订了婚了，则要系缨。缨是一种五色丝绳，凡女子许嫁，便用它来束发，以示确定了婚配的人家。到了成婚之日，这条丝绳须由新郎亲手取下。标志女性已经成人妇[①]。因此，仪式活动中发型和发饰的改变均标记了女性一生中的几次身份转变。云南宁蒗永宁地区的纳西族女子，13岁前穿麻布长衫，不穿裤子。满13岁时，则举行"穿裙子"礼，对纳西族女子来说，穿裙子是成年的一种标志[②]。

[①] 参见《中国风俗大辞典》，北京：中国和平出版社，1991，第13、77页。
[②] 见戴平《中国民族服饰文化研究》，上海：上海人民出版社，2000，第278页。

毕业典礼也是一种礼仪,其象征意义在于它标志着一个学生学业的结束和完成。实际上学业是一个漫长的过程,在毕业典礼之前,学生必须修完所有的课程,完成各项学习计划。也就是说,在完成学业之前,毕业典礼是没有任何意义的;而在完成学业之后,是否参加毕业典礼都不会影响到学业的完成。但人们还是热衷于参加典礼,因为它是一种象征,一种标记。似乎只有在参加了毕业典礼之后,学业才是真正的结束,没有典礼,就体现不出一个完整的过程。

2. 社会功能

在仪式中人们可以实现自己在社会中角色的转换,如成年礼仪的功能实际上是使一个人告别自己的儿童时代,而进入到成年人的阶段。还可以说是从一个"无性"(asexual)的世界进入到一个"有性"(sexual)世界的过程[1]。因此,成年仪式的主要功能之一在于使一个人的身份通过仪式活动而得到社会的承认,从而可以享有另一个社会层次的人所享有的权利和必须要承担的责任和义务。

中国传统的丧葬礼仪在很大程度上说不是为了死者,而是为了生者。人们举行的一系列仪式活动,以及通过穿插于其中的饮食、服饰习俗都是为了通过丧葬仪式,重新强化和整理家族或宗族之间的关系和秩序,并期待得到社会的认可。

孔子认为,丧服之礼的制定,上而模仿天时的运转,下而效法地文的变化,中而依据人类的情感,使人类借以维护群体的生活,使其和睦团结。(《礼记·三年问》)"丧服,兄弟之子犹子也,盖引而进之也;嫂叔之无服也,盖推而远之也;姑姊妹之薄也,盖有受我而厚之者也。"(《礼记·檀弓上》)服丧,其实是为了加重伯叔和侄儿之间的恩情,使他们的关系更亲近。叔嫂之间无服,是为了别嫌而推的更疏远。为已经出嫁的姑姑和姐妹等服丧,是因为有接受她们为妻而为她们加重丧服的人。由此看来,丧葬仪式从某种意义上来说更重要的是它的社会意义,死亡被看做是一种事件,是家庭、社会变化、更替发展的一个转折点,是巩固宗法制度,维护家庭、家族的团结和睦及社会安定平稳的一种手段。

丧礼从另一方面,又对死者在死亡之后新的家庭关系,包括家庭中权利、责任和义务的转移和重新分配,长幼尊卑秩序的重新排定,以及财产继承和分配都具有重要的意义。"三年之丧何也?曰:称情而立文,因以饰

---

[1] 参见〔法〕A. Van Gennep 的 *The Rites of Passage* 的前言部分。

群,别亲疏贵贱之节,而不可损益也。故曰:无易之道也。"(《礼记·三年问》)这就是说,三年的丧服是随着内心哀戚的程度而制定的礼文,借此来表明亲属的关系,区分出亲疏贵贱的界限,而不能任意增减。所以说,这是不能改变的原则。《仪礼》中也谈到:"何以三年也？正体于上,又乃将所传重也。庶子不得为长子三年,不继祖也。"只要长子才能传祖先之重,继承祖先的事业和财产,庶子是没有资格的。

一般来说,在丧礼中服重孝,也就是说服斩衰的人为遗产的主要继承人,因而也对家族的繁衍与发展负有重要的责任。他们必须:"上治祖祢,尊尊也,下治子孙,亲亲也。旁治昆弟,合族以食,序以昭缪,别之以礼义,人道竭矣。"(《礼记·大传》)这就是说,家庭财产和事业的继承人除了要接续祖先的香火、光耀门庭之外,向上必须整治好祭祀祖和父的关系,体现尊敬尊贵者的原则;向下整治好子孙们的远近亲疏关系,体现亲爱血缘亲属的原则;从旁整治好同族兄弟的亲疏关系;会合族人举行食礼,按照昭穆关系排列族人的次序。依据礼仪来区别上述各种关系,人伦的道理就都在这里了。

3. 心理功能

人生礼仪的另一个重要功能是在协助人们实现角色转换的同时实现心理转换,安抚人们在角色转换时期不安的心理状态。例如,在中国很多地方,新娘子出嫁前要唱《哭嫁歌》。在四川宜宾地区,一套哭嫁歌主要包括"女儿开口哭"、"娘哭女"、"哭爹娘"、"哭叔爷"、"哭弟弟"、"哭外公外婆"、"哭舅舅"、"哭哥"、"哭嫂"、"哭妈"、"骂媒"[①]等等。

哭嫁歌的主要内容之一是表达女儿与父母及亲人的难以割舍的亲情和女儿对父母养育之恩的感激之情。例如:

　　一更明月出东方,越想离恨越惨伤;
　　今夜母女同诉话,明天分离各一方;
　　养女恩情难尽讲,怎不叫人泪汪汪。

　　二更安静思爹娘,泪珠滚滚湿衣裳;
　　爹如黄蜂把蜜酿,妈像蚕子制衣裳;
　　辛苦养女成长大,慈心皆是为儿忙;
　　女儿明日离家走,从今不得奉爹娘。

---

① 《中国民间文学三套集成·宜宾地区卷·民间歌谣谚语分册》。

三更明月照粉墙,喜鹊反哺报爹娘;
娘哺女儿生外相,枉自花费苦一场;
今日女儿要离去,活活分离泪两行;
四更明月正当空,分别爹妈在堂中;
你女本是黄花女,一朝出阁难回笼。

五更明月落西方,哭声爹来哭声娘;
不幸儿是裙钗相,从今不能奉高堂;
爹娘还要宽心放,莫把女儿挂心房;
生朝满日儿拜望,年头四季会爹娘;
女儿不孝枉思想,明朝分别哭断肠;
养育之恩难尽讲,叫人血泪洒千行①。

哭嫁歌的另一个主要内容则是父母对女儿出嫁后身份和角色变化的担忧。在《娘哭女》中,母亲会一再告诫女儿出嫁以后必须要牢记的一些事情。如"从今以后要独立,不可拗性惹是非"、"说话轻言又细语,切莫大喊放粗声;对待公婆要恭敬,对待小姑要细心;妯娌之间要和气"。另外,还要晚睡早起、烧菜煮饭、善待小姑小叔、遇事忍让等等。其实,婚礼的过程就是女性脱胎换骨的过程,她必须从一个无忧无虑的少女变为一个全职的媳妇:上有公婆必须侍奉孝敬,下有小姑小叔必须抚养,在照顾丈夫饮食起居的同时还要学会适当处理妯娌、邻里之间的关系等等。面对这样的身份转换,任何一个女性都要承受巨大的心理压力。中国有句俗话:"嫁出去的女儿,泼出去的水。"结婚,对女性与其家庭来说就是一种生离死别。女性出嫁时,心理活动很复杂。这里面有对父母的依恋,也有对未来的不确定性和新角色、新身份的恐惧和担忧。哭嫁歌从某种意义上说,便是情绪宣泄的一种主要途径,人们在哭嫁声中放纵着对父母的依恋,重复着嫁为人妇后自己的责任。出嫁仪式及其哭嫁歌可以帮助妇女完成一种心理转换。

四、人生礼仪的结构

人生礼仪的结构可以分为分离仪式(rites of separation)、通过仪式(transition rites)和(再)进入仪式(rites of incorporation)三个部分。

---

① 《中国民间文学三套集成·宜宾地区卷·民间歌谣谚语分册》,第45—46页。

1. 分离仪式

人的一生可以分为许多不同的阶段,例如从出生到成年;从成年到订婚,再到结婚;从生到死;从小学到中学,再到大学等等。每到一个特殊阶段,人们都面临着脱离前一个阶段,进入后一个阶段的转折。因此,仪式的开始首先是分离。

2. 通过仪式

被分离出来的人们需要经历一段时间的考验或训练,然后才能进入到下一个阶段。这期间的人们处于两个阶段的中间状态,因而是危险的。既有可能被别人伤害,又有可能伤害到别人。所以,一般情况下,他们都会被隔离起来。当人们认为他们已经经受了足够的考验,或失去了危险性,或证明了自己的能力之后,才会被允许进入到下一个阶段。

3. (再)进入仪式

重新被社会所接受的人不再是原来的那个人。我们会看到一个全新的人,无论是他的服装、服饰、发型,还是他的思想观念、责任、义务或权利,都发生了全新的变化。

如果说分离的仪式象征着一个旧生命的死亡,那么,通过仪式象征着一个新生命的孕育过程,而(再)进入仪式,则象征着一个新生命的诞生。

根据理弗斯(W. H. Rivers)的记载[①],印度陀达妇女从怀孕到生产需要经历如下的过程。

(1) 妇女一旦怀孕,就不能再到村子里或任何具有神圣意义的地方去了。

(2) 怀孕五周的时候,人们要为孕妇举行一个名为"离开村子"的仪式。孕妇必须搬到一个临时搭建的房子里居住,不允许参加任何形式的社会活动。

(3) 孕妇祈求 Pirn 和 Piri 神的保护。

(4) 孕妇要在自己的两只手上各烫出两个疤痕。

(5) 然后,再举行一个离开临时搭建房子的仪式。

(6) 孕妇回到自己原来的家中,一直住到怀孕七个月。

(7) 怀孕七个月时,举行一个"弓箭仪式"以确定孩子的父亲是谁。(陀达人实行一妻多夫制)

(8) 孕妇回家主持上述仪式。

(9) 孕妇生产。

---

① 〔法〕W. H. Rivers, *The Todas*, London: Macmillan, 1906, pp. 313—333. 转引自凡·遮耐普的 *The Rites of Passage*, Chicago: University of Chicago Press, 1960, pp. 42—43.

(10) 两三天后,举行一个分离仪式,把产妇及其丈夫和孩子送到一个临时搭建的房子里。

(11) 在临时搭建的房子里,产妇、丈夫和孩子都要被涂上"不洁"的标志。

(12) 举行一个特殊的仪式防止这一家人受到邪恶力量的伤害。然后,一家人返回到村子里,开始正常的生活。

陀达人的这个仪式主要是针对妇女而言的,而且重在强调通过礼仪。因为,妇女的怀孕期长达近10个月。所以,人们自然会把重点放在孕期上。

从理论上讲,人生礼仪都应该包括这三个部分。但实际上,每一种礼仪都有其侧重点。如在出生礼仪中,如果是从孩子的角度来看的话,几乎没有分离仪式,只有进入仪式。刚出生的孩子谈不上和什么状态进行分离,只是作为一个新生命进入到这个社会当中,社会只存在一个接纳的问题。因此,出生礼仪强调的是孩子的社会化过程。而丧礼则重点强调的是分离仪式,因为死亡标志着一个生命的终结,我们为死者举行丧礼,一方面是为了表达我们的哀痛之情,但另一方面,或者说更重要的一方面,我们是在把一个人的死亡公众化,把一个人永远脱离社会的事实公众化,并借助于丧礼重新整理因死者的死亡而导致的财产、权利、责任和义务的重新分配,人们希望通过丧礼使得这种重新分配的结果得到社会的认可。当然,丧礼还包含着复杂的通过仪式,因为丧礼中的很多活动都是为死者进入信仰中的另一个世界或另一种状态做准备。

中国的传统婚礼基本上包括了分离、通过和再进入三个部分的仪式,但突出强调的是再进入礼仪。因为中国传统婚礼主要是对女性或者说新娘子而言的,新郎由于不存在离开家的问题,所以也就谈不上分离、通过和再进入。传统婚礼的主要过程就是把女方娶回家的过程,因此,对女性来说,就有一个与自己的父母分离或脱离自己家庭的仪式。另外,新娘子前往夫家的路上的活动就相当于通过仪式,而到达夫家之后举行的一系列活动就属于再进入仪式。

总之,从实践的意义上看,分离、通过和(再)进入仪式在每一个具体的礼仪当中的分配不一定是均衡的,也不一定都会被充分展示。

五、礼仪研究

凡·遮耐普(A. Van Gennep)(1873—1957)的《通过礼仪》出版于1909年。作为第一位研究并发现通过礼仪的结构形式和重大社会意义的人类学家,遮耐普很早就注意到语境(context)在文化研究中的重要意义。

他甚至先于马林诺夫斯基提出了文本与语境的密切关系问题。遮耐普认为,礼仪的研究必须放置在活的、完整的社会场合和语境中进行研究,任何企图把礼仪从其语境中挖出来的研究思路都不利于研究的深入进行。他从实证主义的研究理念出发,坚持认为,要想研究社会发展进程的规律,必须从实证和观察的角度下手,而不能单凭学者们天才的构想和大胆的推测。观察和实践才是唯一的出路[①]。

凡·遮耐普的一些观点与当代民俗研究中的语境论(contextual theory)有着许多不谋而合之处。语境论认为,把民俗事项从其产生的语言、行为、交流、表演和表达环境中剥离出来的研究方法是非常不科学的,因为语境对我们理解和认识民俗事项有着关键性的作用。[②] 在过去的日子里,中国礼仪研究虽然取得了一定的成果,但缺乏从具体的语境中对礼仪进行理论和实践上的研究。

第五节　民间舞蹈

一、什么是民间舞蹈

民间舞蹈指的是一种传统的,借助于身体的形体造型和有规律、有节奏的运动而表达情感、观念,是保存和传播文化的艺术形式。一般来讲,民间舞蹈由歌、舞、乐三部分组成,除此之外,服装、服饰、化妆等在民间舞蹈中也占有相当的地位。

与纯粹的经典舞蹈、宫廷舞蹈和其他专业舞蹈的艺术形式不同,民间舞蹈往往不是单独存在的,一般都需要一种特定的语境,如民间节日、礼仪、聚会和各种祭祀仪式等。例如,汉族传统的秧歌舞就是节日(如春节)、仪式或各种集会上的一种表演,平常生活中人们是不扭秧歌的,也没有人以扭秧歌为生。往往是扭秧歌的季节一过,演员们便又回归其本来的身份。

---

① 参见〔法〕A. Van Gennep, *The Rites of Passage*, Chicago: University of Chicago Press, 1960, pp. v—vii.

② 关于语境论的一些观点,可参考〔美〕A. Dundes, *Texture, Text, and Context*, in Southern Folklore Quarterly 28 (1964): 251—65. Dan Ben-Amos, *Toward a Definition of Folklore in Context*, in journal of American Folklore, 84(1971): 10. 〔美〕R. Abrahams, *The Complex Relations of Simple Forms*, in Genre 2 (1969): 105.

民间舞蹈的表演带有很强的功利性,这就是说人们很少从纯粹的审美或欣赏的角度表演民间舞蹈,人们表演舞蹈,或者是为了酬神、娱神,或者是为了驱鬼、辟邪,或者是为了向意中人示爱,或者是为了促进动植物或农作物的生长,或者是为了渔猎的目的等等。总之,民间舞蹈具有强烈的社会、宗教和文化功能。

民间舞蹈的传播方式是以传统的口耳传授或者模拟表演的方式来进行的,一般没有具体的编舞或舞美设计人员,几乎完全依赖于对祖先的表演模式和舞蹈动作、步法的继承。

民间舞蹈是人类最早用于传情达意的艺术形式之一。古人说过:"诗者,志之所之也,在心为志,发言为诗;情动于中,而形于言;言之不足,故嗟叹之;嗟叹之不足,故永歌之;永歌之不足,不知手之舞之,足之蹈之也。"[1]古人肯定了舞蹈作为人类传情达意的手段,是其他表达形式如诗和歌无法代替的。舞蹈同时带给人们身体和情感上的双重放松和发泄,因此,有人说舞蹈首先应该是一种个人的行为,是发挥个性的手段,是为了自己发泄和表达的需要,而不是为了他人或观众,不是一种观赏的行为。从这个意义上说,古代的舞蹈又被称为人类的"第一存在"(a first existence)。这里所谓的"第一存在"指的是在古代,舞蹈可以说是某一社会群体生活中必不可少的一部分[2]。人们高兴的时候跳舞,忧伤的时候也跳舞。通过舞蹈,人们可以充分展示自我,充分释放自己的情感。群体共同参与的舞蹈同时还联络了彼此之间的感情,强化了集体意识,是人们生活中不可缺少的活动。

当代的民间舞蹈,已经成为人类的"第二存在"(a second existence)[3]这里所谓的"第二存在"指的是随着人类的进步和社会的发展,舞蹈不再是某一社会群体生活中必不可少的一部分,而退化为某些对舞蹈非常有感情的少数人的个人财富。这就是说,随着社会的发展,人类表达、交流和沟通途径的增多,舞蹈退而成为人类的"第二存在"。

虽然如此,在当代社会里,民间舞蹈依然非常流行,尤其是秧歌舞。无论是在城市,还是在乡村,秧歌舞在人们的生活中仍然扮演着重要的角色,是人们,尤其是老年人的休闲、娱乐、强体、健身主要活动方式。

---

[1] 《诗大序》。

[2][3] 〔德〕Felix Hoerburger, "Once Again: On the Concept of 'Folk Dance,'" *Journal of the International Folk Music Council* 20 (1968): 30—32.

二、舞蹈的起源

一般认为,与歌谣、美术一样,舞蹈也是人类最早创造的艺术形式之一,是随着人类及其文化的产生而产生的,很多早期人类留下的壁画都是以舞蹈为题材的。例如,在内蒙古阴山山脉发现的多处岩画中,舞蹈的场面随处可见,其中包括单人舞、双人舞、四人舞和集体舞多种形式。

祈雨舞　　　　　杀祭舞

狩猎舞

舞者和鹿群

阴山岩画

选自《中国古代舞蹈》第 11—12 页

双人舞　　　三人舞

洞穴四人舞　　　庆丰收群舞

乌兰察布岩画

除此之外,在我国的云南、广西、甘肃、新疆等地,都发现了古代舞蹈岩画。

舞蹈的产生无非是如下几种说法,性爱说、唯美说、劳动说、巫术或宗教说、情感宣泄说等。也就是说,舞蹈或者是源于人类表达和交流的需要,或者是宣泄情感的需要,或者是出于宗教或巫术的目的,或者说是对劳动生产活动的模仿和训练,或者是出于人类自身繁衍的目的等。

舞蹈源于情感宣泄的目的似乎无可争议,因为当人们激情澎湃时,手舞足蹈应该是最自然的一种表达方式了,可以说这是人的一种本能。但是,单纯的手舞足蹈不能算是一种舞蹈,只能是舞蹈的前身,是舞蹈产生的一种条件。

性爱说法认为"原始舞蹈是一种本能的自我发泄的舞蹈"[1],古人在这种本能之舞中,毫不掩饰地表现男欢女爱的情景。普列汉诺夫也认为:

> 原始民族的恋爱舞,在我们看来好像是极其猥亵的。不用说,这类舞蹈同任何经济活动都没有直接的联系。他们的表情是基本生理需求的毫不掩饰地表现,大概同类人猿的爱的表情有不少共同之点。[2]

古代遗留下来的许多以舞蹈为题材的岩画,如新疆呼图壁康家石门子的性媾舞蹈岩画、内蒙古阴山岩画和广西左江的岩画也大都是表现男女性爱场景的。古今中外的很多民族也都有性爱舞蹈,这些似乎都为舞蹈的性爱说提供了依据。但是性爱冲动只能说是舞蹈产生的一个前提,也就是说,这种冲动或要求只是舞蹈产生的一个必要条件,而不是民间舞蹈艺术发生的决定性因素。

唯美说认为舞蹈产生于对美的追求和欣赏,是人类劳动之余的另外一种需求。一些人认为,对美的需求应该来源于人类的一种本能,尽管每个民族的文化传统的审美标准不一样,但是,美的概念却是无处不在。因此,通过手舞足蹈的方式展示自己的形体之美应该是一种很普遍的现象。其实,舞蹈是一种综合艺术形式,取决于人们对节奏、韵律、服饰、形体及其动作和造型的多重感受和认识,因此,对美的追求和欣赏只能是舞蹈产生的一个因素,而不是决定性的因素。

劳动说在我国是一种最为普遍的说法,劳动产生一切似乎是天经地义的事实,人类所有的科学和文化都是在劳动中被创造出来的。但是,这种说法太笼统,体现不出舞蹈这种特殊的艺术形式是在怎样的情况下和为什么被创造出来的。

总的说来,舞蹈的产生依赖于如下几种条件:

1. 舞蹈应该是一种集体活动的产物,个人情感活动时的手舞足蹈有可

---

[1] 高棪、李维《中西舞蹈比较研究》,第8页。
[2] 〔俄〕普列汉诺夫《论原始艺术和生产力的关系》,第99—106页。

能发展成为一种舞蹈,但必须依赖于集体的参与和认同。否则,便不可能发展成为一种延续不断的传统。

2. 舞蹈应该是一种周期性活动的产物,这样,舞蹈的步法、节奏、韵律、服饰、道具等才能规范化、程式化,舞蹈才能形成一个体系,然后逐渐发展成一种特殊的文化艺术形式。

3. 舞蹈的动作应该具有十分强烈的功能性,也就是说,舞蹈动作就像是语言文字一样,是特定的符号系统,有内涵、有意义。因此,舞蹈应该与人类特定的周期性举行的非常重要的社会活动紧密相关。

由此看来,关于舞蹈起源的一系列理论中的宗教或巫术说应该更合理一些。因为,首先,巫术或宗教活动在古代社会中占有极其重要的地位,巫师往往具有双重的身份,既是政治领袖,又是宗教领袖。其次,在巫术或宗教仪式中,舞蹈又占有重要的地位,一些学者甚至认为"巫"就是"舞"。"正因为原始舞蹈本身就具有宗教意义,是敬神仪式中的主体,因而巫者的职业就是跳舞以事神。商周时期所谓的'巫风',实际也可说就是舞风。"①第三,巫术或宗教活动往往是一个人群集体参与的周期性的仪式活动,而且仪式活动中的服饰、道具、步法、节奏等都为舞蹈的定型和发展提供了必要的条件。另外,带有巫术或宗教色彩的仪式活动的主要目的就是为了与自然或超自然的力量进行沟通,因此,仪式中的舞蹈动作都具有特定的内涵和意义。久而久之,便会发展成为一种系列的符号系统。

总之,舞蹈的产生与巫术或宗教仪式活动关系密切,但是舞蹈的类型是多种多样的,如祭祀舞蹈、庆祝舞蹈等。不同类型的舞蹈,其来源也可能会有所不同,只能具体问题具体分析。

三、民间舞蹈与中国传统文化

舞蹈产生的原因之一便是交流和表达,因此,中国民间舞蹈无论是动作、姿势,还是步法、编排都体现了中国传统的宇宙观、人生观、宗教观和哲学思想。

中国传统哲学思想中的对称、平衡、中庸思想是民间舞蹈的指导思想。"中国舞蹈动作与姿势,多为对称的变化,有左必有右,有前必有后,有上必有下,有阴必有阳。此种特性成为中华舞的一项基本原则。此种对称观念

---

① 张本楠《原始舞蹈是一种崇拜仪式》,《舞蹈论丛》,1981,第3辑。

亦必来自太极阴阳的原理。①"下图中的秧歌步法也是以对称、平衡为原则。许多名称更是寓意深刻,如三阳开泰、四季平安、六畜兴旺、十全十美等。由于秧歌是一种集体参与的舞蹈,人们在跳秧歌的过程中,必须严格遵守规定的步法,否则舞蹈便无法进行下去。

中国传统的阴阳思想在民间舞蹈中主要表现为舞蹈中的角色分派、动作、服装及其色彩,动作套式的选择都包含有阴阳两种因素。例如,民间传统的《狮子舞》表演一般分为文狮和武狮两种类型:文狮子主要表现狮子的温良恭顺或者说阴柔的一面,舞蹈动作包括搔痒、打滚、抖毛等,风格细腻;武狮子主要表现狮子的勇猛威武,舞蹈动作包括蹲、蹦、跳、跃、摸、爬、滚、打等。

中国传统的五行思想也充分体现在民间舞蹈中。例如,唐代的《五方狮子舞》中的狮子就要有五种颜色,出于象征五方之色的观念。中国传统的《龙舞》也体现了这种思想。古代的《龙舞》一般都是为求雨舞。据汉代董仲舒《春秋繁露》的记载:

> 物故以类相召也。故以龙致雨,以扇逐暑。②

> 甲乙日不雨,命为青龙,东方小童子舞之;丙丁不雨,命为赤龙,南方壮者舞之;戊己不雨,命为黄龙,中央壮者舞之;庚辛不雨,命为白龙,西方老人舞之;壬癸不雨,命为黑龙,北方老人舞之。如此不雨,阖南门,置水其外,开北门,取人骨埋之。③

龙舞分为黄、青、白、赤、黑五色,分别代表金、木、水、火、土,以满足人们不同的需要。例如:天旱时要舞水龙,天涝时要舞火龙。

"天圆地方为中国最早对宇宙的想法……此种观念一直保留在舞蹈动作中。"参见下图秧歌的步法图:

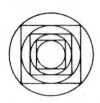 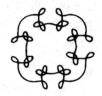

---

① 参见高棪、李维《中西舞蹈比较研究》,台湾中华文化丛书,转引自何健安的《中国民间舞蹈》,杭州:浙江教育出版社,1995,第9—10页。
② (汉)董仲舒《春秋繁露》卷一三《同类相动第五十七》。
③ (宋)祝穆《古今事文类聚》前集卷五引《神农求雨书》。

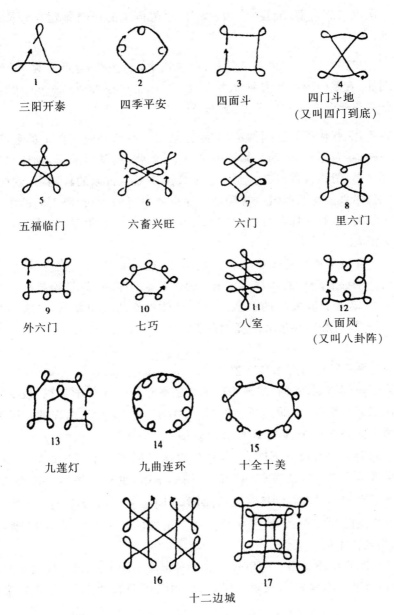

秧歌场图举例

选自刘芹《中国古代舞蹈》第165页

中国民间舞蹈还体现了中国传统的性格特征。

中国汉民族含蓄、凝重、收敛、保守,中国传统的民间舞蹈充分体现了这一点。

中国民族——主要是汉族,比较说来,活泼不足,严谨有余,严肃、沉静、含蓄……的倾向超过欢快、奔放、纵情……的倾向……不像其他民族酷爱赛马、斗牛、角力、舞蹈。①

因此,汉族传统的民间舞蹈,实际上只是一种节日或庆典上的表演,而不是一种集体参与的活动。舞姿中多俯首、含胸、屈膝等动作,动作幅度和空间都很小,情感含蓄内在。而一些少数民族如蒙古族的舞蹈,则欢快、豪放、尽情、尽兴。舞蹈虽然也常常是一种集体参与的活动,但人们的舞姿挺拔、舒展、大方,而且舞者可以根据自己的情绪随意地发挥,且动作幅度和空间都很大。

中国汉族的舞蹈还表出一种约定俗成、循规蹈矩的文化规范,因为很多民间舞蹈都有严格的步法规定和音乐、节奏的限制,而且须要配合集体共同表演,较少自我发挥的余地。不像其他民族的民间舞蹈,追求一种激情、个性的发挥和情感最大限度地自我宣泄。

四、民间舞蹈与巫术和宗教

许多民间舞蹈都带有浓郁的巫术和宗教色彩。有的学者说,最早的舞蹈家应该都是巫师,也就是所谓的"舞者为巫"也,是有其道理的。因为中国舞蹈史上关于舞蹈的最早文字记录便是"巫舞"。一些学者认为,"巫"(巫)字的造型为天地上下四方,其意便表明了巫师上下皆通的特殊身份。一些学者认为甲骨中的"巫"与"舞"为同一个字,也有一些学者认为,它们是两个不同的字,但即使"舞"(舞)为两个不同的字,一个明显的事实是二者都与古代巫师相关联,反映了一种借助于巫师的舞蹈以达到娱神、通神的目的,实现巫术的意义。②

从河南安阳殷墟出土的甲骨卜辞中可以看出,商王朝时,巫风弥漫,巫舞盛行,尤其是在祭祀和求雨的时候。例如,卜辞有:"庚寅卜,辛卯隶舞,

---

① 白祖诗《我国传统诗画的情趣》,转引自何健安的《中国民间舞蹈》,第9页。
② 参见王克芬《中国舞蹈发展史》,上海:上海人民出版社,1989,第30—31页;同时还请参见陆思贤《对甲骨文中舞蹈的若干认识》,载《舞蹈论丛》,1983年第1期。

第三章 风俗民俗学

雨。壬辰隶舞,雨。庚寅卜,癸巳隶舞,雨。庚寅卜,甲午隶舞,雨。"①在这里,《隶》舞的目的在于求雨,带有明显的巫术仪式色彩。

商代的其他一些舞蹈也都带有明显的巫术目的,如《霎》为求雨时的舞蹈,跳舞时,舞者头戴鸟羽,《羽》舞为祭祀舞蹈,舞者手拿五色的羽毛,祭祀四方之神。周代的巫风也很盛行,很多舞蹈如《蜡(zhà)》、《雩》、《傩》都属于巫舞。《雩》舞的目的主要在于求雨,据记载,跳完《雩》舞之后,如果还不下雨,人们就要把巫女放到烈日下暴晒,或者烧死巫女以感动天地。

《卍舞》也是用于求雨的,据董仲舒《春秋繁露·求雨》云:"春旱求雨……令吏民夫妇皆偶处。凡求雨之大体,丈夫欲藏匿,女子欲和而乐。"这是天人感应的求雨之术。可知《卍舞》求雨与男女偶处有关,商之《卍舞》类同于周之《万舞》②。一直到现当代时期,民间还有以女巫舞棒槌来祈雨的风俗③。

不仅古代的民间舞蹈具有强烈的巫术和宗教色彩,现当代的舞蹈也是如此。许多舞蹈形式,如秧歌、单鼓、担花篮等主要都是在特殊的节日和仪式中,用来请神、娱神、谢神和与自然或超自然力量进行沟通的,或者是为了祈雨,或者是为了除病去邪、祈求种族的繁衍和劳动丰收等目的。所以说,民间舞蹈与巫术和宗教关系密切。例如,师公舞就是一种祀神、祭祖、作斋、打醮以驱邪、祈福的舞蹈,④"於(wū)菟"更是一种保存完整的、带有宗教和巫术色彩的舞蹈。

根据罗雄岩的记录,於菟,是青海土族山神崇拜舞蹈遗存形式,仅在黄南藏族自治州同仁县年都乎乡仍有流传。按当地的说法,农历十一月二十一日为"黑日",是妖魔鬼怪兴风作浪的日子,只有在这天祭祀山神,扮"於菟"跳"虎舞"挨家挨户驱邪除疫,才能确保家宅平安。

於菟由七至九人扮演,虽是农历十一月末严寒的冬季,扮演者要赤膊、露腿,由画匠用"黑灰"在舞者的面部、上身、腿部绘画虎头图案及虎皮斑纹。头发扎成刷形,朝天竖立,示意虎在发威。舞者两手各持长约两米的树棍,上系有经文的长纸条,显示神灵威力。届时,扮於菟者先到二郎神像前,由巫师诵经、敬酒,神附体后,巫师敲铜锣、打羊皮鼓开路,於菟以单腿

---

① 见《殷墟文字甲编》3069。
② 彭松《甲骨寻舞》,《舞蹈论丛》总第38期。"卍"即"万"字。
③ 在我国的黄河流域,普遍存在着大旱之年以女巫跳舞感神、媚神、娱神以求雨的风俗。之所以选择女巫主要出于借阴诱阳,以实现阴阳交和,感天下雨的目的。与一些地区以男女交合而求雨的原理是一样的。
④ 罗雄岩《中国民间舞蹈文化》,上海:上海音乐出版社,2006,第110页。

205

交换跳得徐缓动作依序前进,家家闭户都到街上迎接。

於菟进村后,人们纷纷送来生肉和圆馍,於菟就把生肉叼在嘴上,把带圆孔的圆馍穿在木棍中,继续前进。个别有病痛的老人,甚至匍匐地上,让於菟从身上越过,以求消灾袪病。之后,於菟顺村路继续前进,挨家挨户翻墙进院搜寻隐藏在各家的魔怪。当於菟搜遍各家,已驱逐各种魔怪之后,突然枪炮声四起,于是,於菟闻声狂奔,人们在欢呼声中追赶到河边,至此,於菟驱魔、除疫的活动才算结束。① 然后,扮演於菟的舞者,用冰冷的河水洗净身上的斑纹,表示疫鬼已除,村民可以安居乐业。

五、民间舞蹈的类别

1. 模拟舞蹈

模拟舞蹈指的是以模拟各种动植物,再现劳动生活以及狩猎或战争情景的民间舞蹈。大自然中的很多事物都可以成为人们模仿的对象,比较常见的有模仿飞鸟的舞蹈如傣族的《嘎洛拥》(孔雀舞)、鄂温克族的《天鹅舞》、蒙古族的《白海青舞》、鄂伦春族的《树鸡舞》、朝鲜族的《鹤舞》等。有一些民间舞蹈是以模仿走兽见长,如阿昌族的《龙舞》,傣族的《火马舞》、《耕牛舞》、《象舞》,瑶族的《玖格朗》(猴鼓舞)、《野猪舞》,彝族的《跳虎节》等,汉族民间舞蹈中也有模拟动物的,如《狮子舞》、《龙舞》等。

汉族传统的《狮子舞》的记载最早见于三国时期,唐朝时曾流行于宫廷之中,并有《五方狮子舞》的记载。南宋苏汉臣的《百子嬉春图》里,是一个小孩牵着一头金眼摇着尾巴的大狮子。这头狮子是由两个小孩披着狮皮扮成的②。如今,狮子舞已经发展成为一种非常普及的民间舞蹈表演形式,世界上有中国人的地方就可以见得到狮子舞。

还有一些民间舞蹈是以模仿各种生产和生活活动为主。

模拟狩猎活动的如满族的《杨烈舞》,共分为五段,包括远望、追踪、行围、神武之功、猎成五个部分,模拟滚身、打陷、响箭、舞刀等二十多个狩猎动作。

模拟战争的舞蹈有汉族的《盾牌舞》、陕西的《九曲图》、土家族的《大摆手舞》、傈僳族的《械斗舞》等。《盾牌舞》流传于江西永新县的寨中、烟阁等地,这些地区有"不练盾牌舞,不为男子汉"的说法。舞蹈主要表现的是两军对垒、各行攻守之职的军事场面。舞盾牌在中国历史悠久,早在远古时

---

① 罗雄岩《中国民间舞蹈文化》,第 112—113 页。
② 参见刘芹《中国古代舞蹈》,北京:商务印书馆,1997 年,第 147 页。

代,就有干(盾)戚(斧)舞,宋代有舞蛮牌,明代有藤牌舞,传说为戚继光所创,主要是为了训练士兵,反抗倭寇的入侵。

"九曲图",在民间又称"转九曲"、"九曲阵"、"黄河阵"、"转黄河"、"九曲秧歌"等,主要是模拟兵家排兵布阵的场面,相传为姜子牙所创(见下图)。其阵设东方门、西方门、南方门、北方门、中方门、太宫门、月宫门、罗睺门和计都门。象征金、木、水、火、土、日、月、罗睺和计都九曜。

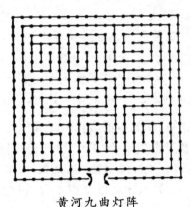

黄河九曲灯阵

选自《中国民间舞蹈》第 100 页

灯阵的设置与活动,受道教文化的影响深远。

刘侗、于奕正《帝京景物略》中的"春场",就详细记载了"黄河九曲灯"的习俗:

> 十一日至十六日,乡村人缚秫秸作棚,周悬杂灯,地广二亩,门径曲黠,藏三四里,入者误不得径,即久迷不出,曰"黄河九曲灯"。

《延庆县志》也有记载:"上元张灯三夜,或作九曲黄河灯,共灯三百六十盏。"《宣化府志·延庆州》也记载着:上元张灯,设放花柜,村庄城市多立竹木,制黄河九曲灯,男女竞赛夜游,名为"走百病"。

过去灯节出会与设置灯阵,先请三官老爷(天、地、水三官)的神驾出巡,群众随着在全村巡游一周后,才开始表演各项活动。灯阵的图案,由于很像篆体的方形印章,所以民间有灯阵是三官老爷的一方宝印、具有神威法力、转灯阵可以消灾除难的说法。过去,农村多把一年说成是 360 天,灯阵用灯 360 盏,恰好象征一年。因此,转灯阵一圈,顺利走出来,表示一年吉利。

模拟劳动和生产活动的民间舞蹈如台湾高山族的"杵舞"(或称"杵

歌")、云南壮族的"舂堂舞"(又称"扁担舞")、傈僳族的《开火山地舞》、壮族的《采茶舞》、土家族的《摆手舞》等。

"杵歌"历史久远,早在宋代就有了关于"杵歌"的记录。《事物纪原》卷九详细介绍了"杵歌"的起源及特点。

> 《春秋左氏传》曰:襄公十七年十一月,宋皇国父为平公筑台,妨农功,子罕请俟农毕,公弗许。筑者讴曰:"泽门之晳,实兴我役;邑中之黔,实慰我心。"杜预注曰:周十一月,今九月;泽门,宋城门;宋国父白晳,居近泽门;子罕黑色,而居邑中。今版筑役夫,歌以应杵者,此盖其始也。其歌往往叙苦乐之意者,由此尔。《吕氏春秋》曰:翟煎对魏惠王曰:"举大木者,前唱舆樗,后亦应之。"此举重劝力之歌也。今人举重出力者,一人倡则为号头,众皆和之曰打号,此盖其始也,七国之时已云然矣。

作为一种集体参与的歌舞,杵歌舞依然在民间流传。

高山族《杵舞》的表演者主要为妇女,她们持杵围臼,一边舂米一边唱歌。舞蹈的节奏由慢渐快,步法忽退散,忽聚拢,具有浓郁的劳动气息。壮族人认为,只有跳过《舂堂舞》,才可以获得丰收,因此,舞蹈时,妇女们用杵击打木桩,模拟舂米槽、插秧、打谷等动作。《开火山地舞》再现了开火山地、点种、走地观苗、割麦、收包谷、背包谷、拔荞子、擦汗、脚搓麦、手抹包谷、筛粮等整套生产程序。

2. 情爱舞蹈

情爱舞蹈是人类舞蹈文化的一个重要类型,几乎所有的文化都有表现情爱的舞蹈。西方有"艺术起源于性爱舞蹈"的理论,其依据是,作为艺术之母的舞蹈,除了对生产劳动生活的模拟之外,它源于异性之间的调情与挑逗。有些学者说,世界各地土人的舞蹈,差不多都含有性的意味,跳舞者通过跳舞而获得一种性满足;而且更有学者认为,原始人的性活动都是在舞蹈中进行的。人类很早就懂得用节奏、舞姿和狂放的情感来激发自身的生产,所以人们跳这种舞时,很难分辨究竟是在性媾中舞蹈,还是在舞蹈中性媾。[①] 中国很多少数民族,如怒族、彝族、普米族、景颇族和土家族等都有这种类型的舞蹈。例如,普米族的《压土舞》是在死去的人的坟前来跳的,两名男子一人于腿上画象征男性生殖器的图像,另一人则画象征女性生殖器的图像,跳舞时,每三步两人会将有符号的腿相碰一次表示性媾。这种

---

① 何健安《中国民间舞蹈》,第72页。

舞蹈在当地不允许女性观看。

汉族也有起源于上古时期的情爱舞蹈。在河南淮阳的人祖庙会上,有一种民间舞蹈叫做"担花篮"舞,又称"担经挑",三人表演担花篮,一人打竹板,打竹板者以数、唱形式为舞者伴奏。三副经挑,六种花篮,制作非常精巧。每逢人祖庙会,必有担花篮到场,舞者三五成群,肩担花篮,涌进伏羲陵园。她们把花篮视为圣物,恭恭敬敬地合在一起,一人双手举起,双膝跪下,其余舞者分列两旁,也一起下跪。有的合掌祷告,有的手捧香炉,焚表进香。进香毕,便在太昊伏羲陵统天殿、女娲观等地表演担花篮舞。

据老艺人说,此舞传女不传男,但演的是伏羲与女娲。伴舞的歌词是这样的:

> 老盘瓠安天下人烟稀少,
> 没有天没有地哪有人伦。
> ……
> 上天神只留下祖兄妹二人。
> 他兄妹下凡来万古流传,
> 眼看着一场大祸就要来临,
> 多亏着白龟仙渡到昆仑,
> 无奈何昆仑山滚磨成夫妻,
> 时间长日已久生下儿女百对。
> ……

据说,此舞是从万古龙花会流传至今的。伏羲为大龙,女娲为小龙。花,是以担花篮组成的,用以祭祖。舞者服饰一身黑,头上裹着一条五尺长的黑纱包头,黑纱下边缀有长穗,象征龙尾。舞表演到兴处,舞者背靠背而过,两"尾"相碰,象征伏羲女娲的交尾状①。在汉代的石刻画像中,伏羲、女娲的形象大都是一对人首蛇身双双交尾的对偶神,"担花篮"所表演的正像是这样一幅交合图。

3. 篝火舞蹈

所谓的篝火舞蹈指的是一种集体舞,大家手拉手围成一个圆圈,绕篝火边跳边唱边舞。大部分情况下,人们是绕着篝火唱歌、跳舞,但也有绕

---

① 参见李洁《淮阳原始舞蹈担花篮》,载《文艺百家报》总24期。转引自张铭远的《生殖崇拜与死亡抗拒》,北京:中国华侨出版公司,1991,第2—3页。

树、石、花秆等物体来跳舞的。一般情况下，人们所围绕的物体，多为具有文化和宗教意义的圣物。篝火舞动作简单，节奏单一，常常表现为一个节奏的无限重复，不需要特殊的技巧和训练，几乎所有的人都可以参与。因此，有些学者认为：

> 篝火舞蹈是人类最普遍、最原始的一种集体舞蹈形式，而围着篝火运动着的圆圈，则是人类最基本最单纯的一种舞蹈场面。中国各民族中现存的一些具有原始意味的舞蹈无不显示了这个道理。①

篝火舞强调的是一种共性，或者说集体性。在中国，无论是汉族，还是北方的鄂温克族，还是西南的彝族、藏族、羌族、纳西族、傈僳族，还是西北的蒙古族，都有篝火舞蹈。

中国古代的"踏歌"就属于篝火舞蹈的一种。踏歌时，人们手牵手，踏地击节，载歌载舞。所唱之歌为同一个曲调，即兴填词，无限反复。民间踏歌常常夜以继日，通宵达旦。②

4. 功能舞蹈

功能舞蹈指的是带有强烈的宗教或巫术意义和功能的民间舞蹈形式，往往为某些人、巫师或宗教人士的专利，不是一种集体参与的活动。功能舞蹈以个人或少数人非常个性化的表演为主，没有固定的步法和节奏，完全随兴致所至，制造出一种神秘莫测、激烈狂热的气氛。

功能舞蹈的主要特点是在跳舞的过程当中，追求神、鬼、人三位一体的效果，因而具有神秘性、突发性、无序性、迷狂性和失控性。舞者时而狂躁，时而安静，激情昂扬时甚至不惜戕害自己的身体而毫无知觉，具有强烈的震撼效果："给人一种心灵上的震撼，一种力量上的巨压；它便使人产生一种敬畏，一种惧怕，因而产生出对神的崇拜。"③

功能舞蹈比较有代表性的是巫舞，巫舞流传的范围极其广泛，许多地方和民族都有巫舞。以萨满教为代表的北方巫舞包括祭祀性舞蹈（跳家神）和巫医舞蹈（跳大神）。祭祀性舞蹈又分为祭祖和求神两种，如汉族的"单鼓舞"、满族的"跳家神"和八旗香等。据记载：

> 萨满跳神时，头戴系有铜铃的神帽，身着有许多飘带的神衣，腰束

---

① 参见刘芹《中国古代舞蹈》，第16—17页。
② 同上书，第117页。
③ 马德邻等《宗教，一种文化现象》，第103页。

一圈铜镜。胸前挂一面护心镜,手持"额姆琴"神鼓,随着有力激扬的鼓点翩翩起舞。头上的铜铃,腰上束的那一圈铜镜,随着舞蹈的动作,发出有节奏的碰撞声。他越跳越兴奋,跳着跳着,突然放下手鼓,拿起神矛,在院子里横冲直撞,忽而跑进屋里从窗户跳出来,忽而爬上房顶举目远眺,然后又跳下来,紧握短矛不断猛刺,嘴里发出"哈嘎"的喊声,他越跳越兴奋,甚至发起狂来,最后便昏迷过去。①

巫舞的舞者在跳舞时,一般都穿着特殊的服装,带有法器和一些特殊的装饰品,如鼓、铃、羽毛等,服饰上坠着金属、珠贝、护心镜等反光器物,舞蹈时,形、声、色浑然一体,增加了舞蹈的神秘色彩。

南方巫舞也很普遍,比较有代表性的有江苏的《跳五猖》、《跳判》,四川和云南等地的"笨教"巫舞,白族的《羊皮鼓舞》、《跳神舞》,壮族的《天琴舞》、《铜链舞》等。其表演与北方巫舞基本相同,追求达到一种迷离、晕厥的境界。

大部分的道教舞蹈也属于功能舞蹈的范畴。总的说来,道教的舞蹈分为两派,一为巫道舞蹈,即民间所谓的驱妖魔、法钵舞。另一种是以防病健体为目的舞蹈,源于道教的炼食金丹、祈求长生不死、得道成仙的观念。道教舞蹈的道具多用剑和云帚,步法以舞者:"脚踩阴阳八卦,手舞'踩罡布诀'等多种动作。要求在意念中有个'八卦图',并结合巫词。若第一步踩'乾'的方位,第二步必须走'坤'的方位,第三步踩'坎',第四步必踩'离',如此类推,奇数为实步,偶数为虚步,一阴一阳,一虚一实。"②风格热烈、稳健,同时又有随意发挥的余地,常使人陷入迷离之中。

道教舞蹈,尤其是道教的驱鬼祭神仪式,与巫舞有着密切的关系,被称为"巫道合一"的舞蹈。例如浙江永嘉的《八卦》、平阳的《三元造楼》、苍南的《师公祓祟》、玉环的《颁赦马舞》等。

第六节　民间戏剧

一、什么是民间戏剧

戏剧基本上可以分为三种不同类型,即民间戏剧、通俗戏剧和经典戏

---

① 忠录(锡伯族)《萨满歌舞和巫术的表现形式》,转引自何健安的《中国民间舞蹈》,第146页。

② 何健安《中国民间舞蹈》,第165页。

剧。民间戏剧为非专业演员集体创作和表演的戏剧。

与所谓的通俗戏剧和经典戏剧相比,民间戏剧首先表现为演员的非专业性。民间戏剧的演员都不以演戏为生,他们同时都有着其他的职业,其戏剧表演活动只限于特殊的时间和场合,如农闲时期、传统节日、民间聚会、宗教、巫术仪式、婚丧嫁娶、生子还愿等等。

其次,民间戏剧基本上没有固定的剧本,也没有专业的剧本创作人员。尽管有些民间戏剧形式,如皮影戏有"影卷",而"影卷"似乎就是剧本,但是,民间戏剧的剧本只能作为一种参考,演员的表演基本上依赖于表演者的临场发挥。多数表演为即兴表演,需要与观众互动,而且演员一般不受剧本的束缚和限制。

再次,民间戏剧的传播、传承方式多为口耳相传。表演的技巧、唱词、念白、剧目、情节等都是通过师承、模仿的方式传承下来的,极少使用文字。

二、民间戏剧的特点

第一,民间戏剧是一种综合性的民间艺术形式,集音乐、舞蹈、美术、歌唱、服装、化装等艺术形式为一体。

第二,民间戏剧是一种行为艺术,即通过演员的行为,如动作、表情、对话、舞蹈等方式讲述或再现一个故事、事件。

第三,通过夸张和程式化的肢体动作、表情、对白和舞蹈,使得故事的讲述过程具有一种娱乐性。人们在重历、亲历或者重回一个真实场景的过程中,从戏剧的音乐、唱腔、舞蹈、舞美、化装和服饰上获得一种愉悦,得到一种美的享受。因此,有人说:"中国古戏剧基本上全是娱乐性的,现实生活的一种重复和修正,专用做寻求耍乐和消闲的观众而设。"[1]这虽然不免有些偏颇,但相对于古希腊戏剧而言[2],中国古代戏剧的娱乐性显然占有主要的地位。

第四,民间戏剧的表演具有强烈的功能色彩,即民间戏剧表演具有明显的目的性。通俗戏剧和经典戏剧往往有固定的班社、固定的演出地点和舞台、固定的表演剧目,演员以演戏为生,观众可以根据演出剧目买票观看。但是,民间戏剧多为业余性质,只有在特定的场合,如庙会、寿诞、婚

---

[1] 唐文标《中国古代戏剧史》,北京:中国戏剧出版社,1986,第2页。
[2] 古希腊戏剧的仪式成分相当重,可以说是历史和宗教的一部分,反映了古希腊人对历史、命运、宇宙和人类本身的一种理解和思考。

丧、酬神等,受人邀请才临时搭班表演,表演剧目的选择也具有明显的目的性,会根据出资者的目的而选择表演剧目。

三、民间戏剧的起源

关于民间戏剧的起源,一直众说纷纭。

一个主要的原因是古代典籍中很少有相关的记载。很多很普遍的民间戏剧形式,如皮影戏在宋代之前几乎没有任何的记载,但是从一开始被记录下来,皮影戏就已经进入其鼎盛时期了。为什么之前少有关于民间戏剧的记载呢?关于这个问题,最容易被普遍接受的观点是民间戏剧应该是下层民众的一种低级娱乐活动,文人们似乎不屑于对其进行记录。如宋代陈旸在他的《乐书》中就曾经有过论述:

> 唐末俗乐,盛传民间。然篇无定句,句无定字,又间以优杂荒艳之文,闾巷谐隐之事,非如莫愁,子夜尚得论次者也。故自唐而后,止于五代,百氏所记,但志其名,无复记辞;以其意襃言慢,无取苟耳。①

其次便是语言表达之间的差异了。一般认为,古代雅与俗、文与白的分离,使得士大夫们的表达方式、艺术审美和世俗百姓的通俗娱乐被分割开来,这就是说,民间戏剧中的语言及其表现方式与文人的语言和表达方式分属两种不同的体系,无法进行记录。

另外一个原因是,民间戏剧多没有固定的剧本,表演也多为即兴表演。每场演出就等于是表演者的一种再创作,既然词句不固定,也就没有办法记录下来。文人不记也就在情理之中了。

民间戏剧应该是中国戏剧之源。那么,民间戏剧又是怎么产生的呢?关于这个问题,有很多种说法,例如外国输入说②、巫术说、乐舞说③、大武和楚辞说④、出于傀儡戏说⑤和出于俳优说等。

---

① (宋)陈旸《乐书》卷一百五十七。
② 参见许地山《梵剧体例及其在汉剧上底点滴》,发表在《小说月报》第十七卷号外"中国文学研究"。此文是许地山1925年在英国牛津大学写成。文章的主要内容是:"中国底乐舞显然是从西域传入,而戏剧又是一大部分从乐舞演进底。"
③ 坚持戏剧来自古代乐舞的学者包括清代的纳兰性德及刘师培、许之衡、常任侠等人。
④ 参见冯明之《中国戏剧史》。另见唐文标《中国古代戏剧史》,第224—225页。
⑤ 参见孙楷第《傀儡戏考原》和《近世戏曲原出宋傀儡戏影戏考》。

"巫术说"原自王国维。王国维在《宋元戏曲考》中谈到:"后世戏剧,当自巫、优二者出","盖群巫之中,必有像神之衣服、形貌、动作者,而视为神之冯衣,故谓之曰灵……灵之为职,盖后世戏曲之萌芽,已有存焉者矣。"也就是说,戏曲与"巫"的活动有着最直接的关系。巫术与戏剧表演应该说具有某些相似性,因此,一些学者认为,戏剧原本就是宗教或巫术仪式的一部分,但是后来脱离了宗教和巫术而演变为一种纯粹的戏剧形式。但是,这只是一种观点。

戏剧应该是一种大众化的艺术形式,观众的存在是必不可少的,而且如何适应和满足观众的需求也是戏剧一定要具体的因素。巫术和宗教仪式过于庄重、严肃,对观众不是满足和迎合,而是限制和束缚。如果能将这些问题解释清楚,那么戏剧源于巫术说才能够站得住脚。

戏剧的产生依赖于以下几个要素:完整的故事(剧本)、演员、剧场、观众、演出目的和场合。用王国维的话说:"必合言语、动作、歌唱以演一故事。"根据以上要素,我们可以说,戏剧的出现应该是比较晚的。

目前,关于中国戏剧起源,比较普遍的说法是"出于俳优说"。在中国,歌舞的出现早于其他文学艺术形式的出现,应该是毋庸置疑的。但是,歌舞只能是戏剧出现的一个条件,"俳优"的出现,应该是戏剧出现的另外一个必要条件。二者合一,基本上满足了中国戏剧产生的先决条件,戏剧也就自然而然地产生了。

早在《史记·滑稽列传》中,就有了用"优孟衣冠"来表演戏剧的记载。东汉时期张衡的《西京赋》中记载的"百戏"之一角抵戏,就是中国戏剧的雏形,《东海黄公》就是角抵戏的一个著名的剧目。

从汉代的"百戏",到唐代的"参军戏",再到宋元杂剧,戏剧最终发展成为一种完整的艺术形式。

四、民间戏剧的分类

民间戏剧总的说来可以分为民间道具戏和小戏。民间道具戏是相对说来比较独立和自成体系的戏剧形式,表演者一般不亲自表演,而是通过操作人偶来进行表演,如皮影戏和傀儡戏。除此之外,面具戏(表演者根据剧情的需要戴着面具表演)也属于民间道具戏。

民间戏剧的另一种类型是民间小戏,即通过歌舞表演的方式演说故事。

下面我们将分别介绍。

1. 傀儡戏

(1) 什么是傀儡戏

傀儡戏有很多称谓,如"魁礨"、"魁壨"、"窟磊"、"窟礧"、"窟礧子"、"苟利子"、"木偶戏"等。据说,"傀儡,或作魁礨,象古魁壨之士"①,"傀儡戏,木偶人也。或曰当书'魁礨',盖象古之魁壨之士,仿佛其言行也"②。

这就是说,古代的傀儡是一种模仿性的表演活动,即以操纵偶人,模仿人物行为,表演、展示和讲述故事的活动。根据偶人的制作材料、方式和人操纵木偶的方法不同,傀儡戏分为布袋戏、悬线傀儡、杖头傀儡、药发傀儡、肉傀儡等。

(2) 傀儡戏的起源

关于傀儡戏的起源,有人认为其起源于周代,源于古人对"明器"的制作。

所谓的"明器",即古人为死去的人制作的陪葬器皿和用具。陪葬器皿中有一类为陶俑,汉代甚至还出现了手脚可以活动的木俑,后来还出现了表演用的木人,如:

> 扶风马钧,巧思绝世……至令木人击鼓吹箫。作山岳,使木人跳丸掷剑,缘絚倒立,出入自在。③

> 北齐有沙门灵昭,甚有巧思,武成帝令于山亭造流杯池,船每至帝前,引手取杯,船即自住。上有木小儿抚掌,遂与丝竹相应。饮讫放杯,便有木人刺还,上饮若不尽,船终不去。④

因此,一些学者将陶俑、木俑的出现看成是木偶偶人的早期形态。我们认为,俑偶和戏剧表演中的木偶虽说是两个完全不同的概念,但陶俑和木俑的出现,在制作技术上为偶人的出现提供了一种可能性。1980年于山东省莱西县岱野出土的西汉木偶,不仅手、足、关节均可活动,而且还能立、跪、坐、行,为目前中国傀儡偶人的最早物证。

关于傀儡戏的起源,还有这样一种说法:

---

① (宋)黄震《黄氏日抄》卷六五。
② (清)沈自南《艺林汇考·称号篇》卷一〇引《涪翁杂说》。
③ 《三国志·魏书》卷二九《杜夔传》。
④ 《太平广记》卷二二五。

世传傀儡起于汉高祖平城之围,用陈平计划刻木为美人,立之城上,以诈冒顿阏氏,后人因此为傀儡。按《前汉·高纪》七年注,应劭曰:平使画工图美女遣遗阏氏,而无刻木事。今按《列子》记周穆王时,巧人有偃师者为木人,能歌舞,王与盛姬观之,舞即终,木人瞬目,以手招王左右。王怒,欲杀偃师。偃师惧,坏之,皆丹墨胶漆之所为也。此疑傀儡之始矣。秦汉有鱼龙曼衍之戏,其事亦粗见唐李商隐宫词,曰:"不须看尽鱼龙戏,终遣君王怒偃师。"①

　　该传说与木俑说、陶俑说如出一辙,只不过加上了一个故事而已。这些说法只是强调了傀儡戏产生的技术层面的条件和要求,忽视了傀儡戏的表演、仪式和功能特点。

　　那么早期的傀儡戏是在什么场合出现并如何表演的呢?

　　根据唐代杜佑《通典》的记载,傀儡戏在汉代就已经存在了,但只是丧乐的一部分。汉末才开始出现娱乐性质的表演:

　　　　窟礧子,亦云魁礧子,作偶人以戏,善歌舞,本丧家乐也。汉末始用之于嘉会。北齐后主高纬尤所好,高丽之国亦有之,今闾市盛行焉。②

　　宋高承《事物纪原》也认为,傀儡戏的表演汉末时已经成为一种娱乐表演。

　　《风俗通》曰:"汉灵帝时,京师宾昏嘉会皆作魁礧。梁散乐亦有之。"《北梦琐言》亦云:"梁武而频于使宅堂前弄傀儡子,军人百姓,穿宅观看,一无禁止。"③

　　此后,傀儡戏迅速普及和发展,出现了很多地方性的傀儡戏表演形式。明贝琼在他的《清江诗集》中的《玉山窟儡歌》对玉山傀儡戏的表演进行了较为详细的记载:

　　　　玉山窟儡天下绝,起伏进退皆天机。
　　　　巧如惊猿木杪坠,轻如快鹘峰尖飞。
　　　　流苏帐下出新剧,河梁古别传依稀。
　　　　黄龙碛里健儿语,李陵台前汉使归。

---

① (宋)高承《事物纪原》卷九。
② (唐)杜佑《通典》卷一四六。
③ (五代)孙光宪《北梦琐言》卷三。

当筵舞剑不避客,顿足踏地争牵衣。
玉箫金管静如水,西夏东山相是非。
昔闻汉主出大漠,七日始脱平城围。
当时论功孰第一,木偶解走单于妃。
奇兵百万竟何事?将军赐级增光辉。
龙争虎战亦同幻,尊中有酒君无违。
更呼左家双凤和,我曲玉斗碎落千珠玑。①

由此看来,傀儡戏从汉末开始,从丧乐过渡为一种喜庆表演。但是,从丧乐完全转变为一种纯粹的民间戏剧表演形式,只会制作可以操纵的木偶还远远不够。傀儡戏的出现,从作为一种丧乐,到后来木偶用于表演歌舞"百戏",到表演故事片断,再到表演完整的故事和系列故事,又经历了几百年的时间,一直到唐、宋时期,傀儡戏才发展成为一种成熟的民间戏剧形式。

德国科隆博物馆藏明代刻印《西厢记》册页②

关于傀儡戏的演员情况,宋高承《事物纪原》卷九引《颜氏家训》云:"古有秃人,姓郭,好谐谑,今傀儡郭郎子是也。"而且据记载:"郭郎者秃发,善优笑,凡戏场,必在俳儿之首。"③也就是说,唐戏的首舞,即为傀儡子。

---

① (明)贝琼《清江诗集》卷四。
② 王馗《偶戏》,北京:中国社会科学出版社,2008,第24页。
③ 《记纂渊海》卷八九引《乐府杂录》。

(3) 傀儡戏的分类

根据制作和表演上的差异,傀儡戏分为如下几种:

悬丝傀儡:又称提线木偶、提线傀儡、牵丝傀儡等。唐代时,有在木刻偶人之外加以牵丝者,有人认为此为悬丝傀儡之始。唐玄宗《傀儡吟》描述的就是悬丝傀儡:"刻木牵丝作老翁,鸡皮鹤皮与真同。须臾弄罢寂无事,还似人生一梦中。"①

清绘婴戏悬丝魁儡图

悬丝傀儡是傀儡戏中最为常见的表演形式之一,宋代有许多关于悬丝傀儡的记载,如:

> 韩侂胄暮年,以冬月携家游西湖。画船花舆,遍览南北二山之胜,末乃置宴于南园。族子判院与焉。席间有献牵丝傀儡,为土偶负小儿者,名为迎春黄胖。韩顾族子:"汝名能诗,可咏。"即承命一绝云:"踏脚虚空手弄春,一人头上要安身,忽然线断儿童手,骨肉都为陌上尘。"②

悬丝傀儡的操纵,一般需要一个土字形的操纵架,操纵线一般需要八根,多者可达二十四根。

---

① 《唐诗纪事》。
② (元)陶宗仪《说郛》卷三五下。

第三章 风俗民俗学

广州木偶杖头[1]

杖头傀儡：在中国很多地区均有流传，而且名称不一。

例如，北京称为"托偶戏"，兰州称为"耍杆子"，山西称为"肘偶"，四川称为"木脑壳戏"，广东称为"托戏"。

杖头傀儡早在唐代就已经出现，到了宋代，就已经发展得相当完善。表演形式是，在一根木棍的一头安装木刻或者泥塑的傀儡头部，傀儡头按角色勾描、涂彩，据说一些精巧的傀儡头的眼睛、嘴巴都可以活动。另外，用两根木棍作为傀儡的双臂，支撑傀儡的上衣，有表演者双手配合，操纵三根木棍，让傀儡按照剧情和人物身份进行活动。

---

[1] 王馗《偶戏》，北京：中国社会科学出版社，2008，第51页。

布袋戏①

布袋傀儡：起源于魏晋时期，盛行于明代，后延续至今，又称为"指头木偶"、"手指木偶"、"掌中傀儡"、"手托傀儡"等。布袋傀儡的偶人较小，偶身大多只有尺余，除头部和双手外，偶人的身体各部都用服装来表示，适合套在手指上进行表演。主要剧目有《王小二打老虎》、《小秃卖豆腐》、《耍盘子》等。清末闲园鞠叟的《一岁货声》介绍街头的这种表演形式：

> 一人挑担鸣锣，前囊后笼，耍时以扁担支起前囊，上有木雕小台阁，下垂真蓝布围，人笼皆在其中，笼内取偶人，鸣锣衔哨，连耍带唱，有八大出之名：《香山还愿》、《铡美案》、《高老庄》、《五鬼捉刘氏》、《武大郎诈尸》、《卖豆腐》、《王小二打老虎》、《李翠莲》等。

铁枝木偶：又称"铁线戏"、"铁枝戏"等。是通过铁枝抽动木偶的躯干和上肢进行表演的戏剧形式。主要流行于粤东潮汕方言、福建闽南方言地区。铁枝木偶的表演方式介乎提线木偶与皮影艺术之间，表演者无论坐

---

① 陈圣格《泰顺药发木偶戏》，杭州：浙江摄影出版社，2009，第55页。

立,都是在偶人的后面进行操纵,其表演技巧与皮影戏有很多类似的地方。①

人偶,或称肉傀儡,据说是"以小儿、后生辈为之②",即由真人模仿偶人的动作,与偶人一起同台表演的戏剧形式。根据王馗的说法,当代只有川北大木偶和海南人偶戏保留了这种人偶同台的表演。③

水傀儡:古称水饰、水戏、水嬉。实际上是借助于机关牵掣在水中进行表演的一种偶戏。后来进入宫廷,被称为宫戏与过锦戏。

清代毛奇龄《西河诗话》说:"按宫戏所始,本名水傀儡戏。其制用偶人立板上,浮大石池水面,用屏障其下,而以机运之,其赋近水嬉有以也。"傀儡戏在清代又有托吼、托偶、耍苟利子之类的称呼。

> 其制用轻木雕成海外四夷及蛮王、仙圣、将军、力士之像,男女不一,约高二尺余,止有臂以上,无下体。油漆彩画如生,每人之下平底安一枘卯,用长三尺许竹板承之。长丈余,阔数尺,进深二尺余。深方木池一个锡箱,不漏,添水七分。下用橽支起,又用纱围屏隔之,经手动机之人皆在围屏之内,自屏下游移,动转。水内用活鱼、虾蟹、螺蛙、鳅鳝、萍藻之类浮水上。圣驾升座向南,则钟鼓司官在围屏之内将人物各以竹片托浮水上,游斗玩耍,钟鼓喧哄。另有一人执锣,在旁宣白题目,替傀儡登答、赞导、喝彩。或英国公三败黎王故事,或孔明七擒七纵,或三宝太监下西洋,八仙过海,孙行者大闹龙宫之类。惟是暑天白昼作之,犹耍把戏者耳。④

明代的水傀儡用较轻的木质来雕刻偶像,装在长竹板上。通常在表演时会将它们放入木池中,木池里放鱼虾等水族动物,并用沙围屏隔断,以便于表演者能够在里面操纵。表演的时候,由乐官将偶人浮于水面,并在旁敲打锣鼓,替木偶赞导喝彩,宣讲题目。

水傀儡的演出剧目通常与奇幻的情节有关,例如《英国公三败黎王》、《孔明七擒七纵》、《三宝太监下西洋》、《八仙过海》、《孙行者大闹龙宫》等。这些戏剧一度成为宫廷消暑纳凉的主要娱乐。⑤

---

① 王馗《偶戏》,北京:中国社会科学出版社,2008,第58页。
② (清)陈元龙《格致镜原》卷六十。
③ 王馗《偶戏》,第60页。
④ (明)吕毖《明宫史》卷二。
⑤ 王馗《偶戏》,第64—65页。

且网丝多,形状周正,那么便是得巧的征兆,否则则为笨拙。

拜七姐神:在山东一些地区,有拜七姐神的习俗。七夕这天的晚上,七个年轻女孩子身着漂亮的新衣裳,聚集在一起在月亮之下结盟起誓。据记载:"女子七,瓜果之品七,各包馄饨七,各置一钱于馅中,合而煮之,分盛七盘;焚香七炷,循序七拜,分而食之。"①女孩子们一边祭拜还一边唱道:

  天皇皇,地皇皇,
  俺请七姐姐下天堂。
  不图你针,
  不图你线,
  光学你的七十二样好手段。②

上述这些乞巧活动,一方面有女孩祈求手巧的意思,另一方面,这些乞巧的方式还具有占卜和祈求婚姻、性与生殖的含义。

除此之外,中国传统节日中的端午节,在一些地区又被称为女儿节,据清潘荣陛《帝京岁时纪胜》的记载:"(端阳)饰小女尽态极妍,已嫁之女亦各归宁,呼是日为女儿节。"另外,民间还有"六月六,请姑姑"的说法,把"六月六"节也看成是妇女节的一种。

总之,中国传统节日中,女性或以祭拜女神为主的节日占有重要的地位,是我们研究中国妇女与中国传统文化的重要资料。

七、节日研究

节日的研究在我国还处于初始阶段,人们的研究重点还只是参与、观察和描绘节日,很少对节日进行更深入地研究,如节日的结构、功能、社会性、价值、意义等等。我们可以从社会性或社会功能的角度研究节日,例如,探讨人们如何利用节日强化人们的社会关系,节日期间的社会结构、组织形式等,节日强化或缓和了哪些社会集团之间的冲突等。我们还可以从心理学的角度研究节日,例如,人类为什么要过节?节日是怎样缓解人们的工作和社会压力的?节日是怎样帮助人们消除人们对于自然界及其变化规律的无奈和焦虑等。我们还可以从节日的文化意义或文化功能的角度进行研究,充分利用节日的文化表演场的特点对节日进行综合研究。

---

① 山东《莘县志》。
② 山曼等《山东民俗"秋季节俗"》,济南:山东友谊出版社,1988。

明崇祯本《金瓶梅》四十二回插图　　　药发傀儡①

药发傀儡：也称药法傀儡，民间俗称放架火、烧架花、杆火、架子火等。清代北京称做放和盒，即通过火药燃烧的方式带动木偶进行表演，实际是一种焰火艺术，与表演艺术有所不同。明清时代的药发傀儡，《金瓶梅词话》中有这样一幅图：在高高的木架上，点燃的烟花火星四溅，其中的房屋、鸟雀等在焰火中摇曳动人。其中展现的戏剧场面有八仙贺寿、七圣降妖、货郎担儿、鲍老车儿、五鬼闹判、十面埋伏等。而清代道光年间的《火戏略》一书，则以宏大的篇幅叙述了放焰火时展现的各种戏剧场面。这表明清代的焰火表演已经能够展现比较复杂的戏剧场面造型。②

傀儡戏研究：傀儡戏是一种广为流传的剧种，不只是在中国，在世界各地包括古希腊、古罗马、古代埃及和印度都有关于傀儡戏的各种记载和表演形式。例如，古希腊著名的历史学家希罗多德在《历史》中曾留有古埃及和希腊人："发明了另外一种东西……这是约有一佩巨斯高的人像，这个人像在小绳的操纵下可以活动。"③意大利戏剧学家弗利尼在其《偶人的历史》中也说："弄傀儡跟尼罗河流域的原住民同时发生……由祭司们拨动巨大的偶像的手足，以诱导大众之盲目的信仰罢。"④古印度也有傀儡的表演，此外，东南亚很多国家和地区也都有傀儡戏的表演。这些表演多与宗教活动

---

① 陈圣格《泰顺药发木偶戏》，杭州：浙江摄影出版社，2009年，第91页。
② 王馗《偶戏》，第66—67页。
③ 〔古希腊〕希罗多德《历史》上，王以铸译，商务印书馆，1985，第132页。
④ 董每戡《〈说"傀儡"〉补说》，《说剧》，人民文学出版社，1983，第43页。

密切相关,或者是宗教活动的一部分。一般认为,傀儡戏在西方首先是一种宗教活动的组成部分,其娱乐性则较晚才出现。实际上,由于傀儡戏在中国古代无固定写法,因此有学者认为傀儡戏或从西域传入,而且傀儡的发音与希腊语傀儡的发音非常相似。我们对于傀儡戏的研究还局限在对傀儡戏的历史梳理和表演技巧、剧本创作等方面,少有将傀儡戏与西方各国傀儡戏研究以及对傀儡戏进行场景研究,即将傀儡戏放置于其演出背景和场合中进行多方面、多角度的研究。其实,在中国,傀儡戏表演也很少作为一种纯粹的娱乐活动。按记载,汉代的傀儡戏原本就是一种丧乐,而且即使在当代,很多地方也有演傀儡戏辟邪的说法。下面有一些关于台湾傀儡戏的调查资料,供大家参考。

  傀儡戏是台湾民间最神秘诡异的剧种,一般民间戏曲多为庙会酬神之用,兼具娱神、娱人特色,唯独傀儡戏以除煞禳灾为主要功能,除必要的工作人员及主事者外,并不欢迎一般"闲杂人等",而除煞仪式所使用的咒语、手诀、符咒及法索、七星剑等法器,也使傀儡戏更具神秘色彩。

  除煞仪式之时间多在午时过后或深夜,至于其程序与内容,因场合之不同或剧团之差异,而有不同的表演方式。一般而言,北部傀儡戏除煞仪式有"净台"、"请神"、"定棚"及"出煞"等程序,所需时间约四十分钟。"净台"系演师手持点燃的四色金在戏棚四周挥扬,或以净水符焚化于碗中,再以柳枝沾水分洒四处;戏棚内外放置生、熟牲醴各一副,生的在外侧用以祀鬼,熟的在内侧用以祭神。

  净台之后"请神",调请诸神坐镇除煞。请神之后为"定棚",包括敕符与安符:"敕符是在王爷前请神敕符,使符具有法力。安符则是将符安置于特定的地方。"演师须抓起白公鸡与白公鸭,并咬破鸡冠取血敕符,以增强法力。公鸡司晨用以破阴阳,白色及雄性属阳,用以镇阴煞;鸭谐音为"压",表压制恶煞。敕符之后将符咒贴于戏棚五方,慎重其事者,尚须于戏棚两侧摆设刀枪,上方安置弓箭,藉以对付恶煞。

  "出煞"即"除煞",程序是演师脚踏七星步,持刀念咒后将刀插于戏棚上,象征万煞不入;尔后向四周抛撒盐米,表示发兵镇压凶煞;然后演师手持卷起之草席向地面摔打,意谓惊吓恶鬼,驱逐邪魔;之后是演师于戏棚上操演钟馗,警告凶神恶煞不得在此驻留,否则将打入地狱,永世不得超生。

  南部傀儡戏通常表演三出,每出长约十分至十五分钟之间。演出前,演师先拜天地五方及相公爷,念"路里令"咒:"路里令、路里令,路里里如令,里令里令里如令,路里令,里如令。"每出戏演出前,均以问卜方式决定戏码,演出前先由相公爷出场请神,演完后相公爷亦须谢神。正戏之后尚包括"团圆"及"花童戏葫芦(球)";"团圆"系由生旦出场户拜,并跪拜天地;"花童戏葫芦(球)"则由一童子表演耍葫芦(球),包括双手、足、肩及头部相互交弄葫芦等动作,失去葫芦,并四处寻葫芦之玩笑动作。

　　南部谢土、开庙以除煞为主,须搭戏棚。仪式方面,首先须在戏棚四角及正前中央贴符,烧化金纸与灵符请神,并在戏棚各方洒净水。然后锣鼓齐鸣,开始演戏。入厝须至主家正厅,铺一大草席,打开所有门窗,在相公爷身上披红绸布,手持缠有灵符之七星宝剑与朱砂笔,烧化灵符,燃放鞭炮,鼓、吹齐鸣,四角走七星步,安八卦,念咒,巡视各房间,同时燃放鞭炮,以惊吓恶煞。至于开庙门,须在庙门正对面搭台,使用白鸡血符,以具法力。演完戏后,于庙门作法,再以脚踢开庙门,以除恶煞,尔后再进入庙内正厅,走七星安八卦。①

制作药发木偶场所的祭祀活动②

---

① 百度百科"傀儡戏"条。

傀儡戏的巫术、宗教色彩,以及傀儡戏表演过程中的仪式、禁忌等是我们傀儡戏研究的薄弱之处,应该引起人们的关注。

2. 皮影戏

影戏,根据表演媒介的不同,影戏分为手影戏、大影戏、纸影戏和皮影戏。清厉鹗《宋诗纪事》卷九三引《夷坚志》"手影戏"一条,记录了当时的手影戏:

> 三尺生绡作戏台,全凭十指逞诙谐。
> 有时明月灯窗下,一笑还从掌握来。

宋代还有关于大影戏的记载:

> 至节后,渐有大队,如四国朝、傀儡、杵歌之类,日趋于盛。……或戏于小楼,以人为"大影戏"。儿童喧呼,终夕不绝。①

这种以人影为戏的表演就是所谓的"大影戏"。现代则很少看到有关大影戏的记载和表演流传。另外,影戏还包括纸影戏。这里我们将重点介绍皮影戏。

(1) 什么是皮影戏

皮影戏就是用动物的皮,如牛皮、羊皮和驴皮制作的可供操作的人和物,然后借助于灯光将物的影子投射在帷幕上来进行表演和演唱的一种戏剧形式。皮影戏是中国影戏的一种,是中国民间戏剧中流传最为广泛、最受人们喜爱的戏剧形式之一。根据江玉祥的统计,全国除新疆、西藏、广西、贵州四个地区之外,其他地区都有皮影戏的踪迹。皮影戏最为繁荣的地方主要集中在四川、陕西、山西、河北和东北三省。

(2) 皮影戏的起源

对于皮影戏的起源,宋代以前的典籍中几乎没有任何的记载。但是,到了宋代,皮影戏一出现,或者说一走进文人的记录,就是以一种相当成熟、极其繁荣的戏剧形式出现。皮影戏给人的印象好像是突然从天上掉下来的。我们从古籍中几乎找不到任何皮影戏形成、发展、成熟和繁荣的轨迹。因此,关于皮影戏的起源,就出现了四种说法:周代说、汉代说、唐五代说和宋代说。

周代说:顾颉刚在《中国影戏略史及其现状》中谈道:

---

① (宋)周密《武林旧事》卷二。

> 影戏之性质与傀儡全同（后人每将其相混者即亦因此），不同者只是其表现之方法，是以影戏亦必自始模仿戏剧者，其兴起虽确知当后于傀儡，然或亦在周之世也。

由此可见，顾颉刚不仅认为影戏与傀儡戏有很多相似之处，而且认为影戏确在傀儡戏之后，因此提出影戏产生于周代的说法。

汉代说：汉代说较早见于宋代，宋高承在他的《事物纪原》卷九"影戏"中，对皮影戏的起源进行过交代：

> 故老相承，言影戏之原，出于汉武帝李夫人之亡，齐人少翁言能致其魂，上念李夫人无已，乃使致之。少翁夜为方帷，张灯烛，帝坐它帐，自帷中望见之，仿佛夫人像也。盖不得就视之。由是世间有影戏。历代无所见。宋朝仁宗时，市人有能谈三国事者，或采其说，加缘饰作影人，始为魏、吴、蜀三分战争之像。

宋代说：皮影戏源于宋代的说法几乎也没有太多的人认可。原因是宋代留下了太多关于皮影戏的资料，反而使得人们不太愿意接受宋代说，因为到了宋代，皮影戏似乎已经进入了兴盛期，无论如何都不应该是影戏的初始期。例如，根据《都城纪胜》的记载，

> 凡影戏，乃京师人初以素纸雕镞后，用彩色装皮为之，公忠者雕以正貌，奸邪者与之丑貌，盖亦寓褒贬于市俗之戏也。

宋张耒《续明道杂志》也有影戏的记载：

> 京师有富家子，少孤，专财。群无赖百方诱导之。而此子甚好看弄影戏，每弄至斩关羽，辄为之泣下，嘱弄者且缓之。[①]

《靖康要录》卷十一：

> 十四日，金人来取，内侍司天台，僧道秀才，少府监官吏及冠子、帽子、裁缝、染作、木工、铁工、银作、阴阳伎术、影戏、傀儡、小唱等并其家属、什物，自此至二十日方绝，悲哀之状不可言。

宋范成大《灯市行》：

> 吴台今古繁华地，

[①] 《说郛》引（宋）张耒《续明道杂志》。

偏爱元宵灯影戏。
春前腊后天好晴,
已向街头作灯市。
叠玉千丝似鬼工,
剪罗万眼人力穷。

宋佚名《百宝总珍》中,对于影戏的装备、剧目等有过较为详细的记录:

大小影戏分数等,
水晶羊皮五彩装。
自古史记十七代,
注语之中子细看。

影戏头样并皮脚,并长五小尺,中样、小样、大小身儿一百六十个。小将三十二替。驾前二替。杂使公二、茶酒、着马马军,共计一百二十个。单马、窠石、水、城、船、门、大虫、果桌、椅儿,共二百四件。枪刀四十件。《亡国十八国》、《唐书》、《三国志》、《五代史》、《前汉书》,并杂使头一千二百头。①

可见当时影戏的繁荣。

关于影戏的起源,江玉祥认为:周代之说无据,纯系猜测;汉代说为传闻,不足采信。北宋时的影戏已经进入鼎盛时期,因此也不能说是源。而根据宋代影戏的高潮情况,他推测影戏源于唐五代的说法似乎更合理一些。但是,典籍上又找不到确切的记载②。所以说,皮影戏到底源于何时,学术界还没有统一的定论。

另外,还应该有一种说法就是皮影戏外来说。这种说法的依据是,尽管古代典籍中较少关于民间戏剧形式的记载,但无论如何,古籍都会在有意无意中留下一些痕迹。例如,傀儡戏,尽管古籍中也缺乏详细、明确的记录,但是我们还是可以看到傀儡戏的表演和传承情况。皮影戏出现得太突然了,因此,在探讨皮影戏的起源时,外来说应该被纳入考察的范围。那么,皮影戏的传入或许与佛教的传入有着某种千丝万缕的关系?

关于皮影戏的起源,民间至今仍有一些传说。例如,曾经流传于冀东

---

① (宋)佚名《百宝总珍》,卷一〇《影戏》。
② 江玉祥《中国影戏》,成都:四川人民出版社,1992,第1—2页。

一些地区的"福影",又称"大影"、"腹影"、"府影",是近代滦州影戏的前身。滦州影戏产生于明代万历年间(1573—1619),那么,福影一定早于16世纪。因此,这种福影应该更接近于皮影戏的原始面貌。

那么,福影是一种什么样的皮影戏形式呢?① 据传,观音菩萨为劝世救人,讲经布道,曾经化成一个乞丐来到人间。遇到一个叫陈奇的人,陈奇是一个穷人,但是很善良。观音菩萨写了一些劝人行善的词句,让陈奇刻些纸人,照着词儿耍唱,一方面感化世人,一方面让陈奇借以养家糊口,由此便留下了福影。所以,福影班供奉观音菩萨为祖师,并立有许多与此有关的规矩。

陕西华阴县也有类似的传说,说的是观音菩萨奉佛旨来到中原地区普度众生。因为当地将会有一场灾难降临,所以,观音菩萨便以佛光为幕,以竹叶编成人形,自己坐在蒲团上,表演佛经故事。百姓听说后,从四面八方赶到这里观看表演,并因此躲过了一场灾难。许多人也因此皈依了佛教,影戏也就产生了。当地的影戏艺人都说自己是观音菩萨的弟子,使用的唱腔腔调为"梆子佛"。北京的影戏艺人表演时都坐在蒲团上,因此称做"蒲团影"。艺人们还把雕刻成影人的观音形象称为"压箱佛",摆在影戏箱内的最上边,每次演出时,最先取出的是观音影人,演出结束后,最后收进影箱的也是观音影人。凡是观音上场,后台演员要全体肃立,为观音菩萨配音者也必须是班社内德高望重者,还须用"手罩子"(云片)在足下相托②。清朝后期,北方的影戏班还保留着可以去寺庙中"挂单"的规矩。③ 一般而言,影戏班演影的头一天叫"初日子",第二天叫"正日子"。正日子这天演出时,演员必须头戴道帽,手执拂尘,口诵经卷,以示还愿者酬神的虔诚④。从这个传说看,皮影戏与佛教的宣讲活动密切相关。

由此看来,民间关于皮影戏的产生,基本上说应该基于"弄影"和"宣讲"两个基本条件。从这个意义上说,唐代,尤其是唐传奇和寺院的"俗讲"活动的出现,为皮影戏的产生和发展提供了必要的条件。"俗讲"的文字部分被称为"变文"。变文包括"讲"和"唱"两个部分。讲的部分为散文,唱的部分为韵文。变文的内容多取材于佛经,也有来源于民间故事和传说的。"俗讲"的过程中,为了便于听众的接受和理解,还需要借助于画卷。因此,

---

① 主要是华北、东北和西北地区的皮影戏。
② 刘季霖《影戏说:北京皮影之历史、民俗与美术》,东京:好文社,2004,第9—10页。
③ 同上,第10页。
④ 江玉祥《中国影戏》,第216页。

第三章　风俗民俗学

皮影戏极有可能就产生于唐代。前面提到"福影"将观音奉为祖师,也可以说明皮影戏与唐代"俗讲"具有一定关系的一个印证。山东影戏中也传有"灯影本是佛教传,流传民间几千年;佛祖面前还心愿,子子孙孙保平安"的说法。这也透露出皮影戏与宣讲佛经的渊源关系。

关于影戏与佛教的关系,顾颉刚曾经谈道:

> 变文后世演进为宝卷,其内容形式虽有变更,而主题未改,益便于妇孺,至今中南各地尚有许多流行之宝卷,而被一般妇女信为佛教经典,其影响之大可以想见。元明以来,宝卷作为影戏的剧本,其体制极为合度,似非偶尔采用者所能做到。因此可知其在变文尚未成为宝卷时代即已与影戏结缘,或且即为宣传佛教者所利用,以之宣传其教义,因之二者并盛行焉,亦属意中之事。①

孙楷第在《傀儡戏考原》中也谈道:

> 今敦煌本《昭君变》分上、下卷……其上卷说唱讫过阶语云:"上卷立铺毕,此入下卷。"……"立铺"者,盖以造像言。凡铸像塑像以一座为一铺,画像以一幅为一铺。(按又引《酉阳杂俎·陇西李府君修功德碑》、《广异记》以证)《昭君变文》系当时僧侣对众宣讲之文,其过阶语应云"上卷讲毕,此入下卷",今云"上卷立铺毕,此入下卷",明当时俗讲有图像设备。蜀韦縠《才调集》卷八载吉师老《看蜀女转昭君变诗》,由"画卷开时塞外雪"之句,可证。讲时有个图像设备,则图像为讲说而设者,此时讲说,反似说明图像。故曰:"立铺毕",不曰"讲毕"也。凡斋讲于白昼行之,亦于清夜行之……余因疑唐五代时僧徒夜讲,或有装屏设像之事。如余言果确,此当为影戏之滥觞。②

作为北方影戏的主要代表形式,滦州影戏的创始人为黄素志。黄素志对当时的福影,无论是影偶的材料、大小、造型、唱腔、曲调、乐器,还是影戏的脚本等都不满意,因此,对福影进行了全面的改革。例如,滦州影戏的剧本一改过去宣讲鬼怪故事而为宣讲孔孟之道。所以一直到光绪二十年(1894)前,影戏的剧本还被称为"宣卷",即宣讲影卷的意思。滦州影戏班供奉孔子为祖师爷,一方面因为其创始人黄素志是秀才,另一方面因为其

---

① 顾颉刚《中国影戏略史及其现状》,《文史》第19辑,1981,第112页。
② 孙楷第《傀儡戏考原》,上杂出版公司,1953,第62—63页。

宣讲的内容是孔孟之道。提倡旧道德,五伦八德,而不是佛经故事,不同于演说佛经的"宝卷"。① 这些都似乎说明了影戏与宗教的密切关系。

另外,民间还有将影戏的发明归于孔子的说法:

> (岐山)皮影戏的祖师爷是孔子,传说孔子周游列国,教化子民,但因长得太丑,无论走到哪里都把人吓跑了。于是其弟子子路等人用帘子将车子遮住,孔子便在里面隔帘说书。可是有些人听不懂孔子的话,于是,又弄了个透亮的白布——与后来皮影戏的幕布"亮子"相同,刻了些人物影偶,根据所讲的内容让这些影偶活动起来,后来,孔子的弟子及传人将这一方法继承下来,发展成了影戏。当地影戏的主要内容多是帝王将相、才子佳人、孝子贤孙、行善积德等剧目,与孔子教化相同。②

因此,关于皮影戏的起源,还需要更进一步的考察和研究。

(3) 皮影戏的分类

总的说来,皮影戏可以为分两大类:南影和北影。南影以四川皮影为代表,北影则以滦州影戏为主。两者无论在影偶材料的选择、造型、雕镂,还是在表演和唱腔上,都存在着较大的差别。例如,从制作材料上,四川皮影是牛皮的,而滦州影戏则是驴皮的。

如果根据影偶的制作、弄影的技术、唱功、灯光、舞台和乐器,皮影戏又可以分为秦晋影戏、滦州影戏、山东影戏、杭州影戏、川鄂滇影戏、湘赣影戏、潮州影系七大系统:③

秦晋影戏包括陕西、甘肃、河南南部、北部、山西、河北西部、北京西部、川北和青海皮影。

滦州影戏:分布于河北东部、北京东城、东北三省和内蒙古。

山东影戏:分布于山东、安徽、河南东部、苏北和苏中。

杭州影戏:分布于浙江、上海和苏南。

川鄂滇影戏:分布于湖北、四川、河南南部和云南。

湘赣影戏:分布于湖南和江西。

潮州影戏:分布于广东、福建和台湾。

---

① 江玉祥《中国影戏》,第 216 页。
② 梁志刚《关中皮影》,浙江人民出版社,2007,第 166 页。
③ 江玉祥《中国影戏》,第 96—97 页。

(4) 皮影戏的影偶

皮影戏的影偶随地域、时代和材料的不同表现出很大的差异。例如,福影影偶较大,一般为73厘米左右长。由驴皮雕刻而成,面目是仿照真人的形状刻成的,而后来取福影而代之的滦州影偶长只有23厘米左右。各地皮影戏的影偶大小都在20—80厘米之间。

皮影戏的关节也随地域而不同,基本上皮影戏的关节在6—11之间。滦州影偶身上共有11个关节,包括头、胸、双臂、双肘、腹部、双腿和双腿连脚。

八分面影偶①

关于影偶的造型,总的说来,影偶一般五分面,也就是所谓的侧面。另有少部分影偶为六分面、八分面甚至十分面,也就是所谓的"正面"。神佛一般表现为十分面。影偶脸部的雕刻分为满脸和空脸。生旦角色一般为空脸,即镂空脸部,仅靠眉、眼、鼻、口、耳的轮廓线条的变形夸张来表现人物的情态神韵。净丑角色一般为满脸,净丑的面部造型除了运用刻划的线条图案外,普遍用红、绿、黄、白、黑、金、银等色。② 不同的色彩标志着人物的不同性格:如红色表示忠勇,绿脸表示勇敢善战,黑脸表示公正憨直,黄

---

① Liu Jilin, *Chinese Shadow Puppet Plays*, Beijing:Morning Glory Publishers, 1988, p.58.

② 江玉祥《中国影戏》,第79—80页。

脸表示干练,白脸表示奸邪阴险等。

文旦①

皮影戏中精灵妖怪的造型多为象征指示型,即用相应的动物形状指示其为某种动物的精灵的表现方法。例如,在人物的头部加上一条鲤鱼来指示人物为鲤鱼精。也有将人物的身躯上直接接上动物的头部,即人、动物组合在一起的形式来指示人物的妖怪身份。

鲤鱼精②

---

① Liu Jilin, *Chinese Shadow Puppet Plays*, p. 52.
② Ibid, p. 103.

影戏团中的特殊影人:这个影人在北京称为"大师哥",东北一带称为"大下巴"。据说他是观音菩萨"善渡南,恶渡北"时收的头一个弟子,影人装置在北京与其他地方不同,只装一根杆,吊在头上名为"吊杆影",是个一只大手,长有六个手指,另外一只小手,有点驼背,还有一条腿跛子的傻童子,大下巴是其主要特征,脑后梳一小辫,辫梢坠一小铜钱。他不固定在那个戏中,场上有时影人临时出现了故障,就把这位大师哥请上台来,代替那个坏了的影人。若是戏演得不够火爆,观众有点涣散,这位大师哥也会出现在影窗上,打哈哈凑趣儿,极尽诙谐幽默之能事。他的头和身子永不分开,连在一起。①

(5) 皮影戏的表演

皮影戏的表演,尤其是清代及其以前的皮影戏表演多以酬神、谢神、还愿为目的,皮影戏的起源和表演又多带有宗教性质,因此,皮影戏的表演夹杂着多种多样的仪式:

首先,皮影戏班子都有相应的演出季,每到了演出的季节,都要举行"开箱"仪式。

据考察:"会灯娱主神"是各地影子戏一年演出的"开箱"仪式。每年年初农闲的一定日子,各地供奉一方主神的庙宇庙会中,汇集了该神领区内几乎所有的影子戏班,他们在那里开箱亮戏,竞相献艺、娱神。同时又互相交流,取长补短。

陇南西和县在县境内供奉观世音的香火胜地,香山和白雀寺举行。白雀寺(又称观音殿),离县城西北五里多,正月初二,全县的影子戏班纷沓而至会灯演出,最多时数量近百,入夜后,"会灯"开始,首先是鸣锣放炮,燃烛上香,请观世音降临入座,然后演出开始,白雀寺里一幅幅亮子高悬,锣声阵阵,皮影歌舞,热闹非凡。演出的剧目首推《妙善出家》、《香山还愿》、《火化白雀寺》等。其实都是出自《香山记》的不同演本,以颂扬观世音的功德。②

---

① 刘季霖《影戏说:北京皮影之历史、民俗与美术》,东京:好文社,2004,第42页。
② 赵建新《陇影纪略》,北京:中国社会科学出版社,2007,第18—19页。

大师哥①　　　　　　　观音大士②

其次，皮影戏班的每一次表演之前也要举行相关仪式。例如，河北西部皮影班和北京西城派皮影班不但供奉观音大士为祖师爷，而且还有许多敬奉的规矩。例如，演奏的艺人都要坐在蒲团上，因而又称"蒲团影"。在开演打通以前，不许支影窗，打通之后才能支起影幕，然后挂上彩灯，铺上棕毯（代表蒲团），请出"压箱佛爷"（即观音大士），净面漱口，高颂赞经，才能演戏。在演出中，不许敲键子，不许乱串座位。凡是戏里出现观音形象时，演员必须全体肃立。演唱观音时，必须由德高望重的老艺人担任。观音影形上场，必须有座位。随着观音出场的还有一个角色，艺人称之为"大师哥"，即通称的"大下巴"等。③

关中皮影戏表演之前也有隆重的仪式：（陇县）过去唱戏前，由领班长（而非箱主）领着艺人把皮影箱子打开，将关公、天官的皮影人放到影箱盖内侧，摆上供品（苹果、月饼、桃等，不能上梨和荤食），上香，烧黄表纸，然后将酒直接倒在地上、箱子上，班子成员每人磕3个头，口中或心里说些祈求保佑之类的愿话。④

另外，皮影戏的表演过程及其剧目选择也带有明显的仪式色彩。例如，影子戏每到一处，村庄请的一般演出三天，家庭请的一般演出一天。演戏时，

---

①② Liu Jilin, *Chinese Shadow Puppet Plays*, 1988, p. 88.
③ Ibid., p. 208.
④ 梁志刚《关中皮影》，浙江人民出版社，2007，第165—166页。

"敬神焚经方"是第一项议程。要设一个小神龛,摆上香烛及食物一等供品,食物供品种类不一,但一只活鸡则是必需的。香烛点燃后,艺人们则秉承请戏还愿者之意,一面向神祷告,一面焚烧自己印制的"经方"。经方三寸见方,据艺人讲,此规制合天地人三才及九天九州之数,上书经文如下:

> 天元古佛,传降真文。
> 银元阳宝,金方阴同。
> 道贯三才,法演五行。
> 明合日月,体运乾坤。
> 孝悌忠心,公平清平。
> 八柱顶天,一理通灵。
> 益存度殁,利死济生。
> 焚方十金,准圆百银。①

演出剧目的选择和剧目演出顺序都有规定。以"庙会戏"为例,戏班必须遵守演出习俗,所演剧目均由会长与戏班协商而定。首晚"挂灯戏"须先演"奠酒戏",后演"还愿戏",演出剧目必须是平安的。

所谓的"奠酒",会长(寺庙的住持)首先将瓜果、酒菜等供品供奉于皮影戏台前,焚三炷香并叩拜,请神降临、赐福等,再将酒环戏棚倒洒,燃放鞭炮,然后皮影戏才能开演。正戏开演之前,须先演开场戏,多数为《天官赐福》或《某某神赐福》,然后才是正戏,最后是捎戏。捎戏是最后一晚上本戏演完后赠送的折子戏,内容多是应观众之意的一些幽默滑稽或黄色搞笑的小段子,也有从某个本戏中选出一或三折来演的。② 捎戏常演的剧目有:《三十六花》、《苏三送银》、《捉虼蚤》、《顶坑塞子》、《尿床娃》等。

(6)皮影戏的舞台和演出

皮影戏表演的舞台一般为长方形的影幕,或称影窗。影幕的大小随影偶的大小不同。大的宽2.33米左右,高1.67米左右;小的宽1米,高0.67米左右。影幕有用纱布做的,也有用纸做的。

---

① 赵建新《陇影纪略》,第19—20页。
② 梁志刚《关中皮影》,第166页。

影戏表演①

关于表演者及其分工,一个皮影戏班子最少需要三个人,分别负责影偶的操纵、乐器的演奏和剧中人物的演唱。比较大一点的皮影戏班子可以有十几个人,分工会更细一些。

音乐和唱腔:皮影戏的音乐和唱腔都带有浓郁的地方色彩,跟地方剧种有着密切的关系。例如,四川灯影戏的唱腔多为川剧的唱腔,秦腔灯影的腔调与秦腔中的乱弹一样。主要是为了适应当地人的欣赏习惯。

(7) 皮影戏的剧目

中国各地皮影戏都有自己比较擅长和喜爱的剧目,也有自己的主题取向。例如,青海灯影戏剧目丰富,但无抄录的剧本,师徒口耳相传,每个老艺人头脑里都记有五六十本戏。主演者多根据历史小说中的人物和故事情节,即兴编唱。演唱的传统戏分为"大传"和"窝窝":"大传"指连台本戏,有《杨家将》、《岳飞传》、《西游记》等;"窝窝"指单本戏,有《子牙下山》、《群英会》、《金山寺》、《昭君和番》等。

根据演出场合和目的的不同,皮影戏的演出剧目表现出很大的差异。例如祝寿剧目有《万寿图》、《全家福》等,丧戏常见剧目有《刘备祭灵》、《双羊祭灵》、《雁塔寺祭灵》等,婚戏常见剧目有《回荆州》、《花亭相会》、《回窑》等,庙会戏《香山还原》等。

影戏演出的目的性很强,或者说影戏具有明显的功能性,一般而言,影戏演出有如下功能:

---

① Liu Jilin, *Chinese Shadow Puppet Plays*, p.42.

第三章 风俗民俗学

谢神影,或称神戏。凡是与祭祀神祇相关的戏统称为神戏,包括庙会戏、山神戏、还愿戏、平安戏、祈雨戏、驱邪戏等。祈雨是民间常见的求神活动,因此请戏班唱戏娱神非常普遍。例如,根据黑龙江《双城县志》的记载:

> 求雨:大旱之年,时有求雨之举。聚众庙前,向龙王焚香跪祷,头上皆戴一柳枝之圈而跣足,并手执纸旗,上书降雨之词。复异神牌到处游行,人皆跣足从之。遇井泉、庙宇,辄焚香拜祷。是时,家家门首设神龙牌位。如雨降,则宰牲或演剧及影戏以酬神。

祈雨戏剧目:《斩旱魃》、《奠酒》、《还愿》、《平安》、《神仙》、《僧佛》等内容。

驱邪戏剧目:《奠酒戏》、《黑虎搬三霄》、《太和城》及判官、钟馗、关公等内容。

平安戏:以戏娱神的演出活动。与通常庙会戏有所不同,皮影戏所愉悦、祈求的对象是各村落、山寨敬奉的村民们认为属于自己本乡本土甚至本村本族的山神、土地神、牛马神等(或称之"五圣公"),都是一些不入大庙的小神小仙。村民们相信,锣鼓一响,皮影一晃,神灵高兴,人们就平安了。例如,若家里人常得病,便请皮影戏班来,给家里的炕神、土神(土地爷)、五方五地唱一唱,就会好了。所演的戏不能有杀戮的内容,多为大团圆的结局。

还愿戏:事主向神灵许愿,愿望实现后,要感谢神灵,并履行自己的诺言。一般许愿多以"愿望达成后,请戏班唱戏感谢神灵"等,剧目《巫山还愿》、《神州还愿》、《香山还愿》等。

例如,到"巫者"家中,进一昏暗小屋中。见两位约四五十岁的妇女正向墙壁上挂的神像焚香叩拜,其中一个是巫者,另一位是还愿戏的主家。据巫者自言,她今年47岁,通灵已经20多年,给人看病问事已经16年,供奉的"爷爷"是关公和瑶池金母,看病时请的是华佗、孙思邈。事主家住在西岳庙东,一年前曾在此求"爷爷"送个外孙,现已得到,今晚专门请了皮影戏班来演唱。还愿谢神。①

罚戏:如果有人违反乡规民约,被要求请戏班子演戏,称为"罚戏"。

驱祟戏:民间常常遇到自己难以解释或难以抗拒的奇异现象,包括天灾人祸、闹鬼、瘟疫、小儿受惊等。人们认为是邪祟鬼怪所为,便用各种方

---

① 梁志刚《关中皮影》,第135页。

式祈求神祇驱邪除秽,包括演出皮影戏,常演得剧目大都跟钟馗、判官、关公等有关。演戏时,写个纸牌位供奉在皮影戏台前(观众后),意在请"瘟神"看戏,还要供奉一些水果和点心。燃放爆竹,举行"奠酒"仪式。然后才能开始演出。演出结束后,要将瘟神牌位拿到村外,抛向空中,让它随风飘去,算是送走了瘟神。这类戏多在农闲时,尤其是割完小麦的闲暇之时,也是炎热暑湿、害虫肆虐之时。①

新屋戏:房屋盖好后,或者在房屋上大梁或搭顶的前一天晚上演出的皮影戏,要演鲁班盖房内容的戏,希望以后住进去的人过得红火。

山神戏:即山神会戏,是人们为山神春祈秋报而演出的戏,关中西府多山,当地百姓敬山神的也多。清乾隆三十二年《凤翔县志》载:"城北三十里有山神庙,邑人每岁正月初九日迎山神出山,历各村报赛至四月,始送还庙。""十月秋成,报答土功,献祭山神,经月不绝。"每逢山神会日,上演山神戏:先于山神庙前设棚奠酒,接着演出。戏毕,由承办村社迎山神下山,任途经的各村寨抢迎山神、行踏村庄,最后由承办山神会的村寨抬回,举办山神会。山神戏的演出时间一般为三天四夜,也有四天五夜的。山神会一般每年两次。春正月一次,祈求山神保佑五谷丰登,诸事如意,夏收前结束。秋十月一次,秋收后报祭山神,亦还才春愿,直至腊月方止。②

皮影戏禁忌:由于皮影戏浓郁的巫术和宗教色彩,使得皮影戏班和演出过程中,有着诸多的禁忌。例如:

① 影人夹子平放时需朝上,靠墙放时须正面朝外,否则谓之曰"背时"。

② 男女影人的头和身子不能混杂,以免乱了阴阳,会出现有违纲常伦理的男女野合之事。

③ 搭台演戏前,若皮影的身子和头茬没连到一起,不能撑亮子,否则不吉利,容易出事——对主家、戏班都不好。

④ 搭戏台时,撑亮子的棒子不能掉到地上,唱完卸台时也不能掉到地上,否则不吉利,意味着本次或下次演出时将有不顺之事发生。

⑤ 影人的摆放无论是收藏在影夹里的,还是演出时搭挂在两边线上的,影人们的朝向必须一致,且一般是朝着前方(亮子、观众),因为这样会使班里的艺人之间产生口角、闹矛盾,或出现忘戏、唱错戏等问题。

⑥ 演出过程中,影人的头是绝对不能掉下来的,否则,主家会特别不高

---

① 梁志刚《关中皮影》,第138页。
② 同上,第132—133页。

兴,人头掉下来,意味着死亡,不吉利。

⑦ 乐器不能躺在地上,必须立着放。

⑧ 严禁任何人屁股坐到戏箱上,怕"臭"了戏。

⑨ 女人不能坐到戏箱上,因为女人身子不洁净。

⑩ 艺人戴的帽子不能放到戏箱上,会影响"台口"(接戏场次、财运)。

⑪ 因平安吉祥事项而演出的戏,不能唱杀戮内容的剧目。①

其他禁忌还包括:在河北乐亭县,影班有个规矩,每晚散场,拿上影的要把当晚所使用的影人头全部摘掉,迷信说法,怕影人不摘头会成精,耍刀弄枪作怪。②

皮影戏班一般都有自己供奉的神灵,总的说来,影戏行业的神有如下几种:

老郎神,安徽宣城、河南信阳等地的影戏班子供奉的戏神是"老郎神",至于"老郎神"的身份,则有唐明皇、五代唐庄宗李存勖,唐玄宗夭折的小儿子等不同说法。③ 在河南信阳,相传贞观时期,国泰民安,李世民与宫中的滑稽戏班一起演戏,自己出演小丑,娘娘在宫中也领着宫女们唱戏。但娘娘心想自己是女流,不能像皇上一样装扮登台,就和宫女们用纸绢、丝绸剪成任务形象,又用颜色描绘服饰、勾画脸面,然后演这种纸人戏玩儿。一次,娘娘演戏时,把太子搁在戏箱里睡觉,演完散戏,宫女们都忘记了太子,而把纸人装进去,结果把太子憋死了。后来这种演出方式传到了宫外,人们将纸人、绢人改变成耐用的皮人,再加上灯光和音乐,皮影戏便流传起来。由于皇太子是在纸人戏箱里憋死的,所以,民间艺人便把他奉为"老郎神"。

苗庄王:山西孝义北路碗碗腔奉"苗庄王"为祖师爷。④

"月皇大帝":甘肃影戏艺人普遍以"月皇大帝"为戏神。据传,春秋时期楚国国君庄王少年登基,喜欢吹打唱舞。一天,他命掌管乐舞的老臣月皇到各地选拔能歌善舞的青年男女各二十名,在宫中排练一些故事性的歌舞。后来,庄王想让老百姓也知道这种娱乐,并命月皇带着班子到民间去演出。但是,作为一个大臣,月皇不太情愿为百姓演出,庄王便出了个主

---

① 梁志刚《关中皮影》,第168—169页。
② 李跃忠《影戏》,北京:中国社会科学出版社,2008年,第38页。
③ 唐明皇的说法更为普遍。
④ 同②,第38—39页。

意,叫他用木料刻成人形,穿人衣,仿人动作,真人用布帐遮住,在下面演唱,这样百姓就只能看到人影,而看不到真人了。月皇接受了这个主意,到民间演出,非常受欢迎。后来,庄王封月皇为木偶(包括皮影)戏的祖师爷。①

田都元帅:台湾地区相传影戏为田都元帅所创。

3. 民间小戏

根据民间戏剧的流传和称谓情况,张紫晨将民间小戏分为花灯戏系统、花鼓戏系统、采茶戏系统、秧歌戏系统、道情戏系统和杂类六个体系②。

花灯戏:是由演员扮演人物、敷衍故事,运用多种艺术手段进行表演的戏剧形式。花灯戏大致有以下几种类型:一种是有较完整的故事、人物的典型的花灯戏(或称剧),如各种独幕戏、折子戏和少量的多幕戏。云南花灯中大多数的剧目属于此种。另一种是有一定情节、人物,形式上以歌舞表演为主的花灯歌舞剧,如云南各地的《开财门》、《游四门》等。云南花灯中,还有少量无唱腔的剧目,民间称为"讲口戏",形式上具有喜剧、滑稽等特点。

花鼓戏系统是以歌舞说唱为主要形式的民间小戏。主要流传在中国南部地区,主要有湖南花鼓戏、湖北花鼓戏和皖南花鼓戏等。花鼓戏的主要特点是演唱时有人帮腔,并用锣鼓伴奏。湖南花鼓戏的主要剧目有《刘海砍樵》、《打鸟》等。

采茶戏系统是一种将采茶歌和民间舞蹈融为一体的民间戏剧形式,普遍流传于江西和两广地区。以广西采茶戏为例,角色为一男二女,组成二旦一丑的形式,更唱迭和。以歌舞为主,剧情比较简单,具有浓郁的生活气息。例如,赣西地区采茶戏的剧目主要包括《放风筝》、《卖杂货》、《三姐妹观灯》等。

秧歌戏系统起源于民间插秧时所唱的歌曲。秧歌戏的特点是边舞边唱,秧歌戏的音乐和舞蹈都带有秧歌的特点。中国南北方都有秧歌戏。秧歌戏在各地都有自己的唱腔和曲调,例如,北方大秧歌主要以舞蹈为主,同时穿插一些小的情节,如《渔樵问答》、《小二哥打岔》等。表演剧目可分为劳动生活类、爱情生活类和历史故事类。

---

① 李跃忠《影戏》,第53页。
② 关于民间小戏的详细分类,请参考张紫晨的《中国民间小戏》,杭州:杭州教育出版社,1989,第55—57页。

道情戏系统主要流传于晋北、江西、湖北等地。据说道情戏起源于唐代道教在道观内所唱的"经韵",文体为诗赞体。后来吸取词调、曲牌,演变为民间布道的演唱。道情戏的剧目主要包括《升仙道化戏》、《修贤劝善戏》、《民间生活小戏》和《历史故事和传奇公案戏》。

杂类主要包括流行于鲁西南、豫东、皖北一带的"二夹弦"、山东的"五音戏",江苏南部的"锡剧",浙江西部的"睦剧",等等。

我们下面重点介绍一下花灯戏。

4. 花灯戏

花灯戏主要流传在中国西南地区,较为有影响的包括:四川灯戏、贵州花灯戏、云南花灯戏等。以四川灯戏为例,灯戏演出时以唱为主,说白很少。角色以旦、丑为主,主要剧目有《山伯与英台》、《请长工》、《数花》等。

王群在他的《云南花灯音乐概论》对云南花灯戏有过详细的介绍:

云南花灯戏主要于汉族传统节日春节至元宵节期间举行活动,一些地区盖新房、祝寿、丧葬及婚娶等活动中也有花灯演唱。春节期间的花灯活动,各地分别称为灯会、元宵灯会、上元灯会、踏波会等。花灯戏就是一种在灯会期间进行的戏曲说唱表演活动。各地的民间花灯班都是临时性的组织。一般在春节的前几天组织排练,演出结束后戏班自动解散,参加者主要为农民。在花灯盛行的地区,许多村镇都有灯班,每个灯班由十余人、二三十人至七八十人不等。灯班的组织者称为"灯班长"或"灯头"、"灯管事"等,负责灯班的管理和业务训练。灯班出演之前,一般会预先发出联系演出的"灯贴",届时再依次登门演出。①

春节期间的演出,一般都有固定的程序。较为完整的演出,通常是灯班每到一地后,先表演龙、狮等舞蹈,杂技、武术等节目随后进行,以辟出演出场地,四周由男女角色成圆圈歌舞。之后,由灯班长向主人家念诵祝贺性诗句,称为"报彩"、"报喜"或"报吉利",主人家向灯班赠送财礼(称为"红包"、"红封"等),接着演出仪式性节目如《开财门》和其他花灯歌舞、花灯戏节目。演出结束后复以龙、狮等舞蹈"扫场"。公共场合的演出,节目须按一般程序顺序表演,因此表演时间很长。普通人家则只"跳门户灯",即由灯班长在龙、狮舞及打击乐配合下,向主人家报彩,然后结束。滇东、滇东北还有进村前灯班与灯班之间的"盘灯"习俗。一些地区的花灯表演,有酬愿的性质。如某户人家或因无子嗣、或因家人久病不愈、或因家运不顺,便

---

① 王群《云南花灯音乐概论》,北京:人民音乐出版社,2003,第 2 页。

邀请灯班来专场演出,这种活动称为"愿灯"。①

传统花灯的表演场地,一般多在院坝或旷地进行,观众四面围观,演员居中表演。因场地狭小并呈圆形,这种场合的表演被称为"簸箕灯"。②

花灯演出的队伍中,小唱、歌舞表演者多称为生角、旦角,有的地区成为"鞑子"、"鞑婆"或"拉花姊妹"等。女角色均由男子装扮,此外,还有在期间插科打诨的"打岔佬"(或称"岔头")、"唐二"、"笑和尚"等丑扮人物。花灯戏的角色,多数剧目中只有生角、旦角和丑角几种行当,有的生、丑中还可分出娃娃生、娃娃丑。这些角色,一般均事先化好妆,在小唱和歌舞中也加入表演和演唱。③

春节期间花灯活动的开始和结束,各地一般还举行敬奉灯神的"接灯"、"送灯"等仪式。所敬奉的灯神,多以"老郎神"(老郎太子)为主神,次神有"青衣童子"、"鼓板郎君"、"七仙姐妹"、"太上老君"、"二郎神"及"青毛狮子"等多种。灯神多被视为灯班保护神。④

云南花灯戏的表演形式:云南花灯戏的传统活动中,包含有小唱、歌舞、戏剧及各类舞蹈、杂技、武术等多种表演形式在内。

各类舞蹈:包括龙舞、狮子舞、划旱船、白鹤舞等。

武术、杂技:主要包括耍刀弄棒、高跷、云高台(台阁)。

上述表演多作为开场、收场节目,或者路途行进中进行表演。在不同地区,小唱和歌舞被称为"团场"、"小场"或"杂场",戏剧被称为"坐场"、"大场"或"折子"等。

小唱:花灯小唱是各种花灯小调的演唱。所唱内容多为山川景物、花鸟鱼虫、人物典故等,多在花灯歌舞与花灯戏之间的空余时间里演唱,也在花灯演出队伍的行进途中演唱。分为数人合唱和一人独唱两种,演唱时一般也辅以简单的舞步和表演。花灯小唱曲调数量众多,代表性的曲调如"绣香袋"、"采茶调"、"小雀调"等。

花灯歌舞:花灯歌舞是载歌载舞的表演形式,一般由成队的男女角色表演。人数多则十几人、十人,少则二三人。有的时候还有一个丑扮的"打岔佬"穿插其间。有集体歌舞和小歌舞两类。集体歌舞由多人表演,按形式可分为两种:一种是多曲连接的歌舞表演,另一种是一支或二支曲调的歌舞表演。花灯歌舞还不是一种戏曲形式,它没有戏剧特有的情节、内容和人物。

---

①② 王群《云南花灯音乐概论》,第2—3页。
③④ 同上,第3页。

第四章　物质民俗学

社会为我们人类提供了生存的物质环境,为了自己的生存和发展,每一种文化都形成了自己独特的利用和改造自然的方法和技巧。那种把自然资源转变为人类文化产品的行为,我们通称为物质文化。人类在将自然的东西转变为文化的产物的过程中,不可避免地要把自己的需求、观念、价值和信仰融入自己的创造中去。以传统的物质文化为研究对象的我们称之为物质民俗学[①]。

物质民俗学研究的对象都是可以看得见、摸得着的实物,如建筑、饮食、美术和服饰等。这些有形的文化产品一方面是传统文化观念和思想的承载物;另一方面,又是一种交流的工具,或者说符号,传达一种无法用其他方式进行交流和沟通的概念和信息,如美、地位、神圣、平等、尊卑、顺从和反抗等。

物质民俗学主要关注三个方面的问题:一是人类制造的作品,二是制作的过程,三是制作作品的人。

这里所谓的作品就是人们制造出来的具体的东西,如房子、饭菜、服装、服饰、桌椅板凳等。制作过程就是人们制造一件作品的全部过程,以盖房子为例,首先我们要研究人们盖房子的动机,其次,盖房的地点、材料,房子的大小、结构形式、盖房仪式、各种禁忌等,一直到人们住进房子为止。制作作品的人指的是在作品的制作过程中,都是哪些人参与了作品的制作和评价?这些人的背景是什么?他们是怎样保持和传承某种制作工艺和观念的?等等。

[①] 〔美〕Robert E. Walls Folklife and Material Culture, in *The Emergence of Folklore in Everyday Life: A Fieldguide and Sourcebook*, ed. George H. Schoemaker, Bloomington: Treckster Press, 1989, p. 107.

第一节 民间美术

民间美术主要指传统的美术形式,以民间世代传承为主要流传方式。民间美术与宫廷和文人美术相对立,主要包括民间剪纸、民间绘画(年画、壁画、布画等)、民间刺绣、民间玩具、民间雕刻、民间祭祀用品(泥泥狗、纸扎、纸马等)和各种民间小制作(香袋、鸟笼、扇套、风车)等。

与文人和宫廷美术不同,民间美术的实用性要大于欣赏性。也就是说,民间美术的创作不仅是作为一种欣赏,还是作为一种对生产、生活用品和生活环境的装饰。民间美术的季节性也很强,因为民间美术的创作大都集中在一些特定的季节和场合,如节日、祭祀仪式、婚礼、庙会、生育、寿诞、巫术仪式等。民间美术的造型和构图都是遵循一种传统的样式,追求的是一种共性,而非个性,所以作品都不会有具体的创作者。

一、民间美术的起源

从19世纪中后期,人类开始关注和研究艺术及其起源。一个重要的原因是1869年对西班牙的阿尔塔米拉遗迹的发现。尤其是其中的旧石器时代的洞窟壁画,引发了人们对原始美术的关心。哈登(A. C. Haddon)在他的《艺术的演进》(*Evolution in Art*)中说,促使人类趋向艺术工作的有四种需要:一是艺术,这是纯粹由于审美性,专为欣赏形状色彩等快感的,即所谓"为艺术而艺术"。二是信息的传递,当人类感到语言和手势不能充分满足他们交流的需要时,便用绘画来进行帮助。三是财富,除审美性以外,人类为喜爱财物并要增加其价值的缘故,也会制造装饰品。四是宗教,人类为要和神灵进行交流,便进行各种各样的活动,其结果之一是创造了艺术①。

迄今为止,关于艺术的起源和发生,学术界主要有如下几种说法:

1. 审美说②

审美说又称为"为艺术而艺术"理论。认为艺术从一开始就有自己的目的,那就是为审美的目的服务。因此,艺术应该起源于古人对美的感受、认识和欣赏。西方一些学者认为,人类对艺术的认识和需要与人类对工

---

① 参见林惠祥《文化人类学》,第301页。
② 持这一观点的西方学者包括拉蒂德(E. Lartet)、克里斯蒂(H. Christy)和吕凯(G. H. Luquet)等。

具、火和语言的使用一起,是人类有别于动物的重要标志①。但艺术的产生晚于人类对工具、火和语言的使用,是生产力发展到一定阶段的产物。这就是说,人类是在首先满足了对温饱的需求之后,才开始关注对艺术的创造和欣赏。"古人的经济生活非常容易,因此有足够的时间去从事艺术创造活动。狩猎活动无需占有他们所有的时间,因此他们有更多的机会去装饰武器和穿戴。②"许多学者认为,人类有一种固有的天性,就是希望从艺术上去表现自己,并从中获得愉悦之情。

2. "巫术"说

"巫术"说是在弗雷泽《金枝》的影响下产生的。《金枝》是一部关于巫术及其原理的巨著,它的出版对文化研究产生了巨大的影响。"巫术"说认为民间美术起源于远古时期的巫术仪式。一些学者认为,艺术的目的不在于使人愉悦而在于召唤和祈求精灵。古人希望通过巫术去促使动物大量繁殖,通过巫术去确保狩猎成功③。巫术说的主要依据是:

首先,迄今为止,我们看到的古人留下的最早的壁画作品大都出现在人迹罕至的山洞深处或悬崖峭壁上,如果是出于审美的目的的话,人们大可不必把画画在那些地方,因为人们根本就到不了那些地方,而且即使是到了那些地方,欣赏这些画也很困难。例如,在一些地方,人们必须仰躺在地上才能够看到那些壁画。因此,作画的目的显然不是为了欣赏。

其次,壁画中的形象大都是食草动物,是原始人的主要狩猎对象。如果作画是出于审美的目的的话,人们应该去选择那些外形漂亮、容易使人产生美感的动物,如鸟类。但从原始壁画中,我们很少看到鸟类或食肉动物。另外,壁画上的动物形象往往身上布满了箭的符号。除了巫术以外,我们无法用审美或其他理论去解释它。

下面两幅岩画一是发现于内蒙古乌拉特中旗的猎鹿岩画,一是距今三万年的法国沃泥洞著名的野牛岩画,两者在构图上极其相似,所表达的观念也是一致的。左汉中认为,这是人类历史上最早的巫术与美术的联袂演出。④

---

① 参见朱狄《原始文化研究》,第298页。
② 参见〔法〕拉蒂德和克里斯蒂《雕刻或线刻的动物形象》,载《考古学评论》,巴黎,1864年版第9期。转引自朱狄《原始文化研究》,第300页。
③ 〔法〕S. 雷纳克《祭礼、神话和宗教》(Cultes, mythes et religions),巴黎,1905,第1卷第125页。转引自朱狄《原始文化研究》,第306页。
④ 左汉中《中国民间美术造型》,长沙:湖南美术出版社,1992,第70页。

内蒙古乌特拉中旗的岩画猎鹿　　治国沃尼洞著名野牛岩画

阴山岩画·猪羊图

阴山岩画·射猎

剪纸·射虎图（陕西宜君）
选自左汉中《中国民间美术造型》第78页

第四章 物质民俗学

一些学者认为：

> 远古时，中国民间文化的核心是巫文化。巫术心理是初民重要的文化心理，巫术活动是原始时代重要的文化活动。正如六十多年以前新文化的创造者、同时也是旧文化的研究者鲁迅在《中国小说史略》中所提出的那样："中国本信巫"。巫术心理和巫术活动对中国历史文化的形成，对于宗教文化的形成，对于中国审美文化的形成都产生了极大的影响。巫文化影响了数千年中国社会的民风民俗，影响了中国人的文化心态。①

最能反映原始巫文化特征的媒介物之一是艺术，因为艺术是原始人类表达各种情感和愿望的主要途径，同时也是原始人类期望与自然界沟通、影响和支配自然界的外在表现方式。因此，艺术多具有象征性的含义。早期的艺术并非出于古人的审美目的，而是一种象征性的符号，是语言、思维、情绪和愿望的载体，传达和表示着某种文化信息。

3．符号交流说

符号交流说认为古代的艺术作品，包括岩画、陶纹等各种美术形式是古人传情达意的一种符号系统。交流是人类社会最基本的需求之一。为了交流和传递信息，人类发明了语言、文字、服饰、舞蹈等多种交流方式和途径。艺术，包括民间美术是人类发明的又一种交流符号系统。其实，人类的早期艺术作品还不能算是完全意义上的艺术品，只能说是一种符号，是为了表达一些观念，如对宇宙和生命的理解和认识、对自然规律的发现和顺从等。

随着社会历史的发展，艺术逐渐发展成一门独立的学科，审美性逐步上升到主导地位。艺术是这些早期的符号系统发展到后来，具有审美和欣赏的意义后才逐渐成为真正意义上的艺术作品。但民间艺术却具有强烈的保守性和稳定性。当某种动植物一旦被赋予某种象征意义，它便像遗传基因一样一代代传播。尽管后代人并不完全理解其中的意义，但人们只需要接受就可以了。这种传承可以说是无意识的，是无形传承，并由此一点一滴就汇成了文化的长河。民间艺术在某种情况下可以说是文化的物化形态，是整个社会文化系统的一部分，与整个人类文化系统相关联。

内蒙古的猎鹿岩画和法国古代的野牛岩画很难说是一种艺术品，给人

---

① 陈瑞林《中国民间美术与巫文化》，北京：新华出版社，1991，第1页。

的第一印象好像是在用图画的方式表现狩猎的过程和美好的愿望。其中虽然有可能夹杂着巫术或宗教的意义,但并不是出于巫术或宗教的目的。如果把这两幅岩画与中国当代民间剪纸射鹿图放在一起来看的话,其中的相似之处更令人惊异。很难相信它们是完全不同时代和国家的艺术作品。同样的情况还见于下列一组图画:

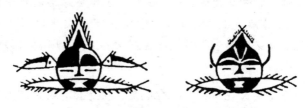

西安半坡出土彩陶盆上的人面鱼纹

安徽阜阳剪纸鱼娃娃
选自左汉中《中国民间美术造型》第 80 页

　　西安半坡的人面鱼纹图与当代的民间剪纸鱼娃娃在构图上是如此的相似。我们认为,这两组图画虽然相隔几千年,但表达的观念却是相同的,那就是人们对生命起源的关注和认识,也就是人们常说的"阴阳相合万物生":两条鱼可以认为是象征阴阳两种力量的阴阳鱼;中间的人头像代表的是生命,头顶上的三角形的符号是"通天"。剪纸鱼娃娃中的两条鱼也是阴阳鱼的意思,头顶上的鸟和荷花分别属于阳和阴,鸟啄荷花的造型也具有明显的阴阳相合、创造生命的意识。总起来说,这两组图画所表现的应该是生命神和生命创造的观念,是人们用绘画方式表达出的对生命起源的理解。

二、民间美术的基本创作观念

　　首先,原始的阴阳哲学思想是民间美术创作的基本运作法则之一。前面我们曾谈到过,中国人虽然创造出了辉煌灿烂的文化,但并没有创造出自己的一套完整的宗教系统,这其中的根源之一是中国古代人形成了一套有别于其他文化传统的认识世界的方法。他们没有把对世界的理解建筑在任何超自然信仰上,而是建筑在人本身所具有的非凡能力之上,因为他们发现创造世界的人正是他们自己。

中国古人很早就发现了生命创造的基本原理——阴阳结合,也就是男女异性交合,并把这一原理应用到世界万物。在他们看来,如果人是阴阳相合的产物的话,那么世界上所有的一切都应该由阴阳两部分组成。中国古代哲学思想的产生也来源于人们的这种世界观,然后把这种观念进一步理论化、系统化,并由此而产生了"是故易有太极,是生两仪,两仪生四象,四象生八卦"的说法。哲学家们把民间的阴阳观念又往前推进到无极、太极,但实际上这只是理论上的意义,真正有意义的还是阴阳观念。

由混沌化生"两仪",也就是阴阳,然后阴阳相合创造万物,万物又在此基础上生殖繁衍、生生不息的观念,是中国民间美术创造的基础。民间美术的基本构图一般都是由象征阴阳两种事物的符号或动植物等组合在一起。例如,一般来说,鱼、鸟、蝴蝶、蛇、蜻蜓、鹤等为阳性指示符号,莲花、蛙、蟾、绣球、石榴等为阴性指示符号。在任何有意义的构图中,我们都可以发现阴阳两种因素的象征物(参见下图)。一直到现在,这些传统的动植物还是我们进行民间美术创作的基本素材。因此,在民间美术的发展过程中,阴阳观念作为一种传统一直延续到现在。

民间美术中常见的阳性指示符号

民间美术中常见的阴性指示符号

民间美术中常见的阴阳相合的符号
选自靳之林《中华民族的保护神与繁衍之神——抓髻娃娃》

其次,五行哲学观念决定了中国人在对图形的处理过程中,注重和强调个体的感受和感情,而不重真实而又准确地反映自然现象和自然秩序。五行哲学来源于中国人"以我为中心的思维方式",与西方以"自然和物为中心"的传统思维方式形成了鲜明的对比。思维方式的不同也是中国人没有形成统一的宗教体系的一个重要因素。以我为中心的思想自然就会排斥和拒绝强调以神为中心,从而忽视人的力量的宗教思想。民间美术中追求对称、向心、饱满的造型方式就充分体现了这种以我为中心的思维方式。

中国民间美术中最为引人注目的造型方式之一"异物同构",也来源于以我为中心的思维方式。所谓异物同构,就是选择自然界中各种事物的一部分,再重新组合为一种新的事物,尽管这种事物在世界上并不存在。例如龙的造型,就是中国人根据这种造型观念创造出来的一种传统形象,而并非是一种由不同氏族结合在一起后,人们把象征各个氏族的图腾物组合在一起的产物。中国人喜欢根据自己的理解和感受来进行创造,当他们需要对某种思想感情(如阴阳相合、牝牡相交的思想)做出表述时,他们会把代表阴和阳的两种物体叠合在一起,如"鱼蝶"合体的娃娃枕,"虎蛇"合体的布老虎玩具、"人面鱼"的香袋等,而不在乎这种合体的造型是否符合自然法则、是否合理。

蝙蝠纹①

麒麟纹②

龙的造型和中国民间常见的形象如麒麟、凤凰等等一样,只不过是人们依照自己的愿望创造出来的一种吉祥物。只是后来经过艺术家的加工提炼,龙的形象日趋完美并进入宫廷,被作为帝王的象征。

三、民间美术中常见的主题

生殖崇拜是民间美术中最为常见的主题。无论是"生命树"、"鱼穿

---

①② 插图选自左汉中《中国吉祥图案大观》,长沙:湖南美术出版社,2009,第69页。

莲"、"蛙(娃)踩莲"、"人面鱼",还是"凤头鱼尾"、"龙头鱼尾"、"阴阳鱼"、"八卦鱼抓髻娃娃"、"女喜娃"、泥塑"人祖母猴"、"混沌面花"等造型,都突出地表现了中国人强烈的生殖崇拜和生命繁衍意识。这一点,我们在前文进行过探讨,这里就不再赘述了。

另外,在民间大量出现和应用的抓髻娃娃主要是以男女合体的形式出现的。抓髻娃娃的头上一般都梳着两个鸡形的抓髻,有的时候娃娃的肩上、衣服上、脚上也饰以鸡形。娃娃的两只手上,一边为兔,一边为鸡。很明显,鸡和兔分别是阴阳两种因素的象征物。娃娃身上装饰的图案,无论是指示女性的椒刺纹、柿蒂纹、双钱纹,还是指示男性的如意纹、回纹、云头、云锦纹等,生殖和繁衍的象征意义都是非常明显的。在民间信仰里,抓髻娃娃不仅是生殖繁衍女神,而且还是生命的保护神。

选自靳之林《中华民族的保护神与繁衍之神——抓髻娃娃》

驱灾辟邪、保护生命也是民间美术中常见的主题之一。常见的门神、门画,以五毒为题材的香包、兜肚等,五色线、拴娃石、虎头鞋、镇宅神鹰、剪纸扫天婆、扫天媳妇、独女栽棒槌、送病娃娃、招魂娃娃等等,都具有驱灾辟邪、保护生命的功能。扫天婆的造型为一位七寸左右高的妇女,手持笤帚芒,在端午这一俗称恶月恶日的节日里被妇女们插在墙头、屋顶上。据说,扫天婆可以打扫阴霾。扫天婆、扫天媳妇、扫晴娘等系列形象具有浓郁的巫术色彩。

另外,由这两种主题发展而来的纳福招祥、吉庆如意、祝福祝寿等都是近代、现代乃至当代民间美术中常见的主题,许多都是从传统素材中继承发展而来。例如,原来表现阴阳相合观念的丹凤朝阳、喜上眉梢、连年有余等都被赋予了吉祥如意的新内涵。除此之外,五福临门、麒麟送子、八仙祝寿、福寿双全、万事如意等等构成了民间美术的主旋律。

第二节 民间饮食

一、民间饮食及其文化意义

民间饮食指的是人们传统的饮食行为和习惯,主要包括食物本身,以及食物的属性、范围、制作过程和仪式、餐桌上的礼仪、节日和仪式食品,以及食物的名称、保存、禁忌等。

世界上没有任何一种民俗事项能像饮食那样与我们的生活那么贴近,那么能引起我们对民族、家乡和亲人的怀念之情。在人类的生活中,饮食已不再是一种单纯的生物学意义上的活动,而是包含着丰富社会意义的重要文化活动。我们生活中的一日三餐,每一餐实际上都可以说是传统文化的载体和符号,向我们传递着一种文化信息。

饮食不仅可以维持人们的生命,解决人们的温饱,同时它还是一种文化符号,反映着人们的性格特征、道德观念和审美情趣。例如:

第四章 物质民俗学

有人根据中西方饮食对象的明显差异这一特点,把中国人称为植物性格,西方人称为动物性格。反映在文化行为方面的,西方人喜欢冒险、开拓、冲突,而中国人则安土重迁、固守本己。①

这种说法虽然还有待于进一步商榷,但至少我们可以看出,饮食在文化中占有非常重要的地位。

饮食还可以说是许多文化现象的母体,这就是说饮食行为的规范化和程序化造成了众多文化现象的出现和发展。《礼记·礼运》说:"夫礼之初,始诸饮食。"《孔子家语》的记载,从"夫礼,初也,始于饮食。太古之时,燔黍擘豚,污樽杯饮,蒉桴土鼓,犹可以致敬鬼神。"从中我们看到阴阳的功用和礼的区分,也可以看出最初的"礼"肇始于饮食。远古时代,人们用火把黍米烤熟,把猪肉分开来烧熟,在地上凿出一个坑当做酒樽,用手当酒杯来捧着饮酒,扎草做鼓槌敲打土制的鼓做乐舞,这就可以敬祀鬼神。②

饮食礼节虽然不是文明社会独有的现象,但是饮食从一开始产生就伴随着严密而有序的礼仪。最晚到了周代,饮食礼仪已经相当完善,其中包括客食之礼、待客之礼、进食之礼、宴饮之礼等等,饮食礼仪非常繁复。

饮食礼仪中包含着鲜明的等级观念:饮食材料、烹调用具、饮食顺序和过程都具有明显的等级制度。例如,周人的"列鼎而食"以鼎的数目的多少来反映贵族的等级。

一鼎:盛豚,规定"士"一级使用。士居卿大夫之下,属贵族最下一等。

三鼎:称为"少牢",或盛豚、鱼、腊,或盛豕、鱼、腊,有时又盛羊、豕、鱼,为士一级在特定场合下使用。

五鼎:也称为"少牢",盛羊、豕、鱼、腊、夫,一般为下大夫所用,有时上大夫和士也能使用。

七鼎:盛牛、羊、豕、鱼、腊、肠胃、肤,称为"大牢"。为卿大夫所用。

九鼎:盛牛、羊、豕、鱼、腊、肠胃、肤、鲜鱼、鲜腊,亦称为"大牢"。为天子所用。③

饮食中的鼎后来不仅被看做是地位的象征,而且也是王权的象征。在商代贵族礼乐制度下成为一等重要的礼器,又称彝器,即所谓"常宝之器"。

---

① 万建中《饮食与中国文化》,南昌:江西高校出版社,1994,第 62 页。
② 《孔子家语》卷一《问礼》。
③ 详见《仪礼》和《礼记》。

鼎不再是一种单纯的炊器和食器,进而演化为权力的象征。[①]

二、饮食的起源

关于饮食文化的起源,学术界有这样几种说法:

一种说法认为,饮食行为起源于人类对森林大火——一种自然现象的认识。上古时代,人们在森林大火后看到很多被烧焦的动物尸体,他们在偶然吃过一次之后,发现烧过的动物比没有烧过的动物(也就是说经过火加工的食物)要好吃得多,于是,便开始用火对猎物进行烧烤,饮食文化也就因此而产生了。

也有人认为,古人吃熟食开始于某人偶然从取暖或其他用处的火堆中拣起一块被烧过的动物尸体,由此人类便开始吃熟食了。

这两种说法都把饮食行为的产生看成是一种巧合和偶然,把人类饮食文化的开端——吃熟食说成是一种完全被动的,没有任何主观能动性的举动。这是否有点低估了人类祖先的创造能力呢?按照这种观点,如果没有人在偶然中发现熟食的话,那人类就会永远吃生食。我们没有任何资料可以证明这种说法,说到底,这只能是人们的一种臆测和推理,没有充分的证据可以证明这两种推测的可靠性。

饮食的产生应该依赖于下面几种条件:

首先,饮食活动[②]的产生必须是人类的一种有意识的活动,而不是一种偶然或巧合。

其次,饮食活动必须与人类周期性的活动有关,只有这样,饮食行为才有发展、进步和系统化、文化化的机会和可能性。

因此,我们认为人类开始吃熟食的行为与宗教或巫术仪式活动有着密切的关系。虽然我们还不能十分肯定到底是仪式创造了饮食行为,还是饮食行为创造了仪式(中国古代的观念),总之,仪式中一定要有饮食,两者的关系密不可分。反过来说,仪式使得饮食行为日渐复杂化和系统化,并逐渐发展成为一种重要的文化力量。

巫术或宗教仪式是古代人周期性地举行和参与的活动。在仪式活动中,人们常常会使用火,这可能是出于对神圣的火的崇拜。即使是现在,在

---

① 《昨日盛宴》,第35—36页。
② 这里所谓的"饮食活动"主要指的是人类开始吃熟食,并进而创造出了一系列与饮食相关的思想观念和行为体系。

各种仪式活动中,火依然必不可少。例如,无论是在祭天、祭祖(室内和室外),还是在婚礼、丧礼、祈神、还愿仪式活动中,人们都要焚香、点蜡烛。广东梅州的客家人有在除夕之夜为祖先点灯,即在祖先的坟墓前点蜡烛的习俗。在这些用火的仪式中,古代人或者是出于偶然,或者是有意识地用火对食物进行处理,其目的都是希望通过一些有违常规的举动达到与神和自然沟通的目的。即使是偶然开始用火对食物进行处理,但仪式周期性举行的特点会使这种偶然变为一种习惯。

仪式结束以后,人们常常要分食仪式中的食品。作为仪式活动中一项重要内容,这种习俗我们现在还可以看到。例如,祭灶仪式以后,孩子们可以分吃给灶王爷的供品糖瓜。在中国北方许多地区如陕西、山西、河北、甘肃、山东等地还有跳火的习俗。节日(春节)的晚上,人们在野外点燃火堆,然后手拉手围着火堆跳舞、唱歌,并把馒头放在火上烧烤,然后吃掉,有的时候还要给家畜吃。人们相信,这些仪式食品具有驱邪除病的特殊功能。后来,由于健康、味觉等原因,这些最初具有某种神圣性的仪式食物逐渐走进人们的生活,由此便产生了熟食。

三、中国饮食习俗的特点

1. 中国饮食习俗不仅重吃,更重要的是看重食物的准备、制作过程,许多食品的烹调过程近乎一种仪式

例如,江苏、浙江一带,从前有一道名为"猪脯"的名菜。猪脯的选取过程是非常烦琐的。首先,要把猪关在一间大房子里,然后由一些人手拿竹竿一边追赶猪,一边抽打,猪被打得四处奔逃,直到累死,然后屠夫马上用刀在猪背上割下一片肉。然后,再用同样的方法处理差不多数十头猪才可以做成一碗猪脯。传说猪在被打致死的时候,全身的精华都集中在后背上,割下的猪脯会异常鲜美。但猪身上其他部分的肉都会非常腥臭,不能再吃了,因此人们往往会把死猪埋葬。[①]

猪脯的味道是否真的像人们说的那样鲜美,其他部分的猪肉是否真的那么腥臭,恐怕没有几个人真正知道。我们认为,人们在意的并不是猪脯的好吃与否,而是做菜的过程,也就是取猪脯的过程。在这一由许多人参与的制作过程中,无论是从打猪、取猪脯,还是埋掉死猪的行为中,我们都可以感觉到仪式的痕迹。这就是说,这道菜很可能源于古代的一种仪式活动。

---

① 莫高、吴华《汉族民间衣食住行风俗》,南宁:广西教育出版社,1994,第64页。

另外,流行于南方一些地区的"鱼脑"、"猴脑汤"以及"吃三叫"等菜肴都有一个对活生生的动物折磨致死的过程,不能不使我们把这种制作过程和古代的一些仪式联系在一起。

从许多节日食品,如中国较为有代表性的传统食品——饺子中,我们也可以看出人们重在参与和制作的饮食习俗。饺子一般是在除夕之夜,人们吃过了年夜饭以后才开始包的。这天晚上,是全家人团聚的日子,按照传统,即使是在千里之外,人们也要赶回家,其目的就是为了吃一顿团圆饺子。饺子必须是全家人一起动手,在饺子的制作过程中,人们可以充分体会家庭的和谐、美满和幸福。对中国人来说,饺子不一定有多么重要,重要的是这种食品的制作过程可以把全家人联系在一起。

2. 在一些地区,食物是许多仪式的重要组成部分

宝鸡地区礼馍文化:在当地生育习俗中,婴儿降生三天后,外婆便背来一个面制五斤的大锅盔,放到产房门口,一句话不说,名谓"扣小孩",意思是不让出生的婴儿跑掉(夭折)。而后给婴儿送一个面塑的小"曲连馍",中间有圆孔,形如玉璧。接着舅舅又送一个大"曲连馍",抱着婴儿从圆孔中钻过去,象征婴儿在成长过程中度过三道险关,健康成人,长命百岁。同时,舅舅还送一个布老虎或凤翔六营产的挂虎、坐虎,做娃娃的保护神。最后,由舅舅把"曲连"切成小块,分赠给亲友和邻居。①

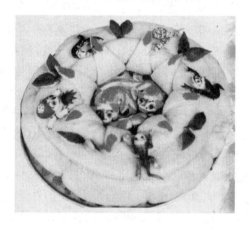

曲连馍②

---

① 曹振峰《黄河万里寻面花》,长沙:湖南美术出版社,2005,第96—97页。
② 同上,第97页。

生俗"曲连馍"的直径约四十厘米,中间的圆孔较大,馍分为三层,外层的边缘捏出八个瓣,内层临近圆孔处捏出似绽开的莲花瓣。圆孔内附加上面塑的两条红色的鱼,象征着阴阳两性。红色的下方塑一段莲藕。民间谚语"鱼戏莲"、"鱼穿莲",象征男女相恋相合,产生了婴儿。在圆孔外又塑五毒面花,寓意婴儿闯过险关。①

3. 民间饮食非常注重"平衡"、"中庸"

不仅配料讲究搭配得当,还要根据自己身体情况有选择地进食,不破坏身体内部的平衡或帮助身体达到一种平衡状态为重。李亦园认为:

> 中国文化中的宇宙观及其最基本的运作法则是对和谐与均衡的追求,也就是经典上所说"致中和"的原意。为达到最高均衡与和谐的境界,则要在三个层面上共同获得各自的均衡和谐。②

饮食便是这三个层次中"个体系统的和谐"中的一部分。

同其他民俗事项一样,民间饮食也包含着一个民族和一种文化的许多传统观念。中国人性格平和中庸,这种思想同样体现在我们的饮食文化上。例如,根据阴阳之道,中国把食物分为凉性和热性:

> 热性的食之有火,凉性的食之有寒。一般说来,物性相反的不可同食,但如热、寒太过,则热上不可再加热,寒上不可再加寒;从营养的角度,又分出是大补还是大损,补品有益,损则不宜。但"补"又忌过分,"损"或在积食、需泄等时也可适当食用。有些食物还被认为是有毒的。热、凉、补、损、毒的各种食物又可以专攻人体的某一部分。③

总之,人们赋予食物不同性质,主要还是为了在吃的过程中可根据自己身体状况有选择地挑选食物,以求达到平衡自身小循环的最佳效果。

4. 强烈的"食补"观念

中国人最显著的饮食观念是食补,即吃什么补什么。例如,吃动物的肝脏就可以补肝虚,吃动物的肾脏就可以补人的肾,还有许多诸如吃脑补脑、吃胆长胆等说法。由此又引申出食物的品性可以影响到食者的品性的观念。例如,如果一个人胆大妄为,做了一些令人吃惊的事情,我们常常说

---

① 曹振峰《黄河万里寻面花》,第 97 页。
② 李亦园《汉学研究》,第 12 卷第 1 期。
③ 任骋《中国民间禁忌》,北京:作家出版社,1991,第 246 页。

他是"吃了熊心豹子胆"。因为,在人们的观察中,熊、豹子都是性情凶猛的动物,所以吃了熊或豹子身体的某一部分,尤其是心或胆,便会感染上这些动物的性情。再例如,如果一个人一味坚持做一件事情,我们就会说他"铁了心"或"吃了秤砣,铁了心"。这就是说,像铁一样坚硬,无法改变。这种围绕相似性原则将食物对应食者的观念由来已久,早在《汤液论》和《神农本草经》中就有相关论述,而《千金方》更是明确提出"以脏治脏"、"以脏补脏"的观点,后来的《本草纲目》又归纳出"以胃治胃,以心归心,以血导血,以骨入骨,以髓补髓,以皮治皮"的原则。中国饮食与中国传统医学的紧密结合,使得"以形补形"的观念在中国人的思维中根深蒂固。

更为典型的是,吃什么在某种特定的节日、时间或其他条件下,还和生育有关。例如,吃瓜、鸡蛋、枣、栗子、花生、石榴等食物,俗说都可以帮助人们怀孕生子。因为这些食物不是多籽(籽与子谐音,因而也就意味着多子),就是孕育着生命(鸡蛋),或有早生贵子(早与枣谐音,花生有生的意思,而栗子谐立子)的意思。例如在安徽芜湖,农历三月三"真清明"那天,乏子嗣的人家要买一只南瓜入锅煮烂,午时置于桌上,夫妇并肩而坐,同时举箸,尽量多食,认为这样必然多子。

食物与性情关系密切的观念由来已久,早在《孔子家语》卷六《执辔》里,就有这样的记载:

> 食水者善游而耐寒,食土者无心而不息,食木者多力而不治,食草者善走而愚,食桑者有绪而蛾,食肉者勇毅而悍,食气者神明而寿,食谷者智慧而巧,不食者不死而神。

吃水的动物善于游水并且能耐得住寒冷,吃土的动物没有心脏而不必呼吸,吃树木的动物力量大而且难以驯服,吃草的动物善于奔跑却愚蠢,吃桑的动物吐丝并变成飞蛾,吃肉的动物勇敢而强悍,吃气的动物聪明而且长寿,吃谷类的动物有智慧而且灵巧,不吃东西的不死亡而成为神仙。由于水、土、木、草、肉、气、谷的性情不一,因此,以它们为食的人或动物也就具有不同的性格特征。

究其根源,我们觉得这种观点来源于人们的巫术观念,其理论基础就是弗雷泽的接触律和相似律。在人类的思维活动中有一种普遍存在的思想,即人的意识可以控制和影响自然以及周围的环境。相反,自然和环境也可以通过某种途径影响人类,因为无论是人还是自然都是具有生命力的。人与自然相互感染的途径可以通过接触或模拟的形式,而饮食便是一种最直接、最显而易见的接触方式之一。由此,我们也就不难理解这种饮食观念了。

四、饮食与文化

中国文化源远流长,在其漫长的历史发展过程中,中国人逐渐形成了自己独特的宇宙观、世界观、道德观和伦理观。这些抽象的思想和观念是怎样被表现出来的呢?著书立说当然是一种表达方式,但是,这些思想和观念更多的是渗透在人们日常行为当中,人们的一举一动,无时无刻都体现出人们的思想观念。因此,要想了解中国人传统的思想观念,必然离不开中国人的饮食起居。饮食、服饰是人们的最基本的生活需求,因而也就非常具有表现意义。饮食、服饰作为一种符号系统,对我们研究中国传统的思维模式、宇宙观和世界观等都具有很重要的意义。

中国传统宇宙观和世界观的核心是阴阳思想。在古人看来,阴阳是宇宙起源中的两种最基本的物质,二者相互作用,因而演化出万物。这种阴阳思想起源于古人对自然以及自身的观察。《周易·系辞下》有以下的记载:

> 古者包牺氏之王天下也,仰则观象于天,俯则观法于地,观鸟兽之文与地之宜,近取诸身,远取诸物,于是始作八卦,以通神明之德,以类万物之情。

> 是故易有太极,是生两仪,两仪生四象,四象生八卦。

古代的中国人没有把对世界及人类起源的探讨建立在对超自然力量的信仰之上,而是非常注意对自然和世界的观察,强调自我体验和自我感受。中华民族是一个非常客观的民族,重现实、重经验。这也许就是中国文化没有形成一种统一的宗教形式的最重要原因之一。古人从男女异性交合、繁衍生命的现象中受到启发,并依此类推,把这种阴阳思想推广到宇宙万物。这是中国传统宇宙观和世界观的基础。即所谓阴阳相合而生万物,万物因此而生生不息。

中国人生活中的方方面面无不渗透着这种观念。因此很多事物都被赋予阴阳两性,古人选择他们能接触到的所有可能的事物来作为表现这种阴阳思想的符号。一般来讲,凡是与天和天空相关的皆为阳,与地和水相关的皆为阴。如飞鸟象征阳,为阳性符号,鱼蛙象征阴,为阴性符号;食肉动物象征阳,食草动物象征阴。不仅如此,人类的许多行为也被分为阴阳两性:如礼仪为阴,音乐为阳,所以,为求阴阳平衡,在许多仪式上,包括祭祀、婚礼、丧礼上,人们都要演奏音乐。沐浴为阴,进酒为阳,所以,沐浴之后,需饮酒进食以补阳气。招待客人,客人为阳,主人为阴,因此,在座位的排列上要遵循一定的规则。

从饮食方面看,中国人习惯于把食品分为阴阳两性。也就是人们常说的热性和凉性。热性的食之有火,凉性的食之有寒,吃热性食物还是凉性食物应当根据自己身体的状况和气候来选择。基本原则是阴阳平衡,热凉适中。在菜肴的搭配上尤为明显,如蟹属阴,食之寒,因此在食蟹的时候一定要配以生姜和酒。生姜和酒均属阳,食之暖。这样,吃螃蟹才不会损害身体。

另外,中国人的饮食行为很多都是依据阴阳思想而设定的。从很早开始,中国人就借助于(饮食)行为来表现人们的思想观念。在《礼记·郊特牲》当中,就有这样的记载:

> 飨禘有乐,而食尝无乐,阴阳之义也。凡饮,养阳气也。凡食,养阴气也。故春禘而秋尝,春飨孤子,秋食耆老,其义一也,而食尝无乐。饮,养阳气也,故有乐;食,养阴气也,故无声。凡声,阳也。
>
> 鼎俎奇而笾豆偶,阴阳之义也。笾豆之实,水土之品也,不敢用亵味而贵多品,所以交于旦明之义也。
>
> 乐由阳来者也,礼由阴作者也,阴阳和而万物得。

在古人看来,夏天祭祖的时候一般都要饮酒,同时还有音乐伴奏。但是秋天祭祖的时候,就不能饮酒,也不能演奏音乐。这主要是出于阴阳有别的缘故。因为春为阳,秋为阴。饮酒意在保养阳气,而不饮酒的食礼,则是在保养阴气。古人又说,声乐皆属阳,所以,春天祭祖的同时要饮酒,伴乐,是为了养阳;而秋天祭祖的时候无酒无乐,是为了养阴。

另外,酒席上陈设的鼎和俎,或九,或七,或五,都是单数的;而笾和豆,或二十六,或十六,或十二,都是双数的。这也是取法于阴阳的意思。因为鼎和俎都是用来盛牲体的,牲体为动物,属阳性,故用奇数;而笾和豆中所盛的食物,都是水土中生长出来的物品,为植物,属阴,所以用偶数。

《礼记·玉藻》中还有这样的记载,国君在沐浴(损阳的行为)之后,一定要进酒进菜,同时还要命乐工奏乐,这样做的原因也是为了补阳气,以助阳气上升。

玛丽·道格拉斯(Mary Douglas)曾经这样说过,如果饮食行为只是为了满足人类生理需求的话,那么,在世界范围内,人类对食物的选择和食用方法应该是大同小异的。但是事实并非如此。世界上没有任何一件事比人类对食物的选择和加工更加复杂多样了。饮食行为不仅仅是为了满足人类生存的需要,更重要的是,饮食行为是一种社会行为。[①] 对一个民族来说非常有营养的食物,对另一个民族来说就可能是毒药。这主要是因为,饮食行为在很多情况下是人们用来进行交流、沟通和表达思想观念的媒介物。人们人为地赋予了食物一些品性,使它们成为承载信息的符号。

五、饮食研究

在民间饮食的研究过程中,我们应该注意以下问题:

首先,饮食的研究应该包括饮食活动的全过程,即准备、制作和用食。这其中主要涉及吃什么、怎么吃、什么时候吃、食品的制作、保存、调料的使用、搭配,上菜的程序,以及种族、信仰和饮食场合等。

例如,西北地区广为流传的面花"龙虎谷卷"(馎玦),无论是在制作场合、制作过程,还是在细节处理上都极其讲究,研究"龙虎谷卷",必须要注意询问和了解。曹振峰在进行田野调查的过程中,曾经进行过详细的询问,制作者也做了回答:

龙虎谷卷[②]

上面是虎头,下面是龙身,尾巴是条鱼。鱼和龙是一回事,鱼是龙生的,龙生九子嘛,龙有一个儿子就是鱼。虎的眉是两条鱼,也是二龙

---

① 〔英〕Douglas, *Accounting for Taste* 10, 15—16, 1979, 见 *The Bridge*, 第15页。
② 曹振峰《黄河万里寻面花》,第12页。

戏珠。虎的鼻子是锦鸡,两眼是日月,耳朵是雄鸡,龙身下是云云。她还说,这种大馍块不能随便送,规矩很严,只能女儿出嫁、生娃娃、元宵节娃娃玩灯时,由娘家或姥姥家、舅舅家捏好送,不是母系的亲亲过大事只能送花花礼馍。

问:龙和虎不是一回事,为什么捏到一块?

答:龙是水里的虫虫,虎是山上的虫虫,龙和虎合到一起就是很厉害的神神。①

其次,应该注意与饮食行为和活动相关的饮食观念、饮食禁忌、信仰、仪式活动等。

第三,在民间建筑中,厨房、灶的位置、炊具、餐具,饮食过程中的位置和食者就座的次序等也是我们应该注意的。

第四,饮食行为还具有强烈的社会和心理功能,这是我们的研究还没有涉及的地方。

另外,饮食与社会行为也是我们研究的一个重要内容。在中国社会中,饮食还是人们进行社会交往的主要手段之一。许多政策、方针、谈判、协议等都是在饭桌上完成的。对普通人来说,饭桌还是人们联络感情,进行社会交往,增进彼此之间友谊的一种主要途径。因此,饮食行为是我们研究社会以及社会中人与人之间关系、交往的手段之一。

第三节 民间服饰

在人类活动中,也许没有比选择穿着更鲜明地反映我们的价值观念和生活方式了。个人穿着是一种传递一系列复杂信息的"符号语言",并且也常常是给人以即刻印象的基础。②

无论是从社会,还是从心理的角度来看,服饰都具有重要的意义。

首先,服饰是文化之间差异的最直接体现。不同国家和民族的人在体质上可能差别不是太大,我们也许分不清哪一位是英国人,哪一位是法国人;谁是中国人,谁是日本人。但是,他们的传统服饰却可以准确地把答案

---

① 曹振峰《黄河万里寻面花》,第13页。
② 〔美〕玛里琳·霍恩《服饰:人的第二皮肤》,乐竞泓等译,上海:上海人民出版社,1991,第1页。

第四章 物质民俗学

告诉我们。不同国家和民族的服饰又体现着鲜明的民族特点,例如:美国人服饰的突出特点是追求个性解放、突出自我;而中国人的传统服饰却突出了等级观念、保守、共同性、无个性特征、朴素及绝对的平均主义。

其次,即使是在同一文化传统内部,服饰也是非常有意义的,因为服饰具有向他人传达个人社会地位、职业、角色、自信心以及其他个性特征等印象的功能。

在某些特定的时期,服饰又是社会状况的试金石。每到社会动荡及变革时期,服饰就会表现出强烈的反传统特点,无论是在式样还是在服饰材料的选择上。服饰的发展,在某种程度上反映了社会的发展、观念的变化。总之,服饰是文化的一面镜子,从中我们可以看见某种文化传统的道德伦理、价值观念、性格特征、风俗、信仰等等。

一、民间服饰及其定位

所谓的民间服饰指的是传统服装,包括服装的款式、材料、样式、色彩、搭配、装饰以及服装穿着时所佩戴的各种饰物。民间服饰具有一定的仪式性、场合性和目的性。不同的节日、仪式或特殊场合中,对服装、服饰的色彩、款式、搭配等是有着特殊要求的。例如,婚礼中的服饰以红色作为主色调。其目的主要是因为红色在中国传统文化中有着避邪的功能。新婚期间,尤其是新娘子一定要穿着红色的衣服,主要目的是保护新娘子不要受到邪恶势力的伤害。在中国民间传统观念中,红色、(鞭炮)响声、水、灯(光亮)等被普遍认为具有避邪的功效。因此,婚礼对白色和黑色是非常忌讳。如果婚礼中出现了这些颜色,对婚礼的主人将是极大的不敬。

与婚礼相对,中国丧礼中服饰的主色调是白色。主要原因一是因为白色是素色,是天然、自然的颜色。给人的印象是没有任何人为加工的,最接近于自然的颜色。丧礼中穿着白色,一方面反映了中国传统的对死亡的认识,即死亡是一件极其自然的事情,是自然界中万物都要面对的事情;另一方面,死亡给人的感觉仿佛是又回到了开始,回到了自然的初始状态,就像是回到一张白纸中,五彩的生命又从白色开始了。总之,古人最早选择用白色作为丧葬服饰的色彩,并无意于将白色处理为丧色和凶色,只是用来指示死亡这种状态。但是,发展到后来,由于人们对于死亡态度的变化,使得白色成为凶、不吉利的代表色。

民间服饰是与时装相对立的,因为民间服饰强调的是共性,是被大多数人接受和传承的,具有历史和文化意义的服饰;而时装强调的是个性,突出的是个人的思想和观念,体现了个人对文化传统、道德观念的理解和认识。

二、服饰的起源

人类为什么要穿衣服呢?对于这个问题,理论和说法很多。

1. 羞耻说

早期的一些学者认为穿衣是出于人们的羞耻感,这就是说,古人一旦认识到男女有别,就会本能地把自己身体的某些部分遮盖起来。这很容易使我们想到《圣经》中亚当和夏娃的故事。这种说法也被称为"礼貌说"(modesty)。但是羞耻感应该是一种文化的产物,是在道德伦理体系比较完整的状态下才产生的。服饰的起源应该更早一些。

2. 保护说

有一些学者提出了"保护说"(protection),即古人穿衣服是为了保护自己的身体,或者是出于气候的缘故,或者是出于抵御外来袭击。而且,人们多喜欢遮盖自己的生殖器,就是出于保护自己的生殖能力的目的。

实际在许多情况下,人类只用很少的衣服去适应环境,至今仍有许多居住在寒冷地区的原始人只穿很少的衣服。如新几内亚人几乎不穿衣服,南美南部的巴塔哥尼亚人只把一块兽皮挂在肩上。火地岛上的原始人只穿一件宽松兽皮披肩,身体的其余部分涂一种油脂,任凭雪融化在他们的皮肤上。当有人把一块布送给他们的时候,他们不是用来覆盖身体,而是撕成一条条分给部落的人作为装饰。非洲的狩猎远征队的搬运工,在白天很热的时候要穿很多的衣服,而在寒冷的夜间反倒不穿衣服。[①] 由此可见,服饰的起源应该与传统的宗教和文化观念密切相关,而不是单纯的环境的缘故。

3. 装饰说

一些学者提出了"装饰说"(adornment),即古人穿衣服是为了装扮自己,炫耀自己与众不同的特征和能力[②]。例如,用兽骨、兽毛或兽皮装饰自己的身体,来显示自己的勇敢、力量和技能。

4. 标记说

以上几种说法虽都有一定的道理,但这些特征只能说是服饰发展到一

---

① 叶立诚《服饰美学》,北京:中国纺织出版社,2001,第69页。
② 林惠祥《文化人类学》,第77页。

第四章 物质民俗学

定阶段时的产物。当然,我们不排除环境在服饰的发明与发展过程中的重要作用。从与服饰相关的许多习俗和特征来看,服饰应该源于标记的目的,也就是说:

>人们遮掩或装饰自己的身体有多种理由,其中首要的是为了作为身份的证明和社会地位象征性的展示。①

服饰一方面能从社会的意义上区别男性和女性;另一方面,又突出地标记出人们的性别、年龄、身份、地位、职业、婚姻状态、种族、所属的社会群体等。中国传统服饰具有明显的标记功能,早在汉代,董仲舒就在其《春秋繁露》中进行过说明:

>凡衣裳之生也,为盖形暖身也。然而染五采,饰文章者,非以为益肌肤血气之情也,将以贵贵尊贤,而明别上下之伦,使教亟行,使化易成,为治为之也。若去其制度,使人人纵其欲,快其意,以逐无穷,是大乱人伦而靡斯财用也,失文采所遂生之意矣。上下之伦不别,其势不能相治,故苦乱也;嗜欲之物无限,其数不能相足,故苦贫也。今欲以乱为治,以贫为富,非反之制度不可。古者天子衣文,诸侯不以燕,大夫衣襐,士不以燕,庶人衣缦,此其大略也。②

中国社会中严格的等级关系和伦理制度在传统服饰中发挥到了淋漓尽致的程度。从某些方面来说,服饰与远古时代人们的文身习俗具有某种渊源关系。对某些民族的人来说,人体的装饰艺术也许是服饰的最早形式,但这与我们所说的服饰起源于标记的说法并不矛盾,因为文身大多是出于标记的目的。

三、服饰的功能

服饰的功能可以概括为以下几种:③

(1)作为阶级的符号。无论是在东方还是西方,服饰的一个重要功能便是区分不同等级和阶层的人。在中国古代,服饰的质地、颜色、剪裁的式样,以及各种与服装搭配的饰物都具有鲜明的等级差异。

(2)作为财富的炫耀。除了作为标记等级和地位的差异之外,服饰还

---

① 〔美〕亚当森·霍贝尔《人类学:人类的研究》,纽约:麦格劳-希尔公司,1966,第3页。
② 《春秋繁露校释》卷七(校补本),钟肇鹏,石家庄:河北人民出版社,2005。
③ 参见叶立诚《服饰美学》,第70—74页和238页。

能充分展示一个人的经济地位。如中国古代的商人几乎没有什么社会地位,但他们经济实力强大,因而常常在服饰上尽量彰显自己的财富。

(3) 标记不同的种族或民族。不同的民族都有自己传统的服饰,因此,从服饰上,我们可以判断出一个人的民族。

(4) 标记不同的性别。男性和女性的服饰往往有着明显的差异,这种差异是基于社会对性别角色的认定而形成的。男性服装多突出其阳刚之美,而女性服饰多突出其阴柔之美。

(5) 吸引异性或者说是出于美的目的。俗话说,爱美之心人皆有之。人们装饰自己的很大一部分原因是为了在异性面前展示自己的美丽。尤其是一些少数民族的青年男女,在为他们提供的各种聚会上,服饰的华丽是引起异性注意的一个重要手段。

除了上述功能之外,服饰还有恐吓敌对一方、表达信仰、指示身份等目的。

下面,我们将重点介绍服饰的几种功能。

1. 服饰的指示功能

一般来说,最早的服饰应该是出于标记的目的。服饰可用于区别不同年龄、不同的生活阶段(如成年与否、结婚与否等)、不同的等级(如氏族首领、巫师等)、不同的部落或有无血缘关系等需要。

从某种意义上来说,服饰是一种标记符号,给不同身份、地位、年龄、等级的人打上不同的标记。从服饰的发展历史来看,年代越古老,服饰的标记功能就越明显,服饰的等级性就越强。

服饰的装饰图案具有强烈的指示意义。例如,据历史记载,早在舜命禹做服时,就提到了十二种物体,后来演变成天子衮服十二章纹,据《尚书·益稷》记载:

> 帝曰:……予欲观古人之象,日、月、星辰、山、龙、华虫,作会;宗彝、藻、火、粉、米、黼、黻,絺、绣以五采,彰施于五色,作服汝明。

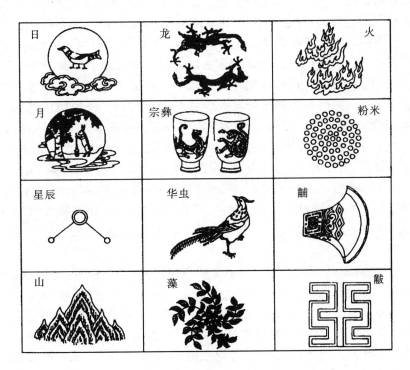

选自《中国服饰文化》第 84 页

这十二章纹还被赋予不同的含义：

日、月、星辰，有照临的意思。其中的日为红色，有三足乌。日和三足乌都为阳性符号，因此，在这里日象征君权在上，阳德照耀。月为白色，其中有玉兔。月和玉兔都是阴性符号。日月合体，其意在于阴阳合体，体现了一种近乎神的神圣的、具有生命创造力的概念，象征着至高无上的权利和地位。星辰为光明，象征以"天象昭示经纬，四季节令，使天下知春夏秋冬、天文地理、人道七政。"①

山，取其能云雨，还有的说取其稳重的性格。古人认为，山既有持久永恒的意义，又有培育生命的意思。因此，无论如何，君王都应该具有山一样的品行，稳固而能滋养生命。

龙，能变化，取其神。古人创造龙形的初衷并不是出于把它作为帝王

---

① 张志春《中国服饰文化》，北京：中国纺织出版社，2001，第 85 页。

的象征的目的。龙实际上是中国传统造物手法的产物。中国古人擅长创造各种各样的神物,细数一下,不下百种。似乎自然界中存在的动物都不足以表现中国人心目中的具有代表意义和象征意义的神物。因此,人们必须要创造出一些神物来。一般的手法都是将不同动物的部分身体重新组合,制造出一种新的动物,并赋予这种动物一种突出的能力和功能。与龙的造物手法相同的神物如凤的形象为首如鸿、喙如鸡、颡如鹳、腮如鸳、颔如燕、身如龟、尻如麟、尾如鱼、足如鹤、纹如龙。凤的身体五色具备,高丈余。凤为百鸟之王,吉祥之鸟。麒麟也是中国人创造出来的一种神兽,其特征为麋首,头上有角,角端有肉,麋身、马背、鹿蹄、牛尾、有鳞、五彩。作为一种吉祥神兽,麒麟的特征是长寿,而且每当其出现,都表示天下太平。麒麟还是多子多孙的象征。龙的形象我们都知道,也是由多种动物的身体部分组合在一起的。龙的特征是变化多端,上可凌云,下可入渊。帝王也应该具有龙的特征。

华虫,取其有文章(文采)。华虫形象似雉鸡,色彩斑斓、华丽,象征帝王所应具有的学识和文采。

宗彝,取其忠孝。宗彝是古代的一种祭器,分别绘有虎形物和猴形物。虎为勇猛的象征,猴为智慧的象征。合在一起,象征有勇有谋,大智大勇。又因为宗彝为古代祭器,是祭奠先祖之物,因此又含有效忠先祖的意思。

藻,取其洁净。象征帝王应竭诚自律,注重品德修养。

火,取其光明,也有兴旺发达的意思。象征帝王应该具有治国兴国的才能。

粉、米,取其洁白且有济养之德。象征帝王应该关心百姓疾苦,努力做到使百姓丰衣足食,安居乐业。

黼,取其决断。象征帝王在紧要关头,可以当机立断,迅速解决可能出现的任何困难和危险。

黻,取其明辨。象征帝王应该明察秋毫,明辨是非善恶。

只有天子才有权力同时使用十二章纹,也就是说,十二章纹是帝王的标记。诸侯大臣,公卿贵族将根据自己的级别分别选用日月星以下的九章,或华虫以下的七章,或藻纹以下的五章,或粉米以下的三章。

2. 服饰的颜色

衣服的颜色也是一种辨别地位、身份、职业的标志。例如,中国人以黄色、紫色为贵色。黄色为帝王之色,除非皇上御赐,一般人是不能用的,否则将被视为有谋反之罪。紫色是吉祥之色,富贵之色。紫气、紫云等都是祥瑞之兆。因此，一般百姓是不能用紫色的。在民间，紫色还象征多子，为孩子做百家衣时，各种颜色的布都比较容易讨得，唯有紫色很难得到。因为，人们都不愿意把紫(子)送到别人家里，所以只能从孤寡老人那里讨得。绿色、青色多为卑贱的颜色，因为这两种颜色是优伶、娼妓们常选用的颜色。白色和黑色为凶色，一般情况下，家里只有死了人以后，才使用这两种颜色。故而一般人忌穿。当然，在不同的地区和不同的民族，衣服颜色的尊卑贵贱千差万别，我们就不一一详论了。

3. 发型

发型也是一种标记。例如，古代的时候，凡是未成年的孩子，无论男女一般都将头发梳在头顶上，挽两个左右对称的小髻，名为"总角"。随着儿童年龄的增长，发式也在发生变化，男孩的发型被称为"角"，女孩的发型被称为"羁"。男子长到二十岁的时候，要行冠礼，女子到了十五岁要行笄礼，以表示成年。

4. 服饰强烈的表现功能

在世界文化发展的历史长河中，每种文化都发展了自己相对稳定的信息和意义系统，在这个系统中，每一种习惯都与整个生活方式建立着特殊的联系。因此，每个社会对于服饰都有自己接受的标准，同时又本能地排斥或拒绝其他标准的渗透。不同的服装样式，不仅可以作为鉴别不同文化背景的标志，而且还是传统思想观念的载体，行使着监督、批判、惩罚、维护的权利。

在长期的历史发展过程中，中国的服饰经历了一系列的发展变化过程，形成了独具特色的中国服饰系统，对我们研究中国传统文化具有重要的意义。

服饰，尤其是服饰中的"装饰品类本身首先是文化的产物，其次它又是文化的物化形态，这种物化形态是整个社会文化系统的一部分，与整个人类文化系统相关联……装饰作为文化，是文化的符号，传达和表述着一定的文化信息和社会属性"[①]。

在中国西部一些地区，新娘子都要带一件自绣的蛙形裹肚，并向婆家的人展示。这一方面是要告诉婆家自己绣工的精巧，即自己是一个巧媳妇；另一方面，也是最重要的一方面，是显示自己所具有的生殖能力。

关于民间大量存在的蛙的造型，有些学者认为，蛙是古代的一种图腾，

---

① 李砚祖《装饰之道》，北京：中国人民大学出版社，1993，第4页。

还有一些学者认为"蛙"与"娲"(中国古代女神女娲)谐音。作成蛙形的裹肚是祈求女娲神的保护。另外,蛙又多子,是生殖繁衍的象征[1]。还有人认为,古人以蛙象征女性生殖器官子宫(肚子),实行生殖崇拜[2]。实际上,蛙的造型既不是用来祈求女神的保护,不是什么古代图腾物,也不是女性生殖器官的象征,而是古人用来表达女性具有生殖或生育能力的符号。

首先,就像语言和文字一样。蛙,作为一种表义符号与它的意义不一定具有内在的联系,也并没有任何一定能唤起被它表义的价值或内容的地方。

其次,在民间,蛙有时是以青蛙的形象出现,有时是以娃娃的形象出现。"蛙"与"娃"可以看做是文字中的通假字。无论是蛙踩莲,还是娃踩莲,意思都是一样的,都表示女性的生殖与生育。

最后,在古人看来:"昏礼者,将合二姓之好,上以事宗庙,而下以继后世也。"[3]繁衍后代是缔结婚姻的一项最重要的内容,因此,新娘在进入婆家的时候,一定得要告诉婆家自己是否具有传宗接代的能力。展示蛙形裹肚,实际上就是在告诉婆家自己具有生殖能力。当然,蛙也不一定只有这一种意义。如果与不同事物组成不同的造型,蛙所表达的意义也会有差异。

服饰也具有明显的展示家庭和社会关系的作用。一个比较明显的例子就是丧葬礼服。丧葬礼服的色彩一般为白色,接近于原始和自然本色,象征着回归到自然和原始状态。选择白色作为丧服的颜色,从一个角度反映了古人对死亡的认识和理解。丧事在古代更确切地说是一种社会活动,是用来"定亲疏,决嫌疑,别同异,明是非"的[4]。根据《礼记》的记载,古代丧礼的服饰大致可分为六种:"一曰亲亲,二曰尊尊,三曰名,四曰出入,五曰长幼,六曰从服。"[5]这就是说,丧礼的服饰,一是依血缘关系的亲疏;二是依社会关系;三是依名分的排列;四是看女子出嫁与否;五是为未成年人的丧礼;六是为具有间接关系的人丧礼而设立的。由此可见,丧葬服饰的设立,一个很重要的原因就是为了展示死者的家庭和社会关系。一般来讲,丧服分为五种,也就是人们常说的"五服",其中包括斩衰、齐衰、大功、小功和缌

---

[1] 陈瑞林《中国民间美术与巫文化》,北京:新华出版社,1991,第 76 页。
[2] 赵国华《生殖崇拜文化论》,北京:中国社会科学出版社,1990,第 204 页。
[3] 《礼记·昏义》。
[4] 《礼记·曲礼上》。
[5] 《礼记·大传》。

麻。生者和死者的关系不一样,丧服的样子和质地也不一样。如斩衰以最粗的麻布做,不缉边,是丧服中等级最高的,服期为三年,只有儿子对父亲、臣为君,未嫁之女对父亲,曾重孙对祖父,妻妾对夫才服此重孝。而缌麻是用细麻布做的,服期只有三个月。宗族四代以外,或外姓为中表兄弟、岳父母等才服此孝。从人们的服饰上,我们可以准确地判断出生者与死者之间的关系。

丧葬服饰的一个很重要的功能就是把人与人之间的关系(抽象)用实物表现出来,使它具体化、公众化,成为一种看得见的事实。这主要是由丧礼的目的所决定的。古代丧礼的主要目的之一就在于在死者死后,通过丧葬仪式重新强化和整理家族或宗族之间的关系和秩序。以便确立新的家庭关系,包括家庭中权利、责任和义务的转移和重新分配,长幼尊卑秩序的重新排定,以及财产的继承和分配等等。例如,只有在丧礼中服重孝,也就是说服斩衰的人才是遗产的主要继承人,同时也对家族的繁衍与发展负有重要的责任。丧葬服饰作为人们相互交流的媒介物,一种符号系统,准确而又全面地表达了人们的意图,使得死者死后新的家庭和社会关系合法化、秩序化。为巩固宗法制度,维护家庭、家族的团结和睦和社会的安定平稳起到了重要的作用。

四、服饰的种类

总起来讲,服饰可分为五种类型:

1. 裹着型

裹着式服装是将服装材料缠在或裹在身体上的服装形式。中国西南地区一些少数民族多喜欢裹着式服装。

2. 套头型

套头型服装是在一块方形的服装材料的中间剪一个洞,穿着的时候将头从洞中套进去的服装样式。

3. 披挂型

披挂式服装是一种将两片长方形的服装材料竖着缝在一起,中间留下一个可以钻得下头的空隙,然后披在身上的服装样式。古希腊人的服装样式便属于披挂型。

4. 缝制型

缝制型服装是将服装材料按照一定的设计剪裁成不同的部分,然后再把它们缝起来。中国汉民族的传统服饰大都采用缝制型。

5. 斗篷型

斗篷型是将服装材料的一端系在脖子上,整件材料披在身后的服装样式。北美印第安人常穿着这种样式的服装。

古希腊披挂式服饰
选自霍恩《服饰:人的第二皮肤》第 53 页

另外,根据服饰的功能,我们可以将服饰分为礼服(包括祭服、丧服、婚礼服饰等)、官服、居家服等。

五、中国服饰及其特点

中国人的审美观念和哲学思想决定了中国服饰偏重于含蓄、保守。例如,中国人在穿着上倾向于蓝、灰、绿、黑等保守性颜色,色彩艳丽的服装则给人一种轻浮、下贱、不守本分和不稳重的感觉。随着年龄的增长,颜色的选择就会越来越趋向于单调、保守和稳重。一般认为,服饰颜色和样式必须符合人的年龄、品德、地位和身份。

忌裸露也反映了中国服饰保守、含蓄的特点。俗话说,"身体发肤,受之父母,不敢毁伤",因此,在服饰上就形成了"男不露脐,女不露皮"的传统观念。尤其是中国妇女,所着服装必须把身体的各个部分包括脖子、手、脚都遮盖起来,否则就会被人耻笑。更有甚者,古代中国人视剪发为不孝的举动,因为这不仅会有损人们的身体,还会有损人们的精神。[①]

---

① 参见任骋《中国民间禁忌》。

总的说来,中国服饰及其装饰图案概括为如下几种特点:

1. 以人为中心的指导思想

从某种意义上说,中国传统的五行思想实际上就是"我"的概念,再加上"四方"的概念。而"我"是万物的中心,这种"四方"与"中心"的体验,再加上儒家按"礼"与"空间"关系配合各种仪式、制度,便形成中国最基本的空间意识。在这样的空间意识观念中,使得中国人在营造空间上便形成以中轴为主,"人位之主"以及距中轴近者为尊,远者为卑之正偏思维,进而有所谓的中轴两侧,左为尊、右为卑的认知[1]。具体体现在中国传统服饰在式样上多为对称、平衡的形式,服饰上的装饰图案也具有这种特点。

2. 完整调和的宇宙观

中国传统思想的一个重要特点就是中庸调和。其表现形式,在宗教信仰上为三教合一,在服饰上表现为在"有限的空间范围内,以个人对事物的期望,创造出无限的变化,而不受有形空间的限制。在另一方面,对空间的布局上,由于虚实、主客、动静相互交织、组合、呈现出多元而和谐的特性。"[2]

3. 线条刚柔相易、曲直相济

中国传统服饰的另一个特点是在对线条的处理上,刚柔相得益彰。例如,在大的线条处理上多采用直线,体现刚性的一面。而在局部或细节上,则采用曲线,表现柔顺、婉约的一面。

第四节 民间建筑

一、什么是民间建筑

建筑,从广义上讲,就是房子,是人类为自己及其所属建造的一种栖身、藏身之所。主要包括用于人类自己活着时居住的房屋、死后居住的坟墓和一切服务于人类的各种娱乐、服务、公共设施,如教堂、祠堂、寺庙、商店、学校、法院、纪念碑等。同时还包括人类为自己的财产、牲畜等修建的谷仓、马厩、猪圈、鸡窝等建筑形式。按照西方民俗学的分类,建筑分为经典建筑(academic architecture)、通俗建筑(popular architecture)和民间建筑(folk architecture)三大类,民俗学重点研究的是民间建筑。从根本上来

---

[1] 参见叶立诚《服饰美学》,第304页。
[2] 同上,第305页。

说，三种类型的建筑并不是互不相扰地独立发展的，它们之间的关系应该是一种互利互惠、共同发展的关系。但是，很多年以来，人类的研究重点一直都在经典和通俗建筑之上，很少人顾及民间建筑。为什么会这样呢？按照美国著名民俗学家格拉西（H. Glassie）的观点，不关注民间建筑是因为人们认为一些建筑物比另一些建筑物更重要、更值得研究、更有价值。但是，需要指出的是，我们之所以会认为另外一些建筑物不重要的首要原因不是这些建筑不重要、没有价值、不值得研究，而是我们根本就不了解这些建筑形式，常言道忽视是无知之母，不重视民间建筑的研究正说明了我们的无知。如果我们不去研究民间建筑，我们永远也不可能发现民间建筑的真正价值。[1] 随着民俗学学科的出现与发展，民间建筑越来越引起人们的关注，其地位和价值，甚至美学思想也越来越吸引人们的目光。民俗学就是在这种背景和基础上把自己的研究重点放在了民间建筑之上。

那么，什么是民间建筑呢？

民间建筑，或被称为地方性建筑，是人类为自己及其所属所建造的栖身之所。民间建筑包括所有的传统建筑形式，与经典或通俗建筑的差别就在于民间传统的建筑没有专门的设计者，人们只是按照祖先传下来的模式或式样进行建造。民间建筑除了包括民居之外，还包括各种窝棚、仓房、坟墓、磨房、为牲畜建造的房屋和制作各种生产生活资料的建筑如砖窑、烤烟草的炉子等等。

民间建筑，尤其是民屋，是传统物质文化的根本，是传统文化观念的立体展示，反过来又对传播和保持这些观念具有重要的意义。民间建筑对建筑物与建筑物、建筑物与环境的关系的处理，建筑物的高度、体积、光线和视野，建筑材料的选择和房屋的装修，房屋的功能以及许多其他因素，都体现了人们特定的价值观念，同时也成为保存这些价值观念的力量。房屋建筑，不仅仅是人们生活的栖身之所，也满足了人们的精神需求[2]。

二、民间建筑的价值

民间建筑的主要类型就是房屋，一般说来，房屋是人们在其有生之年所能够创造出的、最显而易见的、摸得到的、最大的成就，因此，房屋在文化研究中起着至关重要的作用，尤其是对我们研究和了解许多文化问题，如文化之间的差异、人与人以及人与社会之间的关系、文化的传播、文化的持

---

[1] 参见〔美〕Henry Glassie, *Material Culture*, Bloomington: Indiana University Press, 1999, p.230.
[2] 〔美〕布鲁范德《美国民俗学》，李扬译，汕头大学出版社，1993，第233—234页。

续发展和保存、文化的交融等方面。①

1. 民间建筑与人生

对于传统的中国人来说,房子似乎是人生的一件头等大事,是人们奋斗一生的终极目标。俗话说,有房才有家,没有房子,就体会不到家的温暖和安全。一位学者这样说,为自己建造一座温馨、安全和永远的栖身之所是我们每一个人的梦。因此,人的一生似乎都是为了使自己逐步接近和实现这种对家的梦想,当梦想实现的那一刻到来的时候,人们似乎不是在建造一所房子,而是在完成人生中最美妙的一首诗。② 房子可以说倾注了人们毕生的心血。

一个人临死之前,如果给后人留下了房产,这个人就可以说死而无憾了,反之则会觉得无颜面见祖宗而倍感不安。也有人说,对中国人来说,无后应该是人生最悲哀的,但是无后常常不是人力所能控制得了的,也不是单靠努力就能够达到目的的。而房子却完全依赖于个人的努力和奋斗,是一个人奋斗一生的见证,所以房子在人们的生活中占有非常重要的地位。

坟墓是一个人死后居住的"房屋",因此,在民间,人们到了一定的年龄就开始为自己的后事,也就是死后的归宿"房屋"做准备。从坟地的选择,棺木的材质、式样、颜色,到死后的服饰被褥,人们都要准备。在中国的大部分地区,为老人选墓地、选寿材一般都是在老人活着的时候,请老人过目,倾听老人的意愿,最大限度地满足老人的心愿,这是后辈是否孝顺的一个重要标志。因此,普通老百姓一生最大的幸福莫过于生死各得其所。

2. 民间建筑与文化

房子是自然环境和人文因素的综合产物:一方面,房子的选材、样式和结构形式受制于天气和自然环境的因素;另一方面,房子又是人类设计的结果。因此,人们的各种思想观念都会表现在供人类居住的房子。例如中国传统的阴阳、五行思想和生命观念都是中国传统民居的材料、格局、装饰和色彩等因素的指导思想。民间建筑可以说是一种文化传统的思想及其观念的物化,因为无论是建筑地点的选择、建筑材料、建筑模式、建筑技巧、建筑内部的结构安排和建筑过程,都体现着人们的宇宙观、世界观、价值观、人生观和审美情趣。

---

① 参见〔美〕Warren E. Roberts: Folk Architecture, in *Folklore and Folklife: an Introduction*, ed. Richard M. Dorson, Chicago and London: The University of Chicago Press, 1972, p. 283.

② 参见〔瑞士〕Le Corbusier, *Towards a New architecture*, trans. Frederick Etchells, New York: Praeger, 1960, p. 244.

例如,中国传统民居中的四合院就充分体现了中国传统的哲学思想。所谓的四合,就是四象、四方、四时和五行观念的集中体现。四合院还注重中轴线和对称性,体现了八卦方位的含义(参见下图)。

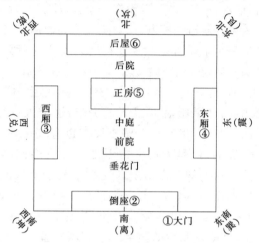

北京四合院平面图
选自居阅时、瞿明安《中国象征文化》第 497 页

图中大门开在东南角巽地,巽为风、为入,寓意财源滚滚而入。倒座,指建在最南边的房屋,北向,堆杂物和男性仆役的居所。西厢,建在正房右面,西为兑,兑卦象为少女,西厢为年轻女性居所。东厢,建在正房左面,东为震,卦象为长男用事,东厢房安排男孩入住。正房,居中为贵,家长所居。门窗向南,取向明(离)之意。后屋,为堆放杂物及女性仆人居所,也是炊事之所,厨房是生火的地方,安排在居北坎位,因坎位属水,取水克火之意。又如主房、灶间、大门三大要素在方位上象征相生,主房居正北坎位,属水,宅门置于东南方,属木的巽位,表示水木相生。①

民居的装修和建筑附件也具有象征意义。例如,鸱是中国民间建筑中常见的一种脊饰(见下图),早在汉代就出现了。据记载:"汉柏梁殿灾后,越巫言海中有鱼虬,尾似鸱,激浪即降雨,遂作其像于屋上,以厌火祥。"②人们之所以选择用鸱来装饰屋顶,其出发点是中国传统的五行相生相克的思想,希望用鸱的水性来克火,以免发生火灾。

---

① 居阅时、瞿明安《中国象征文化》,上海:上海人民出版社,2001,第 498 页。
② 《唐会要》。

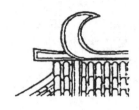

鸱尾

选自居阅时、瞿明安《中国象征文化》第 500 页

3. 民间建筑与社会

建筑是生存于社会中的人的创造,是私有财产之一,因此,不可避免地,建筑会打上社会的烙印。中国传统建筑传递着明显的道德伦理和等级尊卑观念。

庑 殿　　　　　　　　　歇 山

1. 垂脊　2. 戗脊

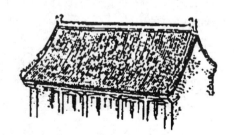

悬 山　　　　　　　　　硬 山

屋顶与等级

选自居阅时、瞿明安《中国象征文化》第 489 页

如上图所示,中国传统建筑形式的屋顶大致分为四个等级,即庑殿、歇山、悬山和硬山。庑殿也称为四披式或四坡顶式屋顶,是中国古建筑中级别最高的屋顶样式,主要用于皇宫和庙宇中的主殿。歇山为第二等级,又称九脊殿,由一条正脊、四条垂脊和四条戗脊组成,用于皇宫或庙宇中的次殿。悬山和硬山稍有差别,悬山的式样稍微有些讲究,因此,在等级上略大于硬山,硬山式屋顶式样最简单,广泛用于普通的民居。

4. 民间建筑与情感

民间建筑,尤其是民居,可以说是情感的记忆库,我们的思乡和想家的感觉大都会外化为对故居的记忆和回忆。故居往往是我们找寻过去时光的钥匙。时光流逝,可以带走一切,也可以掩盖一切,但是房屋却像一双手,为我们留下许多美好的回忆。这种对故居的回忆和思念在我们的情感生活中是非常重要的。有多重要呢?巴舍拉德认为,除了回忆以外,我们出生时的那座房子已经深深地刻入我们的脑海中。这是一套互为联系的习惯行为。二十多年之后,尽管楼梯已经不存在了,但我们仍旧可以回想起第一次在那高高的台阶上跌跌撞撞地走路的样子。整座房子好像都和我们进行着交流和沟通,我们推开吱吱嘎嘎乱响的门,在黑暗中也能找到通向远处阁楼的小路。门把手的感觉似乎还残留在手上。[1] 对童年和故居的回忆可以影响我们的一生。因为它永远是我们避风的港口和永恒的归宿。无论我们要走多远,无论我们要经历多少磨难,对家的记忆将永远支持着我们。因此,从某种角度来说,家能够愈合我们的伤口,让我们得到休息和调整,让我们变得精力充沛,不再孤独和害怕。

5. 民间建筑与性格

民间建筑的模式同样可以反映出一个民族的性格。一般来讲,横向的建筑给人类提供了栖息之地,同时给予了人类自由的承诺,但同时它也有让人惧怕的一面……有一种死亡和无限的神秘感。水平象征了对无限空间的分离作用……水平(横向)建筑不仅意味着宽大舒适,无边无际,充满了未知的机遇,同时也暗示了屈服、睡眠和休息、死亡和崩溃,而纵向建筑则代表了进攻性……纵向建筑是直立的,非常引人注目,给人深刻印象,作为一个轴心,把天和地连接起来。建筑的圆顶表达的意思也很接近,

> 不管作为一个紧密整体的塔立在何处,圆屋顶都像是包含内核的柱体。它不仅对建筑的中心起衬托作用,而且还象征了建筑四周向建

---

[1] 〔美〕卡斯腾·哈里斯《建筑的伦理功能》,申嘉、陈朝晖译,北京:华夏出版社,2001,第 196 页。

筑中心聚拢的意象。①

教堂便因此代表了整个宇宙。②而完全封闭的环形建筑是令人沮丧的。正如施瓦兹所坚持的那样：

> 环形或半球形是所有形状中最让人沮丧的，它们永远是一个封闭的世界。永远只有一线光亮，缓缓升到顶部，又突然跌入沉重，就像一个自然生命最终回归大地一样。③

因此，无论西方还是东方，环行建筑多为坟墓或祭祀场所。

中国传统建筑形式多采用横向的形式，与大地紧紧相连。表现出中国人稳健、平和、纯朴、自然、自信、保守的性格特征，与中国传统的世界观和信仰习俗相一致。在中国传统文化的背景下，横向建筑除了上面提到的那些特点外，还有调和人与自然、黑暗与光明、生与死的界限等特点。其实，建筑本来就是人与自然相对立的产物，是把自然的东西转化为文化的东西的典型代表。但是，选择横向建筑形式，建筑线条柔和，不过分渲染和突出建筑的非自然特点，同时又配以纯天然的木材作为主要的建筑材料就体现了中国人温和、务实的性格倾向。

福建永定富岭乡"世槐第"
选自刘致平《中国居住建筑简史》第 173 页

---

① 〔挪威〕Christian Norberg-Schulz, *The Concept of Dwelling: On the Way to Figurative Architecture*, New York: Rizzoli, 1985, p. 37.
② 〔美〕卡斯腾·哈里斯《建筑的伦理功能》，第 176 页。
③ 〔德〕Rudolf Schwarz, *Vom Bau der Kirche*, 2nd ed. Heidellberg: Lambert Schneider, 1947, p. 34.

而西方许多文化传统则追求纵向的建筑形式,具有浓郁的西方宗教色彩。一方面,纵向建筑突出了建筑的高度,把人们的目光引向天空,引向宇宙,突出了宇宙的神秘和无际;另一方面,纵向建筑也凸显和夸大了天与地、黑暗与光明、生与死的界限,表现出一种追求个性张扬,坦率、夸张、骄傲、自豪、刚硬、好奇、冒险的性格特征。另外,西方许多文化传统喜欢选择石材作为建筑材料,线条刚硬,体现出一种追求永恒不灭,无生无死的境界的意愿。①

另一种观点认为,从宗教的角度看,纵向建筑意在弥合天堂和人间的距离,使人类更接近上帝,更容易感受到上帝的精神和力量。这是宗教建筑的一种共同特点,包括中国的一些带有宗教性质的建筑,如塔等。其目的都在于提醒人们天国和另一个世界的存在,以增加人们对天国和宗教世界的认同和向往。

圣马丁大钟楼
选自哈理斯《建筑的伦理功能》,第 179 页

---

① 叔本华曾经对西方纵向建筑的代表(哥特式建筑)提出了尖锐的批评,他认为,哥特建筑大都以刚硬的垂直线条来表达庄严,水平的线条几乎完全消失了。重力的作用只是通过拱门和拱顶间接地表现出来,但是,用刚硬的线条来表现庄严神圣只是一个表象而已,它们似乎是想要传达一种永恒的安全感,一种超越尘世纷争的安全感,但实际上这只是一种幻想。叔本华认为,人类毕竟是有生有死的,在肯定自身的能动性的同时,也要考虑到人类自身的脆弱性。(参见〔德〕Arthur Schopenhauer, *The World as Will and Represenation*, trans. E. F. J. Payne, New York: Dover, 1966, pp. 417—418。另参见〔美〕卡斯腾·哈里斯《建筑的伦理功能》,第 180—182 页)

三、民间建筑的起源

关于建筑的起源,说法不一,观点众多,我们重点介绍以下几种:

一种观点认为,建筑的起源与人类对火的发现密切相关。从文化的角度来说,火的发现对人类及其文明的出现非常重要,可以说是人类从自然人转变为文化人的关键因素。当人们一旦认识到火的价值和作用的时候,人们便想保存火种。建房子,最初可能是为了让火种永不熄灭。[①] 因此,从开始为火种建造一个"住所",到从中受到启发,人类开始为自己建造住所,火对建筑的出现具有决定性的作用。另外,火的发现使得人们可以围坐在火的周围,火给人们带来温暖、干爽和熟食。火是人类群居的标志,也是促使人们产生建造房子、过定居生活念头的条件。这种说法的缺陷就在于,把建筑的起源贬低为古人的一种被动的行为。如果对栖身之所的需求只是一种被动的要求的话,人们完全可以把山洞、地穴或其他自然屏蔽之处作为保存火种的地方,而不必积极能动地创造出辉煌的建筑文化。

一种较为普遍的说法是人类建造房屋是为了抵御天气和自然环境对人体的侵害。因此,这种观点把人类建筑的起源分为几个不同的发展阶段,如选择天然的蔽身之处,到半人工、半天然的栖身之处,到完全人工的建筑形式。这种说法也有把人类盖房子的行为看成是一种对自然环境的被动反映的倾向。其实,一直到现代,世界上仍有一些民族,如南美洲的印第安人和澳大利亚的一些原始部落的民族,没有固定的居所,甚至连临时性的栖身之处都没有。自然环境并没有迫使这些民族建造自己的住所,可见,环境并不是决定的因素,人类也没有简单到只要求一个能遮风避雨的住处就可以了,这样的话,人类的房屋与动物的巢穴也就没有什么区别了。

一种观点认为,盖房是人类的一种能动性的创造行为,利克沃特认为,在天堂,人的一切肌体需要都已得到满足,在堕落之前,亚当不必犁地,也不必担心下雨或严寒,不必担心会有猛兽或不受欢迎的人。如果建房只是为了藏身的话,那么天堂不需要房子。但所有的这一切并没有使亚当感觉完美和幸福,亚当并不满足于这种生活。后来,上帝又创造出了飞禽走兽,并让亚当给它们命名。这样做的结果是使天堂更像一个家,因为亚当为飞禽走兽命名的行为就像上帝创造世界及其万物一样,也是一种创造性的行

---

① 〔古罗马〕Vitruvius, *The Ten Books of Architecture*, trans. Morris Hicky Morgan, New York: Dover, 1960, book 2.

为。亚当盖房子"不是为了抵御天气,而是他能用自己身体的语言进行表达的一部书,是天堂规划的呈示,而他自己就是其中的核心"[①]。这就是说,亚当的房子充当了他本体和周围环境的媒介。这所房子不仅被看做是亚当本体的象征,而且也是天堂的象征[②]。从这个意义上说,人类建造房子的最初动机不是单纯地为了遮风避雨,而是一种对人的力量的肯定和认识,同时也是人类对自然和宇宙的认识,是一种观念和思想的表达,是人类在强大的自然面前对自身力量和能力的肯定,是人类与大自然的一种抗衡。

黑格尔把建筑的起源归结为人类寻找精神家园的结果,他认为:建筑的任务就是在人和神之间建起一座桥梁,为个人和社会提供一个统一的核心。建筑主要是一种象征,表明它隐约感觉到的掌管自然和人类命运的神的力量。[③]

一种观点认为:建筑起源于模仿。劳吉亚(Mart-Antoine Laugier)认为:自然状态下的人,未受数个世纪文明束缚的人,除了自己的理性和天生兴趣外,得不到任何帮助的人,会造出什么样的东西来呢?他想这个野蛮人需要一个休憩的地方。如果把家建在松软的草地上的话,自然避不开炎热的烈日。如果建在森林里,躲不过瓢泼大雨。如果建在山洞里,黑暗、陈腐和肮脏的空气让人无法忍受,于是,这个野蛮人决定用自己的力量建造一处既能够保护他,又不至于将他埋葬的住处。他有可能想到用四根粗壮的树枝排成一个正方形,[④]然后把这个正方形的顶用树枝连接起来,并覆以数叶和茅草以遮挡日光和雨水。后来,人类又想到把房子的四面都用树枝和茅草封闭起来,这样,一个原始小屋就被创造出来了[⑤]。从人类产生建造栖身之处的愿望出现,到建成这样一个小屋可能需要几十年,甚至几百年的时间,也可能在几天之内就完成了,因为这是一个纯粹自然的过程。

实际上,建筑是文化的产物,完全没有可模仿的对象,是人类不断对自己所创造的物体进行不断改造和重新模仿的产物。

---

① 〔美〕J. Rykert, *On Adam's House in Paradise*: *The Idea of the Primitive Hut in Architectural History*, New York: Museum of Modern Art, 1972, p.190.

② 〔美〕卡斯腾·哈里斯《建筑的伦理功能》,第 137 页。

③ 〔德〕Georg Wilhelm Friedrich Hegel, Vorlesungen uber die Aesthetik, in *Jubilaumsausgabe*, ed. Hermann Glockner, Stuttgart: Fromann, 1937, 13:276. 另参见〔美〕卡斯腾·哈里斯《建筑的伦理功能》,第 138 页。

④ 最早人类可能是把树枝排成一个任意的几何图形,后经过多次的摸索才发现有规则的正方形或其他有规则的几何图形。这需要一个很长的历史过程,是人类逐步摸索的结果。

⑤ 参见〔法〕Marc-Antoine Laugier, *An Essay on Architecture*, trans. Wolfgang and Anni Herrmann, Los Angeles: Hennessey and Ingalls, 1977, pp.11—12.

第四章 物质民俗学

另外一种观点认为建筑起源于人类对自然和宇宙的一种哲学思考。在原始社会每座房子都是一种模仿,是对天体演化的一种再现。每建造一所房子,就开辟了一种"新纪元"。每次修建都是绝对的开始,也就是说人们试图重现宇宙最初的一瞬,无数的这样一瞬,不带历史痕迹的一瞬。当然,今天的建筑仪式大部分是流传下来的,很难判断这些仪式在多大程度上影响了观看这一过程的人们的思想。但这种理性的缺陷几乎可以忽略不计。重要的是人们在建房时,感觉到了重现天体演化规律的必要性,不管其本质是什么——这种再现使他与世界诞生的奇妙瞬间同步了。他感到有必要尽可能地经常重返那一瞬,使自己获得再生……即使这种体验是对神灵的不恭——建筑是对世界和生命的重新组合。这一切所需要的仅仅是一位带着对生命奇迹的敏感的现代人。当他盖好了房子,并第一次踏进屋门时,一种再生的感觉会紧紧抓住他。①

总之,关于建筑的起源,虽然说法众多,但有一些关键性的因素我们必须要考虑。首先,建筑是人类的一种有意识的、主动的创造行为,不是一种被动的行为。其次,人类最早出现的房子与动物的巢穴之间有着本质的差别。房子不只是为身体提供庇护,使其免受风雨的侵害,而且还能满足人类的精神需求。不只是身体,灵魂也需要一个栖息地。② 人类要想实现真正的安居,就必须同时满足这两方面的需求。第三,建筑也是社会的产物。是人类群居生活的一个重要标志。同时又是人类表达思想观念、传递信息的符号系统。因此,建筑有助于解释社会的秩序。

四、中国民居的类型和特点

中国建筑历史悠久,据考古发现,早在公元前五千年左右的新石器时代,中国古代建筑已经进入了比较成熟的阶段,无论是从建筑材料、技术、工艺,还是从建筑类别和功能上,当时的人们已经能够根据需要建造不同形式和功能的建筑了。从距今六千多年的西安半坡遗址中我们看出,当时的建筑已经有了相当复杂的分类,建筑形式包括民居、公共建筑(大房子)、公共墓地、烧制陶器的窑址、牲畜栏、贮藏用的地窖等。属公共建筑的大房子(见下图)南

---

① 〔法〕Mircea Eliade, *Cosmos and History*: *The Myth of the Eternal Return*, trans. Willard R. Trask, New York: Harper Torchbooks, 1959, pp. 76—77.

② 〔美〕Rykert, *On Adam's House in Paradise*: *The Idea of the Primitive Hut in Architectural*, New York: Museum of Modern Art, 1972, pp. 183—192.

北长12.5公尺,东西宽残存10公尺,有矮墙高约0.5公尺,宽约1公尺,墙上有许多柱洞,大房子的中部有四个较大的柱洞,呈四方形排列,估计为支持屋顶的柱子。房子的中心有烧火的灶坑,入口处有门道和用矮墙围起的方形门槛。这些房子均以木骨抹泥为墙,有的还用火烤得极坚实。

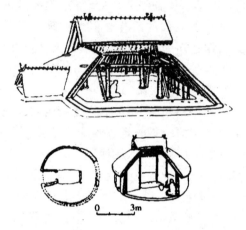

西安半坡"大房子"复原
选自刘致平《中国居住建筑简史》第22页

半坡遗址的晚期住房已发展为长方形,它的木骨泥墙骨架已具备面阔三间、进深两间的木构建筑雏形,室内地面为烧烤过的草筋泥抹面,居住面并铺有木板防潮①。

姜寨遗址②(见上图)分为居住区、陶窑区和墓地区三个部分,居住区有中心广场,广场周围的房屋分为五群,每群的中心有一座大房子,四周有二十多座小房子围绕着,大、小房子的房门均开向广场。

到了公元前三千年左右,中国传统民居的形式基本定型,考古发现,这一时期的建筑多为地上建筑,而且墙体都有被装饰过的痕迹,例如墙面涂上白灰,并画有几何形图案等。

关于中国建筑的形式和特点,中国著名建筑学家梁思成认为:

> 中国的建筑与中国的文明同样古老。所有的资料来源——文字、图像、实例——都有力地证明了中国人一直采用着一种土生土长的构

---

① 《中国美术全集·民居建筑》,北京:中国建筑工业出版社,1988,第2页。
② 姜寨遗址(公元前4600—4000)位于陕西临潼县城北。

第四章 物质民俗学

造体系,从史前时期直到当代,始终保持着自己的特征。在中国文化影响所及的广大地区里,从新疆到日本,从东北三省到印支半岛北方,都流行着这同一构造体系。尽管中国曾不断地遭受外来的军事、文化和精神侵犯,这种体系竟能在如此广袤的地域和长达四五千年的时间中常存不败,且至今还再应用而不易为其基本特征,这一现象,只有中华文明的延续性可以与之相提并论,因为,中国建筑本来就是这一文明的一个不可分离的组成部分[1]。

那么梁思成所谈的中国土生土长的构造体系又是什么呢?

这种结构的基本特征包括:一个高起的台基,作为以木构梁柱为骨架的建筑物的基座,再支撑一个外檐伸出的坡形屋顶。这种骨架式的构造使人们可以完全不受约束地筑墙和开窗。从热带的印支半岛到亚寒带的东北三省,人们只需要简单地调整一下墙壁和门窗间的比例就可以在各种不同的气候下使其房屋都舒适合用。正是由于这种高度的灵活性和适应性,使这种构造方法能够适用于任何华夏文明所及之处,使其居住者能有效地躲避风雨,而不论那里的气候有多少差异。[2]

这就是说,至少从三千年前开始,这种传统的"下为台基、中为柱身、上为屋顶"的建筑形式一直延续到当代。中国传统民居的类型[3]:

1. 宫室式住宅

宫室式住宅,又称庭院式住宅,种类很多,历史悠久。四合院就是典型的宫室式住宅。四合院是中国北方传统的民居形式。早在西周时期,四合院的格局就已经相当完整了。据考古发现,这座西周时期的四合院中轴线上由南到北为门道、前堂和后室组成。两侧各有前后相连的厢房各八间。"是一座相当工整的两进四合院,被誉为迄今为止已发现的中国最早的一座四合院。该建筑的主体殿堂,体量已相当巨大,前堂面阔六间,进深三间。它的地面及残留的墙壁的表面均很坚硬平整,并于建筑的东南隅发现有用陶管或卵石砌成的排水管道,这一排水的方式可能流传后世颇久,直到明清的住宅仍在(住宅)的"巽"位——东南角设排水出口。"[4]

---

① 梁思成《图像中国建筑史》,天津:百花文艺出版社,2000,第77—78页。
② 同上,第82—83页。
③ 关于中国传统民居的类型,请参见刘致平《中国居住建筑简史》,台北:艺术家出版社,2001,第146—170页。
④ 刘致平《中国居住建筑简史》,第30页。

除了四合院以外，广东、福建等地客家人的围龙屋、土楼，云南的"一颗印"式住宅，台湾、四川和长江中下游地区的许多住宅都为宫室式住宅。

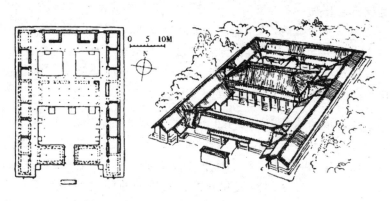

插图选自刘致平《中国居住建筑简史》第 25 页

2. 干栏式住宅

干栏式民居也是中国最早的民居形式之一，殷周时期比较流行，汉代以后，主要流行于中国的南方地区。早在西周时期，干栏式民居就已经很成熟了，考古发现的湖北蕲春毛家嘴的木板楼房就有许多木柱的遗迹。干栏式住宅为高架式住宅，下边空着或豢养家畜，上边住人。

干栏式住宅
选自刘致平《中国居住建筑简史》第 150 页

据刘锡蕃《岭表纪蛮》的记载：

> 楼居屋宇为最普通之住屋，此等屋宇通常为二间、三间。其高度约一丈三尺，全体为木或竹所造，上盖片瓦，然大部皆以树皮茅草覆之，亦或剖竹通节阴阳瓦扣覆以代瓦，雪雨敲击，其声清绝……人皆楼居，其下分为两部，一部为舂碾室，农具杂物亦储其间，一部为牲畜室，一家所饲鸡猪牛羊悉处其内。楼上分三部或两部，左右为卧室，最狭，普通仅可容塌，中间为火堂，封填形如满月之三合土（即黄泥、石灰、沙砾三者羼合之三合土胶住甚固）……全室不留烟囱，窗棂只有前门可通空气。
>
> 富家巨室，欲添建多数房屋，则于原居之左右，横向开展，以骑楼为通道，故屋宇多者或扯为一字形，或绕山如弯弓形，宏壮之住屋，自其对面观，亦殊庄严有势，所阙者雕鏨耳……

中国西南地区的很多少数民族都采用干栏式住宅，如傣族的竹楼、海南黎族的船形屋、云南景颇族的干栏、广西侗族的麻栏等。

3. 穴居

分为竖穴或横穴。竖穴多用来储存食物和物品，横穴是用来做住宅的，又称为窑洞。我国很多地方的人们都采用穴居的形式，如陕西、山西、甘肃、河南等地。窑洞冬暖夏凉，施工简易，经济实用。

4. 碉房

碉房，顾名思义，为碉堡式住房，常见于康、藏、青高原和内蒙古的一些地区。重要建筑材料为乱石或土筑，一般都带有一个小天井。碉房一般高二层，也有少数三层的。底层用来养牲畜，屋顶为平台，可以晾晒谷物或乘凉。

5. 阿以旺

是新疆南部维吾尔族一种常见的住宅形式。多为土木结构，平屋顶，有外廊。房间包括冬室和夏室。夏室带有天窗，为起居和会客的地方，冬室一般为卧室。外廊是生活和工作的地方。阿以旺式住宅一般都有一个庭院，可以种一些花草。

6. 蒙古包

蒙古包是蒙古、新疆等游牧民族使用的不定居式、流动型住房形式。蒙古包的安装和拆卸都很方便，可随着牧民的迁移随时搬迁。蒙古包也可以建成固定住房。

7. 井干壁体

井干壁体式住房的建筑材料为圆木，由圆木搭建而成，常见于林区，如中国的东北和云南等地。

西藏碉房式住宅
选自刘致平《中国居住建筑简史》第 152 页

新疆吐鲁番居民庭院阿以旺
选自刘致平《中国居住建筑简史》第 153 页

云南井干式民居
选自刘致平《中国居住建筑简史》第 156 页

五、中国民居的特点

李乾朗认为,影响中国建筑的因素除了气候,土质材料及构造方法外,人文背景也是非常重要的因素。一个民族有其独自发展的文化特色,尤其是思想行为和价值体系。中国人的社会制度、伦理观念及生活习俗都对建筑产生了莫大的影响。

例如,中国合院式(宫室式)住宅就表达了宗族组织及家族成员之尊卑次序。一般来讲,南为上,北为下,因此,南面的房屋为正房,西面的房屋为下房。东为上,西为下,所以,东厢房的屋脊总是高于西厢房,东厢房的入口也略大于西厢房。左为上,右为下,正院为上,侧院和后院为下。

从泉州一民居院落的房间分配,我们可以看出中国传统社会的伦理秩序。泉州这所房子有中间的主厅堂和两边各两个房间组成。房子的主厅堂为家祠,供奉祖先的牌位。厅堂的东侧是上大房,安排长子居住,厅堂西侧上房住次子。上大房东侧左边房住五儿子,上房西侧右边房住六儿子。天井东侧叫榉头间,住祖父母。天井南面与五间正房相对应有五间下房,门朝北开,东侧下房住三儿子,西侧下房住四儿子,东西下房的两头各有一角房,东角房住七儿子,西角房住八儿子。女儿、佣人分别住后面或两侧的院落。这种现象的渊源为昭穆之制。昭穆是古代宗法制度的一部分。[①]

[①] 居阅时、瞿明安《中国象征文化》,上海:上海人民出版社,2001,第 483—484 页。

中国传统民居的对称布局也是从"天人合一"的宇宙观中衍生出来的。中国传统思想的基本法则之一便是阴阳观念,天为阳、地为阴,日为阳、月为阴,山为阳、水为阴,各有其序。阴阳虽互为消长,但是却是和谐的,和则万物生。天道如此,人道也要如此,因此,人间万物也划分为阴阳两性,大到各种建筑、节日、仪式,小到杯盘碗盏、服装服饰都有阴阳两性,而且重要的是阴阳两种力量要和谐。和谐的表现形式之一就是平衡、对称,表现在民居上就是我们所说的对称的布局。

其次,中国传统民居要某些程度与生物或人类自己有相似性,因而一座中国住宅有头(屋顶)、有身(梁柱),也有脚(台基),而且中国人深深明了人与外在世界之并存关系,有不求事物长存不灭之观念[1]。

再次,中国建筑不欲以人工建物与大自然相抗相争,而能安于新陈代谢的道理,服膺自然生灭之定律,视建筑物如同被服与马,得时而更换之,未尝患万物之久暂,无使之永不残灭之野心。因此,中国建筑能满足于木材之表现力,花费千年工夫钻研于木造结构而砖石构造虽然耐久,但却不是中国建筑构造的主流。[2]

总的说来,李乾朗认为,中国民居有如下特点:

1. 独特完整的木架构系统。
2. 强调轴线对称的布局。
3. 外观形象秀丽玲珑,且有拟人化趣味。屋顶、墙身、台基犹如一个人的意象。
4. 蕴涵丰富象征意义的装饰。大部分的装饰都是从构造的必然性演变或转化而来,而且手法很多,做艺术加工处理,便具有更近人性的象征意义。
5. 便捷的施工技术。[3]

---

[1][2][3] 李乾朗《建筑》,台北:幼狮文化事业公司,1986,第 4 页。

第五章　民俗学研究

第一节　理论发展

一、起源研究

起源研究产生于19世纪初期,代表学派有以麦克斯·缪勒(Max Müller)为代表的太阳神话学派;以爱德华·泰勒(Edward B. Tylor)为代表的人类学派,又称进化论学派;以科隆父子(J. Krohn & K. Krohn)为代表的芬兰学派,又称历史—地理学派或比较研究法和神话—仪式学派等等。

1. 太阳神话学派

太阳神话理论主要是通过同一语系内(主要指印欧语系)语言之间的比较来探讨神话的起源及含义。缪勒在对印度最古老的诗歌总集《吠陀》的研究中发现,欧洲各国神话中神的名字,如古希腊神话中的宙斯(Zeus)、古罗马神话中的朱庇特(Jupiter)、北欧神话中的梯亚(Tyr)等,可以从《吠陀》中出现的神的名字中找到它们的痕迹。这就是说古希腊、罗马神话可能都来源于公元前三千年中叶出现在印度河中上游地区的雅利安文化。从词语的构成来看,宙斯、朱庇特、梯亚,与《吠陀》中的底亚斯(Dyaus)是同根词,而且都是关于太阳和月亮的升起和落下等自然现象的。因此,缪勒提出了一个著名的等式:

$$Dyaus = Zeus = Jupiter = Tyr$$

并由此得出了一个结论:欧洲各国的神话都是从古代的雅利安神话中派生出来的。

另外,通过对《吠陀》中所使用的语言的分析,缪勒认为,古代的雅利安人并没有创造任何的神话,他们只是喜欢用各种各样的形象化词汇来描述诸如太阳的东升西落和星星、月亮、风雨雷电等自然现象。但是,随着时间的推移,一些词汇逐渐被人们忘却。这就是说,后来的人无法理解古代雅利安人记录的都是一些什么事情,因而片面地或者说错误地把这些文字理解为是古代雅利安人的创作。于是,后代人凭借自己丰富的想象力把雅利安人的这些对自然现象的描述进行加工,创造出了许多神话故事。一句话:神话是"语言的疾病"(disease of language),是后代人妄加给古代人的。例如,神话故事中常见的"死而复生"的母题就是对太阳东升西落、循环往复现象的描述。

这种理论曾风靡一时,但随着科学的发展,人们对这种否定古代人的创造能力的说法产生了怀疑。在许多人的心目中,古代人像现代人一样,具有丰富的想象力和创造力。神话是特定时代的特定产物,否定了神话的创造过程,从某种角度来说,也就等于否定了人类的文化历史。因此,人们抛弃了这种说法。但是,缪勒关于语言和神话的关系,以及从语言的角度研究神话,对后来人们提出新的研究理论和方法具有一定的启发性。

2. 进化论学派

达尔文进化论学说的出现,在欧洲乃至世界各界引起了轰动。受其影响,人类学作为一个学科出现了,并形成了影响很大的人类学派,又称进化论学派。1871年,英国人类学家,人类学派的代表人物,爱德华·泰勒的《原始文化》(*Primitive Culture*)一书的出版,可以说是人类学派的代表性著作。在这部著作里,人们开始把文化作为一种科学来进行研究。

人类学派认为人类文化的发展就像人类的自然进化过程一样,是按照从野蛮时期、半开化时期、再到文明时期的过程进化的。根据这一观点,泰勒提出了"残余论"的观点,这就是说,人类社会的很多文化现象都是古代社会的遗留物。对于民俗学来说,即诸多的民俗事项都是从远古时代遗留下来的。要想了解我们人类的过去,必须通过对这些遗留物的研究来重构我们人类文化的历史。在泰勒看来,欧洲人已经进入了文明时代,因而也就没有多少残余物了,因此,人们必须从至今还处于野蛮时期和半开化时期的人群当中去寻找我们人类文化历史的残片。

据此,进化论学派提出了两种原则:心理一致说(theory of psychic unity),即人类在心智结构方面都是一致的。人类生存的物质环境也基本相同。因此,不同地区的人都会产生相同的文化现象,即"多源论"(polygenesis)的观点。而且,文化的发展都会按照同一条直线进化,虽然进化的程度不同,有先进与落后之分,但它们最终都会一步步进化到下一个

第五章 民俗学研究

阶段。因此,可以说那些落后民族和文化,就代表着我们文明社会的过去。

例如,按照人类学派的观点,随着文化的发展进化,产生于人类野蛮时期的神话逐步退化为半开化时期的民间故事和传说。而一旦进入文明时代,作为神话残余物的民间故事和传说将不复存在。

> 这样的一种看法现在已被普遍承认,那就是认为神话起源于最古时代人类的野蛮状态中。而现代的野蛮部族因他们的生活与思想离原始状态不远,因此他们的神话较少变化,尚能保留其原来的面貌;至于在半开化或文明化了的民族那里,或因为神话中已含有真实的因素,或是因为遗传的恋古之情,都是出于人为的原因而保留了他们的神话。①

通过古代神话作者留下的熟练和有力的思想所构想出来的神话遗存,我们就有可能获得对过去时代人类智力发展历史的继承性。

19世纪末20世纪初,人类学派的理论和方法遭到了抨击。因为心理结构和物质环境不是文化产生和发展的唯一决定因素。一个民族的文化是历史发展的产物,除了上述两种因素之外,宗教、哲学、道德、伦理、价值观念等因素也有着重要的意义。除此之外,还取决于这个民族对文化材料的取舍,无论是对外来文化,还是对本民族的文化。

另外,各民族文化发展的状况并非都处在同一发展过程的某一个阶段。欧洲人的过去不一定都像现在的非洲和澳洲土著人一样。因此,对不同的文化现象不能做统一的阶段性的划分。文化的发展也不是按一定顺序进行的。母系氏族未必先于父系氏族,乱婚也不是最初的社会现象,群婚也不是普遍的制度,家族也不是氏族以后的产物②。

在这里,我们需要强调的是文化没有先进与落后之分,只有不同。世界各地由于地区、种族、群体等因素的差异,形成了复杂多变的文化区域。有些民族历史悠久,地域广阔,人数众多,或者科学技术进步发达;而有些民族则地处偏僻,人数较少,科学技术落后,许多风俗习惯与我们相去甚远,对我们来说难以接受,但我们不能因此就断定这种文化属于一种落后的文化,期望帮助他们改变自己的风俗习惯,接受所谓先进的文化传统。这实际上是"文化沙文主义"思想的反映。文化的变迁不一定是由低级向

---

① 〔英〕爱德华·泰勒《原始文化》,第275页。
② 林惠祥《文化人类学》,第33—35页。

293

高级发展,现代的文化也不一定都优于以前的文化。其实,世界上每一种文化都有其自己的发展历史,都有其存在的价值和必要性。在漫长的历史发展过程中,他们选择了这种文化,就一定有他们的道理。

3. 比较研究法

在前文我们曾讲到,民间故事以口头形式流传的特点决定了民间故事,更确切地说,是同一类型的故事往往会有几十种、几百种甚至上千种不同的异文。例如:在世界上,几乎每一个国家都流传着《灰姑娘》的故事,尽管在细节上不同的国家、民族和地区都具有自己的特点,但从整个情节发展上,它们很明显是属于同一种类型的。实际上,不仅仅是民间故事具有这种特征,许多其他的民俗事项如:神话、传说、谚语、仪式、游戏、迷信等也都具有这种特征。这也正是民俗学最引人入胜的地方之一。

针对这一现象,芬兰学派提出了"一源论"(monogenesis)的观点,即世界各地属同一类型的民间故事都来源于同一地区,然后呈波浪式向各地传播。这就是说,任何一种故事类型,尽管它在不同的国家和地区有几百种口头异文,但是它们一定是在某个时代,起源于世界上的某一个地方,是某个(些)人有意识的创造。然后,故事传播到世界各地,并演化出众多的异文。故事的传播途径主要与商贸和旅游路线相一致。

芬兰学派倡导通过对一个故事类型的所有异义进行比较,找出故事的原型(archetype)、发源地、流传路线极其范围。比较研究法的主张:

首先选定所要研究的故事类型,然后开始进行异文的搜集和整理工作。尽可能地收集到所有的异文,包括不同国家和地区的口头异文和书面异文(利用索引、档案、故事集和其他途径)。但是,随着这种比较研究法的被应用,人们越来越发现,这实际上只是一种理论上可行,而现实中根本行不通的设想。因为,人的能力毕竟是有限的,而且故事以口头流传的特点决定了故事永远都处于一种被创造的状态,因为每一个人的重述,都可能会创造出一篇新的异文。世界上不同国家、地区、民族,甚至同一民族内部语言之间的差异也证明这种理论的不可行性。

在搜集到一定数量的异文之后,有的时候可能还要对一些异文的真伪进行鉴别;然后我们必须对所有异文进行分类,并按照一定的次序把异文排列起来,例如可以按照异文出现的地理位置,如由南向北,或由东向西把异文排列起来。书面异文,可以结合收集的历史年代、出版的先后以及异文出现的地理方位进行排列。

在以上收集整理过程结束以后,我们就要开始对故事进行解剖了。这就是说,我们必须选择出对我们的研究有意义的、又具有普遍意义和代表性的故事细节因素。所谓的细节因素,可以是人名、地名、物名或其他有可能造成故事变异的最小情节单位。然后,对所有异文中相对应的细节因素进行比较研究,有必要的话,可以采用列表、画图的方式来计算某些细节因素出现的频率,以此来确定故事的原型,或称"源故事"。然后找出最接近故事原型的异文,这些异文出现的地方就有可能是故事的发源地。依此类推,再通过异文之间的比较,我们就可以大致地勾勒出故事的流传途径和路线。通过以上的研究,我们可以重塑故事的原型以及传播的轨迹。

后来学者们发现芬兰学派与其说是一种理论,倒不如说是一种方法,而且是一种存在着很多弊病的方法。首先,收集某一故事类型的所有异文只是理论上可行,而实际上却无法达到的。例如,罗伯森曾收集了900篇《善良的和不善良的女孩》(AT 480)的异文,然后采用比较研究法对其进行了研究。后来,人们发现仅在拉脱维亚,罗伯森就漏掉了109篇异文。其次,这种方法过于机械,它只把重点放在分析细节、符号、情节特征、图表、图画之上,从而把故事从其文化背景、讲述者的个人情况、环境等因素中分离出来。忽视了故事流传过程中人的因素。

瑞典民俗学家凡·西多(von Sydow)认为:由于受地方历史和文化等因素的影响,一个国际型的故事类型可能很快就被地方化了,演变成这种故事类型的子类型(subtype)又称"地方型"(oikotype,具有地方色彩和风格的某一故事类型的子类型)。每一种地方子类型都有它们自己的发展历史,很难从中找出故事的原型。另外,从一些采用这种方法进行的研究来看,结果很不确定,只能勾勒出一个可能的传播途径,因此也就失去了科学性。

以上各派对民俗学的研究虽然方法不一,但都有一个共同的目的,那就是研究民俗学各事项的起源、传播、发展及变异过程。

二、功能学派

到了19世纪末,起源研究出现了危机。以马林诺夫斯基(B. K. Malinowski)为代表的功能学派摒弃了人类学在图书馆安乐椅上的研究方法,他们开始走向社会,通过田野调查来获得第一手资料。人们已经不满足于人类学派在非常有限的材料的基础之上去对文化发展变化的规律进行推测和臆想,从而忽视了文化的特殊性,也不想重建人类文化的历史。

除非在我们对于各种文化现象的性质充分了解,及我们能一一规定它们的功能及描写它们的方式之后,猜度它们的起源及发展阶段是没有意思的。"起源"、"阶段"、"发展法则"、"文化生长"等概念,一直到如今,仍是模糊不明,而且是不能用经验来了解的。进化学派的方法最重要的是出于"遗俗"的概念,靠了这概念他们可以从现有的情状中去重构过去的"阶段"。但是,遗俗的概念是包含有"文化的安排可以在失去了功能之后继续生存"的意义。①

功能学派在民俗学领域掀起了一场革命。他们通过长时间的田野调查,收集活着的民俗材料,把研究的重点放在各种民俗事项为什么能在民间得以保存和广泛流传上。在功能主义者看来:

任何一种文化现象,不论是抽象的社会现象(如社会制度、思想意识、风俗习惯等),还是具体的物质现象(如手杖、工具、器皿等)都有满足人类实际生活需要的作用,即都有一定的功能。它们中的每一个与其他现象都互相关联、互相作用,都是整体中不可分割的一部分。功能学派理论还认为,文化是建筑在生物基础之上的:人是动物,因而他要解决的第一个任务是满足普通的生物上的需要。满足这些需要,即人要谋取食物、燃料、住房、衣物等。这样,人为了自己的生存必须创造一个新的、第二性的、派生的环境,这个环境就是文化。因而,人需要文化,人是文化的动物,从人类的产生到人类的发展,人类社会的形成到现代文明的各个方面都是文化执行的结果。②

既然人类需要文化,因此,每一个文化现象必须要满足人类的某种需求,否则这种文化现象就会被淘汰。有人把功能学派总结为"好吃和能吃"的理论,这就是说,人类社会比较偏重于对物质和文化生活的需求。

例如,关于神话,马林诺夫斯基认为,神话有一定的社会作用,是可以被明确地加以规定的。他说:"神话的作用是去强化传统并赋予它自身以巨大的价值和权威,追踪神话能使人们返回到较高、较好最初事件的超自然的现实。"神话能"表现、提高和整理信仰,它保卫并强化道义力量,确保

---

① 马林诺夫斯基《文化论》。
② 王海龙、何勇《文化人类学历史导引》,第134页。

祭礼的有效性,并包含着指导人的行为的实践尺度"①。因此,神话的内容是非常重要的,但是如果没有关于神话的任何社会背景,神话的内容将毫无用途。在过去,人们研究神话时,总是把神话的内容看成是理解神话的关键。其实,从古代典籍当中寻找出的神话片断没有任何信仰背景材料,也没有当时那些信奉者的任何材料,更没有当时的社会组织情况和人们的行为模式及风俗信仰的资料。因此也就没有多少利用价值。

除了神话之外,其他文化现象,其中包括各种民俗事项,都具有一定的功能。例如,"产翁制"的习俗不一定像有些人所研究的那样是对妇女歧视和压迫,而是对父亲形象的确立和被社会的承认而采取的一种手段。母亲与孩子的关系不需要任何证明就可以得到社会的承认,因为母亲从怀孕到生产的过程是显而易见的。但谁是孩子的父亲,却需要一个仪式来确定。在一些社会,结婚仪式首先限定了有资格做孩子父亲的人的人选;但在另一些社会,父亲通过某种仪式,如代替母亲坐月子,向世人展示他对孩子的出生和抚养负有一定责任和义务,从而在社会中确立自己父亲的地位。

三、心理分析学派

弗洛伊德是世界现代史上的一位巨人。他的发现与理论在世界许多学科上都产生了震撼性的影响。他曾经这样说过,科学对妄自尊大的人类有过三次沉重的打击:第一次是哥白尼的"太阳中心说",它粉碎了地球中心说的古老幻想。第二次是达尔文的"进化论的观点",这一学说推翻了将人类与动物隔离开来的高墙,这时人类已经感到自己不再是世界的中心和万物的主宰。第三次便是"心理分析学说"的出现,这一学说可以说是"狂妄的人类"遭受的最沉重的一次打击。因为人们发现他们个人并不能主宰他们个人的心灵,而且实际上"自我"并不是自己的主人②。由此可见,心理分析学说的出现对人们的意识观念产生重大影响。

弗洛伊德最早是一位精神病医生。早年,由于他不满足于当时医学界对精神病人普遍使用的"催眠疗法"的疗效,便努力寻找一种新的治疗方法。后来,他发现了一种颇为有效的"谈话疗法",即通过与病人漫无边际

---

① 〔英〕Malinowski, Myth in primitive psychology, 载于 *Magic, science and religion and other essays*,纽约,1960,第 39 和 83 页,转引自朱狄《原始文化研究》,第 680 页。

② 参见〔奥〕弗洛伊德的《精神分析学中心理学的若干基本理论》,莫斯科—彼得格勒,1923,第 195—198 页。转引自〔苏〕波波娃《精神分析学派的宗教观》,第 12 页。

的谈话,让病人随便说出他们所想到的一切,无论他们所想到的是多么荒唐无稽的事情。后来,他把这种谈话疗法发展成为"自由联想"法。通过这种方法,往往能让病人忠实地说出他们自己也从未想到的可能是引起他们病因的症结,并积极地引导他们排除自己的各种心理障碍。在无数次的实践当中,他发现这是一种非常有效的治疗方法,便把这种疗法命名为"心理分析"(psychoanalysis)疗法。

　　心理疗法中最重要的是基于以下两点:一是自由联想。在与病人的谈话中,他发现如果让病人不受任何约束地随意漫谈,即让病人自由联想,病人往往会想起许多儿童时代的事情,尽管这些事情在他的意识活动中早已不存在了。他们想起的事情往往都是一些痛苦的、令人厌恶和恐惧的,一般在人们的意识中是不愿意想起的。但往往正是这种幼年或童年时代痛苦的经历或幻想,构成了病人的心理障碍,引发了各种心理疾病。如果让病人正视自己的心理恐惧感,自觉消除这些心理障碍,他们的病也就痊愈了。

　　弗洛伊德同时还发现,儿童时代的许多心理障碍都来源于婴儿的幻想,即婴儿幻想自己在某种程度上受到了伤害,而这种伤害往往是都属于性伤害。在此基础上,弗洛伊德又进一步发现,在人的意识之外,还存在着庞大的无意识体系。这就是说,在人们的生活中,人的意识活动的力量是非常有限的,人类行为的内驱力主要来源于深藏在人类意识背后的无意识。换句话说,人的行为的决定因素,归根到底不是意识,而是人类意识之外的无意识。在弗洛伊德看来,只有承认无意识领域的存在,才能够合理解释人们的精神生活。因为,只用意识来解释人类的精神活动是不完整的。无意识领域的发现,是弗洛伊德对人类社会的最大贡献之一。

　　弗洛伊德认为,人类所有的精神过程都由意识、潜意识和无意识构成的。它们的关系就像是一座漂浮在海上的冰山。意识是显露在水面上的那一部分,潜意识是介于水面的那一部分,有时会沉入水中,有时又会浮出水面。而无意识才是冰山的主体,它深藏在海水的下面,表面上是看不到的,实际上却是冰山的主宰。无意识是不能进入意识中的,除非通过了人们的检查机制。

　　由于无意识是人们意识之外的东西,也就是说,我们根本意识不到无意识的存在,那么,怎样才能发现无意识的内容呢?弗洛伊德认为,只能通过梦和精神病人的各种症状来探寻人类的无意识领域。梦是一种心理现象,是一种无意识愿望的达成和满足。因为睡梦中的人,检查机制处于放松状态，无意识常常可以以伪装的形式进入人们的意识当中，于是人们就会做一些离奇古怪的梦。至于精神病人，那是因为某些人的意识无法抑制他们的无意识，才出现精神崩溃，由此导致各种精神疾病的产生。所以，梦和精神病人是我们探寻人类无意识领域的主要媒介物。

随着研究的进一步深入，弗洛伊德又发现许多民俗事项，如神话、笑话等也是人类无意识活动的载体。神话中离奇古怪的情节发展、让人费解的动植物及人类形象和行为，在某种程度上都可以说是人类无意识愿望以某种伪装的形式的达成。精神分析理论的目的就在于把无意识转移到意识中来。我们因此才可能充分了解我们自己。

目前，一些学者尝试用弗洛伊德的无意识理论来阐释各种民俗事项，包括神话、故事、传说、游戏、仪式等。基本思路是希望发现这些民俗事项中都隐藏着哪些人类的无意识的欲望，人类又是怎样通过自己创造的文化现象来满足自己的无意识的欲望的。例如，在世界各地普遍流传的《俄狄浦斯》故事类型就被认为是人类"俄狄浦斯"情结的产物。俄狄浦斯情结又被称为"恋母情结"，是人类的一种带有普遍意义的精神活动。在人类的成长过程中，人格发展都要经历一个很重要的阶段，即"俄狄浦斯"情结阶段。其特点是，儿童开始从外界寻找自己的爱恋对象。在此之前，他们一直是通过吃和排泄来获得快感的。儿童选择的第一个爱恋对象就是自己的母亲。同时，他们的视线中也就出现了第一个假想的"敌人"——父亲。所以，儿童心中就产生了一种"杀死父亲，独占母亲"的念头。这就是人们常说的"俄狄浦斯"情结。俄狄浦斯情结只是一种幻觉，因为是产生于幼儿时期，而且随着年龄的增长，绝大多数人都能成功地度过俄狄浦斯时期，并把这种情绪压抑进无意识当中，所以，我们基本上是想不到的。但这并不等于我们精神中的俄狄浦斯情结就消失了。实际上，俄狄浦斯情结会时刻寻找进入人们意识的途径。因此，我们才能够看到遍及世界各地的俄狄浦斯故事类型的很多异文、俄狄浦斯类型的神话及一些文学作品等。

通过对很多类型的民俗事项的研究，学者们还发现，除了俄狄浦斯情结外，人类精神中的很多无意识内容，包括男性对女性生育能力的嫉妒、同性恋倾向、对生育的幻想、对阉割的恐惧等都在神话、故事、传说等民俗事项中留下了痕迹①。

弗洛伊德精神分析理论的其他部分,如性理论、文明观、图腾说和梦的理论也经常被作为解读民俗事项的理论依据。

四、结构主义

列维-施特劳斯(Claude Levi-Strauss,1908—2009),曾就读于巴黎大学,攻读哲学。1932年获法学硕士学位。毕业后曾担任中学教师。1934年到巴西的圣保罗大学社会学系任教授。在此期间,他有机会到巴西的一些地区进行田野调查。1938—1939年期间的调查是有法国政府资助的,主要调查对象是印第安人的部落。1941年,他到美国纽约的社会研究院工作。结识了著名的结构主义语言学家——美籍捷克人雅各布逊。他们在雅各布逊的影响下,列维-施特劳斯接受了结构主义思维方式,并形成了影响巨大的结构主义人类学理论体系。1946年到1947年任法国驻美国大使馆文化参赞。后回到法国,完成了文学博士学位。1959年任法兰西学院社会人类学系主任。他的主要著作有《结构人类学》、《图腾主义》、《野性的思维》、《生与熟》、《从蜂蜜到灰烬》、《餐桌礼仪的起源》、《山猫》、《面具》等。

结构主义的创始人和主要代表人物是法国人类学家列维-施特劳斯。早年,由于受到了索绪尔的结构主义语言学理论的启发和影响,他开始把这种语言学理论应用到社会与文化的研究上。结构主义语言学认为,任何一种语言,其表现符号(文字)本身并没有意义,而是由语音和意义之间的关系构成的。这种语音和语义之间的关系我们称之为语言的结构。

1941年,雅各布逊结识了人类学家列维-施特劳斯,他们一起在纽约新社会研究院执教。雅各布逊的音位学分析方法以及区别性特征的二元分析形式对列维-施特劳斯产生了极大的影响。雅各布逊对隐喻与转喻的区分,也被列维-施特劳斯运用于神话和原始思维的分析:

> 当物种(人和动物)之间的关系被社会想象为隐喻性的关系时,它们的命名制度之间的关系则是转喻性的;而当物种之间的关系被社会想象为转喻性关系时,命名制度之间的关系则又是隐喻性的了。

---

① 关于精神分析理论的应用研究,可参考〔美〕邓迪斯的许多著作和论文,如 *Interpreting Folklore*, Bloomington, Indiana University Press, 1980, Life is Like a Chicken Coop Ladder: A Study of German National Character Through Folklore, *Journal of Psychoanalytic Anthropology*, 4:265—364,1981。

于是普通语言学和文化人类学的开始结合,其目的在于建立一个普遍理论和普遍的解释原则,结构语言学能够提供一种普遍的原理,而文化人类学则为这一原理提供了论据①。

列维-施特劳斯把结构的概念引进了对文化的研究,在他看来,许多文化现象,如神话是由许许多多的母题组成的(就像语言中的语言符号),这些母题本身并没有什么意义,只有在对它们的结构方式进行研究和重新排列以后,我们才可以理解神话的意义。这种理论的一个前提条件是,我们必须把神话看做是一种没有任何意义和功能的存在体,尽管神话从字面上看,也许表现了某些内容,但我们不能因此认为这些就是神话的真正内涵。这就与功能主义理论形成了对立。在功能主义理论看来,神话是人们有意识创造出来的,因为神话无论是在对文化传统的延续,还是在对信仰的印证和伦理道德的强化功能上,都具有非常重要的意义。但是,结构主义理论否定神话具有任何形式的功能,因此,我们才可以把神话切割成碎片,然后重新排列其结构。

例如,在对《俄狄浦斯》神话进行研究时,列维-施特劳斯首先认为神话本身不说明任何问题,也没有任何意义。然后再找出这则神话的基本要素。这里所谓的"基本要素"指的是神话故事中那种可以被分割成碎块的最短语句,如:"俄狄浦斯杀死了父亲","俄狄浦斯娶了母亲","卡德摩斯杀死了毒龙"等等。在把神话分割成这些碎块以后,我们会发现这些要素之间有一些是相似的,如"俄狄浦斯杀死斯芬克斯"、"卡德摩斯杀死毒龙",这两种要素都是关于杀死怪兽的。然后,我们需要把这些具有相似性的神话要素列为一束。只有把神话重新做出这种排列以后,我们才有可能对神话的意义进行探讨。

---

① 胡经之《西方文艺理论名著教程》,北京:北京大学出版社,1989,第 243—244 页。

卡德摩斯寻找其姐妹,被宙斯抢走的欧罗巴		卡德摩斯杀死了毒龙	
	斯巴达人自相残杀		拉布达克斯(俄狄浦斯祖父)的名字=跛子?
	俄狄浦斯杀死父亲拉伊奥斯		
俄狄浦斯娶母		俄狄浦斯杀死斯芬克斯	拉伊奥斯(名字)(俄狄浦斯之父)=左撇子?
安提贡涅不顾禁令埋葬其兄波利尼塞斯	埃特欧克勒斯杀死其兄波利尼塞斯		俄狄浦斯=肿脚

通过对俄狄浦斯神话的重新解构,列维-施特劳斯总结出四束两两相对的结构形式。例如:神话中"俄狄浦斯杀死父亲"和"埃提欧里斯杀死帕里尼西斯"的"束"可以定义为"过分轻视血缘关系";"俄狄浦斯娶了母亲"和"坎特摩斯追寻失去的姐姐尤里帕"可以定义为"过分重视血缘关系";"卡德摩斯杀死毒龙"和"俄狄浦斯杀死斯芬克斯"可以定义为"对土生土长起源的否定";俄狄浦斯的名字和其父亲的名字劳瑞斯都是脚有残疾的意思,这可以定义为"对土生土长起源的肯定"。

通过分析我们可以看出,束与束之间往往是成双成对地出现的,而且每两束之间往往是互相对立的。如对土生土长起源的肯定/对土生土长起源的否定;过分轻视血缘关系/过分重视血缘关系。实际上,这些对立才是神话的真正内涵,即人类试图通过这一神话去调和这样一种矛盾:人最初是从地上生长出来的呢,还是由父母生育出来的;过分轻视血缘关系和过分重视血缘关系会造成什么样的后果。尽管这两种信仰之间存在着尖锐的矛盾,但通过神话,这些矛盾或者被缓解了,或者可以在某种情况下共存,因此,神话的真正意义就在于"为克服矛盾而提供一种逻辑的模式,换言之,神话也就是人类用来(创造)克服矛盾,从而达到前后一贯的一种方式。因为,无论是哪一种基本上是自相矛盾的信仰或实践生活中的矛盾现象,神话都可以加以接受。"①

在结构主义看来,神话思想的结构模式通常是先引出一对对立因素,然后提出一个中介物来消除或缓和这种对立。神话可以克服文化现象中集体性质与个体表现之间的对立,对个体来说,神话能减轻一个人在冲突或矛盾的生活经历中的忧虑。借助于神话,人们可以实现一些现实生活中不可能实现的转换。

列维-施特劳斯认为,人类思维的这种结构模式是先天的,并不是一种经验所得。实际上,不是人类创造了神话,"而是神话在人类毫无察觉的情况下怎样借助于人进行思维。"

第二节 民俗调查

民俗学研究的对象是以口头、风俗、物质等非官方的形式流传的文化传统,不是书面记录下来的传统,因此,我们不能只从各种书面记录和典籍中去寻找材料。因为任何记录下来的东西就已经不再是第一手资料了,而是已经经过了记录者自己的修饰、整理和加工,有些还加进了记录者自己的感觉、印象和理解。在古代,许多人记录下来的民俗事项往往是出于猎奇、了解或其他非研究性质的目的,而不是出于有意识的科学研究的目的,因此,在使用这些资料时,我们必须小心谨慎。

进行民俗学研究,我们提倡采用田野调查的方法。田野调查是民俗学非常重要的一种方法,任何研究都离不开它。只有通过田野调查,才能够获取第一手资料,并通过实地生活经历,掌握各种民俗事项的背景、存在和使用的场合、环境、态度等。就像鱼儿离不开水一样,民俗资料只有放在活生生的生活环境中,才能体现出其真正意义,也就才具有真正的研究价值。

一、田野调查的目的和意义

民俗学产生于19世纪初期的欧洲。从它产生的那时起一直到20世纪初,民俗学的研究方法一直是采用图书馆安乐椅式的研究方法。研究资料大都来源于图书馆和资料室。这些资料都是根据古代典籍、杂记的一些琐碎记载或根据传教士、殖民者、旅行家、探险家在对其他文化传统接触的过程中记录下的一些文化碎片,其真实性和准确性都值得商榷,更不用说作

---

① 朱狄《原始文化研究》,第709页。

为唯一的资料来研究和证明某种文化传统了。而且这些书面记载本身已经脱离了其使用环境和场合，属于一种"死"的材料，其意义和价值都应该大打折扣。因此，早期民俗学研究的方法具有很大的缺陷。

20世纪初期，马林诺夫斯基开创了民俗学研究的新方法——田野调查的方法。这使得民俗学研究进入一个崭新天地，也使得民俗学研究具有活力。

马林诺夫斯基在他的《巫术科学宗教与神话》中就指出：

> 我们的结论已含有以新方法来研究民俗故事的意义，因为我们已经指明，民俗故事是不能脱离仪式、社会学，甚或物质文化而独立的。
>
> 民间故事、传说、与神话必要抬到平面的纸面生活以上，而放到立体的实地丰富的生活以内。至于人类学的实地工作，我们显然是在要求一个新的方法来搜集事实。人类学家不要在传教士的庭院，政府的机关，或者开垦的家园等享福的地方，配带了铅笔与记事簿或者有时更来一点威士忌酒与汽水而听报告人的口述而记故事，而使一张一张的纸充满了野蛮人的字句。他应该走到村了里去，应该看土人在园子、海滨、丛林等处做工；应该跟他们一起去航海，到远的沙州，到生的部落而且观察他们在打鱼，在交易，进行海外贸易。一切的知识都是要因亲眼观察土人生活而得来丰满，不要由着不甚情愿的报告人而挤一滴一点的谈话……露天的人类学与传闻的笔记相反，难是难，但也极有趣。只有露天的人类学才会给我们原始人与原始文化的八面玲珑的景色。

马林诺夫斯基还认为：

> 神话的研究只限在章句上面是很不利于神话的了解的。我们在西方的古籍、东方的经典以及旁的类似去处得到的神话已经脱离了生活信仰的连带关系，无法再听到信徒们的意见，无法认识与它们同时的社会组织、道德行为、一般风俗——最少也无法得到近代实地工作者容易得到的丰富材料。况且说，传到现在的文字记载，无疑地已经大与原样的故事不同。因为经过传抄、疏证以及博学的祭司与神学家等等之手而不同了。打算要在神话的研究中知道原始生活的奥秘，必得转到原始的神话，尚在活着的神话。

人们虽然开始进行田野调查，但是如何进行田野调查，调查的内容又是什么等一系列新的问题又出现了。因此,在20世纪的60年代,美国的一些民俗学者诸如亚伯拉汗(R. Abrahams)、本纳莫斯(D. Ben-Amos)、邓迪斯(A. Dundes)等进一步完善了田野调查方法论。他们提出了"语境"(contextual theory)理论,强调民俗事项必须放置在它们的背景,或者说是"三维空间",其中包括语言(language)、行为(behavior)、交流(communication)、表达(expression)、表演(performance)等等因素之中。他们认为,在田野调查过程中,我们不仅要记录每一个民俗事项的内容,还要记录这些民俗事项是在什么事件、哪一种文化传统中被讲述、表演或进行交流的。这就是说,民俗事项的整个讲述、交流、进行或表演过程都要一起被记录下来。因为他们构成了民俗事项内容的背景,对民俗事项内容的形态、结构、发展和变异都起着决定性的作用。例如,一个民间故事家在为人们讲故事时,不同的观众包括观众的性别、年龄、职业、文化层次、身份、地位、宗教信仰的不同,对故事家对所讲故事的选择、情节和细节的处理上都有着重要的作用。观众对故事情节发展的反映,包括观众的表情、情绪、态度等也对故事家具有一定的制约作用。故事的讲述过程同时又是一种个体与群体交流的过程。如果我们只记录下民俗事项的内容而忽略了它的背景,这对我们的分析和研究将会是一个重大的缺陷。

在语境理论的基础上,到了八九十年代,美国民俗学界产生了一种新的理论,即"表演"(performance)理论,并很快占据了民俗学研究的主导地位。人们强调对民俗事项流传和表现的具体场景进行准确而又细致的描述,无论是民俗事项的文化大环境、小环境,还是民俗事项传承人的个人背景,包括教育程度、年龄、职业、性格、地位、身份等,一直到观众的情况,都要进行详细的记录。然而,对场景描述的过分具体又导致了民俗调查变成了为调查而调查,因而冲淡了分析和研究意义。民俗学者们似乎也意识到了这一点,所以学者们又提出了场景化(contextualize and contextualization)的概念,进一步整理已渐渐走向极端的场景理论。无论怎样,民俗学者们越来越离不开田野调查,而且正在逐步完善田野调查方法论。

早在二三十年代,中国的一些民俗学者们也开始进行田野调查的实践活动。顾颉刚等民俗学先驱主持进行的妙峰山进香活动在中国民俗学史上具有重要的意义。70年代前后,段宝林先生也提出了"民间文学的立体性的特点",即民间文学的口头性、变异性、表演性、多功能性和多学科性,决定了民间文学是立体的,是不断变化的活的文学,就像鱼儿离不开水一样,民间文学也离不开时代与社会。

二、田野调查的内容

收集民俗事项需注意以下几个方面:即民俗事项的文本(text)、本文(texture)和语境(context)。邓迪斯首先提出了这一观点并进行了详细的论述[①]。

1. 文本

文本的定义比较简单,它实际上就是我们收集和记录下的某一具体的民俗事项。如一个故事、一条谚语、一种风俗、一座民居、一幅剪纸等。

2. 本文

本文即民俗事项是通过什么样的形式,怎样被表现出来的。如果是以语言(如叙述、音乐、俗语词等)的形式被表现出来的,我们除了注重民俗事项的内容以外,还要关注很多有助于理解民俗事项内容的外在的因素。包括:

(1) 讲述者语言的节奏(快或慢)。
(2) 声音的强弱(高或低)。
(3) 是否具有感情色彩。
(4) 声音的重复(包括停顿、韵律、词或句子的重复等)。
(5) 修辞和语言技巧。

如果民俗事项是以视觉、表演或其他表现方式(包括舞蹈、节日、物质民俗等)被表现出来的,我们还要尤其关注以下几个方面的因素。

(1) 节奏。
(2) 色彩(明暗程度)。
(3) 母题或模式的重复。
(4) 材料的选择。
(5) 空间的使用和线条的结构。
(6) 动作和表情。

总之,本文的部分看起来似乎非常繁琐,很难做到。但一旦深入到调查活动中去,这些似乎又都是非常自然,而且又容易获得的信息。只要我们记住这些信息对我们的研究至关重要,不可或缺,在调查过程中,需要格

---

① 〔美〕邓迪斯的文章 Texture, Text, and Context 最初发表于 1964 年,后收入他的 Interpreting Folklore, pp. 20—32. Bloomington, IN: Indiana University Press.

外注意就可以了。实际上,我们的调查活动也是一种交流,我们对调查对象的理解,除了其语言外,还会看到或感觉到调查对象的动作、情绪、表情以及环境和场合对他们的影响等诸多方面,只要我们在记录下内容的同时,多看、多问、多记,进行完整和全面的记录就不是高不可攀。

3. 语境

语境包含有很多层面。总的说来,语境指的是在人与人交流过程中,民俗事项被使用、表演或被展现的活的、真实的场景。人们使用"表演"这个词汇是因为从某种角度来看,人与人之间的任何交流活动都像是在表演,以达到使他人了解自己、认识自己的目的。民俗事项被使用或被表演的背景是一个复杂的多面体。从表演现场的一些具体情况,如人们的身份、地位、关系、场合等一直到整体的文化背景。鲍曼①认为,背景可以分为两个部分:一个是文化语境(cultural context),一个是社会语境(social context)。

(1) 文化语境

文化语境指的是某种文化环境中的意义系统——分为三个层次:意义系统(context of meaning)、价值系统(institutional context)和交流系统(context of communicative system)。

① 意义系统:指的是理解某一民俗事项(其中包括这一民俗事项的内容、意义和要点)的必要的知识和信息。这里所谓的知识和信息必须是与表演者掌握和理解的相一致。例如,不同文化环境中的人对红色都有自己的认识和理解。但要想理解中国人是怎样定义红色的,就必须掌握和中国人关于红色的知识和信息。人们所具有的基本知识和理解力使人们能够听得懂和明白一条民俗事项的内容及其含义。例如我们常说:"一口吃不成胖子。"其意思差不多我们每一个人都能听得懂,那就是做事不能急于求成。但对于外国人就很难理解。因为不同文化背景使得我们对彼此的符号和意义系统感到陌生。

② 价值系统:指的是某种文化的价值系统,包括家庭、经济、宗教、教育和政治是怎样影响和规范人们的行为、观念、世界观、信仰和表达方式的。指是一种文化传统的体制,包括家庭、经济、宗教、教育和政治对民俗事项传承人的行为、意识形态、世界观、信仰系统和表现方式的影响。

---

① 〔美〕R. Bauman, The field study of folklore in context. In *The Handbook of American Folklore*, ed. Richard M. Dorson, pp. 362—368. Bloomington, IN: Indiana University Press.

③ 交流系统:指的是民俗事项的自然分类以及人们对此的掌握和使用情况。这里所谓的"自然分类"是指民众自己对不同类型的民俗事项的特点和性质以及他们之间的关系的认识和定义。有别于民俗学家对民俗事项类型、特点和性质的定义和认识。例如,民众和学者在定义迷信和谚语上是有差异的。拿"早霞不出门,晚霞行万里"来说,在民众自己看来,绝对是谚语,或者更确切地说是农谚。而在民俗学者看来,应该是迷信。

文化语境指的是民众自己对民俗事项的分类,以及各种类型的民俗事项之间的关系。这就是说民众是怎样区别不同类型的民俗事项,如神话、传说、故事、笑话、谚语等,人们在什么样的场合下,选择哪种类型,又是怎么样从一种类型过渡到另一种类型的。

(2) 社会语境

社会语境指的是某种文化形式的社会结构和社会交流活动。分为三个层次:社会基础(social base)、个人背景(individual context)和表演场合(situational context)。

① 社会基础:指的是民俗事项的传承人是否属于某一特定的社会群体和某些具有特殊地位和身份的人。民俗事项的表现和表演在整个社会网络系统中占有什么样的地位、人们对待民俗事项的态度等。例如,在某些民族或文化传统中,一些民俗事项如神话、传说、谚语、巫术、仪式等在社会中占有重要的地位,它们对社会组织、法令法规、道德伦理、宗教信仰等方面的建立和健全具有强化、制约和监督的作用。同时一些民俗事项对维护社会制度、秩序,保持社会的稳定具有重要的意义。

② 个人背景:指的是民俗事项和其传承人的关系。传承人的个人背景包括其身份、地位、教育程度、经历等直接影响到传承人所拥有的民俗事项的类型。例如,神话只能由家族或宗族中的族长,或者德高望重之人,或宗教领袖,巫师祭司等讲述。笑话一般是由那些生活态度并不十分严肃的人,或在某一社会群体中身份地位并不十分高,但却具有一定威信,让人感觉亲切的人讲述。但也可能有例外,因此,需要我们在田野调查中注意搜集这方面的资料。

③ 表演场合:指人们使用或表演某种民俗事项的特定的场合。有时可能是一次聚会,有时可能是一个节日、仪式、庙会、谈话等。总之,民俗事项一定是伴随着某个事件而发生的,是伴随着人与人之间的交流活动而发生的。因此,每一次表演一定会具有一种社会功能。例如,神话往往是在周期性的祭祀或祭祖仪式中讲述的,气氛庄重而又严肃。谚语适用于家庭或

家族中,是长辈人在对晚辈进行批评和教育,或传授知识、讲述生产生活和为人处世的道理时使用的。晚辈人一般不能对长辈人使用谚语,同辈人之间也很少用。我们在进行田野调查时,应注意收集有关民俗事项讲述或表演是在什么情景或事件中,讲述者或表演者与观众或听众之间的关系等资料。

在具体的田野调查过程中,情况往往比我们想象的要复杂。背景的层次和种类也很多。大到民族、种族或国家的文化传统,小到地区、村落甚至一个家庭的风俗和习惯,以及个人的成长过程、生活经历,另外还有直接导致民俗事项出现的极其普通的生活琐事、事件。如果处理不好背景与内容的关系,我们就会或者忽视了背景,或者削弱对内容的分析和研究。

三、田野调查的方法

1. 准备

(1) 首先确定自己的研究主题,也就是自己研究的点。如是神话、传说、故事,还是宗教信仰、风俗习惯、婚丧嫁娶等。如果盲目地下去,很容易东一榔头,西一棒槌,不可能全面系统地收集到所需要的材料。

(2) 然后划定自己研究的范围,也就是自己研究的面。如果确定研究神话,在田野调查中只收集神话资料的话,是很不全面的。因为神话所表述的内容也会以其他的形式存在,如风俗习惯、宗教信仰、传统节日、工艺美术、仪式活动等。如果忽视了对其他材料的收集,研究可能会很不完整,得出的结论可能会相当狭隘。

(3) 携带必要的研究工具,如录音笔、照相机、摄像机、尺、笔、本等等。

(4) 掌握一些必要的调查技巧。例如如何提问、如何掌握提问的时机、如何正确引导被访问者沿着自己的思路回答问题而又不引起对方的反感等。

(5) 掌握调查主题、调查地点和调查人群的背景资料。其中包括相关的风俗、信仰、社会组织形式等。可查阅相关的图书、报刊资料。

2. 提问

在向讲述者或表演者进行提问时,我们要注意以下的问题:

首先,我们必须明白,被调查者是不可能具有分门别类的能力的,也不能综合或连贯地表述自己的观念。

其次,对于调查者提出的问题,当地人可能从来没有听到过,也没有问过自己这类问题,因此,可能会觉得很可笑或不愿意回答,或认为不值得回答。调查者必须认真而且耐心地进行解释或采用合适的方法不知不觉地将被调查者引入话题,让被调查者根据自己的理解,沿着自己的思路进行讲述或表演。

另外,对于调查者提出的问题,讲述者可能会答非所问,或不能给予明确的答复,调查者不能急于打断讲述者的谈话。可以在适当的时候,换一个问法或做一些提示,但应避免提一些笼统的问题。例如:"此地的婚俗有没有什么特别的地方?"因为他们可能从来没有见过其他地区的婚俗,没有比较也就不可能知道有没有什么特殊的地方。

下面,我们举例说明在进行调查时应根据自己的选题提出什么样的问题。假如说我们调查的题目是某地人们关于超自然物的信仰情况,我们必须注意下列问题:

当地有哪些神,它们的名称都是什么?

这些神是以什么形象出现的(男?女?动物?其他),神与神之间的关系是怎样的(夫妇?兄妹?其他)?

它们都住在什么地方?(山上?天上?野外?庙里?)

人与神之间是怎样沟通的?(烧香?祭祀仪式?语言?杀死某种动物?)

这些神都具有什么样的力量?(起死回生?治病救人?除魔降妖?送子护生?)

人们是如何崇拜这些神的?(修庙?建神龛?请神像?立牌位?)

在什么样的情况下人们才要借助于神灵的帮助?(疾病?求财?求子?精神上的需要?寻求保护?还愿?战胜敌人?)

供奉给神灵的供品都是什么?(人?动物?果实?收获物?),供品将如何处理?(由献供人分食?让动物吃掉?丢弃?)

有无祭祀仪式,参加者的情况,有无祭司?

庙宇的建设情况,地点的选择?庙会,等等。①

另外一点也很重要,就是我们在研究过程中,对讲述者的情况必须要做全面、细致的记录,如性别、年龄、受教育程度、宗教信仰背景、家庭情况、职业、地位等等。这些都是我们进行研究的必不可少的背景材料。

以上,我们只列出了调查过程中需要了解的少数几个方面,具体情况需要调查者根据自己的选题灵活掌握。

---

① 〔英〕博尔尼《民俗学手册》,第251—298页。

总之,田野调查需要丰富的经验和技巧,我们只能通过自己的亲身实践去掌握它。这样,我们的研究才能有所发现、有所创新。

3. 相关信息的采集

对于调查者来说,除了注意以上问题之外,我们还必须注意:

(1) 不同的民俗事项讲述的时间、地点。

(2) 讲述者所讲述的内容如故事是否祖传,是否是私人拥有,听众是谁。

(3) 讲述者讲述过程中的行为,如动作、表情、手势、模仿、模拟。

(4) 听众的参与,如笑、赞许,或其他反映如批评、鼓励、唱、跳、表演等。

(5) 人们认为讲述的是什么类型,真实与否。

(6) 人们对这些类型的态度。

是否相信讲述者所讲的内容。有的时候,人们会说讲述者是在胡说八道;有的时候,人们会说讲述者讲的是真事,而且会提供一些证明其真实性的例子。这可能取决于讲述者的讲述技巧、讲述者的性格是否诚实可靠、为人是否忠厚善良、地位和身份的高低等等,同时还要注意讲述者自己对自己讲述的内容的态度。有的时候他会说自己讲的完全是一件真事、表情会很严肃;有的时候,他会说自己也是听别人讲的,不知道是真是假;也有的时候,他会说这只是说着玩的,或者是糊弄孩子的。这对我们的研究都将是非常有意义的。

四、民俗学研究

田野调查结束以后,我们必须采用科学的方法对所收集到的资料进行整理、分类、归档,然后这些材料才能被我们充分利用。

当代民俗学研究倾向于对民俗事项进行多学科的综合研究。这里所说的综合研究表现在两个方面:一方面是在采用民俗学的理论和方法对民俗事项进行研究的同时,结合运用人类学、心理学、历史学、语言学、传播学、哲学、美学等相关学科和领域的知识及理论方法。另一方面,应注重把研究对象放在其生存的文化语境中进行横向比较或历史发展的综合研究。因为每一种民俗事项的存在形式都不是单一的,一个研究对象可以以神话的形式出现,也可以以故事、传说、风俗、节日、工艺美术等形式出现。

例如,女娲神话是我国古代著名的神话之一。在古代的许多典籍中,都或多或少地记录了一些关于女娲的神话。多少年来,无论是女娲造人、女娲补天,还是洪水神话中的女娲和伏羲一直都是学者们关注的焦点。许多人却把注意力过分集中在各种有限的书面记载材料上了,而且声称女娲神话是中国古代母系氏族社会的残余,因而可见的材料非常有限。但是,有一点我们必须明确,那就是女娲神话只是女娲崇拜的一部分,典籍上的记载只能说明这种崇拜由来已久。我们应该看到,忽视了女娲崇拜不只是以神话的形式,而且也以其他的形式存在着,并始终流传在人们的中间。

在现代生活中,女娲崇拜,除了继续以神话、故事、传说的形式流传以外(如近期在中原地区通过民间采风收集到的女娲神话),我们还可以从其他民俗事项中发现女娲崇拜的痕迹,如流传于山西各地的女娲造人的剪纸、"女娲节"、"补天节"、祭奠"人祖奶(女娲)"、"人祖爷(伏羲)"的祭祖庙会、一些地区为新娘"送裹肚"(上面绣有象征女娲的蛤蟆娃)的习俗、蛤蟆口面花、民间美术中的各种蟾、蛙造型、蟾娃娃、蛙变人以及广泛流行于西北各地的繁衍和保护神——抓髻娃娃的造型等等。这些都是我们研究女娲神话和女娲崇拜的重要资料。

除了对民俗材料进行研究,民俗学的学科建设在民俗学研究中也是非常重要的。关于民俗学的一些基本问题如民俗学的定义、内容、性质、分类,各种民俗事项的起源、传播、变异、功能、结构、内涵、价值、意义等都需要我们进行进一步的探讨和研究。

主要参考文献

《十三经注疏》,北京大学出版社,2000。
《二十四史》,中华书局校点本。
(汉)扬雄《方言》,四库全书本。
(汉)董仲舒《春秋繁露》,中华书局,1991。
(汉)应劭《风俗通义》,中华书局,1981。
(三国魏)王肃《孔子家语》,燕山出版社,1995。
(晋)干宝《搜神记》,中华书局,1979。
(晋)王嘉《拾遗记》,中华书局,1981。
(晋)陶潜《搜神后记》,中华书局,1981。
(南朝晋)常璩《华阳国志》,中华书局,1985。
(梁)宗懔《荆楚岁时记》,中华书局,1991。
(南朝梁)刘勰《文心雕龙》,新文化书社,1933。
(唐)段成式《酉阳杂俎》,中华书局,1981。
(唐)杜佑《通典》,浙江古籍出版社,2000。
(唐)封演《封氏闻见记》,中华书局,2005。
(唐)张鷟《朝野佥载》,中华书局,1985。
(唐)刘恂《岭表录异》,广东人民出版社,1983。
(唐)李冗《独异志》,中华书局,1983。
(唐)张读《宣室志》,中华书局,1983。
(宋)高承《事物纪原》,中华书局,1985。
(宋)黄震《黄氏日抄》,中华书局,1985。
(宋)苏轼《艾子杂说》,中华书局,1985。
(宋)祝穆《古今事文类聚》,上海古籍出版社,1992。
(宋)洪迈《夷坚志》,中华书局,2006。
(宋)陈旸《乐书》,四库全书本。
(宋)周密《齐东野语》,中华书局,1983。
(宋)孟元老《东京梦华录》,中华书局,1962。
(宋)吴自牧《梦粱录》,《东京梦华录》外四种,中华书局,1962。

（宋）陈元靓《岁时广记》，中华书局，1985。
（宋）袁褧《枫窗小牍》，中华书局，1985。
（宋）耐得翁《都城纪胜》，《东京梦华录》外四种，中华书局，1962。
（宋）周密《武林旧事》，《东京梦华录》外四种，中华书局，1962。
（明）赵南星《笑赞》，《明清笑话四种》，人民文学出版社，1983。
（明）谢肇淛《五杂俎》，上海书店出版社，2001。
（明）冯梦龙《广笑府》，荆楚书社，1987。
（明）郎瑛《七修类稿》，上海书店出版社，2001。
（明）田汝成《西湖游览志》，上海古籍出版社，1998。
（明）彭大翼《山堂肆考》，四库全书本。
（明）刘侗、于奕正《帝京景物略》，上海古籍出版社，2001。
（清）周亮工《字触》，中华书局，1985。
（清）梁章钜《归田琐记》，中华书局，1981。
（清）郑旭旦《天籁集》，四库全书本。
（清）杜文澜《古谣谚》，中华书局，1958。
（清）沈自南《艺林汇考·称号篇》，四库全书本。
（清）潘容陛《帝京岁时纪胜》，北京古籍出版社，1981。
（清）李斗《扬州画舫录》，中华书局，1960。
（清）顾禄《清嘉录》，江苏古籍出版社，1999。
（清）李调元《粤东笔记》，四库全书本。
（清）徐珂《清稗类钞》，中华书局，2010。
（清）袁枚《子不语》，江苏古籍出版社，1993。
（清）褚人获《坚瓠集》，《清代笔记小说大观》，上海古籍出版社，2007。
《太平御览》，河北教育出版社，1994。
《太平广记》，中华书局，1961。
《古今图书集成》，中华书局，巴蜀书社，1985。
《陕西通志》，四库全书本。
《山西通志》，四库全书本。
《四川通志》，四库全书本。
《江南通志》，四库全书本。
《江西通志》，四库全书本。

Brunvand, J. H. *The Study of American Folklore*, New York: W. W. Norton & Company, 1986.
Carey, J. W.（卡瑞）, A Cultural Approach to Communications, in *Communication*, 2, 1—22.

主要参考文献

Christian Norberg-Schulz, The Concept of Dwelling: On the Way to Figurative Architecture, New York: Rizzoli, 1985.

Dorson, R. M. American Folklore, *Chicago*, The University of Chicago Press, 1959.

Douglas, M.(道格拉斯), Accounting for Taste, 见 The Bridge, 10, 15—16, 1979.

Dundes, A. *The Study of Folklore*, Prentice-Hall, Inc., Englewood Cliffs, N. J. 1965.

Eliade, M. Cosmos and History: The Myth of the Eternal Return, *trans. Willard R. Trask*, New York: Harper Torchbooks, 1959.

Falassi, A. Time Out of Time: Essays on the Festival, *Albuquerque*: University of New Mexico Press.

Folklore and Folklife, *Chicago and London*: The University of Chicago Press, 1972.

Georges, R. A. and Jones, M. O. Folkloristics: An Introduction, *Bloomington*, Indiana University Press, 1995.

Glassie. H. Material Culture, *Bloomington*: *Indiana University Press*, 1999.

Hegel, *Georg Wilhelm Friedrich Vorlesungen uber die Aesthetik*, *in* Jubilaumsausgabe, ed. Hermann Glockner, *Stuttgart*: Fromann, 1937.

Krohn, J. Folklore Methodology, *Oslo*, 1926.

Le Corbusier, *Towards a New architecture*, trans. Frederick Etchells, New York: Praeger, 1960.

Leeds-Hurwitz, W. *Semiotics and Communication—Signs, Codes, Cultures, Hillsdale*, New Jersey: Lawrence Erlbaum Associates, 1993.

Lord, A. *The Singer of Tales*, Harvard University Press, 1960.

Luthi, M. *Volksmarchen und Volkssage. Zwei Grundformen Erzahlender Dichtung*, 2d ed. Bern and Munich: Francke, 1966.

Marc-Antoine Laugier, *An Essay on Architecture*, trans. Wolfgang and Anni Herrmann, Los Angeles: Hennessey and Ingalls, 1977.

Peirce A. S.(皮尔士), *Collected Papers*, (C. Hartshorne & P. Weiss, Eds. (Vols. 1—6) & A. W. Banks, Ed [Vols. 7—8]). Cambridge, MA: Harvard University Press (1931—1958).

Propp, V. *Morphology of The Folktale*, University of Texas Press, 1988(1968).

R. Birdwhistell(波德威斯特), Social Contexts of Communication. In *Kinesics and Context: Essayson Body Motion Communication*, pp. 95—98, Philadelphia: University of Pennsylvania Press. 1970.

Rykert, *On Adam's House in Paradise*: The Idea of the Primitive Hut in Architectural, New York: Museum of Modern Art, 1972.

Saussure, F. de(索绪尔) *Course in General Linguistics*, New York: McGraw-Hill, 1916

年初版,1969 年再版。

Schwarz, R. *Vom Bau der Kirche*, 2nd ed. Heidellberg: Lambert Schneider, 1947.

Toelken, A. *The Dynamics of Folklore*, Logan: Utah State University Press, 1996.

Van Gennep, A.(凡·遮耐普)*The Rites of Passage*, Chicago: University of Chicago Press, 1960.

Vitruvius, *The Ten Books of Architecture*, trans. Morris Hicky Morgan, New York: Dover, 1960.

W. Bascom, The Forms of Folklore: Prose Narrative, in *Journal of AmericanFolklore*, 78 (1965), 3—20.

Worth, S. & Gross, L.(沃斯和格拉斯), Symbolic Strategies, in *Journal of Communication*, 24, 27—39.

Wray, Semiotics: Fad or revolution? The Study of Signs is Attracting Students and Controversy, in *Humanities Report*, 3, 4—9.

Interpreting Folklore, Bloomington: Indiana University Press, 1989.

Sacred Narrative, Berkeley: University of California Press, 1984.

艾柯(U. Eco)《符号学理论》,卢德平译,北京:中国人民大学出版社,1990。

马·阿·波波娃《精神分析学派的宗教观》,张雅平译,上海:上海人民出版社,1992。

查·博尔尼《民俗学手册》,程德祺等译,上海:上海文艺出版社,1995。

蔡敦祺《台湾风物志》,福州:福建人民出版社,1985。

曹英毅等《黄土地的幽默》,武汉:湖北人民出版社,1994。

曹振峰《黄河万里寻面花》,长沙:湖南美术出版社,2005。

陈国钧《贵州苗夷歌谣》*,交通书局,1942。

陈庆浩、王秋桂,《中国民间故事全集》,台北:远流出版事业股份有限公司,1989。

陈瑞林《中国民间美术与巫文化》,北京:新华出版社,1991。

陈圣格《泰顺药发木偶戏》,杭州:浙江摄影出版社,2009。

陈玮君《畲族民间故事》,杭州:浙江人民出版社,1979。

陈志良《广西特种部族歌谣集》*,中央银行经济研究处,1942。

程蔷《骊龙之珠的诱惑:民间叙事宝物主题探索》,北京:学苑出版社,2003。

戴平《中国民族服饰文化研究》,上海:上海人民出版社,2000。

丁乃通《中国民间故事类型索引》,郑建成等译,北京:中国民间文艺出版社,1986。

丁世良、赵放《中国地方志民俗资料汇编·东北卷》,北京:书目文献出版社,1989。

丁亚平《艺术文化学》,北京:文化艺术出版社,1996。

段宝林、过伟《古今民间诗律》,北京:北京大学出版社,1999。

《民间诗律》,北京:北京大学出版社,1987。

《中外民间诗律》,北京:北京大学出版社,1991。

主要参考文献

段宝林《当代讽刺歌谣》,沈阳:辽宁人民出版社,1993。
    《中国民间文学概要》,北京:北京大学出版社,1985。
J. M. 弗里《口头诗学:帕里—洛德理论》,朝戈金译,北京:社会科学文献出版社,2000。
弗洛伊德《精神分析学中心理学的若干基本理论》,莫斯科-彼得格勒:1923,第195—198
    页。转引自波波娃,《精神分析学派的宗教观》,第12页。
詹姆斯·弗雷泽《金枝》简本,纽约,1960。
詹姆斯·弗雷泽《魔鬼的律师——为迷信辩护》,北京:东方出版社,1988。
高丙中《民俗文化与民俗生活》,北京:中国社会科学出版社,1994。
高寿仙《中国宗教礼俗》,天津:天津人民出版社,1992。
高棪、李维《中西舞蹈比较研究》,台湾中华文化丛书。
格拉耐《中国古代的祭礼与歌谣》,张铭远译,上海:上海文艺出版社,1989。
雅格和维廉·格林《格林童话全集》,北京:人民文学出版社,1991。
顾颉刚《吴歌甲集》*,北京:北京大学研究所国学门歌谣研究会,1926。
〔美〕卡斯腾·哈里斯,《建筑的伦理功能》,申嘉、陈朝晖译,北京:华夏出版社,2001。
韩燕如,郭超《爬山歌论稿》,呼和浩特:内蒙古人民出版社,1983。
何健安《中国民间舞蹈》,杭州:浙江教育出版社,1995。
洪长泰《到民间去》,董晓萍译,上海:上海文艺出版社,1993。
胡经之《西方文艺理论名著教程》,北京:北京大学出版社,1989。
胡朴安《中国风俗》,北京:九州出版社,2007。
    《中华全国风俗志》,石家庄:河北人民出版社,1986。
黄勇刹《壮族歌谣概论》,南宁:广西民族出版社,1983。
玛里琳·霍恩《服饰:人的第二皮肤》,乐竞泓等译,上海:上海人民出版社,1991。
霍夫曼《弗洛伊德主义与文学断想》,王宁等译,北京:三联书店,1987。
特伦斯·霍克斯《结构主义和符号学》,上海:上海译文出版社,1987。
亚当森·霍贝尔《人类学:人类的研究》,纽约:麦格劳-希尔公司,1966。
简上仁《台湾民谣》,台北:众文图书有限股份公司,1990。
江明惇《汉族民歌概论》,上海:上海文艺出版社,1982。
姜彬《中国民间文学大辞典》,上海:上海文艺出版社,1992。
靳之林《中华民族的保护神与繁衍之神——抓髻娃娃》,北京:中国社会科学出版
    社,1989。
居阅时、瞿明安《中国象征文化》,上海:上海人民出版社,2001。
孔汉思《中国宗教与基督教》序言,三联书店。
李乾朗《建筑》,台北:幼狮文化事业公司,1986。
李砚祖《装饰之道》,北京:中国人民大学出版社,1993。
李志强《中国北方俚曲俗情》,天津:天津人民出版社,1992。
〔法〕列维-施特劳斯《结构人类学》,张祖建译,北京:中国人民大学出版社。

梁金平、周鲜花《湘中民歌研究》,长沙:湖南人民出版社,2006。
梁思成《图像中国建筑史》,天津:百花文艺出版社,2001。
林惠祥《文化人类学》,北京:商务印书馆,1991年(重印本)。
刘半农《半农杂文二集》,上海:上海良友图书印刷公司,1935。
刘大杰《中国文学发展史》,上海:上海古籍出版社,1983。
刘德仁、盛义《中国民俗史籍举要》,成都:四川民族出版社,1992。
刘经庵《歌谣与妇女》*,上海:商务印书馆,1927。
刘芹《中国古代舞蹈》,北京:商务印书馆,1997。
刘锡蕃《岭表纪蛮》,上海:商务印书馆,1934。
刘兆吉《西南采风录》,上海:商务印书馆,1946。
刘致平《中国居住建筑简史》,台北:艺术家出版社,2001。
鲁迅《中国小说史略》,团结出版社,2005。
罗雄岩《中国民间舞蹈文化》,上海:上海音乐出版社,2006。
麻国钧《中华传统游戏大全》,北京:农村读物出版社,1990。
马林诺夫斯基:《文化论》,费孝通等译,北京:中国民间文艺出版社,1987。
马戎、周星主编:《21世纪:文化自觉与跨文化对话》(二),北京:北京大学出版社,2001。
茅盾《神话研究》,天津:百花文艺出版社,1981。
莫高、吴华《汉族民间衣食住行风俗》,南宁:广西教育出版社,1994。
缪勒《比较神话学》,金泽译,上海:上海文艺出版社,1989。
宁锐、淡懿诚主编《中国民俗趣谈》,西安:三秦出版社,1993。
潘鲁生《中国民间美术工艺学》,南京:江苏美术出版社,1992。
祁连休、程蔷《中华民间文学史》,石家庄:河北教育出版社,1999。
钱南扬《谜史》,上海:上海文艺出版社影印本,1986
任骋《中国民间禁忌》,北京:作家出版社,1991。
山曼等《山东民俗"秋季节俗"》,济南:山东友谊出版社,1988。
舒兰《中国地方歌谣集成》,台北:渤海堂文化公司。
宋兆麟《巫与民间信仰》,北京:中国华侨出版公司,1990。
〔英〕爱德华·泰勒《原始文化》,连树声译,桂林:广西师范大学出版社,2005。
唐君毅《中国哲学思想之比较研究集》,台北:正中书局,1943。
陶德臻等《东方文学简史》,北京:北京出版社,1985。
陶阳、钟秀《中国创世神话》,上海:上海人民出版社,1989。
天鹰《论歌谣的手法及其体例》,上海:上海文化生活出版社,1954。
　《扬风集》(论文集),上海:上海文艺出版社,1959。
　《论吴歌及其他》,上海:上海文艺出版社,1985。
　《一九五八年中国民歌运动》,上海:上海文艺出版社,1959。
万建中《饮食与中国文化》,南昌:江西高校出版社,1994。

王海龙,何勇《文化人类学历史导引》,上海:学林出版社,1992。
王娟、仲林《东方神话经典》,武汉:长江文艺出版社,2009。
王其钧《中国民居》,上海:上海人民美术出版社,1991。
王克芬《中国舞蹈发展史》,上海:上海人民出版社,1989。
王树村《中国民间年画》,杭州,浙江教育出版社,1995。
王文宝《中国民俗学史》,成都:巴蜀书社,1995。
　　《中国俗文学发展史》,北京:燕山出版社,1997。
　　《北京民间儿童娱乐》,北京:北京燕山出版社,1990。
王献忠《中国民俗文化与现代文明》,北京:中国书店,1991。
闻一多《闻一多全集》,北京:三联书店,1982。
乌丙安《中国民俗学》,沈阳:辽宁大学出版社,1985。
谢贵安《中国谣谚文化——谣谚与古代社会》,武汉:华中理工大学出版社,1994。
颜鸿蜀、王珠珍《中国民间图形艺术》,上海:上海书店出版社,1992。
杨利慧《女娲溯源》,北京:北京师范大学出版社,1999。
杨天宇《礼记译注》,上海:上海古籍出版社,1997。
杨周翰等《欧洲文学史》,北京:人民文学出版社,1984。
叶立诚《服饰美学》,北京:中国纺织出版社,2001。
叶名《中国神话传说》,北京:新华出版社,1991。
游国恩等《中国文学史》,北京:人民文学出版社,1982。
余冠英《诗经选》,北京:人民文学出版社,1982。
袁博、钟健《西方神话经典》,武汉:长江文艺出版社,2009。
袁珂《中国神话传说》,北京:中国民间文艺出版社,1984。
　　《中国古代神话》,上海:商务印书馆,1950。
袁杰英《中国历代服饰史》,北京:高等教育出版社,1994。
詹鄞鑫《神灵与祭祀》,南京:江苏古籍出版社,1992。
张劲松,谢基贤《古今育儿习俗》,沈阳:辽宁大学出版社,1988。
张铭远《生殖崇拜与死亡抗拒》,北京:中国华侨出版公司,1991。
张亚雄《花儿集》*,西北文化协会,1940。
张志春《中国服饰文化》,北京:中国纺织出版社,2001。
张紫晨《中国民间小戏》,杭州:浙江教育出版社,1995。
　　《歌谣小史》,福州:福建人民出版社,1981。
赵国华《生殖崇拜文化论》,北京:中国社会科学出版社,1990。
赵晓兰《歌谣学概要》,成都:电子科技大学出版社,1993。
郑振铎《中国俗文学史》,北京:东方出版社,1996(影印本)。
直江广治《中国民俗文化》,王建朗等译,上海:上海古籍出版社,1991。
钟敬文《歌谣论集》,上海:上海文艺出版社,1989(影印本)。原书出版于1928年,出版者为上海北新书局。
　　《民间文学概论》,上海:上海文艺出版社,1980。
　　《民俗学概论》,上海:上海文艺出版社,1998。
周锡保《中国古代服饰史》,北京:中国戏剧出版社,1984。
周汛、高春明:《中国古代服饰大观》,重庆:重庆出版社,1995。
朱狄《原始文化研究》,北京:三联书店,1988。
朱介凡《中国歌谣论》,台北:台湾中华书局,1974。
朱自清《朱自清全集》第六卷,南京:江苏教育出版社,1996。
〔日〕祖父江孝男等《文化人类学事典》,乔继堂等译,西安:陕西人民出版社,1992。
左汉中《中国民间美术造型》,长沙:湖南美术出版社,1992。
　　《中国吉祥图案大观》,长沙:湖南美术出版社,2009。
《歌谣》周刊合订本,共三册,北京:中国民间文艺出版社,1985。
《花儿论集》,中国民间文艺研究会甘肃分会,兰州:甘肃人民出版社,1983。
《江南十大民间叙事诗》,上海:上海文艺出版社,1989。
《中国大百科全书·社会学》,北京:中国大百科全书出版社,1991。
《中国歌谣选》(一二),上海:上海文艺出版社,1978、1980。
《中国美术全集·民居建筑》,北京:中国建筑工业出版社,1988。
《中国风俗大辞典》,北京:中国和平出版社,1991。
《中国史诗研究》第1辑,乌鲁木齐:新疆人民出版社,1991。
《中国民间文学大辞典》,姜彬主编,上海:上海文艺出版社,1992。
《瑶族民间故事选》,上海:上海文艺出版社,1980。

注:书名后有 * 的为娄子匡编的中国民俗学丛书:《中山大学民俗丛书》,
　《国立北京大学、中国民俗学会民俗丛书》的影印本。

后　记

　　大学三年级的时候，一个偶然的机会，听了乌丙安先生的一个民俗学的讲座，从此我开始对民俗学着迷。但那个时候，民俗学在中国还远远没有形成气候。到了美国以后，想继续深造，可一直拿不定主意选什么专业。抱着一本《伯克利加州大学入学指南》挨着查找专业，看到了 folklore 一词，当时我还不认识这个词，于是就去查字典，于是就变得欣喜若狂，这里居然有民俗学专业，这可真是踏破铁鞋无觅处。从那一刻起，我仿佛就把自己的一生交给了这个专业。更为庆幸的是，我遇到了恩师，世界著名的民俗学家邓迪斯（Alan Dundes）先生。先生异乎寻常的博学、敏锐、宽容和严谨，引导我走进了一个广阔而又可以大有作为的天地。

　　回国后，我到了北京大学中文系，有幸与中国著名的民俗学家段宝林先生共事。我虽然无缘做段老师的学生，但段老师的学识、经验、品行和治学态度一直深深地感染着我。1996 年，我又有幸到印第安纳大学民俗学系学习了一年，师从著名的民俗学家鲍曼（R. Bauman）和格拉西（H. Glassie）。鲍曼先生专长于语言民俗学，他以其独特的研究视角和缜密的学风，开创了民俗学研究领域的新天地，是民俗学界"表演"理论的奠基人之一。格拉西先生专长于物质民俗学，他在田野调查方面非凡的经历、惊人的勇气、毅力和成就令人只能望其项背。我觉得，我真的是非常幸运，能有机会结识这些成绩卓著的民俗学家。

　　回过头来看看自己，我真是愧对我的这些恩师。这么多年来，我竟然一直无所成就。这本书是在我近十年讲授"民俗学概论"课程的基础上编写而成。虽然如此，书稿越接近完成，我越觉得不成熟。总觉得还有太多的书没有看，有时候甚至想推倒重写。此时，我对"学海无涯"这句话可以说有了更深的理解。书稿原计划在春节前后完成，不知怎么，一拖再拖，最后是在新加坡讲学期间定稿的。新加坡是一个美丽的城市，她的树，她的草，她的月，她的水，一切一切都让人留恋。更为可亲的是那里的人，和那群可爱的学生。

段宝林教授热情洋溢的序,在概括了学科发展状况的同时,对我的教学研究加以鞭策,我将时刻铭记。感谢汪景寿教授的多方鼓励和支持,感谢胡双宝编审对本书提出的各种宝贵意见,也非常感谢责任编辑吕幼筠女士为本书的出版所做的努力。

作者

2002年8月于北京大学